Meditation of A Golden Ager:
Lin Keji Philosophical Essays Anthology

皓首沉思录

林可济哲学论文自选集
(2003~2014)

林可济 ◎ 著

社会科学文献出版社
SOCIAL SCIENCES ACADEMIC PRESS (CHINA)

目　录

序 ································· 张世英／1
自序 ··································· 1

一　中西哲学及其比较

追问"存在",还是追问"存在者"?
　　——从海德格尔的哲学视角梳理西方哲学史 ··············· 3
中国古代哲学基本问题新探 ··························· 14
"天人合一":东方基本思维模式的哲学表达
　　——季羡林关于"天人合一"的《新解》与《再思考》 ········ 30
"轴心时代"理论视野下的儒学与道学
　　——雅斯贝尔斯《大哲学家》相关内容述评 ·············· 38
海德格尔何以赞赏老庄哲学? ·························· 51
王阳明哲学属性的多维透视
　　——从"心外无物"说谈到对唯心主义的评价 ············· 61
梁漱溟和他的《中西文化及其哲学》等著作 ················· 73

二　关于1957年中国哲学史座谈会

坚守独立思考的学术争鸣之道
　　——1957年中国哲学史座谈会的回顾与反思 ············· 85

求解"真问题":如何对待唯心主义
　　——从1957年中国哲学史座谈会说起 ················· 91
唯心主义评价问题的历史回顾与反思
　　——从贺麟关于唯心主义的看法说起 ················· 100

三　哲学理论问题的反思·辩证法核心问题

解放思想的哲学与哲学思想的解放
　　——我对十一届三中全会以来若干哲学理论问题的反思 ······· 111
关于辩证法核心问题意见分歧的回顾与反思
　　——纪念真理标准大讨论和第十一届三中全会召开30周年 ······ 121
百家争鸣:解决学术理论问题意见分歧的必由之路
　　——关于辩证法核心问题意见分歧的回顾与反思 ··········· 130
冯友兰先生的矛盾观及其现实意义 ······················ 138

四　现代著名哲学家哲学思想再探索

西方逻辑分析方法与中国传统哲学的完美结合
　　——金岳霖哲学著述与学术人生 ···················· 149
阐旧邦以辅新命　极高明而道中庸
　　——从冯友兰先生"三史""六书""一序"说起 ·········· 161
独辟蹊径　平章华梵　融会佛儒　兼采中西
　　——熊十力"新唯识论"哲学思想的再认识 ·············· 170
昌明国故　融化新知　为往圣继绝学
　　——汤用彤的中国佛教史和魏晋玄学研究 ··············· 181
融合古今　学贯中西
　　——张岱年先生的学术著述与坎坷人生 ················ 196

任继愈《老子》研究中的方法论探索 ·················· 205
张世英的学术历程：从哲学史家到哲学家 ················ 214

五 哲学与科学

重新审视"李约瑟问题"
　　——从中西文化哲学差异的视角 ················· 225
辩证自然观·生态伦理·生态文明
　　——兼论《自然辩证法》的理论价值和现实意义 ······· 239
现代科学发展与中国古代哲学思维
　　——从《希格斯玻色子、格物致知与四大皆空》一文说起 ·· 249

六 审美观研究与"人生境界"说

庄子美学精神与古代山水画 ······················· 261
蔡元培的美学思想及其现实意义 ····················· 273
漫步在美学和艺术的林间花径
　　——宗白华先生的《流云》《美学散步》《艺境》及其他 ···· 285
信仰的多维性及其与真善美的关系 ···················· 293
提高人生境界　实现真善美的统一
　　——冯友兰"人生境界"学说述评 ················ 303
人生的不同境界
　　——从《读书偶记》想到的 ··················· 314
六十载哲学沉思的一得之见
　　——从《哲学：智慧与境界》的出版说起 ············ 317

七 学派研究及读书评论

现代与传统、激进与保守复杂关系的辩证思考
　　——重评"学衡派"和《学衡》杂志 ··············· 323

以"昌明国粹，融化新知"为己任
　　——《学衡》杂志纵横谈 ·················· 335
通古今之变，成一家之言
　　——张世英关于"天人之际"问题研究及其方法论原则 ······ 343
探讨个人精神境界问题的社会文化维度
　　——评张世英新著《境界与文化》 ············ 354
中华文化发展的光辉未来：自我觉醒、个性解放
　　——张世英《中西文化与自我》读后 ············ 362
一位资深出版家三十年的精神苦旅
　　——从《征途——薛德震哲学书信集》说起 ········· 366
想象的实质及其哲学意义
　　——从《思想的想象》说起 ··············· 373

跋　哲学之无用与大用
　　——从教问道56年（1958～2014）之感言 ········· 378

附　录

学术论著要目 ····························· 385

序

张世英

林可济教授的大作《哲学论文自选集》汇集了他退休后2003年至2014年期间所发表的38篇哲学论文，读后不胜敬佩之至。他虽也是老年人，但愈老学问愈大，堪称大家，我作为他的知心朋友，为之高兴，引以为豪。

他所在的高校是师范大学，没有专门设置哲学系，从事哲学研究的客观条件不如综合大学的哲学系。但他却凭借着他所拥有的平台，用相当多的时间研究哲学学科中的一个专门领域——科学技术哲学，并兼及中西哲学史和辩证唯物主义与历史唯物主义哲学，这就使他的研究具有史论结合、文理交融的特色，而不拘泥于某一个狭窄的方面。近十多年来，他又更专心致力于中西哲学的比较研究，拓宽了自己的哲学视野，出版了好几本专著。他冲破"左"的教条主义的束缚，认真思考，努力探索，在他所涉及的各个领域内多有创见，不断地对哲学的真谛有新的领悟，并及时形成文字，以作品问世。读者可从书末附录所列的"论著要目"中见其一斑。他退而不休，愈老学问愈大。这对于一位年逾古稀、迈入耄耋之年的人来说，十分难能可贵。

说到中西哲学的话题，自然离不开20世纪20～30年代远涉重洋到西方留学的一代学人。他在书中所涉及的、曾在北京大学哲学系任教的10位学者中，有9位已经作古，他们是中国哲学史研究专家梁漱溟、冯友兰、熊十力、张岱年、任继愈，逻辑学家金岳霖，美学家宗白华，佛学和魏晋玄学研究专家汤用彤，西方哲学史家和翻译家贺麟。在北大哲学系读书时，他听过其中几位老师讲授的课程。把老师们的学术思想和学术经历写成文章，这固然与他的亲身感受有关，也是由他所研究的课题（中西哲学的比较、交融）所决定的。他的书中还对我关于中西哲学比较和构建新的哲学体系的一系列观点，做出了评介与阐发，这使我感到欣慰，颇有"吾道不孤"之感。他对母校（北京大学）、母系（哲学系）的深情厚谊，对老一辈学者坎坷不平的经历的感慨与沉思，常常凝于笔端，溢于言表。

我本想为他的大作写一篇较长的序言，但因患慢性支气管炎，久治不愈，精力不济，未能细读书中的全部文字，只能在此说上几句感想，并根据我多年来对他的了解，主要谈一下他在哲学方面所做出的突出贡献，以表祝愿、勉励之意。

是为序。

2015 年 1 月 11 日于北京北郊静林湾

自 序

时间过得真快，1958年夏天，我从北京大学哲学系毕业后，分配在当时的福建师范学院，从事哲学的教学与研究工作以来，迄今已经半个多世纪了。其中的风风雨雨，过来人当能感同身受，恕不赘言。我所从事的专业先后涉及哲学这个学科的若干领域：辩证唯物主义与历史唯物主义，中国哲学史，西方哲学史和科学技术哲学等。听课的对象既有本科生，也有研究生（包括硕士、博士）。自2006年初以来，为了给我校公共管理学院相关专业的博士生开设跨专业的选修课"中西哲学比较研究"，我开始集中精力进行这个课题的初步研究。那时，我已退休多年了。

退休以后，可供自己支配的时间多了。读书，不仅是"老有所学"，而且成为"老有所乐"。每偶有所得，便执笔为文。日积月累，有60多篇。现从中选出38篇，加上附录，30余万字，汇集成册。写作时间跨度为2003~2014年，即70~81岁。为了和我退休之前出版的论文集（《爱智篇》）相区别，将其定名为《皓首沉思录——林可济哲学论文自选集（2003~2014）》。

此书中的论文都已经在全国性或省级相关的学术刊物或报纸上公开发表过，收入本书时，有的有所修订与补充，并在文章的后面做了说明。由于收入本书的论文写作的时间有先有后，现在把它们汇集在一起，当然不可能像写一本专著那样，做统一的安排，从而具有理想的系统性。由于各篇文章都是相对独立的，它们之间难免有所重复。在保持论文原貌的前提下，只能仍依其旧。这是需要说明的。

在全书各篇论文的编排上，为了方便读者，没有以发表时间先后为序，而是按照内容分为几个部分编排，把内容相近的放在一起。

全书分为七个部分，简要说明如下。

第一部分"中西哲学及其比较",收入七篇论文。论文依次是:《追问"存在",还是追问"存在者"?——从海德格尔的哲学视角梳理西方哲学史》《中国古代哲学基本问题新探》《"天人合一":东方基本思维模式的哲学表达——季羡林关于"天人合一"的〈新解〉与〈再思考〉》《"轴心时代"理论视野下的儒学与道学——雅斯贝尔斯〈大哲学家〉相关内容述评》《海德格尔何以赞赏老庄哲学?》《王阳明哲学属性的多维透视——从"心外无物"说谈到对唯心主义的评价》《梁漱溟和他的〈中西文化及其哲学〉等著作》。

专论西方哲学的有《追问"存在",还是追问"存在者"?——从海德格尔的哲学视角梳理西方哲学史》。海德格尔认为,自古以来,西方传统哲学就有两个追问方向:一是追问"存在者",一是追问"存在"。但是,从柏拉图到黑格尔,西方的传统哲学,模糊"存在"与"存在者"的区别,并把"存在者"当作了"存在"。追问"存在"的哲学思潮,在古代曾经有过可喜的开端,但后来几乎被淹没了。海德格尔的这个哲学史观以及他对西方哲学史所做的梳理,为人们重新认识西方哲学史提供了新的视角与新的思路。

专论中国古代哲学的有三篇文章。其一是《中国古代哲学基本问题新探》。天人关系,"天道"与"人道"的统一,是中国古代哲学发展的基本问题。这个问题在中国哲学发展的不同时期的不断演变中,又有其特殊的呈现。儒、道、佛三家对此问题回答的视角,也各具差异。该文对此做了初步的探讨和简要的梳理。《"天人合一":东方基本思维模式的哲学表达——季羡林关于"天人合一"的〈新解〉与〈再思考〉》一文,是为了纪念季羡林先生,更是为了彰显他对中国古代"天人合一"思想的独特研究而写的。《王阳明哲学属性的多维透视——从"心外无物"说谈到对唯心主义的评价》一文,是为参加在贵州举办的关于王阳明学术思想的研讨会而写的。虽然是讲王阳明哲学,但并不限于此,还涉及如何把握中国古代哲学唯物唯心的属性等问题。

西方现代的哲学家如何看待中国古代哲学?这是一个很有意思的问题。《"轴心时代"理论视野下的儒学与道学——雅斯贝尔斯〈大哲学家〉相关内容述评》和《海德格尔何以赞赏老庄哲学》这两篇文章就是为此而写的。

《梁漱溟和他的〈中西文化及其哲学〉等著作》一文初步反映了梁漱溟先生在中西文化、中西哲学比较方面所做的具有开创意义的工作。

自 序

　　第二部分是关于中国哲学史座谈会的回顾与反思，收入的文章共有三篇。

　　那次会议是北京大学哲学系为贯彻"双百"方针而在1957年召开的全国性的学术盛会，我有幸参加了。因为当时我在那里读本科。现在看来，这次会议所蕴含的深厚内涵，还远没有得到消化。至今仍然为学术界所关注。否则，我在20多岁时参加的会议，还有什么必要到80岁时再来旧事重提呢？这里选的两篇文章《坚守独立思考的学术争鸣之道》和《求解"真问题"：如何对待唯心主义》，前者是全面回顾与反思，后者是对会议中讨论的重点问题的辨析与探讨，内容上有些重复。由于"如何对待唯心主义"是当时争论的主题，所以，又把论述贺麟先生哲学思想与学术生涯的一篇论文放在这个部分。

　　第三部分是在2008年前后，为纪念党的十一届三中全会召开30周年而写的，是对以往哲学理论中争论问题的回顾与反思，有三篇论文，一篇附录。内容涉及哲学原理的若干方面，重点是对辩证法核心问题的再探索。它们是《解放思想的哲学与哲学思想的解放——我对十一届三中全会以来若干哲学理论问题的反思》《关于辩证法核心问题意见分歧的回顾与反思——纪念真理标准大讨论和第十一届三中全会召开30周年》《百家争鸣：解决学术理论问题意见分歧的必由之路》。这些文章不是应景之作，都是有感而发的。《冯友兰先生的矛盾观及其现实意义》一文涉及对哲学基本理论的理解，探讨了对立面的统一与斗争这两者之间的关系。

　　党的十一届三中全会是新中国成立以来我党历史上具有深远意义的伟大转折。坚持实践标准、坚持实事求是，这就是"解放思想的哲学"。这种哲学不仅为经济、政治、文化等各个领域的健康发展，提供了强有力的、正确的理论依据；同时，也为哲学理论的自身发展，提供了巨大的推动力，从而真正地实现了"哲学思想的解放"。《解放思想的哲学与哲学思想的解放》一文结合个人在三中全会以来对若干哲学问题进行反思的体会，对此做了阐明。《关于辩证法核心问题意见分歧的回顾与反思》一文是专讲辩证法的核心问题的。长期以来，在讲辩证法时，人们只是突出地讲对立统一规律，而没有把它和否定之否定规律联系起来。为了还马克思主义辩证法的本来面目，并把研究工作向前推进，必须研究对立统一规律与否定之否定规律的内在联系，给否定之否定规律以应有的评价。《百家争鸣：解决学术理论问题意见分歧的必由之路》是为《百年潮》杂志纪念改革开放30周年而写的征文。

　　第四部分是对我国现代几位著名哲学家（金岳霖、冯友兰、熊十力、汤用彤、张岱年、任继愈、张世英等）的哲学思想的探讨，共七篇。我之所以选择他们作为阐述对象，不仅因为他们是我的老师，更因为他们的哲学思想具有原创性与代表性，他们的学术成就与人生际遇是特定时期的产物，非常值得人们反思和探讨。

　　具体地说，其中《西方逻辑分析方法与中国传统哲学的完美结合——金岳霖哲学著述与学术人生》《阐旧邦以辅新命　极高明而道中庸——从冯友兰先生"三史""六书""一序"说起》《独辟蹊径　平章华梵　融会佛儒　兼采中西——熊十力"新唯识论"哲学思想的再认识》《昌明国故　融化新知　为往圣继绝学——汤用彤的中国佛教史和魏晋玄学研究》《融合古今　学贯中西——张岱年先生的学术著述与坎坷人生》《任继愈〈老子〉研究中的方法论探索》《张世英的学术历程：从哲学史家到哲学家》等文章分别阐述了金岳霖、冯友兰、熊十力、汤用彤、张岱年、任继愈、张世英等先生的学术人生。在此前后，我出了两本书：《张世英哲学思想研究》（人民出版社，2008年8月）和《中国哲学的现代转型——六位哲苑名家的学术生涯》（人民出版社，2012年5月）。现在，这本文集中的相关文章相对于前面说的两本书而言，实际上是论述范围上的拓展与内容上的补充。

　　金岳霖先生是我在北京大学哲学系读书时的系主任，冯友兰、汤用彤、张岱年、任继愈、张世英先生都是任课老师。冯友兰、汤用彤、张岱年、任继愈四位先生是中国哲学史专家，他们在中国哲学史研究领域的建树，迄今尚无人能够超越。张世英先生是西方哲学史专家，近30多年以来，致力于中西哲学比较研究，并在创建自己的哲学体系方面卓有成效。张先生目前已有94岁高龄，仍笔耕未辍，我与他接触较久，受益良多。

　　第五部分有三篇文章，是讲哲学与科学关系的。其中《重新审视"李约瑟问题"——从中西文化哲学差异的视角》一文，是对"李约瑟问题"的质疑与反思，目的在于从哲学认识论与方法论的视角，重新审视中国古代的科学技术，以期给予其更准确的评价。另一篇《辩证自然观·生态伦理·生态文明——兼论〈自然辩证法〉的理论价值和现实意义》是为我的一本学术专著《〈自然辩证法〉研究》再版所写的跋。该书虽然已由社会科学文献出版社于2013年6月出版，但由于这篇跋文有较大的现实意义，又可独立成文，故收入本书。其实，哲学与宗教、科学与宗教都有密切的关系。最近，我接触到一些论述佛教禅宗思想与科学相互关系的论著，甚感兴趣。遗憾的是，我在这方面只有零星的文字，系统的研究还谈不上，有关论述文字的撰写，还须假以时日。第三篇《现代科学发展与中国古代哲学思维——从〈希格斯玻色子、格物致知与四大皆空〉一文说起》是我对发表于《中华读书报》上的北京大学科学技术专家黄铁军教授与资深哲学家汤一介教授之间关于"科学与哲学对话"的一点看法，也发表在《中华读书报》上。这个话题涉及自然科学与人文社会科学的相互关系，而实现文理交融则是当代科学发展的潮流。本文也是有感而发的。

第六部分是讲审美观与人生境界问题，共有七篇论文。

属于审美观的有《庄子美学精神与古代山水画》《蔡元培的美学思想及其现实意义》《漫步在美学和艺术的林间花径》《信仰的多维性及其与真善美的关系》。其中《庄子美学精神与古代山水画》的写作与我在1998年初退休之后学习国画的经历有关。当时，我一边试笔涂鸦，一边看一些老庄的书和中国古代绘画史的资料，以期提高自己对中国古代画作的欣赏水平。《蔡元培的美学思想及其现实意义》一文是针对当前高校教育中美育工作在一定程度上有所缺失而发的。当然这也与蔡元培先生曾经是北大校长，笔者作为北大学子对他的敬仰之心有关。《漫步在美学和艺术的林间花径》一文，涉及宗白华先生重要的美学观点，以及他对中西美学思想比较的重要见解。他与朱光潜先生的各自特点，一定意义上也是中西美学思想的差异在他们身上的反映。人们要让自己的精神有所寄托，西方人更多地寻求宗教，而中国人则更多地寻求哲学，进入审美境界。于是就有科学与信仰、哲学与宗教的关系问题，《信仰的多维性及其与真善美的关系》写作的缘由实在于此。

"人生境界"的学说是冯友兰哲学思想的重要组成部分，《提高人生境界　实现真善美的统一——冯友兰"人生境界"学说述评》讲的就是这个方面的问题。这篇文章是在准备一次讲座时拟定提纲的基础上整理补充而成的，听讲的对象是省委统战部系统的部分干部。另一篇《人生的不同境界——从〈读书偶记〉想到的》是和《读书偶记》的作者（本校文学院教授穆克宏）共同商讨、向他求教的，话题是围绕对"人生境界"学说的理解。最后一篇文章《六十载哲学沉思的一得之见——从〈哲学：智慧与境界〉的出版说起》是拙著《哲学：智慧与境界》（社会科学文献出版社，2013年10月）出版后的一些感言，意在强调哲学应该是提高人生境界之学问，不赞成把哲学仅仅视同普遍规律之知识，更不认同那种把哲学仅仅归结为认识论的权威看法。

第七部分包括学派研究和书评，共七篇。属于学派研究的有两篇，第一篇讲得比较全面，第二篇主要讲与《学衡》杂志关系比较密切或对之有所批评者。在我看来，对学衡派和《学衡》杂志的研究，尚大有可为。它对于近代中国学术思想的发展，中西哲学的交流与会通，都有很大的现实意义，理应引起学术界的更多的关注。书评有五篇，即《通古今之变，成一家之言——张世英关于"天人之际"问题研究及其方法论原则》《探讨个人精神境界问题的社会文化维度——评张世英新著〈境界与文化〉》《中华文化发展的光辉未来：自我觉醒、个性解放——张世英〈中西文化与自我〉读后》《一位资深出版家三十年的精神苦旅——从〈征途——薛德震哲学书信集〉说起》《想象的实质及其哲学意义——从〈思想的想象〉说起》。其中有三篇是写张世英先生的著作。《通古今之变，成一家之言》主要评论《哲学导论》，阐明他所建构的新"天人合一"观。《探讨个人精神境界问题的社会文化维度》则主要评他的《境界与文化》。这两篇文章先后发表在《北京大学学报》上。张世英先生所著的《中西文化与自我》一书从"自我"观的角度探讨了中西文化的差异，审视了中华传统文化最具标志性的特点，并阐述了他关于中华文化未来的发展道路的若干思考。《征途——薛德震哲学书信集》一书是薛先生自20世纪80年代以来，参加关于异化与人道主义问题探讨、争论有关史实的如实记载，也是他近三十年的漫长岁月中精神苦旅的生动写照。《思想的想象》一书着力强调想象在哲学中的重要作用，在该书的编著者看来，哲学家作为爱智者，不仅要有非凡的逻辑思维能力，"还应该具有天马行空的想象力"。只有这样，他们才能"从奥林匹斯山的高度思考世界"，这些作品才能"穿越千百年的历史"。

退休之后，我先后受聘于公共管理学院和马克思主义学院，专门给博士生讲授"中西哲学比较"课程，给硕士生讲授"哲学概论"课程。本书跋言——《哲学之无用与大用——从教问道56年（1958～2014）之感言》——主要是针对几十年来学生经常问起的关于哲学究竟是有用还是无用这个问题，发表了我的见解和若干体会。

本书除了正文之外，还收入学术论著的要目作为附录。

在这里我想说一下张世英先生为本书所写的序言。张老师以94岁高龄欣然为之作序，这让我非常感动。作为他的学生，有了些许成绩，他"为之高兴",这可以理解;但他说我"愈老学问愈大,堪称大家",这般的过高评价,实在令我汗颜,愧不敢当。对我而言,只能视为一种鞭策,或当作老师对学生的一种难以实现的期望。

古人说,学海无涯,学然后知不足。56年来,我在哲学这个领域中虽然竭尽所能,做了一些努力,但至今还不敢说已经登堂入室。所幸撰写的这些文章从某个侧面反映了我在退休后之所思、所想,其中的是非曲直,留待读者指正与历史评说。所写文章今结集付印出版,既是为了求教于同行专家、年轻学子和广大读者,也是为了给我自己的学术生涯一个交代。

是为序。

林可济 2015 年 1 月 15 日
于福建师范大学华庐心远斋

一 中西哲学及其比较

追问"存在",还是追问"存在者"?
——从海德格尔的哲学视角梳理西方哲学史

一

在西方,随着黑格尔《哲学史讲演录》的发表,一种从古希腊到黑格尔为止的哲学史观便形成了。于是,人们按照黑格尔所提供的线索,来认识西方哲学的发展。海德格尔在《存在与时间》等著作中,对西方传统的哲学史观和全部理性主义哲学发起了挑战。这样,人们就不得不通过海德格尔,来重新评价我们所熟悉的哲学家,进而重新认识西方哲学的发展了。

在我国哲学界,占主导的观点认为,整个西方哲学史,是唯物主义与唯心主义、辩证法与形而上学之间的斗争史。因此,在马克思完成对黑格尔唯心主义辩证哲学的批判与继承之后,现代西方哲学似乎就再也没有什么价值可言了。改革开放以后,人们越来越多地了解了西方现当代哲学思潮,也就开始对这种看法进行反思。

德国哲学家马丁·海德格尔(Martin Heidegger, 1889~1976)是现代西方,也是有史以来最重要的哲学家之一。"存在不是存在者"——这是海德格尔著名的"存在论区分"。他认为,"存在"(das Sein)与"存在者"(Seienden)完全不是一回事。世界上任何一种东西,都可以被称为"存在者";而"存在"却是最普遍的概念,但它又不是"种的普遍性",而是一种"超越者",超越于所有的存在者。宇宙本身也只是一种最大的"存在者",它分有了"存在",但也不能简单地等同于"存在"。任何可以定义的东西,都只是"存在者";而"存在"既然不是"存在者",当然是无法定义的。人是一种特殊的"存在者",海德格尔用"此在"(Dasein)这个术语来称呼之。①"认识是在世的一种方式",人之所以能够认识万物,是因为人一向就已经融合于世界万物之中。这就是人区别于其他存在者的特殊之所在。②

海德格尔说:"在西方思想的历史中,尽管人们自始就着眼于存在而思考了存在者,但存在之真理始终还是未曾被思的,它作为可能的经验不仅向思想隐蔽起来了,而且,西方思想本身以形而上学的形态特别地、但却一无所知地掩盖了这一隐瞒事件。""根据这种历史,在存在者之为存在者整体的显现中,并没有发生存在本身及其真理"。③ 在他看来,自古以来,西方哲学就有两个追问方向:一是追问"存在者",一是追问"存在"。但是,从柏拉图—亚里士多德开始形成的占主流的西方的传统哲学,就其总体而言,忘记了"存在本身及其真理",模糊了"存在"与"存在者"的区别,把"存在者"当作了"存在",并以传统的理性主义的方法孜孜以求之。而追问"存在"的哲学思潮,虽然在古代曾经有过可喜的开端,但后来几乎被淹没了。从柏拉图到黑格尔,在长达两千五百年的时间里,这种迷误居然得以延绵。因此,新哲学的使命应是:重提"存在"问题,揭示"存在"的真相,以恢复其"超越者"的地位。

对存在的研究,至少可以包括以下几点。(1)两种追问的对象:追问"存在"与追问"存在者";(2)两种追问的方法:"客体化"取向与"主体化"取向;(3)两种类型的智慧:采取"客体化"取向、追问"存在者",而得到的理性主义的智慧,与采取"主体化"取向、追问"存在本身"而得到的"非理性主义"的智慧。

在研究海德格尔哲学思想的相关著作中,周民锋的《走向大智慧:与海德格尔对话》(四川人民出版社,2002)一书值得重视。该书以海德格尔独特的"面向事情本身"的对话方式,对海德格尔哲学进行了深入探讨。本文吸取其若干思路,按照历史发展的顺序来具体地考察一下:如果采用海德格尔的哲学视角,我们所看到的西方哲学思想,将会是一幅什么样的演化图景?

二

古希腊米利都学派的自然哲学家面对自然时,总想寻找出它的唯一本

---

① 海德格尔:《存在与时间》,商务印书馆,1999年第2版,第9页。
② 海德格尔:《存在与时间》,商务印书馆,1999年第2版,第62~73页。
③ 海德格尔:《林中路》,上海译文出版社,1997,第219、268页。

源,结果却把自然化约为众多的"存在者"。正如海德格尔所说,古希腊哲学在它的奠基之初,就走上了迷失"存在"、模糊"存在"与"存在者"差别的形而上学之路了。

米利都学派的泰利士(始基是水)、阿那克西米尼(空气);原子论先驱阿那克萨戈拉(种子)、恩培多克勒(四元素)和原子论者德谟克利特(原子);以及毕达哥拉(数)等,他们追问的都是"存在者";只有阿那克西曼德(始基是"无限")、巴门尼德(存在与非存在),才直接解释或直接定义了"存在"。若就追问的方法而言,上述的组合就有了变化:泰利士、阿那克西曼德是从客体、物质方面出发;而毕达哥拉、巴门尼德则从主体、观念方面出发。作为前苏格拉底时代哲学最高成就的德谟克利特的"原子论",则描述了由无数原子("存在者")与虚空(无)所共同组成的客体化的世界模型。

传统哲学之所以习惯把阿那克西曼德的"无限"(to apeiron),混同于水、土之类的物质,是因为忽略了追问"存在"与追问"存在者"的不同。事实上阿那克西曼德在他的一段箴言①中,描绘了万物的产生及其毁灭过程的特性:他强调的是"多样性存在者整体"。此外,赫拉克利特关于"火产生一切,一切复归于火"的说法,也和"把万物的始基说成是某一自然物"的看法不同。因为火是有形与无形、有限与无限、再生与毁灭的统一。赫拉克利特以朴素的辩证法语言,把"存在"描述为"多样性存在者组成的整体"。② 因此,海德格尔把他和阿那克西曼德、巴门尼德一起,视为前苏格拉底时代,以"整体存在本身"作为研究对象的三位伟大的哲学家。

海德格尔认为,所谓"多样性存在者整体",不是指那种把所有的存在者的共性加以概括的"相同者"(das Gleiche),而是指那种可以涵盖各种不同存在者的"同一者"(das Selbe)。"同一者",指的是整体性的存在本身,

---

① 海德格尔新见解的证据是阿那克西曼德的一段《箴言》。这段箴言有多个译文,海德格尔的译文是:"但万物的产生由它而来,又根据必然性形成复归于它的毁灭;因为它们根据时间程序为不正义而赋予正义并且相互惩罚。"海德格尔认为,它描绘了万物的产生及其毁灭过程的特性,说的是"多样性存在者整体"(参见海德格尔《林中路》,上海译文出版社,1997,第330~338页)。
② 海德格尔指出,人们由于赫拉克利特主张"一切皆流",而认为他和主张存在不动的巴门尼德,形成了尖锐对立。"其实赫拉克利特和巴门尼德说的是同一回事",一切皆流并不是"纯粹的不住",而是说万千的存在者,构成了不变的存在整体,而"存在就是这种相反着的不平静之集中境界"(参见海德格尔《形而上学导论》,商务印书馆,1996,第98~99、127~135页)。

它包括各种各样的存在者（物质的、精神的，在场的、不在场的，等等），并不具体地指某一种存在者。而"相同者"指的虽然是各种不同的存在者，但每一种存在者又都是相同的。因此，"存在者"对应于"相同者"，而"存在"则对应于"同一者"。

在由苏格拉底、柏拉图、亚里士多德三位哲学家造就的古希腊哲学发展的鼎盛时期中，苏格拉底提出了一套以"善"的概念为标志的、追问"存在"的方法，并且他相信通过属于主体的、内心的"善"，就可以达到"存在"的本质。柏拉图把苏格拉底的"善"的概念，作为最高的"理念"；此外，还有一个由无数代表着实在对象的"理念"所组成的理念世界。亚里士多德批判地继承并发展了柏拉图的"理念论"，以"形式"与"质料"相统一的世界，消除了"理念论"所描述的"理念世界"与"现象世界"的二元对立。在他的由"质料因""形式因""动力因""目的因"组成的形而上学体系中，"形式因"兼具"动力因"和"目的因"。至于不包含丝毫质料的"纯形式"，则是最高的"第一推动者"。他们三人虽有师承关系，但苏格拉底与柏拉图、亚里士多德有所不同。当苏格拉底主张用"善"去通达万物存在之根本时，有着相当的追问"存在"的倾向；而柏拉图、亚里士多德则是作为追问"存在者"的主要代表，而载入史册的。

就追问的方法而言，苏格拉底和柏拉图虽然都是从主体、思想出发的，但有"主体化"与"客体化"两种取向之区别。苏格拉底把原本不属于主体的外部世界及其事物化入主体世界之内，使之"主体化"，得到的只能是难以被精确化的认识成果（理想、信念等）。而柏拉图的"理念论"，则是把原本属于主体的理念与思维，置于客体的位置上再加以研究，使之成为先于、独立于主体的存在者；这种"客体化"得到的却是精确的认识成果（概念、原理等）。"客体化"是理性主义的一个本质特征。柏拉图的"理念论"所表达的客体化取向，以及从"理念论"走向"范畴论"的方法，为亚里士多德的"概念论"做了充分的准备。而亚里士多德的"纯形式"所体现的客体化的取向，以及他所制定的形式逻辑规则，作为理性主义的基本工具，则有力地推动了认识"存在者"的哲学和科学工作。他们所确定的理性主义路线，成为之后西方哲学发展的主流。

希腊化的哲学是以伦理学和社会理论为基本内容，主要派别是：伊壁鸠鲁主义（最高理想是快乐、幸福，把个人原子化，从整体性退后到个别性，关注的是个别的存在者）和斯多葛主义（强调德性、职责，把大宇宙微缩为人的小宇宙，以整体性统辖个别性，关注的是整体性存在）。罗马时期最重要的哲学派别是新柏拉图主义。这个学派的代表普罗提诺所提出的、关于"太一"的思想，类似阿那克西曼德、赫拉克利特、巴门尼德曾经追问过的整体性的"存在"。存在本身就是"太一"，"太一"就是神，因而它成为中世纪"上帝"的前身。

三

欧洲中世纪的特点是：通过神学—哲学去追问存在本身。前期的新柏拉图派、奥古斯丁、安瑟尔谟，追问的是整体性的存在。他们把这一整体性归于上帝（神），并从这个视角去俯瞰各类存在者。在奥古斯丁所做的对上帝的证明模式中，上帝虽然存在，但只是人们的信仰对象，不是作为实体的存在者；而在安瑟尔谟的证明模式中，上帝已经成为实体的存在者了。他们崇尚信仰和神学，拒斥理性和哲学，与之相适应的是："唯实论"占了优势。

中期的托马斯追问的也是整体性的存在，他从具体的存在者出发，运用理智的手段，根据对自然中种种事实的归纳，以目的论来解释由它们组成的各种系列，最终趋向整体世界之存在，即最高的神（上帝）。显然，奥古斯丁的整体性世界观来源于柏拉图由最高的理念"善"及其所统率的理念世界模型，相当于（海德格尔所说的）"同一者"；而托马斯的整体性世界观，则来源于亚里士多德由"形式"与"质料"无穷系列、趋向"纯形式"的世界模型，实际上受（海德格尔所说的）"相同者"概念的支配。托马斯之所以能够把神学—哲学推到顶峰，部分得益于他容纳了哲学和理性。他把认识能力分为三等：第一是感觉（认识有形物质），第二是理智（透过有形物而获得抽象知识），这两种都属于人的认识能力；第三是天使的认识能力，它能够超越有形的物质对象，而直接在抽象的层面上进行认识活动。

中世纪后期，在亚里士多德主义占上风的情况下，对"存在"的追问逐渐转向亚里士多德主义支持的对于"存在者"的关心与追问。这样，哲学和理性得到进一步的发展，"唯名论"逐渐占据了优势。其主要代表约翰·邓·司各脱反对以上帝为主要认识对象，认为人的理智的首要对象是"存在之为存在"；威廉·奥卡姆则以"如无必要，不要增设实体"的"奥卡姆剃刀"直指教会的烦琐哲学。

海德格尔说："从其认识的东西和认识的方式来看，基督教神学乃是形而上学。"① 因此，对上帝及其存在的种种证明，并不完全是宗教的问题，而是中世纪的哲学形而上学的基本问题。人们看到，"存在"最初被当作神（奥古斯丁）；接着，上帝被证明为实体（托马斯）；再经过"泛神论"（上帝等同于自然万物）和"自然神论"（上帝被迫退出），认识又返回到原来的出发点（上帝不是实体的存在者）。从古代到中世纪，西方哲学经历了一个从追问"整体性存在"而得到"存在者"，然后又借助于上帝，而重新得以追问"整体性存在"的曲折过程。由此看来，被人们如此尊崇的"上帝"，只不过为"整体世界之存在"当了一次替身而已。

到了文艺复兴时期，人的理智彻底苏醒过来，不再用上帝的眼光看世界，而是用自然的眼光看上帝。"唯名论"者对理性的重视，有助于导致自然科学的全面兴起；但神的智慧依然具有深刻的感召力。那么，如何做到既否认神的存在，又得到神的智慧，这个问题就摆到了西方近代哲学家的面前。

四

近代西方哲学完全改变了中世纪神学—哲学的信仰主义的方向，代之而起的是近代的理性主义哲学（它包括"经验论"和"唯理论"两个基本派别）。它是西方古代主流哲学理性主义发展的一个新的阶段。前康德时期的哲学家，按学理可分为前期经验论者（弗·培根、霍布斯、洛克），唯理论者（笛卡儿、斯宾诺莎、莱布尼茨），以及后期经验论者（贝克莱、休谟）。

从培根开始的经验论者继承了后期唯名论的主张，转向可感觉、可经验的具体存在者，从而修正了追问整体世界及其存在的取向。虽然，霍布斯发现了单纯经验的不确定性，洛克又更加深入地从经验的层面探讨了认识论的有关问题；但是，由于他们不能越出经验的界限，所以对"存在者"的本质未能得出确实的判定，更无法去关注每个存在者均处其中的"整体世界及其存在"。

唯理论者看到了经验论的局限，力图从经验之外去寻找保证知识具有普

---
① 海德格尔：《林中路》，上海译文出版社，1997，第210页。

遍必然性的途径。笛卡儿提出"我思故我在"的著名命题,将"思维"与"存在"当作两种实体,以之表示两大类存在者。斯宾诺莎把"思维"与"存在"从两种"实体"下降为都从属于神的两种"属性",使"神"的概念具有了最大的普遍必然性。至于莱布尼茨,则是以他的无数"单子",来对应"存在者"的无数性。

后期经验论者贝克莱和休谟的哲学是洛克经验论的发展,贝克莱说到了个别存在者以及存在者的世界,休谟进一步谈论的是存在者之间的关系(特别是因果关系)。事实证明,极端的经验论只能走向"唯我论"。

总之,近代的哲学世界观与中世纪建立在信仰基础上的神学—哲学的世界观不同,它回归于古代理性主义原则,并且在知性认识的层次上重建了自己的新世界观。虽然黑格尔给予笛卡儿以高度的评价,说"笛卡儿事实上是近代哲学真正的创始人";① 但在海德格尔看来,从笛卡儿到黑格尔的整个近代西方哲学,同样是"思考了存在者而遗忘了存在"。

西方近代哲学发展的主流,是与中世纪信仰主义相对立的理性主义。从近代经验论与唯理论关于知识的起源问题的分歧看,它们所推崇的认识能力,大体上分别对应着中世纪托马斯所说的感觉和理智。笛卡儿明确树立"我思"为认识之第一原理,界定存在的根本特性是广袤性,并把主体、客体的划分,作为科学认识论的必要前提,甚至把"我思"及思维体也作为认识的对象。这样一来,他就把古代理性主义的客体化特征,以知性的方式确切地表现出来了。于是,近代理性主义的智慧就表现为:只认识具有广袤性的存在者,而知性概念的抽象概括至多表现了同类存在者的存在(本质、共性),至于思维与存在共同构成的整体世界的存在(本质),就不是感性和知性能力所能及的,只能简单地按照中世纪之惯例,被归之于"上帝"了。只有斯宾诺莎赋予神以"泛神论"的统一性的做法,试图在知性的层次上,重建对整体世界存在的追问。如果说,笛卡儿奠定了发展近代理性主义智慧的知性地基;那么,斯宾诺莎则提出了挖掘"非理性主义"智慧课题的任务,并加以近代的表述。他们把在理性主义认识论中,如何实现感性认识与知性认识的整合,如何实现本体论、认识论和辩证法的整合的任务,留给了德国古典哲学。

德国古典哲学从康德开始,经费希特、谢林到集大成者的黑格尔,把西

---

① 黑格尔:《哲学史讲演录》(第4卷),商务印书馆,1981,第63页。

方传统中占主流的理性主义哲学推到了顶峰；与此同时，西方非主流的"非理性主义"哲学，也取得了重要的成果，并酝酿着总的突破。

康德哲学的基本特征及其成果都具有双重性。他既有"经验论"的原则，又有"唯理论"的原则；既在整合两者的基础上重点建构了认识论体系，又追问了本体论问题；既完善了认识"存在者"的"第一知性"，又发展出追问整体性"存在"的"第二知性"；既为主流的传统理性主义哲学熔铸了认识工具（"先天综合判断"），又为非主流的"非理性主义"哲学提供了认识武器（"原型理智"）。他所提出的关于整体世界两套互相对立的理念（"二律背反"），深刻地证明了：由部分（存在者）的累积推论而得出的整体世界，和直接从整体着眼的世界之整体存在，两者根本不是一回事。他由此得出"不可知论"当然是错误的，但他引进了目的论的思想，并开始为目的论寻找新的出路，他试图实现人类理性跨越界限之愿望，倒是值得人们重视的。

黑格尔哲学同样呈现出双重性，而且比康德哲学更为复杂。一方面，他试图以自己独创的辩证逻辑取代古代亚里士多德的形式逻辑，以彻底客体化的绝对理念呼应柏拉图的客体化理念，而把他起初所追问的"存在"，最终转变为"存在者"，从而回归主流的传统理性主义哲学传统；另一方面，他的辩证逻辑确实又以追问"绝对"（整体性之存在）为出发点，并在西方哲学史上第一次以过程的整体性来表现存在本身在历史中的整体性，从而为存在哲学的发展提供了极为重要的思想资料。因此，"我们可以大致地把黑格尔的两重性称为逻辑学方向和现象学方向"，他"既是理性主义哲学之集大成者，又是现代现象学和存在哲学之重要来源"。①

自古以来，希腊人就把哲学称作一种"爱智"的活动。西方哲学的演化，在人们面前彰显了两种类型的人类智慧。在从"存在"（先验）到"存在者"（经验）的追问的过程中，哲学收获的是认识"存在者"的智慧。这是传统西方哲学和科学不断形成并已臻完善的、理性主义的智慧。它的最大作用是，促进科学的发展。在从追问"存在者"（经验）返回追问"存在"（先验）的过程中，哲学应该收获的是认识整体性"存在"的智慧。这是与理性主义智慧有别的、另一种类型的智慧，它是一种能超越一切存在者，却又能映照存在者整体之演化机制的智慧。如果说，亚里士多德的以"同一

---

① 周民锋：《走向大智慧：与海德格尔对话》，四川人民出版社，2002，第410页。

律"为根据的形式逻辑,为追问"存在者"的知性认识论奠定了深厚的基础;那么,黑格尔的以对立面的统一为根据的辩证逻辑,本来可以为追问整体性的"存在本身"提供方法论基础的。遗憾的是,他用客体化的"绝对观念"来作为表现这类智慧的外壳,并把体系本身转变为一种最终的"绝对真理",就等于又取消了对于整体性存在的追问。这是由人们常说的僵硬的体系与辩证的方法之间的矛盾造成的。

五

在黑格尔哲学的传统哲学之后,随之而来的是现代现象学和存在哲学。这是和尼采、胡塞尔、海德格尔等人的名字连在一起的。他们继承传统哲学而又有根本性的超越。海德格尔认为,新哲学的主要特征在于,它是主体性的哲学。"只要在现代形而上学的范围内存在者之存在被规定为意志,并因而被规定为自我意愿,而自我意愿本身是自我认识,那么,存在者,即根据、一般主体,就以自我认识的方式成其本质。存在者自行显现出来,而且是以'我思'方式向其自身呈现出来。这种自行呈现,即表现(也即表象),就是作为一般主体的存在者之存在。自我认识便成了绝对主体。在自我认识中聚集着一切认识及其可认识的东西。它是认识的聚集,犹如山脉是群山的聚集。……作为主体性的形而上学,现代形而上学是在意志意义上思考存在者之存在的。"① 总之,新的形而上学要以主体自身为对象,"在自我认识中聚集着一切认识及其可认识的东西";它将使用从"意志"到"自我意愿",再到"自我认识"的方法。这是一种与传统的理性主义有别的、另一种方法。从这个意义上,可以说它是"非理性主义"的。因此,海德格尔认为,黑格尔只是把传统哲学推到了顶峰,只有到了确立从主体意志出发、把握存在的方法论原则的尼采那里,才迈上了结束传统形而上学、开辟新哲学的道路。

海德格尔跟随胡塞尔,又超越胡塞尔。他开辟了现象学运动的一个新方向,开创了存在主义哲学,并且成为它的主要代表。"存在"的无限性,实际上取决于对它的追问的无限性,现当代西方哲学既然以无限的"存在"作为追问的对象,就必须以自身发展的无限性,来示范它所追问的"存在"

---

① 海德格尔:《林中路》,上海译文出版社,1997,第249页。

的无限性。因此,海德格尔哲学并不能穷尽哲学的发展。我们相信,未来哲学的发展将会在整合两类智慧的基础上,走向更大的大智慧。

西方现当代(包括海德格尔在内)的一些哲学家,不仅主张把上述两类智慧加以整合,而且特别关注中国古代哲学,尤其赞赏老庄哲学。处于全球一体化的大背景下,在文化、哲学方面实现东西交流、中外贯通,不仅是必要的,而且也更有可能了。"用海德格尔的哲学看,中国哲学可能更倾向于是一种关于存在的哲学,而不会是关于存在者的哲学;更可能倾向于强调整体性的哲学,而不会是关注局部性的哲学。"① 西方智慧和东方智慧的整合,必将实现西方哲学的大突破、大超越。这是毫无疑义的。

六

从以上对西方哲学发展历史的梳理中,有两个问题似乎可以提出加以重新探讨。我国哲学界对这两个问题的认识,在相当长的时期内一直存在误区。这就是:(1)关于哲学的性质和研究对象的问题,(2)关于哲学基本问题的问题。我国在20世纪下半叶广为宣传的观点,是把哲学作为追求普遍规律的学问,是关于自然知识和社会知识的概括与总结。根据这种观点,哲学与物理学、化学、生物学等具体科学的不同之处仅仅在于:后者是关于某个具体领域中的普遍规律的学问,而前者是关于一切自然、社会、精神领域中的最普遍规律的学问。虽然两者的普遍性的程度有别,但其为"普遍规律的学问"则是相同的。从整个西方哲学的发展来看,这种观点实际上是与追问"存在者"的思路相吻合的。如果从追问"存在"的视角来看,哲学应当是关于人对于世界的态度,或人生境界之学。既不能把哲学等同于具体的实证科学,也不能将哲学仅仅归结为认识论。哲学是真、善、美三者的统一。现在,持这种观点的人越来越多了。

关于哲学基本问题。众所周知,恩格斯在《费尔巴哈与德国古典哲学的终结》中,对哲学基本问题做了明确的论述,并得到了人们的普遍认同。但是,这种观点难以覆盖西方哲学发展的整个过程和全部内容。因此,近年来有些学者有感于此,提出了不同的看法。例如,北京大学的张世英教授在他的《哲学导论》等有关著作中,就提出了自己的见解。他说:"思维对存

---

① 周民锋:《走向大智慧:与海德格尔对话》,四川人民出版社,2002,第492页。

在、主体对客体的关系问题,就其充分明确的形式而言,只是西方近代哲学的问题。"① 如果"硬用唯心论与唯物论来套中国传统哲学和希腊哲学以及西方现当代哲学的一切思想流派,也是显然不合适的"。他说,"哲学的基本问题应是人对世界的关系问题,人对世界的态度问题,是人生在世的'在世结构'问题。"② 张先生所说的"在世结构",就是人与世界的关系或人对世界的态度。在这个问题上有两种看法,一是把人与世界万物的关系看成息息相通、融为一体的内在关系;二是认为世界万物与人处于彼此外在的关系之中,而认识则是由此及彼的"桥梁"。第二种看法所认为的人与世界的关系,用西方哲学现成的术语,就是"主体—客体"的关系。从柏拉图到黑格尔的西方哲学发展中,这种观点占主导地位。

当我们对整个西方哲学发展史做了如上的考察之后,也许人们会感到:张先生的说法是值得重视并应当加以认真思考的。

载《福建论坛》,2005 年第 9 期

---

① 张世英:《新哲学讲演录》,广西师范大学出版社,2004,第 37 页。
② 张世英:《新哲学讲演录》,广西师范大学出版社,2004,第 37 页。

中国古代哲学基本问题新探

天人关系,"天道"与"人道"的统一,是中国古代哲学发展的基本问题。这个问题在中国哲学发展的不同时期的不断演变中,又有其特殊的呈现。儒、道、佛三家对此问题回答的视角,也各具差异。本文对此做了初步的探讨和简要的梳理。

问题是怎样提出的?

中国哲学的基本问题是什么?在回答这个问题之前,首先需要回答:(1)有没有中国哲学?(2)中国哲学能够有它的基本问题吗?只有在弄清这两个问题后,我们才可以进而探讨:中国哲学的基本问题是什么?

(1)有没有中国哲学?

中国古代本来没有把"哲学"作为学科的名称。作为现代知识体系重要内容之一的哲学,进入中国学术语境,并且作为一门独立的学科,则是百年以来的事情。1914年北京大学"中国哲学门"(后改称哲学系)的开设、"中国哲学史"课程的设置,胡适《中国哲学史大纲》(卷上,1919年)以及冯友兰《中国哲学史》(1934年)的先后问世,标志着仿照西方哲学模式的中国哲学史学的建立。面对这种情况,当时人们就提出了"中国有没有哲学"这样的问题,即中国哲学的"合法性"问题。

蔡元培在为胡适著作所写的序言中,曾明确指出:要编写中国哲学史的著作,有两层难处:一是材料的真伪"混在一处";二是没有现成的形式。

中国古代学术从没有编成系统的记载。《庄子》的《天下篇》,《汉书艺文志》的《六艺略》、《诸子略》,均是平行的纪述。我们要编成系统,古人的著作没有可依傍的,不能不依傍西洋人的哲学史。①

金岳霖在冯友兰著作的审查报告中,也尖锐地提出了"所谓中国哲学史是中国哲学的史呢?还是在中国的哲学史呢"②这样的问题。他认为"中国哲学史"有两种写法:一种是把中国哲学当作中国传统学术中固有的内容,这就与现代学术之所谓的"普遍哲学"没有直接的关系;另一种是把中国哲学当作发现于中国的哲学,即用"普遍哲学"的模式,在中国传统学术中提炼出可以称之为哲学的东西。前一种不具有普遍的意义,实际上也做不到;而现代所谓的"中国哲学史",只能是后一种。按照这个标准,胡适、冯友兰的著作,都只是"在中国的哲学史",而不是"中国哲学的史"。冯先生自己也是这样看的。他认为,希腊哲学有物理学、伦理学、论理学等,即现代所说的宇宙论、人生论、知识论等。

> 今欲讲中国哲学史,其主要工作之一,即就中国历史上各种学问中,将其可以西洋所谓哲学名之者,选出而叙述之。③

即使如此,他们还是在"哲学在中国"的框架中,讲出了"中国哲学"的问题。冯先生认为,中国的哲学家讲哲学,虽然形式上的系统性不如西方的哲学家,"但实质上的系统,则同有也。讲哲学史之一要义,即是要在形式上无系统之哲学中,找出其实质的系统"。④

在世界范围内,哲学思想是多元的。有东方、西方两大派系;在东方哲学中,又有中国哲学与印度哲学之别。哲学思想固然有其普遍性,但各个民族的哲学,又有其特殊性,本来不应该发生有没有"中国哲学"以及中国哲学"合法性"的问题。之所以发生这样的问题,是由于中国古代虽有哲人之称、哲学之实,却无哲学之名。现在我们所用的"哲学"的称谓,是对西方"philosophy"一词的翻译。既然以"哲学"称呼这个学科,也就有一个如何以西方哲学为参照系的问题。但我们也不能因此而迁就西方哲学中

---

① 胡适:《中国哲学史大纲》(卷上),上海古籍出版社,1997,第1页。
② 冯友兰:《中国哲学史》(下册),华东师范大学出版社,2000,第436页。
③ 冯友兰:《中国哲学史》(上册),华东师范大学出版社,2000,第3页。
④ 冯友兰:《中国哲学史》(上册),华东师范大学出版社,2000,第10页。

心主义，不能采取"适足就履"的做法，完全按照西方哲学的模式来剪裁中国哲学。这样，人们所争论的中国有没有"哲学"的问题，实际上就转变为另一个更重要的问题：怎样才能使中国拥有这样具有"普遍意义"的"哲学"？在跨越了几代人之后，我们今天要做的，当然不是站在原地，简单地去回答上述的老问题，而是要"面对新的时代环境和东西方文化格局的变化所逼显出来的新话题"，从而"挖掘此一问题更深层面的东西"。① 在探讨如何评价中国哲学的问题上，我们只有坚持世界性与民族性、普遍性与特殊性相结合的原则，才能挖掘出"更深层面的东西"，才能说清楚什么是中国哲学的基本问题。

（2）中国哲学能够有其基本问题吗？

答案是肯定的。既然有中国哲学，当然就能够有自己的基本问题。这是顺理成章之事。

但是，事情没有这么简单。因为在新中国成立以来的相当长的时间内，"左"的思想统治着、影响着思想界、哲学界。它直接影响了人们对恩格斯关于哲学基本问题论断的理解，影响了人们对唯物主义和唯心主义斗争的理解，也影响了人们对中国哲学基本问题的探索。

中国哲学的基本问题是什么？

中国哲学中最具特色的东西是什么？贯穿于其中的基本问题是什么？学术界并没有统一的看法，更没有明确的结论。人们见仁见智，各有己见。把天人关系、天道与人道的关系，作为中国哲学的基本问题，也许是最有代表性的看法。

20世纪80年代初，冯友兰先生在《中国哲学史新编》的著述刚刚开始时，所写的"自序"中说：

> 哲学是对于人类精神生活的反思，人类精神生活所涉及的范围很广，这个反思所涉及的范围也不能不随之而广。这个范围，大概说起来，可以分为三部分：一部分是自然，一部分是社会，一部分是个人。自然就是中国传统哲学中所说的"天"；社会和个人就是中国传统哲学

---

① 景海峰：《中国哲学的现代诠释》，人民出版社，2004，第209~210页。

中所说的"人";人和自然之间的关系就是中国传统哲学中所说的"天人之际"。人类的生活,无论是精神的或物质的,都是和"天人之际"有关系的,所以中国哲学认为"天人之际"是哲学的主要对象。①

天人之际,即天人关系。冯先生在这里没有出现"哲学基本问题"的提法,只是说"哲学的主要对象",但他的意思却是很明白的。

张岱年先生虽然没有明确表示中国哲学的基本问题,就是天人关系问题。但他对天人关系问题,多有论述,值得人们特别重视。他在早期力作《中国哲学大纲》(1937年)中,梳理、阐明了中国哲学问题的发展历史。在"天人关系论"中,他首先分析了天人关系的多种含义:"中国哲学中,关于天人关系的一个有特色的学说,是天人合一论。"所谓"天人合一",又有天人"本来"合一,与天人"应归"合一的区分。在"本来合一"说中,又有"天人相通"与"天人相类"之分。

>所谓天人相通,如解析之,其意义可分为两层:第一层意义,是认为天与人不是相对待之二物,而仍一息息相通之整体,其间实无判隔;第二层意义,是认为天是人伦道德之本原,人伦道德原出于天。②

天人相类也有两种意义:一是指"形体"相类,如董仲舒的"天人感应"说,实为穿凿附会之说;二是指"性质"相类,它实际上与上述天人相通的第二层意义一样,也是把人伦道德说为天道。在《中国哲学史方法论发凡》(1983年)一书中,张先生写道:"先秦时代哲学的最高问题是天道问题。"③ 在《中国文化的基本精神》(1993年)中,张先生强调指出,中国文化、中国哲学的基本精神,主要包括四项基本观念:天人合一,以人为本,刚健有为,以和为贵。其中"天人合一"被列为第一。④ 可见他对"天人合一"思想的高度重视。

---

① 冯友兰:《三松堂自序》,人民出版社,1998,第235页。
② 张岱年:《中国哲学大纲》,江苏教育出版社,2005,第183页。
③ 张岱年:《中国哲学史方法论发凡》,载《张岱年文集》,清华大学出版社,1994,第377页。
④ 张岱年:《中国文化的基本精神》,载《中国精神——百年回声》,海天出版社,1998,第427页。

近年以来，不少学者明确表示中国哲学的基本问题，就是天人关系问题。例如，余敦康先生在《魏晋玄学史》中，在专门论述魏晋玄学之前，讲到中国哲学史的总体状况时，曾经明确指出，"一部中国哲学史就是围绕着天人关系这个基本问题而展开"，"儒道两家虽然在运思方向和理论表述上各有所偏，也都无例外地是以这种天人和谐作为自己追求的理论目标的"。① 又如，胡伟希先生在《中国哲学概论》中以"道"为中心，对中国哲学的特质作了分析，指出"天道"与"人道"的关系，是中国哲学发展的基本问题。中国哲学所讲的"形而上"世界与"形而下"世界的统一，除了对"天人合一"的强调之外，还体现于"内圣外王"之道。而在"内圣"与"外王"之间，又以"内圣"为本。它除了关注人的生命价值及其实践方式之外，还特别强调个人生命与外部世界，尤其是与社会存在的关系。

> 这种"天人合一"的思维方式不同于古希腊哲学的所在，就是它不强调本体与现象的二分，而是提倡本体与现象的统一。②

更能引起人们关注的是张世英先生。他在近二十多年来，完成了学术研究的转向。从专门研究西方哲学、黑格尔哲学，转而研究中西哲学的结合，特别是中国古代哲学与西方现当代人文主义哲学思潮的相互会通，从而提出了系统的、详尽的"天人合一"（"万物一体"）的新哲学观。张世英先生认为，哲学是关于人对于世界的态度或人生境界之学，

> 哲学的基本问题应是人对世界的关系问题，人对世界的态度问题，是人生在世的"在世结构"问题。③

天人关系问题在中国古代不同历史时期的演变

作为中国哲学基本问题的天人关系，或者说"天道"与"人道"的关

---

① 余敦康：《魏晋玄学史》，北京大学出版社，2004，第3、7页。
② 胡伟希：《中国哲学概论》，北京大学出版社，2005，第6~7页。
③ 张世英：《新哲学讲演录》，广西师范大学出版社，2004，第37页。

系，其意义非常丰富。"天道"蕴含着"道"的客体方面，如世界的本原、宇宙的化生、日月星辰的运行轨道等，是世界的存在及存在的形式，即通常所谓的自然观、宇宙观。"人道"蕴含着"道"的主体方面，如人的价值、伦理道德、社会制度等，是人的存在及对客体的体认，即通常所谓的人生观、伦理观、历史观。对于"天道"与"人道"的关系，中国哲学史上有各种不同的回答。如"天人合一""天人相通""天人相类""天人相分"等；仅就"天人合一"而言，在历史上不同的思想家，用来表示的含义也会有所不同。

对于天人关系概念的历史发展与演变，张岱年先生在《中国哲学大纲》中明确指出：

> 天人相通的观念，发端于孟子，大成于宋代道学（即理学）。……孟子之天人相通的观念，至宋代道学，乃有更进的发挥，成为道学之一根本观念。道学家多讲天人合一，而张子开其端。……至清初，王船山论天人相通，最为明晰。①

在《中国哲学史方法论发凡》一书中，他写道：

> 先秦时代哲学的最高问题是天道问题。……天人问题一直延续到唐代。……魏晋时代，"有无"问题突出起来。……到了宋明时代，哲学家着重讨论了"心物"问题和"理气"问题。②

在《中国文化的基本精神》中，他又说：

> 天人合一思想在春秋时即已有之。……孟子认为人性是天赋的，所以知性便能知天。……宋代张载明确提出"天人合一"的四字成语，在所著《西铭》中以形象语言宣示天人合一的原则。③

---

① 张岱年：《中国哲学大纲》，江苏教育出版社，2005，第 177~180 页。
② 张岱年：《中国哲学史方法论发凡》，载《张岱年文集》，清华大学出版社，1994，第 377 页。
③ 张岱年：《中国文化的基本精神》，载《中国精神——百年回声》，海天出版社，1998，第 427~428 页。

张世英先生也认为，中国哲学史上的"天人合一"的思想，在西周的天命论中就有了萌芽，而"天人相通"的哲学观念则起于孟子。孟子的以道德原则为本根的"天人合一"说，至宋明道学而发展到高峰。明清之际以后的近代哲学家中，王船山第一次比较明确地提出了类似"主客二分"的主张。以后，万物一体、天人合一的思想愈来愈受到批判。孙中山的精神物质二元论，更是明确地宣扬西方"主客二分"的思想。① 张岱年、张世英两位先生的上述看法，给我们提供了梳理中国哲学基本问题的基本线索。

殷周之际的天人关系，从总体上看，具有原始的、模糊的相通性。当时的"天"，作为人格神，具有对于人的保佑或惩罚的功能；而作为人，要效法天。但郑国的子产已有不同的看法。他既将"天经""地义"与"民行"统一起来，也重视天人之别。他批评当时占星术把天象等同于人间祸福的迷信观念，说"天道远，人道迩，非所及也，何以知之？"② 明确地提出了"天道"与"人道"的问题。春秋战国时期是中国哲学的奠基期，出现了众多的哲学流派，形成了"百家争鸣"的繁荣局面。由于儒家与道家较其他学派，都更关注在现实条件下，天道与人道、人的有限性与无限性的统一问题，因而终于成为中国哲学发展的骨干，形成了以儒家为主流，儒道互补的基本趋向。后来，佛学从印度传入中土，并且很快被中国化，即被儒学化、道学化。但是，儒、道两家对"天"的看法很不一样：儒家所讲的"天"主要是道德之天，是道德的本原；道家的"天"是自然之天，人与自然是统一的。

孔子创立儒家学说的根本目的，是追求理想的社会秩序和美好的人生境界。他很少谈天道，却也继承了传统的"天命"观念；把对天的信仰、敬畏，转化为内在的道德性，赋予生命以道德本体的意义，把"仁"作为哲学思想的最高范畴。他提出"克己复礼为仁""仁者爱人"，以及"己所不欲，勿施于人"和"己欲立而立人，己欲达而达人"的"忠恕"原则。他要求人们在人事活动中，特别是道德活动中去体认"天命"，从而把天道与人道、个体的人格修养与社会的价值关怀，以及"内圣"与"外王"统一起来。

孟子继承并发展了孔子的学说，不仅讲"仁"，而且讲"义"，将

---

① 张世英：《新哲学讲演录》，广西师范大学出版社，2004，第31～35页。
② 《左传》昭公十八年。

"仁"与"义"并举,以之作为对个人行为与社会行为进行道德评价的标准。他主张"性善",认为道德出自普遍的人性,这就是以"四端"为具体内容的"良知良能"。孟子特别强调性与天道的联系,把道德修养与"知天""事天"挂起钩来:"尽其心者,知其性也;知其性,则知天矣。存其心,养其性,所以事天也。"① 在他看来,道德行为之所以能给人带来幸福,并不在于它本身,而是因为能够通过它体会到与"天"的统一:"万物皆备于我矣,反身而诚,乐莫大焉。"② 天道之"诚"的本体,通过人道"思诚"的道德行为得以统一。天道与人道的本质都是"诚"。与以往把天人相感,仅仅是看作外部事物对于主体的一种外在的联系不同,孟子是从心的本质、情感与天进行沟通,是一种内在的联系。这种天道与人道的关系,代表着孟子以及中国哲学特有的一种"天人合一"的思维方式,它标志着人的道德修养的最高境界,对后来宋明理学影响极大。

老子作为道家的创始人,从完全不同的视角,来说明天道与人道的统一。他认为,"道"是最高的实体,它不是从属于"天"的。不能认为道是"天之道";相反,"道"比天更为根本,是"先天地生"的,天出于"道"。"人法地,地法天,天法道,道法自然。"③ "天"就是"自然而然",既没有意志,也没有任何道德意义。"道"是"无"与"有"的对立统一,天道与人道的最高原理是"无为",无为而无不为。作为人生哲学,"无"实际上是一种"致虚极,守静笃"的心境。这种"无"与"有"的对立统一,也是人生境界的写照:人生追求理想的无限性与具体实现的有限性。与西方传统哲学以追问宇宙最高存在的"本体论"问题为主不同,中国古代哲学总是把对宇宙终极实在(天道)的追问,同对人生终极意义(人道)问题的追问,联系在一起并且以后者为主。

庄子所追求的最高人生境界是超越主客对立、实现心灵自由的"逍遥"之境。这是一种"道通为一"的、多样性统一的境界:"天地与我并生,而万物与我为一。"④ 他提倡"心斋""坐忘":既要忘掉身外之物,又要忘掉自我,做一个"游于方内",一切顺乎自然的人。他认为"天地有大美而不言",大自然中的一切,包括理想的人生境界是美的;当人们以审美的眼光

---

① 《孟子·尽心上》。
② 《孟子·尽心上》。
③ 《老子》二十五章。
④ 《庄子·齐物论》。

来看待周围的一切事物时，它们就呈现出诗意的光辉。如果说，老子哲学注重的是对宇宙、社会、人生的观察，立足于社会批判的话；那么，庄子则把老子对外部世界的"道"的关注，转移到对个体内在自由的要求。他强调要以"天道"为师，将自己的生命融入天道无穷的转化之中，与道同体、与天同性、与命同化。他的思想对后世中国知识分子人格心理与文化精神影响极大至深。

荀子坚持了天的自然性，使之与人的能动性相结合，并以此批评庄子不知人的能动作用的缺陷，提出了人完全可以"制天命而用之"的重要观点。他又否定孟子尽心、知性、知天的说法，认为"天行有常，不为尧存，不为桀亡"，① 提出了"明于天人之分"的"天人相分"的主张。在"天人相分"的前提下，他又以天为人之自然本性，将对天道的认识，转化为人道，也就是"礼"，并且在礼中灌注了"知"的要求。他还主张"性恶"，认为道德意识不从人性中发生，这就与孟子的"性善"形成明显的对立。

秦汉时期社会矛盾复杂，哲学思潮多元，且具有过渡的性质。秦朝的统治者独尊法家，汉初却崇尚黄老的无为思想。汉武帝采纳董仲舒"罢黜百家，独尊儒术"的建议。董仲舒以"天人感应"为核心的神学哲学，使儒学神学化，并取代"天人相分"论。与之相对立，扬雄、桓谭、王充等人则把"天"还原为自然之天，特别是东汉的王充，以"天道自然"来反对"天人感应"的目的论和谶纬迷信之说。随着汉朝统一帝国的崩溃，"天人感应"的神学思潮开始走向衰亡。

魏晋时代，"玄学"盛行，以何晏、王弼、阮籍、嵇康、向秀、郭象为主要代表。玄学家们以"三玄"（《老子》《庄子》《周易》）为主要研究对象，他们继承老庄之学，醉心于其中的名言哲理，还用老庄思想来解释《周易》与儒家学说。从这个意义上说，"玄学"就是老庄之学。但他们中的不少人虽然在理论上标榜老庄，但其儒家情结却又挥之不去，呈现了"儒道会通"的趋向，从这个意义上说，"玄学"又不能完全等同于老庄之学。秦汉时期注重宇宙生成问题，魏晋玄学则主要讨论宇宙本体问题，"有无之辩"是其中心问题。何晏与王弼认为，整个世界"以无为本""以有为末"。王弼提出"无中生有"或"有生于无"，老子学说中的有无统一的"道"被改造为"无"。与之相反，裴頠、郭象提出了"崇有论"。裴頠认

---

① 荀子：《天论》。

为,"有"是自生的,郭象提出了"独化"与"自性"之说。他认为,万物是自然而然的存在,不仅是自生的,而且是各"任其性";其运动变化也不依赖某一个根据。

"自然"与"名教"之争也是魏晋时代"玄学"讨论的中心问题。这实质上仍然是天人关系问题。因为"自然即天道,是外在于人的不依人的意志而转移的必然之理;名教即人道,是内在于人的受人的意志支配的应然之理"。① 先秦的老庄学说崇尚自然,反对儒家的名教。魏晋玄学在"自然"与"名教"的关系上的争论,反映出它们在天道与人道关系上的不同看法。嵇康等人,提出"越名教而任自然"的主张,表现了明显的"反儒"性质。王弼却强调"名教本于自然",认为,作为"本"或"体"的"自然",与作为"末"或"用"的"名教",两者是本与末、体与用的关系,是可以统一的。只有将"名教"置于"自然"之上,社会纲常才能维系。郭象提出的是"名教即自然"的理论。他从天人关系的角度,对这个命题作了论证,认为是否合乎自然,其评价的尺度在于人的主体性。儒家的仁义道德既然是出于人的本性的需要,也就是合乎自然的。这样,他把庄子纯粹出乎天然的"自然",改造成是否合乎人性的"自然",从而把儒家的"名教"(人道)原则,与道家的"自然"(天道)原则统一了起来。王弼与郭象的上述说法,都呈现出把"儒"与"道"加以调和的双向倾向:既用儒家思想来解释道家思想,又用道家思想来改造、消化儒家思想。

佛教在两汉之际从印度传入中国后,就面临如何中国化的问题。两晋时期,随着玄学思想的流行,人们就开始用玄学的方法,对印度佛学思想作深层义理的了解。其间的代表人物有"般若"学者僧肇和"涅槃"学者竺道生。僧肇调和了"出世"与"入世"、"俗谛"与"真谛"、动与静的两极对立,把无与有统一起来,从而完成了魏晋玄学思维发展的一个三段式的发展过程:即从"贵无"到"崇有",再到"有"与"无"的合一。竺道生受玄学思想影响很深,他首倡的"人人皆有佛性"和"顿悟成佛"的观点,是玄学思想与印度佛学思想相融合的产物。隋唐以后,中国本土佛教宗派建立,主要有天台宗、唯识宗、华严宗、禅宗。以慧能为代表的禅宗,强调佛性人人共有,世间即出世间,凡夫即佛。而且认为,众生可以不必经历漫长的修炼,只要能够将固有的佛性(灵明觉知)唤醒,使之明白起来,当下

---

① 余敦康:《魏晋玄学史》,北京大学出版社,2004,第2页。

即可成佛。这些说法，在调和佛家的"出世"与儒家的"入世"、佛家的非理性与儒家的理性原则之间矛盾的过程中，起着关键性的作用。不仅促进了儒、道、佛三者的融合，对唐代的李翱和宋明的理学家也产生了深远的影响。

在佛教盛行之时，东晋南北朝时期出现了一批反佛的无神论者，范缜是其中的突出代表。他从"形质神用"出发，以"神灭论"反对佛教神学的"神不灭论"，把形与神关系理论推进到当时的最高水平。中唐以后，韩愈、李翱提出了儒家的"道统"说和"复性"说，指责佛老背离了"仁义"和君、臣、父、子的伦理原则。柳宗元、刘禹锡用"气"一元论来回答宇宙起源和世界统一性问题。刘禹锡说："天之能，人固不能也；人之能，天亦有所不能也。故余曰：天与人交相胜耳！"① 他还认为，由于天人之间各有所用，所以，天人不仅"交相胜"，而且"还相用"。

综上所述，在天人关系问题上，殷周时期基本上是原始的"天人合一"论，子产和后来的荀子，以"天人相分"论，否定"天人合一"论，这是一次否定；其间有孟子比较理论化的、尽心知天的"天人合一"论。在西汉的董仲舒的神学化的"天人感应"论，取代"天人相分"论之后，唐代的柳宗元、刘禹锡又与之相对立，以"天人交相胜、还相用"论，否定了董仲舒的"天人感应"论。但这不是简单的否定，而是否定之否定，它是对先秦以来重新提出的"天人相与之际"问题做了总结性的回答。"天人相合"与"天人相分"的争论，至此告一段落了。也许这就是张岱年先生关于"天人问题一直延续到唐代"这个提法的由来。宋明时期，天人关系继续存在，只不过在更高的层面上，以不同的理论形式表现出来罢了。

宋元明清时期，佛教哲学已经衰败，儒家哲学成为主流。这个时期的主要哲学流派和哲学家有：北宋邵雍的象数学，周敦颐的濂学，张载的关学，王安石的荆公新学，程颢、程颐的洛学；南宋朱熹的闽学、陈亮为首的永康学派、叶适为首的永嘉学派、陆九渊的心学；明代王守仁的阳明学、王艮为首的泰州学派以及罗钦顺、王廷相、李贽等人；明末清初的黄宗羲、方以智、顾炎武、王夫之、颜元等人和清中期的戴震等人。有的哲学史家把上述濂、关、洛、闽诸学以及陆王心学，合称为"道学"或"理学"。

宋明时期的儒家为了重建儒学思想体系，继承并发展了孟子"天人合

---

① 刘禹锡：《天论》（上）。

一"的思想，主动地吸取佛老的思想资源，并加以融合，提出了对天道与人道的重新认识，以之发展儒家思想。这时，"天"的含义有了突破性的进展，"天"与道、理、心的联系更紧密了。如果说，唐代以前的哲学家在天人关系上，是"天人合一"与"天人相分"的争论的话；那么，宋明的理学家们则是在"天人本无二"的基础上，着重从"理""气""心""性"相互联系的视角，来论证天与人是怎样成为"一"的。由于他们强调心与性，重点落脚在"内圣"，所以，宋明理学实际上是一门以德性为对象的、具有相对独立价值的"心性之学"。

宋明时期的哲学家讲"天人合一"是以张载开其端。张载以"气"为本的学说，以"天人合一"来解释"诚"与"明"的关系。人的作用与天的作用的统一，就是"诚"；知天与知人的统一，就是"明"。他又说："乾称父，坤称母；予兹藐焉，乃混然中处。故天地之塞，吾其体；天地之帅，吾其性。民，吾同胞；物，吾与也。"① 他十分形象地说明了既分又合的"天人合一"的思想。二程也从不同方面论述了"天人合一"。程颢说："上天之载，无声无臭"，"其体则谓之易，其理则谓之道"。"只心便是天，尽之便知性，知性便知天；当处便认取，更不可外求。"② 程颐认为，"心"就是"性"，"在天为命，在人为性，论其所主为心，其实只是一个道"。"道未始有天人之别，但在天则为天道，在地则为地道，在人则为人道。"③ 以后，朱熹、陆九渊所说均不出二程的范围。二程（特别是程颐）、朱熹以"理"为最高范畴，称为"程朱理学"；陆九渊、王守仁继承程颢，以"心"为最高范畴，称为"陆王心学"。

程朱理学中的"理"与陆王心学中的"心"相对应，代表对本体世界的一种观点。为了强调理的绝对性与普遍性，朱熹以"太极"作为理的总名，提出"有是理则有是气""理在气先"的命题。在他看来，人之所以有道德，是因为人生来就分有了太极之理。这种生来就分有的天理，对于人而言，就称为"天地之性"。此外，人性还受到宇宙之气的影响，这就是"气质之性"。人要使自己的道德完善，就要通过"格物致知"，去"穷天理，灭人欲"。根据"物我一理"的前提，认识外物之理，无非是以心中之

---

① 《西铭》。
② 《河南程氏遗书》（卷二）。
③ 《语录》（卷二，上）。

"理"去"观照"外物而已。这样宇宙万物的必然律,便转变为人伦道德的自然律,作为绝对客观存在的"天理",也就是"性"。这样"天理",不仅是客观事物存在之根据,而且是道德之本体。而作为宇宙的最高道德本体的"天理",与人的道德意志之间,要通过"心"而得以沟通、有所统辖,此谓"心统性情"。这样,他就从"天理"出发,把"天道"与"人道"的统一,最后归结到"心"与"理"的合一。

陆九渊对朱熹的上述说法不以为然。在他看来,心既是宇宙的本体,也是道德的本体。"天道"与"人道"统一的关键,不是什么"心统性情",而应该是"心体"即"性体",心即理或心即性。心是绝对的本体,把握了心也就把握了本体,宇宙论与心性论是合二而一的:"宇宙便是吾心,吾心即是宇宙"。① 如果说,朱熹是"理本论",那么,陆九渊就是"心本论"。而王阳明进一步发挥了陆九渊"心即理"的论断,指出:"吾心之良知,即所谓天理也。"心(良知)既是道德本体,又具有发动与作用的功能,从而得出"心外无物""心外无理""心外无事"的结论。他的"心性论"的重点,不在于对"心外无理"的论证,而在于如何通过心的功能的发挥,去达到这种"心外无理"的境界。

宋明理学在融会佛、道的思想成果的基础上,使传统的天人关系的思维模式得到了丰富和发展,并且较为完整地论证了人性的各个层面。"它把佛教、道家的超越情性转化为人的道德情性,使道德情性也获得了与佛教、道家相似的超越性。"②

明朝中叶以后,王学从极盛而发生蜕变,分为浙东学派、泰州学派、江右学派三支。真正把王阳明学说与程朱理学重新结合起来,并有一定新意的是刘宗周。明末清初,出现了王夫之等重要哲学家,对天道与人道的相互关系,提出了不少新的见解。王夫之批判地总结了宋明理学,在更高的水平上把天道与人道统一起来,认为天与人既分又合,合中有分,分中有合。他说:"理,天也;意欲,人也。理不行于意欲之中,意欲有时而踰乎理,天人异用也。"③ 既然"异用",便是合中有分;但"一天人,惟知昼夜,通阴阳,体之不二"。④ 既然"不二",便是分中有合。用他的话来说:"惟其

---

① 《象山先生全集》(卷二十二)。
② 方光华:《中国古代本体思想史稿》,中国社会科学出版社,2005,第447页。
③ 《张子正蒙注》(卷三)。
④ 《张子正蒙注》(卷九)。

本一，故能合；惟其异，故必相须以成而有合。"① 正因为这样，张岱年先生说："王船山论天人相通，最为明晰"；张世英先生认为，"王船山第一次比较明确提出了类似'主客二分'的主张"。但就总体而言，整个清朝，直到近代西方哲学传入之前，哲学讨论的范围都没有超出宋明理学。

总之，从春秋战国到宋元明清，中国哲学思想发展的基本问题，就是对天道与人道关系的探讨，特别重视对"内在自我"的叩问，而"各种不同的对'内在自我'的认识都在一定程度上揭示出人类存在状态的真实，它充分反映出中国思想对人类内在自我认识的深度和广度，体现了中国思想将文化理想建筑于人类自我反思基础上的人文信念"。② 即使在儒、道、佛三家发生复杂的互相对立又互相渗透的状态下，也是如此。19世纪末以后，由于社会经济政治的变动，以及西方学术思想的传入，著名启蒙思想家严复有感于中国传统思想无助于挽救民族危机，并使国家富强起来，提出要与旧学决裂、向西方尤其以英国经验论为代表的学术思想学习的主张。如果说，中国传统哲学长期以来，是以天人关系、天道与人道的关系问题展开的话，那么，在严复那里，他所思考的主要问题，则是知识与价值的关系问题。这是中国近现代哲学不同于古代传统哲学的一个重要特点。

余论：如何看待恩格斯关于哲学基本问题的论述？

既然认定"天道"与"人道"的统一，是中国哲学的一个基本问题，那么，应当如何理解恩格斯在《费尔巴哈与德国古典哲学的终结》中，对哲学基本问题所做的明确的论述？换句话说，恩格斯对哲学基本问题所做的概括，是否能完全覆盖中国、西方哲学发展的整个过程和全部内容？特别是，用唯物主义与唯心主义两军对战的模式，即使可以概括西方哲学史，那么，对于中国哲学史呢，也同样如此吗？这些问题是难以回避的。

张岱年先生认为，

> 恩格斯讲哲学基本问题是从西方哲学史中总结出来的，是否也适用于中国哲学史呢？这个问题需要深入的考察。中国古代哲学所用的概念

---

① 《张子正蒙注》（卷九）。
② 胡伟希：《中国哲学概论》，北京大学出版社，2005，第448页。

范畴与西方的不同，没有人像黑格尔一样采用"思维与存在"这个表达方式。但是中国古代哲学确实也有自己的基本问题或最高问题。[①]

张先生又说：

> 应该承认，"心物"问题即是精神与物质的关系问题，而理气问题是与西方哲学中'思维与存在'的问题非常接近，不过用语不同罢了。[②]

从这些话中可以看出，张先生并没有否认恩格斯关于哲学基本问题的论断，却也指出了"中国古代哲学确实也有自己的基本问题"的客观事实，强调对这个问题"需要深入的考察"。

近年来对恩格斯关于哲学基本问题的论述提出不同看法的有张世英先生。他在《新哲学讲演录》等有关著作中说："思维对存在、主体对客体的关系问题，就其充分明确的形式而言，只是西方近代哲学的问题。"如果"硬用唯心论与唯物论来套中国传统哲学和希腊哲学以及西方现当代哲学的一切思想流派，也是显然不合适的"。他认为哲学的基本问题应是人对世界的关系问题，人对世界的态度问题，也就是"在世结构"问题。[③] 有关"在世结构"问题，前面已经引用过，这里不必重复。应该说，张世英先生也没有否认恩格斯关于哲学基本问题的论述，但限制或缩小了它的适用的范围。

其实，恩格斯对哲学基本问题所做的概括，被人们简单化、教条化了。恩格斯说过："全部哲学，特别是近代哲学的重大的基本问题，是思维和存在的关系问题。""哲学家依照他们如何回答这个问题而分成了两人阵营。"但是，恩格斯对这个问题所做的具体分析，却被人们置之不顾。恩格斯说，这个问题是"根源于蒙昧时代的狭隘而愚昧的观念"，在中世纪时，"这个问题以尖锐的形式针对教会提了出来：世界是神创造的呢，还是从来就有的？""这个问题，只是在欧洲人从基督教中世纪的长期冬眠中觉醒以后，

---

① 张岱年：《中国哲学史方法论发凡》，载《张岱年文集》，清华大学出版社，1994，第377页。

② 张岱年：《中国哲学史方法论发凡》，载《张岱年文集》，清华大学出版社，1994，第377页。

③ 张世英：《新哲学讲演录》，广西师范大学出版社，2004，第37页。

才被十分清楚地提了出来,才获得了它的完全的意义。"①

从恩格斯的上述论述中可以看到,他在论述这个问题时,用语十分谨慎并有分寸感。我们知道,在思维和存在的关系问题的第一方面,即思维和存在何者为第一性的方面,是划分唯物主义与唯心主义的标准。也只有在这个范围内,思维和存在两者的对立,才具有绝对的意义;超出了这个认识论的范围,两者的对立只有相对的意义了。由于西方近代哲学有两个互相联系的特点:一是以"主体客体二分"作为主要的思维模式;二是以"认识论"为中心。因此,把"思维和存在的关系问题"作为以"主体客体二分"为特征、以认识论为中心的西方近代哲学的基本问题,是最恰当不过的。此外,恩格斯在关于哲学基本问题的论述中,还提到"物质和精神的关系",这就表明,哲学基本问题可以用不同的名词(神和自然界、精神和物质、思维和存在)来表达的。而且在古代、中世纪、近代这些不同的时代里,有不同的具体表现形式,并且可以从不同的方面加以研究。既然如此,我们现在做这样的研究,不仅是允许的,而且是应该的。

特别必须明确的是,"中国哲学的基本问题是什么"与"中国哲学发展中有没有和要不要划分唯物、唯心",是两个不同的问题。主张中国哲学的基本问题是"天道"与"人道"的关系,并不等于说在中国哲学的研究中,不要划分唯物主义和唯心主义。这是两个完全不同的问题,绝对不可混为一谈。从以上对天人关系发展过程不同哲学观点的梳理中,哪些是唯物主义哲学家,哪些是唯心主义哲学家?人们已经了然于胸,所以本文没有着重分析。在区别谁是唯物主义哲学家、谁是唯心主义哲学家的问题上,我们是不可能,也不应当把孟子与荀子,董仲舒与王充,程、朱、陆、王与张载、王夫之等同视之的。

总之,对于恩格斯关于哲学基本问题的论述,因其是对西方哲学,特别是对近代哲学的概括,因其是划分唯物、唯心的唯一标准,是不能轻易地加以否定的。但是,正因为它毕竟是对西方哲学,特别是以认识论为中心的近代哲学的概括,考虑到哲学发展的阶段性和民族差异,又可以而且应该加以丰富与发展。这才是我们对待马克思主义应有的正确态度。

载《东南学术》,2006年第1期

---

① 《马克思恩格斯选集》(第四卷),人民出版社,1972,第219~220页。

"天人合一"：东方基本思维模式的哲学表达
——季羡林关于"天人合一"的《新解》与《再思考》

季羡林先生（1911~2009）是北京大学的资深教授。1954~1958年我就读于该校，也知道季先生是在东方语言文学系，而我却在哲学系，因而无缘谋面。毕业之后，陆陆续续拜读了他的一些独具风格的散文。记得在一篇文章中，他说他自己"禀性愚鲁，不善于作邃密深奥的哲学思维"。[①] 也许是因为我所从事的专业的缘故吧？在最近几年许多出版社出版的、冠以不同书名的季先生的文集中，有两篇文章特别引起了我的关注。这两篇文章毫无疑义都是属于哲学方面的。一篇是《"天人合一"新解》（写于1992年11月22日），另一篇是《关于"天人合一"的再思考》（写于1993年9月19日）。它们被收集在季羡林研究所编辑的《季羡林说国学》一书的"国学漫谈"中，由中国书店2007年4月出版。

"天人合一"是中国哲学史上的一个非常重要而又耳熟能详的哲学命题。正是这样一个命题，却让自称"不善于作邃密深奥的哲学思维"的季先生，说出了许多即使是以哲学研究为专业的人，读后也会大开眼界的新见解，这实在是一件非常有意义的事情。

"天人合一"思想是东方文明的主导思想，是东方综合的思维模式的具体表现

"天人合一"的基本含义是什么？《中华思想大辞典》说："主张'天

[①] 季羡林：《记张岱年先生》，载《皓首学术随笔·季羡林卷》，中华书局，2006，第86页。

"天人合一": 东方基本思维模式的哲学表达

人合一',强调天与人的和谐一致是中国古代哲学的主要基调。"季先生很赞成这句话,他列举了孔子、孟子、董仲舒、程颐、张载、老子、庄子、墨子等人对这个思想的相关论述,认为这个命题不限于儒家,它"是一个非常伟大的、含义异常深远的思想"。① 他还引用张载《西铭》中的"乾称父,坤称母。……民吾同胞,物吾与也"那一大段话,说明张载是明确地提出"天人合一"命题的宋代哲学家。季先生指出,在主张"天人合一"的哲学家中,对这个命题的理解却很不一样;他还以一些现代哲学家为例,指出他们对"天人合一"这个重要命题的认识并不到位。季先生着重介绍了钱穆(宾四)先生对"天人合一"的看法,全文引述钱穆先生在1990年所写的《中国文化对人类未来可有的贡献》②,然后说:"我完全同意宾四先生对这个命题的评价:涵义深远,意义重大。"不同之点在于:钱先生是把"天"理解为"天命",把"人"理解为"人生";而季先生认为,"天"就是大自然,"人"就是我们人类。③

季先生根据他对"天人合一"含义的上述理解,进而对这个思想在整个中华民族,在东方各个民族的思想史中所占的地位与作用,做出如下几个方面的阐释。

1. 以往人们所理解的"天人合一",似乎仅在汉族这个范围内,季先生突破了这个局限,把它扩大到包括少数民族在内的整个中华民族。季先生说,中国文化是56个民族共同创造的,但他过去讲"天人合一"时,因为没有具体的资料,所举的例子都是汉族的,没有涉及少数民族。不久前,李国文先生把所著《东巴文化与纳西哲学》送给季先生,季先生阅后最感兴趣的是其中的"动物崇拜型的世界血肉整体联系说"。季先生引用东巴经《虎的来历》中的一段话:"……大地上很好的老虎,虎头是天给的。虎皮是大地给的。虎骨是石头给的。虎肉是土给的。虎眼是星宿给的。虎肚是月亮给的。虎肺是太阳给的。虎心是铁给的。虎血是水给的。虎气是风给的。虎的声音是青龙给的。虎爪是大雕给的。虎胆是胜利神和白牦牛给的。虎耳

---

① 季羡林:《"天人合一"新解》,载季羡林研究所编《季羡林说国学》,中国书店,2007,第35~48页。
② 载刘梦溪主编《中国文化》杂志1991年第4期。
③ 季羡林:《"天人合一"新解》,载季羡林研究所编《季羡林说国学》,中国书店,2007,第35~48页。

是豺狗给的。"① 无须任何解释,天地万物为一体的思想跃然纸上。

不仅中国各个少数民族的文化属于中国文化,而且后来融入中国文化的外来文化,也都属于中国文化的范围。"儒家、道家是传统文化,佛家也是啊,把佛家排除在外,是不对的。"② 为了说明佛家"天人合一"的思想,季先生举出一例。1993年季先生应韩国东国大学佛教学院院长吴亨根之邀,在北大给该学院的"佛教访华代表团"做了一次报告,讲的就是"天人合一"思想。吴亨根教授后来给季先生写了信。信中讲"天人合一"思想和大乘起信论中的"色心一如"思想是相通的;还说,中国僧肇大师所说的"天地与我同根,万物与我一体",是东方思想的最极致。③

2. "天人合一"思想不仅中国有,东方诸多国家也有,是东方文明的主导思想。在这两篇文章中,季先生以印度、日本、朝鲜等国为例,说明"天人合一"思想在东方国家是普遍存在的。

季先生指出,印度古代思想派系繁多,但其中影响比较大、根底比较雄厚的是"人与自然合一"的思想,只是所用的名词不同。中国把大自然称为"天",而印度则称之为"梵"(brahman);中国的"人",印度称之为"我"(Atman,阿特曼)。中国讲"天人",印度讲"梵我",意思基本一样。印度古代有句名言: tat tvam asi,表面上的意思是"你就是那个",而真正的含义是"你就是宇宙"("你与宇宙合一")。宇宙,梵,是大我;阿特曼,我,是小我。《奥义书》中论述梵我关系时,经常使用一个词 Brahmatmaikyam,意思是"梵我一如"。作为现象界的"我"(小我),和那真正实在的最高本体的"梵"(大我),两者在本质上就是同一个东西。据此,季先生认为,"这一套理论无非是说梵我合一,也就是天人合一,中印两国的思想基本上是一致的"。④

日本是深受中国宋明理学影响的国家,日本学者对于"天人合一"思想并不陌生。季先生以不久前他收到的一本书的内容为证,说明了这一点。该书是日本神户大学教授、哲学和日本学专家仓泽行洋博士的新著,书名为

---

① 李国文:《东巴文化与纳西哲学》,云南人民出版社,1991,第115~116页。
② 季羡林:《中国文化是五十六个民族创造的文化》,载《季羡林说国学》,中国书店,2007,代前言,第2页。
③ 季羡林:《关于"天人合一"思想的再思考》,载《季羡林说国学》,中国书店,2007,第49~68页。
④ 季羡林:《"天人合一"新解》,载季羡林研究所编《季羡林说国学》,中国书店,2007,第35~48页。

《东洋与西洋》。季先生请人将其中题为"万物与我一体"这一部分,从日文翻译为中文,抄录在他的文章中。仓泽行洋博士的书中也讲到印度人所说的"梵我一如",指出,"这里就是讲我与梵,自我的本体与宇宙的原理是相同之物。日本明治时代的某位学者把它称为'梵我一如'。奥义书思想之本就在于'梵我一如'这是一个十分出色的表现。'梵我一如'也是我、人与人以外的万物完全相同的另一种讲法。"此外,仓泽行洋博士还引用中国古书《碧岩录》中的"天地与我同根,万物与我一体"这句话,以及《庄子》书中说的"天地与我并生,而万物与我为一""万物皆一,万物一齐"等话进行论证,说明"包括人类在内的万物从本质上看都是相同的。"①

朝鲜有比较悠长的哲学发展的历史,一方面有自己本土的哲学思想,另一方面又受到中国哲学思想的影响。中国儒家的"天命观"早在三国时期就已传入朝鲜,到了高丽末李朝初期,作为宋代理学基础的"天人合一"思想在朝鲜占了上风。这时期出现了一批程朱理学的代表人物,他们都提出了一些关于天地万物之理的论述,而明确地提出"天人合一"思想的是权近(1352~1409)。他反对天人相胜论,提出天人相类、相通的学说,他用图表来解释哲学思想,其中最重要的是"天人心性合一"图。"因此我们可以说,这种东方特有的'天人合一'思想,在朝鲜哲学史上也是比较明确的。"②

根据以上的事实,季先生认为,"天人合一"思想是"东方思想的普遍而又基本的表露",是东方哲学思想的重要特点。③

3. "天人合一"思想是东方综合的思维模式的具体表现。季先生把"天人合一"思想提高到思维模式来论述,认为,东方的思维模式是综合的,是"合二而一"的;西方的思维模式是分析的,是"一分为二"的。"天人合一"这个命题"正是东方综合思维模式的最高最完整的表现"。④

季先生在就郑敏教授的文章发表意见时,进一步阐述了这个看法。郑敏教授的文章题目是"诗歌与科学:世纪末重读雪莱〈诗辨〉的震动与困

---

① 仓泽行洋:《东洋与西洋》,日本大阪东方出版社,1992,第52~54页。转引自《季羡林说国学》,中国书店,2007,第51~52页。
② 季羡林:《关于"天人合一"思想的再思考》,载《季羡林说国学》,中国书店,2007,第49~68页。
③ 季羡林:《"天人合一"新解》,载季羡林研究所编《季羡林说国学》,中国书店,2007,第35~48页。
④ 季羡林:《"天人合一"新解》,载季羡林研究所编《季羡林说国学》,中国书店,2007,第35~48页。

感"。雪莱（1792~1822）是英国浪漫主义诗人，他在《诗辨》中，以诗人的敏感，预言了西方工业发展的恶果；并且主张以"爱"来医治人的创伤，以"想象"来开拓人的高尚，以"诗"来滋润久旱的土地。郑敏教授读后感到震动与困惑，季先生对之十分赞同，并且说："拯救全人类灭亡的金丹灵药，雪莱提出来的是想象力、诗和爱，我们东方人提出来的是'天人合一'的思想，殊途同归，不必硬加轩轾。"①

郑教授的文章中谈到了"分析"与"综合"这两种思维模式，分析表现为知性（理性）、分析力、结构主义；而综合则表现为悟性、想象力、解构思维。分析力的发展产生了人对自然的强烈欲望，它集中表现为科技；而想象力发展的走向是超越物质世界，走向无拘束、无边无际的精神世界，集中表现为诗和哲学。② 一般而言，"结构主义"带着浓厚的崇尚科学的客观性的倾向，企图将文字、语言及文化的各个方面纳入结构符号系统的世界，从而使之脱离人性及主观想象力而独立存在；而"解构思维"则与之相反，它反对定型的、僵化的系统和抽象，它吸收了东方的"道""无"等思维。季先生在引述了郑教授的观点后说："世界上没有绝对纯的东西，东西方都是既有综合思维，也有分析思维。但是，从宏观上来看，从总体上来看，这两种思维模式还是有地域区别的：东方以综合思维模式为主导，西方则是分析思维模式。这个区别表现在各个方面。东方哲学思想的特点的'天人合一'思想，就是以综合思维为基础的。"③

季先生的结论是：中国文化和东方文化中有不少好东西，"天人合一"就是其中最重要之一。他以特别强调的口气说："天人合一"思想"非常值得注意，非常值得研究，而且还非常值得发扬光大，它关系到人类发展的前途"。④ 既然事关"人类发展的前途"，当然不能等闲视之，而"注意""研究"的目的，正是为了"发扬光大"。那么，如何发扬光大呢？这就涉及东西文化体系的相互关系这个大的题目了。

---

① 季羡林：《关于"天人合一"思想的再思考》，载《季羡林说国学》，中国书店，2007，第49~68页。

② 郑敏：《诗歌与科学：世纪末重读雪莱〈诗辨〉的震动与困惑》，《外国文学评论》1993年第1期。

③ 季羡林：《关于"天人合一"思想的再思考》，载《季羡林说国学》，中国书店，2007，第49~68页。

④ 季羡林：《"天人合一"新解》，载季羡林研究所编《季羡林说国学》，中国书店，2007，第35~48页。

东西文化的交流、融合，与人类文化发展的前途

作为国际著名的东方学家的季先生，把"天人合一"思想放在全球的背景下，从世界发展的未来趋势来研究，这是顺理成章的事情。这也是他对"天人合一"的新解之所在。

季先生认为，人类文化的产生是多元的，而不是一元的，那种"欧洲中心主义"是错误的。自从有人类以来，共形成了四个文化体系：一，中国文化；二，印度文化；三，从古代希伯来起，经过古代埃及、巴比伦，以至阿拉伯文化的闪族文化；四，肇端于古代希腊、罗马的西方文化。前三者都属于东方文化，所以，四个文化体系又可以归结为两大文化体系：东方文化和西方文化。

西方文化主张向大自然穷追猛打，暴烈索取。在一段时间内看来似乎是成功的，大自然被迫满足了他们的生活的物质需求，因此有点忘乎所以，飘飘然、昏昏然以"地球的主宰自居"，最后遭到了自然的报复，环境严重污染，生态平衡惨遭破坏。许多西方的有识之士看到这个问题的严重性，"但是却不一定有很多人把这些弊害同西方文化挂上钩。然而，照我的看法，这些东西非同西方文化挂上钩不行"。①

东方文化的主导思想是主张与自然万物浑然一体，同自然交朋友，了解自然，认识自然，在这个基础上再向自然有所索取。以综合思维为基础的"天人合一"这个命题，就是这种态度在哲学上的凝练的表述。

季先生援引英国历史学家汤因比（Toynbee）所著《历史研究》(Historical Studies) 中的观点，说明东西方文化的发展趋势。汤因比把人类在几千年的历史上所创造的文明归纳为23种或26种，指出"文明的河流不止西方一条"，任何文明都不能万岁千秋，永垂不朽。② 季先生把人类文明归纳为五个阶段：诞生、成长、繁荣、衰竭、消逝，认为，西方文化经过资本主义工业化的繁荣期之后，现在已经呈现出强弩之末之势，走向衰竭了。

季先生指出，面对西方文化出现的困境，"有没有挽救的办法呢？当然

---

① 季羡林：《"天人合一"新解》，载季羡林研究所编《季羡林说国学》，中国书店，2007，第35~48页。
② 汤因比：《历史研究》，曹未风等译，上海人民出版社，1986，第43~48页。

有的。依我看,办法就是以东方文化的综合思维模式济西方的分析思维模式之穷。人们首先要按照中国人、东方人的哲学思维,其中最主要的就是'天人合一'的思想,同大自然交朋友,彻底改恶向善,彻底改弦更张。……在西方文化已经达到的基础上,更上一层楼,把人类文化提高到一个前所未有的高度。'三十年河西,三十年河东'这个人类社会进化的规律能达到的目标,就是这样。"①

"三十年河西,三十年河东"这个论断是季先生的著名论断,在许多场合反复地说过。但学术界对此的认识并不一致。李慎之先生就是该论断的反对者。

李慎之先生在一篇题为"中国哲学的精神"的文章中说:当今世界上有一批在各种学科居于领导地位的科学家认为,"只有发展科学,发展技术,发展经济,才有可能最后解决环境问题。决不能为保护环境而抑制发展,否则将两俱无成。我是赞成他们的意见的"。② 对此,季先生不以为然,认为科学决非万能,"科学主义"那一套是靠不住的。虽然我们不能为了保护环境而抑制科学和经济的发展,"但是,处理这个问题,脑筋里必须先有一根弦,先有一个必不可缺的指导思想,而这个指导思想只能是东方的'天人合一'的思想"。③ 季先生赞同李先生关于"人类已经到了全球化的时代,各种文化的融合已经开始"的说法,但是,在"怎样融合"的问题上,季先生与李先生存在着意见分歧。季先生说:"他(指李慎之先生)的论点看样子是东西文化对等地融合,不分高低,不分主次,像是酒同水融合一样,你中有我,我中有你,平起平坐,不分彼此。这当然是很理想的,很美妙的。但是,我却认为,这样的融合是不能解决问题的,倒不是因为我们要争一口气。融合必须是不对等的,必须以东方文化为主。"④

然而,在这里有一个十分关键而又无法回避的问题,这就是:中国文化、东方文化也已经有了几千年的历史,难道它就有什么"特权",因而不受上述五个阶段的制约吗?季先生的回答是:东方文化没有什么"特权",

---

① 季羡林:《"天人合一"新解》,载季羡林研究所编《季羡林说国学》,中国书店,2007,第35~48页。
② 李慎之:《中国哲学的精神》,《传统文化与现代化》1993年第2期。
③ 季羡林:《关于"天人合一"思想的再思考》,载《季羡林说国学》,中国书店,2007,第49~68页。
④ 季羡林:《关于"天人合一"思想的再思考》,载《季羡林说国学》,中国书店,2007,第49~68页。

也要受到五个阶段的制约。"但是，中国文化作为一个整体，在几千年的发展过程中，有过几次'输液'或者甚至'换血'的过程。印度佛教思想传入中国，是第一次'输液'。明清之际西方思想传入，是第二次'输液'。五四运动也可以算是第三次'输液'。有这样几次'输液'的过程，中国文化才得以葆其青春。这样的'输液'，西方文化是不明显的。……这是东西方文化最显著的区别之一。"① 这就是季先生坚持认为"融合必须是不对等的，必须以东方文化为主"的重要根据。

平心而论，季先生的上述看法，特别是关于"三十年河西，三十年河东"的论断，人们未必都能认同，可以见仁见智；但是，西方许多有识之士（包括自然科学家和人文社会科学的学者），越来越多地提出要向东方文化学习，这是一个不争的事实。郑敏教授的文章中举出了费诺罗萨（Fenollosa）、庞德（Ezra Pund）对中国文字和古典文学感兴趣，以及卡普拉（Fritjof Capra）和海德格尔（Martin Heidergger）想以东方文化"作为一种良药来疏浚西方文化血管中物质沉淀的阻塞"等，都能说明这一点。据此，季先生说："西方向东方学习古已有之，于今为烈。……西方在第一次世界大战和第二次世界大战以后，都曾掀起向东方学习的高潮。其中原因实在值得我们认真去思考。"② 正因为这样，季先生认为，历史上曾有过"三十年河东"，现在正是"三十年河西"，未来将会再来一个"三十年河东"！

季先生说，黑格尔关于事物发展的公式是：正——反——合，而他的公式是：正——反——正。③ 那么，第二个"河东"是第一个"河东"的简单重复，还是在高级水平上的复归？显然，季先生并不认为是前者，如果是后者，为什么又强调与黑格尔的区别？季先生的观点与张世英先生的上述观点是否存在差别？细心的读者自会分晓，而无须我在这里做"班门弄斧"式的饶舌了。

载《福建师大学报》，2009 年第 6 期

---

① 季羡林：《关于"天人合一"思想的再思考》，载《季羡林说国学》，中国书店，2007，第 49~68 页。
② 季羡林：《关于"天人合一"思想的再思考》，载《季羡林说国学》，中国书店，2007，第 49~68 页。
③ 季羡林：《关于"天人合一"思想的再思考》，载《季羡林说国学》，中国书店，2007，第 49~68 页。

"轴心时代"理论视野下的儒学与道学

—— 雅斯贝尔斯《大哲学家》相关内容述评

雅斯贝尔斯的"轴心时代"理论，作为一种观察世界古代哲学和文化的产生与发展的新视角，对于观照和反思中国"轴心时代"的儒家与道家哲学思想，富有特殊的启发性意义。本文将围绕这个主题，从他的《大哲学家》中所呈现的相关内容及其致思取向谈起，尝试对道家与儒家之学做出尽可能贴近"轴心时代"风致的阐发。

"轴心时代"理论的提出及其基本内涵

从世界范围来看，在公元前 800 年～前 200 年，哲学思想的发展出现了三个基本的派别：中国哲学、印度哲学和以古代希腊为诞生地的西方哲学。

怎样说明这个看似偶然、实则必然的世界性的文化突变或转换？德国哲学家雅斯贝尔斯（Karl Jaspers, 1883～1969）所论说的"轴心时代"（Axial Period）理论具有相当的解释效力；由马克斯·韦伯（Max Weber）提出、经过帕森斯（Talcatt Parsons）发挥的"哲学的突破"的观念，则与之相辉映，共同呈现了一种透视古代文化创生现象的视野。这些理论说明，人类的几个民族，不约而同地、在差不多相近的时间里，开始了理性的觉醒，体现了对其自身存在处境的眷注以及对自身存在意义的追问。这些民族的伟大的先知，古希腊的苏格拉底、柏拉图，印度的释迦牟尼，中国的孔子、老子，以及犹太人中的耶稣等，以他们非凡的人格力量与深邃智慧，共同造就了"哲学的突破"，从而把人类基本的价值观念与文化的早期积累，凝结为系统的文献形式，取得了经典的地位，并且对后来的历史发展产生了长远的影响。

雅斯贝尔斯早年曾在海德堡和慕尼黑大学攻读法律,后来还在柏林、哥丁根、海德堡大学学习医学。第一次世界大战爆发之后,他把兴趣转向了哲学。1921年他被聘为海德堡大学的哲学教授,从而开始了成效卓著的哲学生涯。他是存在主义的主要代表,是20世纪最伟大的哲学家之一。

雅斯贝尔斯非常强调哲学在世界范围内的普遍交流,认为对"世界哲学史"的考察,以及这种考察的现实化,可以作为普遍交流之框架。在他的"世界哲学"的概念中,所谓"世界",首先所表示的就是"统摄"(das Umgreifende)之意。我们的认识对象都是在主体与客体二分的前提下被构成的,所以,只有在这种整体把握和普遍交流的情境下,认识才具有可能性,并且转化为现实的动力。换句话说,认识的对象都属于存在物(Seiende)的领域;而作为超越了所有存在物的"存在"(Sein),却既非主体亦非客体,是主体、客体未分的统一状态。正是在这个意义上,雅斯贝尔斯提出了"存在就是统摄"这个著名论断。这样,在"存在物"和"存在"的差别之间展开对"统摄"的哲学思考,实际上表明他的思考视野,已经延伸到了存在论的领域,而且直逼"存在"本身。

说到"存在论",我们无法不结合海德格尔的哲学历史观来讨论雅氏的中国哲学观。或者说,从雅斯贝尔斯的哲学运思出发来理解海氏的哲学变革,则可以发现在德国现代哲学中,确然存在着一种致力于"存在物"和"存在"的区分,以求取"存在"意义的思想传统。海德格尔说:"在西方思想的历史中,尽管人们自始就着眼于存在而思考了存在者,但存在之真理始终还是未曾被思的,它作为可能的经验不仅向思想隐蔽起来了,而且,西方思想本身以形而上学的形态特别地、但却一无所知地掩盖了这一隐瞒事件。""根据这种历史,在存在者之为存在者整体的显现中,并没有发生存在本身及其真理"。[①] 在他看来,自古以来,西方哲学就行进在两个追问方向上:一是追问"存在者",一是追问"存在"。但是,从柏拉图—亚里士多德开始形成的占主流的西方的传统哲学,就其总体而言,它们所发生的偏离就在于形而上学的实体化,其结果是模糊"存在"与"存在者"的区别,忘记了"存在本身及其真理",并把对"存在者"的追问取代了对"存在本身及其真理"的追问。而追问"存在"的哲学思潮,虽然在古代曾经有过

---

① 海德格尔:《林中路》,上海译文出版社,1997,第219页。

可喜的开端,但后来几乎被淹没了。从柏拉图到黑格尔,在长达两千五百年间,这种迷误居然得以绵延。因此,新哲学的使命应是:重提"存在"问题,揭示"存在"的真相,以恢复其"超越者"的地位。①用雅斯贝尔斯的话来说,对于这种超越者的"存在",虽然不能像认识存在物那样去认识它,却是可以"澄明"它。

如何"澄明"存在?雅斯贝尔斯认为,要做到这一点,只能间接地进行,即必须借助于对"对象物"的思维,来获得对"存在"的"统摄"或提示。为此,他拟定了重构"哲学世界史"的宏大构想与写作计划。全部计划共有五部分,不仅包括哲学的发展史,还涉及哲学与语言、宗教、科学、艺术等众多内容。遗憾的是,这个计划刚刚付诸实践,他便与世长辞了,留下的是大量的未完成稿。值得庆幸的是有些内容已经出版了。这里着重指出两本,一是作为整个著作的导论,是讲述哲学史应当是什么。它是以单行本的形式出版的,叫《论历史的起源与目标》(*Vom Ursprung und Ziel der Geschichte*),1949年在慕尼黑 Piper 出版社出版(中译本由华夏出版社1989年出版)。二是《大哲学家》(*Dis ist Philosophie*),1957年也在慕尼黑 Piper 出版社出版(中译本由社会科学文献出版社2005年出版)。

正是在这些著作中,雅斯贝尔斯提出并用哲学史的丰富材料,具体地论证了关于"轴心时代"的理论。他指出,在这个时代里,人类开始意识到在整体中的"存在"、自我以及自身的极限。在这个时代里,人类为自己确立了最崇高的目标,产生了我们今天依然要借助于此来思考问题的基本范畴。从此之后,"人类一直靠轴心时代所产生的思考和创造的一切而生存,每一次新的飞跃都回顾这一时期,并被它重新燃起火焰"。②

雅斯贝尔斯不满意黑格尔以耶稣的出现作为世界历史的轴心的做法,又试图跳出以欧洲为中心的存在主义哲学框架。他采取西方人、亚洲人乃至全人类都信服的、统一的尺度,来审视整个世界哲学史,以哲学家著作的独创性和相似的思维方式为取向,将世界上取得卓越成就的哲学家划分为三种类型:一是思想范式的创造者,包括苏格拉底、佛陀、孔子、耶稣;二是思辨的集大成者,包括柏拉图、奥古斯丁、康德;三是原创性形而上学家,包括

---

① 参阅林可济《追问"存在",还是追问"存在者"?——从海德格尔的哲学视角梳理西方哲学史》,《福建论坛》2005年第9期。
② 雅斯贝尔斯:《历史的起源与目标》,华夏出版社,1989,第14页。

阿那克西曼德、赫拉克利特、巴门尼德、柏罗丁、安瑟尔谟、斯宾诺莎、老子、龙树。这是一个伟大精神王国的整体画卷。数千年来，"这些哲学大师已经走上了通往最深刻的理性之路"，"他们的思想成为先于我们存在的各种形式的可能性"，他们是"最具根源性的哲学家"。因此，"对于我们这些后来者来讲，其使命是让这些大师们带领我们进入已被澄明了的地方，在那里我会清楚地知道我的自我会如何发展"。①

雅斯贝尔斯在《大哲学家》中，把孔子作为"思想范式的创造者"，与古希腊的苏格拉底、印度的佛陀（释迦牟尼）、犹太人中的耶稣等人并列，可以说评价极高。他认为，孔子的根本思想是："借对古代的复兴以实现对人类的救济"，"终极事物从来没有成为孔子的主题"。② 他从"礼""乐""自然与胸治""与人交往""政府""君子"等方面阐述了孔子的道德伦理规范。③ 他认为，孔子没有宗教的原始体验，同神秘主义无缘；孔子热爱世间的美、秩序、真诚以及幸福；孔子的性格是乐天知命、开放、自然。④ 雅斯贝尔斯引用了孔子"述而不作，信而好古"⑤ 的论述，对孔子进行了一种世界文化历史的定位，说明孔子"宣告了古代之声"，勾画出了一幅使得古代的"真理发挥更好效果的历史画卷"。质言之，孔子继承古代而又不停留于古代，他"通过将流传下来的文献转变成有意识的根本思想，实际上是产生了一种与古老的？融而为一的新哲学"。⑥ 也许，这就是雅斯贝尔斯把孔子说成"思想范式的创造者"的最重要的根据吧！

雅斯贝尔斯引用孔子学生的话："仲尼，日月也，无得而踰焉"⑦，来说明孔子在他学生的心目中是"唯一的伟大的权威"；引用司马迁在《史记·孔子世家》中的话⑧，说明"孔子是一个出身百姓的普通人，他的学说却能流传十几代。从天子到王侯，都以这位大师来决断、以大师为准则。我们可以说他是至高无上的圣人了"。⑨

---

① 雅斯贝尔斯：《大哲学家》，社会科学文献出版社，2005，第6~7页。
② 雅斯贝尔斯：《大哲学家》，社会科学文献出版社，2005，第115、138页。
③ 雅斯贝尔斯：《大哲学家》，社会科学文献出版社，2005，第120~129页。
④ 雅斯贝尔斯：《大哲学家》，社会科学文献出版社，2005，第145页。
⑤ 《论语·述而》。
⑥ 雅斯贝尔斯：《大哲学家》，社会科学文献出版社，2005，第116页。
⑦ 《论语·子张》。
⑧ 司马迁：《史记·孔子世家》："天下君王至于贤人众矣，当时则荣，没则已焉。孔子布衣，传十余世，学者宗之。自天子王侯，中国言'六艺'者折中于夫子，可谓至圣矣！"
⑨ 雅斯贝尔斯：《大哲学家》，社会科学文献出版社，2005，第153页。

雅斯贝尔斯在《大哲学家》中，将老子作为"原创性形而上学家"，而与阿那克西曼德、赫拉克利特、巴门尼德、柏罗丁、安瑟尔谟、斯宾诺莎、龙树等人归于同一个类型。他从"道""道与世界""道与个体的人""道与国家之统治"等几个方面，对老子的哲学做出了系统而又简明的阐述。他特别重视老子的独特性与批判性，而这正是他把老子看作"原创性形而上学家"的根据。他说，老子《道德经》"它那充满悖论的语句所产生的说服力，它那缜密的态度以及它那被引向似乎是神秘莫测境界的思想深度，从而使这部书成为了一部不可替代的哲学著作"。① 他还认为，老子运用了辩证的思维方式，"这便是老子从根源深处、从冥思中得到的一种言说方式"。从这个意义上说，"老子的哲学中并不存在形而上学、伦理学、政治学间的区别，只是我们在描述他的思想时应用了这样的顺序而已"。②

中国的"轴心时代"的儒家与道家

黄克剑在其近著《由"命"而"道"》中，全面、系统、深入地分析了中国先秦诸子的学说，提出了"中国的'轴心时代'"的新概念，并做了富有创意的阐发。他说："'轴心时代'所确立的教化虽然不无带着民族的印痕，却都有着对于整个人类文化史来说更普遍的意义。它们的共同底蕴在于，先前人们只是更多地顾念人的可能的'命运'，而这之后，人生当有的精神'境界'开始成为人们的又一重终极眷注。"他认为，"命运"问题是回答"人从何处来，又向何处去"的问题；而"境界"问题则是解决"人生的意义何在"的问题。"这两个问题是从人生的终极处问起的，因而构成人生其他一切问题的辐辏。'轴心时代'的圣哲们第一次把人生'境界'问题启示给了人们，这意味着对'命运'意识的某种超越"。③ 这种由"命"而"道"的转换，是中国的"轴心时代"的特征，它出现的时间是在诸子百家蜂起的春秋战国之际。

既然是"轴心"，那就意味着，在此之前的各种思想，都为它的产生做着准备；而在它之后的各种思想的演变与发展，又都会受其影响。众所周

---

① 雅斯贝尔斯：《大哲学家》，社会科学文献出版社，2005，第815页。
② 雅斯贝尔斯：《大哲学家》，社会科学文献出版社，2005，第840~841页。
③ 黄克剑：《由"命"而"道"》，线装书局，2006，第6页。

知，欧洲的文艺复兴就是把目光投向欧洲文化的发展的源头——古代希腊，从而不仅使欧洲的文明得以重新燃起新的光辉，而且对世界的文明进程产生了重大的影响。那么，中国春秋战国之际产生的、对后世最有影响的儒、道两家的情况又是如何的呢？

中国古代哲学的发展可分为：先秦时期、秦汉到隋唐以及宋元明清等阶段。先秦的春秋战国时期是中国哲学的奠基期，这个时期出现了众多的哲学流派，形成了"百家争鸣"的繁荣局面，主要有儒家、道家、墨家、法家、阴阳家和名家等。整个中国古代哲学也就形成了以儒家为主、儒道互补的基本趋向。后来虽从印度传入佛教，但很快被中国化，即被儒学化、道学化了。

儒、道两家之所以成为思想综合的主体，首先是因为它们在"轴心时代"的突破之初就确立了"关心一切人"的普遍立场。虽然它们理解的人，有"道德人"和"真人"的区别，它们理解的人性也有不同的展开领域：儒家展开于"善恶"的道德领域，而道家展开于"真伪"的存在领域，但从普遍的意义上理解"人"，则是共同的。儒、道两家之所以成为中国哲学发展的两大精神主脉，是因为这两家较其他学派都更关注在现实条件下，如何实现天道与人道、人的有限性与无限性的交流、涵摄以及统一问题。用黄克剑的话来说，就是更好地解决人生意义、完成由"命"而"道"的转换。雅斯贝尔斯的《大哲学家》在先秦诸子百家中，专门选择孔子和老子，各设专门的篇章来论证，显然表现了他对于轴心时代精神飞跃的敏感以及对中国古代哲学成就的认同。

儒家的开创者是孔子。他创立儒家学说的根本目的，是追求理想的社会秩序和不为尘垢所累的人生境界。围绕当时对"礼"的看法的分歧，提出"礼"应当以"仁"为依归。他赋予生命以道德本体的意义，认为个体生命存在的意义与价值，就在于"践仁"和"成人"。他把"仁"作为哲学思想的最高范畴而又将这一概念坐落于"人"，提出"克己复礼为仁"[1]"仁者爱人"[2]，给周礼注入了新的生命内涵。不妨说，是孔子第一次揭示了这种社会性道德规范的人性内容，将对"礼"的理解，从传统的外在约束与规范，转移到以人为本这个方向上来。这样，他关于道德的一系列教诲，实

---

[1] 《论语·颜渊》。
[2] 《论语·卫灵公》。

质上成为人生哲学与生活原理。

雅斯贝尔斯还指出，孔子的精神在《大学》《中庸》中得到了最完美、最为明了的阐述，儒家学说通过孟子、荀子而"形成了理论的形态，这两位哲学家对学派的传统产生了很大的影响。儒家的思想变得更概念化、个性化以及系统化了"。① 这里所谓的"个性化"实际上是指孟子、荀子之间的差异，对于中国的读者来说，这些都是比较熟悉的了。

关于儒家对后世的影响，雅斯贝尔斯在《大哲学家》中说，"在儒家发展的整个过程中，孔子一直起着很重要的作用"，并保持着有效的推动力。当他讲到儒家学说的复兴时，他又指出："实施这种复兴的一个伟大人物便是王阳明。"② 这个说法显然不够全面。宋明时期的儒家，为了重建儒学思想体系，继承并发展了孟子"天人合一"的思想，并主动地吸取佛老的思想资源，并加以融合，提出了对天道与人道的重新认识，以之发展儒家思想。就其主要派别而言，有张载以"气"为本的"气一元论"的学说；二程（程颢，特别是程颐）、朱熹以"理"为最高范畴的"程朱理学"；以及陆九渊、王守仁继承程颢，以"心"为最高范畴的"陆王心学"。这些，我们就不去详谈了。

老子是道家的创立者，庄子是老子的主要继承者，他们都推崇"道"，把它作为哲学的最高范畴。"道"，从首、从辶。首，有开始、初始之义；辶，是道路、行走之义。因此，"道"既是宇宙万象的本原，又是万物行走的道路和必须遵循的规律。《老子》说："有物混成，先天地生"③，又说："道生一，一生二，二生三，三生万物。"④ 这就说明："道"是宇宙万象的本原，是天地万物所以生的总原理。"知常曰明"⑤，人生贵在默会并遵行"道"。可见，道家虽在言"天"（道），但其旨趣所归则在于"人"（生），终极关怀则永远在于人生境界。说中华民族轴心时代的成就在于由"命"而"道"的转型，其要义一样反映在道家学说当中。

老子以后的道家，虽有若干互不相同的派别，但将老子精神发展到高峰，以形成道家正统的是庄子。这一点雅斯贝尔斯也是认同的。在"效法

---

① 雅斯贝尔斯：《大哲学家》，社会科学文献出版社，2005，第149页。
② 雅斯贝尔斯：《大哲学家》，社会科学文献出版社，2005，第152页。
③ 《老子》第25章。
④ 《老子》第42章。
⑤ 《老子》第16章。

老子的各色人物"的标题下,庄子被称为"老子最有名的继承人",同时也被认同为文学家。因为"《庄子》一书巧妙风趣,引人入胜,具体形象,在他那里文意犀利的语句与流水般叙事的倾向一同存在,其思想的叙述形式的变化丰富多彩。庄子的独创性以及形象的想象力是同轶事、谈话以及场景联系在一起的"。① 我们认为,说庄子是文学家,毋宁说,他是文学家同时又是哲学家。庄子继承并发挥了老子的思想,他肯定"道"在宇宙、人生与社会的终极意义,并强调它的超越性与真实性。他说:"夫道有情有信,无为无形,可传而不可受,可得而不可见。自本自根,未有天地,自古以固存,神鬼神帝,生天生地。在太极之先而不为高,在六极之下而不为深,先天地生而不为久,长于上古而不为老。"② 庄子哲学中活跃的生命感以及表达上的诗情画意,越发彰显了道家形而上学的境界维度,以及对人生的现实关切。

庄子所追求的最高人生境界是超越主客对立、实现心灵自由的"逍遥"之境。这是一种"道通为一"的、多样性统一的境界:"天地与我并生,而万物与我为一"③。于是,他提倡"心斋""坐忘":"鱼相忘乎江湖,人相忘乎道术"。④ 既要忘掉身外之物,又要忘掉自我,做一个"游于方内",一切顺乎自然的人。

儒家与道家、老学与庄学的同与异

关于儒家与道家的同与异,我们首先感兴趣的是,雅斯贝尔斯对这个问题是怎么看的?

首先,他认为,孔子与老子的差异在于,老子置"道"于万物之前、之上,"老子直接通向道,而孔子则是间接地通过建立人世间的秩序来实现的"。"老子和孔子是对立的两极,但是相辅相成的两极。"在中国伟大人物身上,这两极的统一性"不是通过系统地统摄这两种思想于一体的哲学而予以反映,而是存在于中国人那乐于思考而又富于自我启发的生命智慧之

---

① 雅斯贝尔斯:《大哲学家》,社会科学文献出版社,2005,第843页。
② 《庄子·大宗师》。
③ 《庄子·齐物》。
④ 《庄子·大宗师》

中"。①

其次，在中西文化及其哲学的比较之中，雅斯贝尔斯给老子以历史的定位。他说："从世界历史来看，老子的伟大是同中国的伟大结合在一起的。""跟人类社会上所有最伟大的哲学家一样，老子并没有把自己的哲学思想囿于已知的事物上，而是从统摄中捕捉着思考的源泉。他那延伸至最深远处的思想真可谓无所不包。……老子的道乃是在超越了所有有限性达到最深层次的宁静，而有限本身，只要它们是真实的、现时的，也都充满着道。这一哲学思考便活在了世间，进入了世界的根源之中。"根据他对老子的这些理解，他进而指出，"对于中国精神来讲，世界乃是自然生起现象，生机勃勃的循环，静静运动着的宇宙。所有对全体道的偏离都只是暂时，瞬息即逝的，终究还是要回归至不朽的道那里去的。对于我们西方人来讲，世界自身并不是封闭的，确切地讲这同来自世界的无法理解的自然现象有关。世界和我们的精神处于同自身以及他人搏斗的紧张状态之中，在进行着决定性的搏斗，其历史的内涵乃是有一次性的。老子不识那位提出要求的、发着怒的、正在格斗并想要格斗的上帝的暗号"。②

雅斯贝尔斯上述的这些看法，无疑是把握住了孔子和老子哲学的一些命意，但要想深刻地把握儒家、道家哲学的基本差异，还必须做出某些补充。

对于"儒"与"道"的差异这个问题，我国学者也有许多论述。有的学者认为，儒家与道家之所以能够长期并存，是我国古代封建社会政治上的高度集中，与经济上极其分散的这个基本矛盾，在思想文化中的反映。无论这个看法是否确切，但老子深刻地看到在仁、义、礼等口号下所产生的种种弊端，无志于仕途而走向隐逸之路，这却是无疑的事实。从《史记·老子韩非列传》关于孔子向老子"问礼"的记载③中，我们可以看出，孔子虽然志趣高尚，已经与世俗之人有很大的不同，并无声色犬马之追求，但老子还斥责他"骄气""多欲"，可见两人在价值观上有着重大的差异。

从哲学乃至整个文化的视角来看，孔子和儒家学派与老子和道家学派，

---

① 雅斯贝尔斯：《大哲学家》，社会科学文献出版社，2005，第148～149页。
② 雅斯贝尔斯：《大哲学家》，社会科学文献出版社，2005，第844～845页。
③ 司马迁《史记·老子韩非列传》："孔子适周，将问礼于老子，老子曰：子所言者，其人与骨皆已朽矣，独其言在耳。且君子得其言则驾，不得其时则蓬累而行。吾闻之，良贾深藏若虚，君子盛德，容貌若愚。去子之骄气与多欲、态色与淫志，是皆无益于子之身。吾所以告子，若是而已。"

也存在着明显的差异。正如任继愈所说:"中国哲学中辩证法思想十分丰富,辩证法中有刚健为主的一派,以《易传》为代表;以柔弱为代表的一派,则导论源于老子。中国哲学有以伦理实践为主的流派,起源于孔子;以高度抽象思辨为主的流派,则起源于老子。老子的抽象思辨发展到魏晋时期,形成魏晋玄学,以王弼《老子注》为高峰,从此开创了哲学史的一个新阶段。说起老子开创了中国哲学本体论的先河,并不过分。""中华文化没有孔子,不成其为中华文化;同样,没有老子,也不成其为中华文化。对儒道两家本身及其流派研究得愈透彻,对中国认识得也就愈全面。"①

黄克剑认为,孔子和老子虽然都是最早敏感到"礼崩乐坏"的底蕴并试图对面临的问题作某种终极思考的人,但是,他们各自所立的"道"是不同的。孔子确信"人能弘道,非道弘人",②并把自己学说的全部旨趣归结为"志于道,据于德,依于仁,游于艺"。③老子所眷注的"道",是"自然"之道,而"德"则是"上德"之人为"自然"之道所做的一种见证,在其中并没有对可能"弘道"的人的寄托。因此,他们的"所有分歧纳入一个焦点,这焦点就在于是否'依于仁':由'依于仁'所确立的道德是儒家的道德,从'失道而后失德,失德而后失仁'④的观念上厘定的道德是道家的道德"。⑤

儒道两家"道"论的分际,势必使儒道两家对古代士大夫、文人的心理结构的形成、人格的铸造与行为的选择产生不同的影响。在中国古代传统文化土壤上生长的士大夫、文人们,他们一方面以儒家的积极入世精神,步入仕途,以建功立业,实现自我之价值;另一方面,又以道家超越功名利禄之淡泊胸怀,心游于无穷,以回归于物我统一的精神家园。两者互相补充,在不同的时机、不同的处境,各有各的作用。闻一多在论及诗人孟浩然时说:"我们似乎为奖励人性中的矛盾,以保证生活的丰富,几千年来一直让儒道两派思想维持着均势,于是读书人便永远在心灵的僵局中折磨自己,巢由与伊皋,江湖与魏阙,永远矛盾着,冲突着。"⑥闻一多的话讲出了中国

---

① 任继愈:《皓首学术随笔》,中华书局,2006,第190~192页。
② 《论语·卫灵公》。
③ 《论语·述而》。
④ 《老子》第38章。
⑤ 黄克剑:《由"命"而"道"》,线装书局,2006,第71页。
⑥ 闻一多:《唐诗杂论·诗与批评》,三联书店,1999,第36~37页。

古代一般读书人的人生公式和必由之路：由学而仕，由仕而隐。仕与隐的矛盾，从某种特定的意义上说，反映着儒与道的矛盾。儒、道两家虽然都既讲实，又讲虚；但儒家的重点在实，道家的重点在虚。因此，"可以说，儒道两家是人性之虚实两面在文化的反映"。① 人们也许由此可以更深刻地理解，道家在中国古代文化史上，有着不可替代的历史地位；同时，也可以看出，当今我们研究道家哲学思想具有何等重要的现实意义。

儒道两家固然有差异，不仅如此，即使在道家学派中的老庄之间，也同样存在着微妙的、不可忽视的差异。

老子、庄子都推崇"道"，他们在基本思想发展上的联系，是无法否认的事实。人们通常以老、庄并称，他们之间的相同之点是被后人所广泛认可的。现在的问题是：他们之间的相异之点何在？

人们提出这个问题是事出有因的。先秦时期的学术文献并没有把老、庄放在一起论述，没有出现"老庄"或"庄老"的提法。相反，却出现过对"老庄"迥然不同的评价。例如，韩非子不仅曾经在《解老》《喻老》中，对老子的著作进行了注解与发挥；而且在他自己的著作里也多处引用《老子》。但整个《韩非子》仅有一处提到庄子，而且还贬斥庄子的学问为"迂深闳大，非用也"。② 包含在《庄子》一书、据说是门生后学所写的《天下篇》中，把学术观点相近的人物放在一起论述，却对老、庄分而论之。这也是很耐人寻味的。值得重视的是司马迁的《史记》，它即使把老、庄、申、韩放在一起而同传，但尚无"老庄"之称，况且传文还是以老、韩为主。由于老子思想中，确有为侯王出谋划策、献"君人南面之术"的内容，因此他与韩非在讲政治哲学、权谋机诈方面，自有其承接之处。之所以把庄子也归于此，那是因为在《庄子》一书中，既有许多毁仁义、抨儒墨、"绝圣弃知"等社会政治方面的激烈愤慨之言论。在这方面，又与老子一脉相承。依照司马谈对于道家思想所做的概括："以虚无为本，以因循为用"，无疑同样适合于老、庄。司马迁关于庄子"要本归于老子之言"的论断，实开后代把"老庄"并为一家的先河。"老庄"这一并称始见于《淮南子》③，继而流

---

① 张世英：《道家与审美》，《北京大学学报》2005年第5期。
② 《韩非子·外储说左上》说："论有迂深闳大非用也，故畏震瞻车状，皆鬼魅也。"根据有关专家的说法，此处的"畏震瞻车状"，分别指魏牟、长卢子、詹何、陈骈、庄周。
③ 《淮南子·要略》："考验乎老、严之术，而以合得失之势。"这里的"严"即"庄"，因避讳而改。

行于汉末、魏初。

雅斯贝尔斯对于"老庄"的差异,也有所论述。他说:庄子"与老子的差异还是很大的。老子透过根源性、严肃以及真诚而抓住了内心深处苦痛以及虚静中之真理。与老子相反,庄子却以其惊人之笔让读者惊叹不已,俨然一幅讽刺家、怀疑家的面孔,他把老子的思想拿来用作他进行文学创作的素材"。"老子整体的调子是平和,庄子则富有论战性,……庄子那令人赞叹的独创性,他对世界与现世,对语言,对各种各样的心理状态的深入思考,庄子那丰富的内涵使他成为了中国最让人感兴趣的作家之一。"①

我国现当代学人的著作中,也并不缺乏有关老、庄相异的论述。例如,冯友兰在《中国哲学史》中说过:汉朝以前,无道家之名,老学与庄学也不同,"汉人所谓道家,实即老学也"。"道家之名,乃汉人所立,其以老庄皆为道家者,则因老学庄学虽不同,而同为当时一切传统的思想制度之反对派。再则老学与庄学所说道、德之二根本观念亦相同。此汉人所以统名之曰道家之理由也。"但两者毕竟是不同的:"老学述应世之方法,庄学则超人事而上之。"老学盛行于汉初,庄学盛行于汉末。直到这时,虽然出现《老子》庄学化的倾向,但"实则老自老,庄自庄也"。②

李泽厚指出,"庄与老有接近连续关系,但基本特征并不相同。老子是积极问世的政治哲学,庄子则是要求超脱的形而上学。与老子以及其他哲人不同,庄子很少真正讲'治国平天下'的方略道理,他讨论的主要是齐物我、同生死、超利害、养身长生的另外一套"。③

陈鼓应认为,老庄虽然都推崇"道",但在内涵上却有很大的不同。概略地说,老子的"道",侧重其客观的意义,强调其"反"的规律以及无为、不争、柔弱等特性,本体论与宇宙论的意味较重,而庄子则把"道"和人的关系,扣得紧紧的,"只描述体'道'以后的心灵状态",并"从主体透升上去成为一种宇宙精神"。④

着重从"心灵的境界"上来说明老、庄不同的,还有徐复观、牟宗三等。徐复观说:"庄子主要的思想,将老子的客观的道,内在化而为人生的

---

① 雅斯贝尔斯:《大哲学家》,第843页。
② 冯友兰:《中国哲学史》,华东师范大学出版社,2000,第132~133页。
③ 李泽厚:《漫述庄禅》,《中国社会科学》1985年第1期。
④ 陈鼓应:《老庄新论》,上海古籍出版社,1992,第185~209页。

境界",① 老子的宇宙论虽然是为了建立人生行为、态度的规范所构造、建立起来的,但他所说的"道""无""天""有"等观念,"主要还是一种形而上的性格,是一种客观的存在";"但到了庄子,宇宙论的意义,渐向下落,向内收,而主要成为人生一种内在的精神境界的意味,特别显得浓厚"。②牟宗三说:"老子之道有客观性、实体性及实现性,至少亦有此姿态。而庄子则对此三性一起消化而泯之,纯成为主观之境界。故老子之道,为'实有形态',或至少具备'实有形态'之姿态,而庄子则纯为'境界形态'。"③

要而言之,老子哲学注重的是对宇宙、社会、人生的观察,立足于社会批判,它与自然哲学、政治哲学有更多的关联;其政治哲学甚至也可以被法家思想所吸收。而庄子将老子对外部世界的"道"的关注,转移到对个体内在自由的要求,从而改变了道家思想的发展方向,他的哲学思想特别是美学精神,对后世中国知识分子人格心理与文化精神影响极大至深。

总的来说,在孔、孟、老、庄之间,无论他们有着怎样的不同,有一点是相通的。他们皆眷注人生之"道",着意于心灵的安顿与境界的提升。在"轴心时代"理论的视野下关注儒家与道家之学,可以切中其"境界"形态的哲学本质,从而将其与前"轴心时代"的以"命运"为主题的哲学观念区分开来。无论是宗法"自然"之道,还是倡说致"仁"之道,儒家与道家皆因着对人生境界的终极眷注而引发着后世的回味与共鸣,每一次新的飞跃都要从中汲取力量。哲学主题由"命"而"道"的转换,正是"轴心时代"发生的"哲学的突破"的底蕴所在。

载《问道》(年刊),2008 年(总第 2 辑)
收入本书时有所删节

---

① 徐复观:《中国人性论史》,华东师范大学出版社,2005,第 236 页。
② 徐复观:《中国人性论史》,华东师范大学出版社,2005,第 221~222 页。
③ 转引自陈鼓应《老庄新论》,上海古籍出版社,1992,第 185 页。

海德格尔何以赞赏老庄哲学？

作为西方现当代最重要哲学家的海德格尔，何以赞赏中国古代的老庄哲学呢？这是一个耐人寻味的问题。本文试图对此给予初步的回答。

海德格尔及西方现当代人文主义思潮

马丁·海德格尔（Martin Heidegger），现当代德国哲学家，1889 年 9 月 26 日出生于德国西南角巴登州的梅斯基尔希（Messkirch）镇。1909 年他进入弗赖堡大学研读神学，想实现做神父的梦想。不久，他阅读了现象学创始人 E. 胡塞尔（E. Husserl）写的《逻辑研究》一书，并被它所吸引。1909~1911 年，他特别关注"语言与存在之间的关系"；为此，阅读了 W. 狄尔泰和 F. 施莱尔马赫的解释学著作。从此他放弃神学而以哲学为他的专业。在相继取得博士学位、讲师资格后，曾跟随胡塞尔在弗赖堡大学执教。1923 年起，担任马堡大学的教授。同年，开始撰写他的最重要著作《存在与时间》。这部著作于 1927 年，在胡塞尔主编的《哲学与现象学研究年鉴》上首次发表。虽然此书由于某种内在的困难，未能按照原来的计划全部完成。但还是在短期内获得了巨大的国际影响，从而奠定了他一生哲学活动的基础。1928 年，他回到弗赖堡大学，接替退休的胡塞尔任哲学讲座教授。1929 年，他出版了《康德与形而上学问题》，表明他与康德《纯粹理性批判》的创造性对话如何从思想上打开了"存在"与"时间"的道路。它和后来出版的《现象学基本问题》，在一定程度上填补了《存在与时间》原计划中的空白。以 20 世纪 30 年代初的《真理的本性》发表为标志，海德格尔的思想发生了"转向"（Kehre），此后，他所关心的问题和所用的术语都有较大的改变。1933 年希特勒上台，海德格尔曾一度追随法西斯，参加国家社会党，并被任命为弗赖堡大学校长，一年后辞职。因这段历史，他曾被列为审查对象。战后，退休回故乡从事著述，1976年病逝。

海德格尔被视为开辟了现象学运动的一个新方向，并被奉为存在主义哲学的创始人和主要代表，同时也是西方现当代人文主义思潮的一位重要代表。

在已经过去的20世纪里，西方资本主义社会发生了巨大的变化。社会内部经济危机的不断发生，两次世界大战造成的巨大破坏，及其给人民群众带来的深重灾难，使人们对理性产生了怀疑。在这样的社会背景下，以反理性为特征的（诸如唯意志主义、存在主义、弗洛伊德主义等）种种社会思潮的相继产生，也就是可以理解的了。

作为西方人本主义核心流派的存在主义，它的产生并不是凭空的。19世纪丹麦哲学家克尔凯郭尔，以及德国哲学家尼采、胡塞尔、狄尔泰等都为之提供了思想资料。在这个学派的许多成员中，起核心作用的主要代表是海德格尔和萨特。他们以存在主义的观点，批评了西方自柏拉图到黑格尔的传统哲学。他们和许多西方现当代哲学家（特别是欧洲大陆的一些人文主义思想家）一样，认为西方传统的哲学应当"终结"，并把自己的思想称为"后哲学"（After Philosophy）。这种动态值得我们高度重视和认真研究。

所谓西方传统哲学是指自苏格拉底、柏拉图以来，直至黑格尔为止的哲学；从古代到近代，时间跨度很大。古希腊哲学家柏拉图提出"理念论"，开启了"主体—客体"式思想的先河；而明确地把主体与客体对立起来、以"主客二分"式的主体性作为哲学主导原则的，则是笛卡儿为真正开创者的近代哲学。其中，黑格尔是这种思想的集大成者。这种哲学把思维、存在、普遍性、特殊性、本质、现象、一、多、质、量、必然、自由等一系列概念，当作独立于人以外的东西来加以追求。所以，它又被称为"概念哲学"。

西方现当代哲学家则与之相反，他们主张终结这种"概念哲学"，大多数人都贬低以至反对主体与客体的对立，强调人与世界万物的融合。他们的共同倾向是超越"主体—客体"式，达到一种类似中国古代的"天人合一"或"万物一体"的境界。而海德格尔正是这种思潮的一个主要代表，也可以说，他是一个划时代的人物。

海德格尔关于人与世界的关系的基本观点

海德格尔在人与世界的关系上，有着和西方传统哲学完全不同的观点。他认为，我们通常说，人"在世界之中存在"（In – der – Welt – sein）。这句话中的"在之中"（In – Sein），就有两种不同的含义，实际上反映了关于人和世界的关系的两种不同的理解。按照第一种含义来理解，人在世界之中的"在之中"，是指人在认识世界万物之先，早已经融合于世界万物之中；人要认识世界，首先就要有与世界万物打交道的活动。按照第二种含义来理解，"在之中"是指两个现成的、彼此外在的东西，其中一个在另一个"之中"。例如，水在杯子"之中"，衣服在柜子"之中"，等等。这样，人在世界之中，就等于说，人本来是独立于世界的，世界是碰巧附加给人的。① 这就必然产生一个问题：人是如何认识世界的呢？西方传统哲学所持的就是第二种观点，而西方现当代哲学则主张第一种观点。

当然，上述两种关于人与世界关系的观点，不是并列或互相排斥的，后者是以前者为基础，前者是后者之可能发生的前提。换句话说，人之所以有可能认识世界万物，是因为人一向就已经生活于、实践于世界万物之中。只有这样，人才有可能作为主体而认识客体，从而实现主体与客体的统一。

人与世界万物的关系，是血肉相连的关系。没有世界万物，则没有人；而没有人，世界万物也就没有意义了。海德格尔认为，人与世界的关系即"此在与世界"的关系，就类似灵魂与肉体的关系：没有世界万物，人这个灵魂就成了魂不附体的"幽灵"；而没有人，世界万物就成了无灵魂的"躯壳"。由此看来，人与世界万物的关系是内在的，人作为万物之灵魂，确有高于其他万物的卓越之处，但绝对不能像西方的"人类中心论"所说的那样，把物（客体）看作被人（主体）认识与征服的对象。人与万物的关系，不是对象性的关系，而是相通相融、共处互动的关系。这种关系类似于中国古代哲学所说的"天人合一"或"万物一体"。

中国古代虽然也有"天人相分"的思想，但长期是以"天人合一"或"万物一体"的思想为主导。儒家、道家都讲"天人合一"，区别在于儒家赋予"天"以道德的意义；道家的"道"是宇宙万物之根本，人亦以

---

① 海德格尔：《存在与时间》，生活·读书·新知三联书店，1999，第61~73页。

"道"为本。"道法自然",它没有道德意义。因此,同儒家哲学相比较,老庄哲学更接近于海德格尔的观点,而海德格尔也更赞赏老庄的"天人合一"思想。

海德格尔的道家情缘

海德格尔是在第二次世界大战之后,才比较多地公开谈论中国的老庄哲学。但是他在1930年之前,就已经认真阅读过《老子》《庄子》,并产生了思想上的共鸣。

1930年10月8日,海德格尔在不来梅(Bremen)做了题为"真理的本性"的演讲。第二天,又在克尔勒(Kellner)家中举办讲座。当讨论的话题涉及"一个人是否将自己放到另一个人的地位上去"时,遇到了困难。海德格尔当场向克尔勒索取一本德文本的《庄子》,读出《秋水》中有关"庄子与惠施濠上观鱼"那一段,以说明他的观点。"它一下子就更强地吸引住了所有的在场者。就是那些还不理解'真理的本性'的演讲的人,思索这个中国故事,就会知道海德格尔的本意了。"[①]《庄子》不是一本易读的书,如果海德格尔没有经过长期的、反复的阅读和思考,绝不可能贴切地引用其中的寓言来阐发自己的思想。

前面已经说过,在人与世界万物的关系问题上,存在着"天人合一"与"主客二分"这两种根本不同的看法。因此,面对当前的事物,也有两种追问的方式。西方现当代的哲学家所采用的,是从一些现实事物到另一些现实事物的"横向路线"的追问方式(它要求回答:人"怎么样"与世界万物融合为一);这就有别于西方传统的"概念哲学"采用的、由感性中的东西到理解中的东西、沿着"纵深路线"的追问方式(它要求回答:外在的客体"是什么")。这后一种追问方式的目的,是要寻求外在的客观事物的根底,达到抽象同一性或普遍性概念,以把握事物的"相同"。而海德格尔所讲的从"显现"或"在场"(presence)的东西到"隐蔽"或"不在场"(absence)的东西的追问,是属于"横向路线"的追问方式,它并不摒弃概念、普遍性,而是要超越"在场"的"事理",进入"不在场"的

[①] H. 比采特(Petzet):《不来梅的朋友们》,载《回忆马丁·海德格尔》,(Erinnerung an Martin Heidegger), ed. Guenther Neske, Pfullingen: Neske, 1977, pp. 183 – 184。

"事理",以把握世界万物的"相通",达到万物一体的境界。庄子与惠施关于鱼乐的那个著名辩论,就是说明"相同"与"相通"的关系的绝妙的例子。如果只从鱼与人、庄子与惠施之间的不"相同"而言,既然不"相同",当然也就不"相通",那么,惠施所说的:"子非鱼,安知鱼之乐?"与庄子的辩词:"子非我,安知我不知鱼之乐?"① 两者都是能够成立的。但是,如果从万物虽然不"相同"但"相通"的道理来说,不仅庄子可以知鱼之乐,而且惠施也可以知庄子之知鱼之乐了。这样一来,上述惠施与庄子所说的那些话,就都不能成立了。

海德格尔在讲话或文章中,引用中国道家言论的例子还有一些,这只是其中的一个典型的事例罢了。

1946年春天,海德格尔在弗莱堡市中心的木材市场与中国学者萧师毅相遇,由此引发了他们当年夏天合作翻译《老子》的一段重要经历。他们并不参照其他人的翻译,直接与《老子》打交道。而且在开始时,没有按照原著的先后顺序,首先着手于那些直接涉及"道"的章节。这里,我们不必过多地介绍细节,只要引用两段话就够了。

一段是萧师毅说的:"海德格尔实质上是在考察,深入地、不知疲倦地、无情地询问。他追究原文中的符号关系,这些关系之间的隐秘的相互引发(interplay),以及在这种相互引发中产生的每一种可想象得出的意义的上下文。只有各种意义的完全整合到位,才使他敢于去决定一个思想形式的轮廓,并由此去将中文原文的多层含义清楚地、和谐地转化为西方的语言。"②

另一段是波格勒说的:"虽然这次对老子的翻译没有进行很久,它却是一个要使西方哲学的源头与伟大的东方传统中的一个源头相遭遇的努力。这次经历在一个关键的形势中改变了海德格尔的语言,并给了他的思想一个新的方向。"③ 从萧师毅和波格勒的话中可以看出,海德格尔不是一般的翻译者,而是全身心地与老子进行思想交流;而且,这种思想交流对海德格尔具有极其重要的意义!

---

① 《庄子》。
② 《海德格尔与亚洲思想》,(Heidegger and Asian Thought),ed. G. Parkes, Honolulu: University of Hawaii Press, 1987, p.96。
③ 《海德格尔与亚洲思想》,(Heidegger and Asian Thought),ed. G. Parkes, Honolulu: University of Hawaii Press, 1987, p.52。

据萧师毅的回忆，海德格尔在书房中挂着他请萧师毅写的一对条幅，内容是《老子》第十五章中的两句话："孰能浊以止，静之徐清？孰能安以久，动之徐生？"萧师毅还在中间加一横批："天道"。①

上述种种事实足以说明，海德格尔对中国道家思想的重视，以及道家思想对他产生的深刻影响。

海德格尔哲学与老庄哲学的比较

海德格尔之所以如此赞赏老庄哲学，主要是因为两者之间有着诸多共同或相似之点。当然，这不等于说：两者完全是一回事。相反，两者也存在着重大的区别。为了把问题说清楚，首先必须以中西哲学发展的全局作为背景，判定它们各自所处的地位。

从人与世界万物的关系来说，有"天人合一"与"主客二分"这样两种根本不同的看法。它们在哲学思想的发展史上，表现为三个不同的发展阶段。

从西方哲学史来看，在苏格拉底、柏拉图之前，属于第一阶段。这个时候，哲学思想的主流是关注人与世界万物的和谐，有着类似中国古代"天人合一"的思想。柏拉图提出"理念论"，从认识论的角度讲客观的"理念"是认识的目标，从而开启了"主体—客体"或"主客二分"式思想的先河，这是第二阶段。这个阶段还包括了从笛卡儿到黑格尔的整个西方近代哲学，它的原则都是"主体—客体"式的。他们所讲的"主客二分"，并不是只讲对立而不讲统一；但问题在于，这种统一是两个东西处于外在关系的基础上的统一。西方现当代的人文主义思潮，批判了第二阶段的"主客二分"的弊病，使哲学思想的发展进入了第三阶段。这个阶段的"天人合一"是高级的形态的，它不是完全否定"主客二分"，而是包含并超越之。这样，整个西方哲学史的发展，呈现出否定之否定的态势。

从中国哲学史来看，占古代哲学主导地位的是原始的"天人合一"思想，缺乏或较少区分主体与客体的思想。明清之际以后的近代哲学家中，王船山第一次比较明确地提出了类似"主客二分"的主张。鸦片战争失败之

---

① 《海德格尔与亚洲思想》，(Heidegger and Asian Thought), ed. G. Parkes, Honolulu: University of Hawaii Press, 1987, p. 100.

后，中国人民深受帝国主义的侵略，一批先进思想家们意识到，传统的那种不分主体与客体的"万物一体"或"天人合一"思想，固然有引人进入高远境界的魅力，但缺乏实用价值，无助于认识自然、发展科学，从而愈来愈受到批判。例如，谭嗣同主张区分我与非我，强调"心之力"；梁启超大力介绍并赞赏笛卡儿和康德的主客关系和主体性哲学；孙中山的精神物质二元论，更是明确地宣扬西方主客二分的思想。这是当时为了救亡图存、学习西方近代民主与科学的必然要求。

老庄哲学和海德格尔哲学，他们分别处于上述中国哲学发展的第一阶段和西方哲学发展的第三阶段。他们之间的最基本的相似之点在于，他们都主张"天人合一"。这里我们不妨说得具体一些，例如：

海德格尔的基本观点正如上述，他主张人与世界万物和谐相处，融合在一起。老庄也持类似的观点。《老子》提出"人法地，地法天，天法道，道法自然"。①《庄子》认为，"汝身非汝有"，"是天地之委形也"；"生非汝有，是天地之委和也；性命非汝有，是天地之委顺也；子孙非汝有，是天地之委蜕也"。② 他们都认为，人的一切都不能独立于自然，都是自然之物。

海德格尔说，人不是孤立的，而是"在世界之中存在"，要与人、与物打交道，"沉沦"（verfallen）是必然的。"沉沦"属于"非本真状态"。有"沉沦"则有"操心"（sorge, care），因此，"操心"就是人生在世的基本状态。③ 面对这种情况，要不甘从俗，不甘沉沦，以"获得自己本身"；否则，就会"丧失自己本身"。道家及其先驱杨朱，早就提出要"全性葆真，不以物累形"的主张，《老子》说："贵以身为天下，若可寄天下；爱以身为天下，若可托天下。"④ 老庄的著作中之所以一再强调"贵身""贵生轻利"，是要求人们选择"为己"而不是"丧己"的道路。这里所说的"为己"，非自私自利之谓也，是指"欲得之于己"而为学，则"终至于成物"之意。它类似海德格尔所说的"获得自己本身"。反之，"丧己"是指"欲见知于人"而追逐名利。它类似海德格尔所说的"丧失自己本身"。

海德格尔主张超出主客二分的思维模式，反对把自我当作世界之外的旁观者，强调从世界之内经验和体验世界之内的东西，得以"复归于本真"。

---

① 《老子》。
② 《庄子》。
③ 海德格尔：《存在与时间》，三联书店，1999，第209~213页。
④ 《老子》。

而《老子》之轻视知识，提倡寡欲，是为了要求人们"复归于婴儿"。《老子》说："绝圣弃智，民利百倍；绝仁弃义，民复孝慈；绝巧弃利，盗贼无有。此三者以为文，不足。故令有所属：见素抱朴，少私寡欲，绝学无忧。"①《庄子》则明确主张：通过"坐忘""心斋"等忘我的经验、意识，取消一切区别，以达到"天地与我并生，而万物与我为一"的"天人合一"的人生境界。

老庄哲学与海德格尔哲学之间存在这些共同或类似之处，是否可以表明两者没有区别，或前者已经达到了后者的水平呢？当然不是。应该说，两者之间的区别是非常明显的：前者未经"主客二分"式思想的洗礼，属于原始的"天人合一"的阶段；后者是欧洲"主客二分"式思想长期发展之后的结果，属于高级的"天人合一"的阶段。前者缺乏"主客二分"式思想，以及建立在科学基础上的认识论；后者明确地给予"主客二分"式和认识论以一定的地位，并做了详细的、系统的论述。总之，老庄哲学和海德格尔哲学的区别，不仅是中国哲学与西方哲学的区别，而且是古代哲学与现代哲学的区别。

还必须指出，老庄哲学的"道"，是天地万物之所以生存的根本原则，是超验的、普遍的、永恒的东西。它和西方自柏拉图到黑格尔的传统哲学的本体范畴相比较，有其相类似之处。而这正是作为现当代西方哲学家的海德格尔所反对的。

中西哲学的交流与会通

认识老庄哲学与海德格尔哲学的同与异，对于我们理解中西哲学的交流与会通，有着那些重要的启示呢？

中国哲学和西方哲学有着各自的发展源头和传统，它们之间的差别是不言而喻的。在海德格尔哲学与老庄哲学之间，就两者存在着共同或相似之点而言，我们既要继承和发扬包括道家哲学在内的古代哲学中的优良传统，也要学习海德格尔哲学等西方现当代哲学中有价值的东西；就两者存在着不少差异而言，我们更要着重吸收海德格尔哲学中对我们有益的部分。

我们在这里讲的是海德格尔对中国古代哲学老庄思想的赞赏，其实，赞

---

① 《老子》。

海德格尔何以赞赏老庄哲学？

赏中国古代哲学老庄思想的，岂止海德格尔一人，又岂止是西方的人文主义的思想家！西方的许多获得诺贝尔奖的著名自然科学家，都曾经异口同声地赞赏中国古代哲学，有人（例如美国物理学家卡普拉）甚至直截了当地把道家的"道"，同现代物理学联系起来。即使如此，也只能说明两者之间的某种类似，而不是完全等同。

但是，近年以来，有这样一种情况似乎值得我们重视。每当我们说到继承古代优秀的文化传统时，有人就会认为，现当代西方自然科学的某些思想，或人文主义思潮中的许多合理的东西，在中国古代哲学（包括老庄思想在内）中，都"早已有之"了。这种看法是错误而有害的。因为它把现代自然科学思想，以及西方现当代的哲学中的某些合理的东西，跟我国古代哲学，特别是道家的"天人合一"的自然观，加以等同、混为一谈了。

中国古代传统哲学的主导原则是原始的"天人合一"，由于它缺乏明确的"主客二分"观念，不重视认识论的研究，严重影响了科学的发展。所以，我们在批判地吸取中国传统的"天人合一"思想合理之处的同时，要避免其缺点，把西方近代的主客关系思维方式补充进来，使两者相结合。一个民族或整个人类的思想发展，只有在经历了"主体—客体"关系之后，才有可能进入高级的"天人合一"的阶段。在主客二分的思想原则没有充分发展，并亟须发展科学、弘扬科学精神的中国，想用传统的"天人合一"，代替和排斥主客关系的思维方式，并从原始的"天人合一"直接进入西方的后现代的高级的"天人合一"阶段，不仅是不应该的，也是办不到的。对此，我们应该有十分清醒的认识。

这里有一个如何正确理解和正确对待中西文化、中西哲学的问题。北京大学外国哲学研究所教授、我国研究黑格尔哲学的著名专家张世英老先生，近30年来潜心研究中西哲学特别是中国传统哲学与德国现当代哲学及其结合，逐渐形成了一系列关于"天人合一"的新观点。他对中西哲学问题，有一段话讲得很精彩，特引用如下，并以它作为本文的结束："中国传统给了中国人太多的自满自足，现在大家已经躁动起来了；西方传统给了西方人太多的追求索取，现在他们却在向往安宁。中西哲学都正处于安宁与不安宁的烦恼和困惑之中。但烦恼会给我们带来希望，困惑会让我们选择。一个人只要肯认真严肃地思考时代和各自国度向自己提出的种种问题，他就是一个有哲学头脑的人，一个过着充实生活的人。哲学不是什么需要中西哲学家们携起手来、共同攻关的课题或学科，我们应该在相互交流和彼此对话中进行各自的创作。"①

  我以为，对于海德格尔哲学，对于中国古代传统哲学，包括老、庄的哲学思想，就应当持这样的认识和心态。

载《福建省委党校学报》，2004 年第 3 期

---

① 张世英：《天人之际——中西哲学的困惑与选择》，人民出版社，1995，第 6 页。

王阳明哲学属性的多维透视

——从"心外无物"说谈到对唯心主义的评价

本文拟从剖析"心外无物"说入手,进而探讨对唯心主义的评价问题,以期从多维的视角,对阳明心学所具有的复杂性,进行透视与剖析,引申出若干有益的结论。

一

长期以来,"哲学唯心主义"是一个与政治关系密切、带有强烈的贬义色彩的名词。对中国古代哲学,包括王阳明哲学的评价,所遇到的许多重大纠结与困惑问题中,最引人关注的就是它们的哲学属性问题。以阳明哲学而论,其中引人关注之点很多,"致良知""知行合一""心外无理""心外无物"等。而歧义较多的则是他的"心外无物"之说,人们说他是主观唯心主义,也与此紧密相关。

说王阳明的哲学是主观唯心主义,《传习录》中的这段话是非常重要的根据。

> 先生游南镇,一友指岩中花树问曰:"天下无心外之物。如此花树,在深山中自开自落,于我心亦何相关?"先生曰:"你未看此花时,此花与汝心同归于寂。你来看此花时,则此花颜色一时明白起来。便知此花不在你的心外。"[①]

[①] 王阳明:《传习录》,中国画报出版社,2013,第276页。

此外，在《传习录》中，还有一段话相当经典，那是从本体论、认识论的视角来讨论人与天地万物的关系的。当有学生就"人心与物同体"的说法，向王阳明请教，阳明说，"岂但禽兽草木，虽天地也与我同体的，鬼神也与我同体的"。接着师生又讨论了"人是天地的心"、人的心"只是一个灵明"等问题。紧接着，王阳明说：

可知充天塞地中间，只有这个灵明。人只为形体自间隔了。我的灵明，便是天地鬼神的主宰。天没有我的灵明，谁去仰他高？地没有我的灵明，谁去俯他深？鬼神没有我的灵明，谁去辨他吉凶灾祥？天地鬼神万物，离却我的灵明，便没有天地鬼神万物了。我的灵明，离却天地鬼神万物，亦没有我的灵明。如此，便是一气流通的，如何与他间隔得？

又问：天地鬼神万物，千古见在，何没了我的灵明，便俱无了？

曰：今看死的人，他这些精灵游散了，他的天地鬼神万物尚在何处？①

王阳明还有以下一段话，与前面的话意思相似：

人的良知，就是草木瓦石的良知。若草木瓦石无人的良知，不可以为草木瓦石矣。岂惟草木瓦石为然？天地无人的良知，亦不可为天地矣。盖天地万物与人原是一体，其发窍之最精处，是人心一点灵明……②

这三段话，特别是前面两段话，是研究王阳明关于心物关系的主要依据。

王阳明的"心外无物"说与他的"心外无理"说是相联系的。但"心外无理"说更多地反映了他与程朱理学的分歧，而"心外无物"说更为直接地牵涉到唯物主义与唯心主义的对立问题，非常敏感。这就有必要更为细致地进行分析。

---

① 王阳明：《传习录》，中国画报出版社，2013，第323页。
② 王阳明：《传习录》，中国画报出版社，2013，第276页。

二

20世纪以来，中国哲学界对"心外无物"说的评论已经很多，各种观点之间也存在一些不可忽视的分歧。本文不拟逐一详列，仅以冯友兰先生和陈来先生的观点作为代表。

首先，看看冯友兰先生的观点。

在中国现代哲学家和中国哲学史家中，冯先生的学术成就是举世公认的。早在出版于20世纪30年代初期的《中国哲学史》（两卷）中，他对于宋明道学（理学）的研究就多有创见。他第一次明确地把程颢、程颐两兄弟分别界定为：程颢是"心学"之先驱，程颐是"理学"之先驱。对于王阳明哲学及其"心外无物"说，他也有独到的见解。

根据前面所引的王阳明的三条语录，冯先生指出：王阳明所谓心，"只是一个灵明"。而这个灵明，便是天地鬼神的主宰，与万物同此一气，彼此是相通的。冯先生分析了朱、王之不同，认为，"依朱子之系统，则理若不与气合，则即无心；心虽无而理自常存。虽事实上无无气之理，然逻辑上实可有无心之理也"。因为在朱熹那里，"理"与"气"合而为具体的个人，心中之理，称之为"性"。心中虽有"理"，但心能有具体的活动，而理则不能如此，故心并不就是"理"。"理"与"心"是分为二的。所以，朱熹只能说"性即理"，而不能说"心即理"。在朱熹那里，有两个世界："形而上"的世界与"形而下"的世界；而在王阳明看来，既然心即理，两者为一，天地万物也好，草木瓦石也好，都是具体的、形而下的。"天地万物皆在吾人心中"，就不必有"形上世界与形下世界之分"。①

在《中国哲学简史》（20世纪40年代）中，冯先生引用了"山中看花"和"离却我的灵明，便没有天地鬼神万物"两段语录后，写下了这样的评语：

> 从这些段落中，我们可以知道王守仁对宇宙的概念。认为宇宙是一个自身完整的精神实体，这个精神实体便构成了我们经验中的世界；此外，并没有另一个朱熹所强调的抽象的"理的世界"。……照朱熹的说

---

① 冯友兰：《中国哲学史》（下），华东师范大学出版社，2011，第224~225页。

法，我们先懂得孝之理，然后有孝亲之心；先有忠之理，而后有忠君之心。我们不能把这话倒过来说。而王守仁恰恰把这话颠倒过来。按照朱熹的思想，理是客观外在的实在，无论心存在与否。而按照王守仁的思想，若没有心，便没有理。心为宇宙立法，理是由心立的。①

冯先生的这番话，把王阳明关于"心是天地鬼神的主宰"的论断具体化了；也把朱、王之分歧，以及王阳明的"心外无物"说解释得更清楚了。

在20世纪40~90年代写成的《中国哲学史新编》（七卷）中，他仍然引用了王阳明"山中看花"和"离却我的灵明，便没有天地鬼神万物"两段语录，然后在相关的部分，对阳明心学的属性与实质做了独到的分析。

他认为，在心物关系问题上，近来的中国哲学史工作者有不少人认为，魏晋玄学和宋明道学都是唯心主义，从而把玄学、道学和唯心主义等同起来。冯先生不以为然，认为"这未免太笼统，太简单化了。魏晋玄学和宋明道学是一个时代的思潮，其中有唯心主义的派别，也有唯物主义的派别，不可一概而论"。② 他还指出，唯心主义的内部又有客观唯心主义和主观唯心主义的区别。在"陆王心学"与"程朱理学"的哲学属性上，不少人认为理学是客观唯心主义，心学是主观唯心主义。冯先生提出了一个与众不同的看法。他说：

> 理学是客观唯心主义，这是不成问题的，心学是不是主观唯心主义，这是一个可以讨论的问题。主观唯心主义和客观唯心主义的主要分别在于承认不承认有一个公共的世界。③

为了回答"心学是否就是主观唯心主义"这个问题，他逐个分析三位心学的代表性重要人物，指出，程颢的代表作《识仁篇》头一句就说，"仁者浑然与物同体"，这个"物"是公共的，所以，他的哲学体系不是主观唯心主义。陆九渊说："宇宙不曾限隔人，人自限隔宇宙。"这个不受人"限隔"的宇宙，就是公共世界。王守仁的代表作《大学问》的主题是人与天

---

① 冯友兰：《中国哲学简史》，赵复三译，世界图书出版公司北京公司，2011，插图修订版，第263页。
② 冯友兰：《中国哲学史新编》（下），人民出版社，2007，第210页。
③ 冯友兰：《中国哲学史新编》（下），人民出版社，2007，第210页。

地万物为一体,"所谓天地万物是公共的,有天地万物的世界是公共的世界",所以,"《大学问》所讲的是客观唯心主义"。①

冯先生特别重视王阳明的代表作《大学问》。他指出,儒家经典《大学》所讲的是"大人之学"。所谓"大人"是一个完全的人,是一个完全实现人之理的人。什么是人之理?怎样实现人之理?"三纲"回答了第一个问题,"八条目"回答了第二个问题。宋明道学与《大学》存在着继承与发展的关系。程朱理学的入手处是"即物穷理",而陆王心学的入手处是"致良知"。因此,《大学问》可以说是《大学》的发展。王阳明心学的哲学体系,就是以《大学问》为其全貌,以"致良知"为其结论,以"四句"为全貌的概括,并为"致良知"的说明。所谓"四句"即"无善无恶是心之体,有善有恶意之动,知善知恶是良知,为善去恶是格物"。这是王阳明晚年整个哲学体系的概括归结。②

现在的问题是:既然冯先生认为"《大学问》所讲的是客观唯心主义",而《大学问》又是王阳明的代表作,那么,阳明心学体系是否就可以说是客观唯心主义?我们知道,"理"这个范畴本身可以从两个视角来分析:其一,"理"是不是公共的?其二,"理"究竟是形而上的,还是形而下的?心学与理学在"心即理"和"性即理"等问题上的辩论,是要弄清楚"心""性""理"它们究竟是形而上的,还是形而下的?而不是辩论"理"是不是公共的?陆、王虽然不同意程、朱的许多观点,但他们又都承认有个公共的"理",否则,他们的道德学说、修养工夫"就没有客观的普遍的效力了"。他们也说"心外无理",但这里所说的"心"是宇宙的心,而不是个人的心。正是从这个意义上,冯先生才明确地说"《大学问》所讲的是客观唯心主义"。

说《大学问》所讲的是客观唯心主义,并不等于说王阳明整个哲学只是客观唯心主义。从王阳明的《传习录》来看,事情就复杂了。冯先生认为,"山中看花"和"离却我的灵明,便没有天地鬼神万物"这两条语录中的"你心""我的灵明"指的是个体的心,"他的天地鬼神万物"也不是公共的世界。而"不承认有公共世界,就是主观唯心主义"。这样,就产生了《传习录》与《大学问》之间的矛盾。

---

① 冯友兰:《中国哲学史新编》(下),人民出版社,2007,第211页。
② 冯友兰:《中国哲学史新编》(下),人民出版社,2007,第209页。

怎么理解这个矛盾呢？冯先生说：

> 要以《大学问》为主，因为《大学问》是王守仁自己写的，正式发给学生的讲稿。语录是学生记录他的讲话。语录可能有错误，但可以作为参考的资料。两下合起来看，可以说，王守仁的哲学思想基本上也是客观唯心主义，但有主观唯心主义倾向和色彩。①

冯先生上述对王阳明的"心"的解释，对唯心主义内部不同派别划分标准的看法，以及把阳明哲学界定为基本上是客观唯心主义，未必都为人们所认同，但作为一家之言，对于我们继续研究阳明心学的实质自当富有启发。

其次，来看看陈来先生的观点。

陈来先生曾经是冯先生的学生与助手，他对王阳明心学的看法，很有见地，值得研究者注意。王阳明在说明心、意、知、物这四者的关系时，提出了四句话："身之主宰便是心，心之所发便是意，意之本体便是知，意之所在便是物"。其中"意之所在便是物"最为重要。

陈先生认为，"意之所在便是物"是"心外无物"说的主要论点与论证。在这里，关键在于如何给"物"下个定义。王阳明所说的"物"并不泛指山川草木等物，而是指"事"，所谓"物"字即"事"字。例如，"意在事亲即事亲便是一物"。这个"物"，是指意识所指向的实在之物，或意识已经投入的现实活动，也可以仅是意识之中的对象。唯独没有明确规定一定要指客观的、外在的、现成的东西。既然是"意"，当然要有其对象，但对于王阳明来说，这个对象是否实物，是否是实在的，并不重要，因为他所强调的是意向行为本身。因此，这个"物"主要不是指现实的东西，而是指呈现于意识中的意向之物。据此，陈先生说：

> （王阳明的）心外无物说及其中所有对"物"的解说都是针对自青年时代面竹格物以来一直困扰他的"格物"问题。他的"意之所在便是物"的命题根本正是要把物归结为意念，只有把格物的物归结为意念，才能把"格物"解释为"格心"，心外无物的意义就是要人在心上

---

① 冯友兰：《中国哲学史新编》（下），人民出版社，2007，第212页。

做格物功夫。①

"意"这个词语，就其本来意义而言，既有内心发动之意，也可有对外感应之意。如采取前者，就要把"意"作为第一性，如果采取后者，则是把"物"作为第一性了。从王阳明在这里所说的"意"的基本含义可以看出阳明心学的唯心倾向，这是毋庸讳言的。

在引用了《传习录》中"山中观花"的那段著名语录后，陈先生指出，王阳明回避了"花"是否"不依赖于人们的主观意识而自开自落"这个判别唯物、唯心的问题，而只是用"你未看此花时，此花与汝心同归于寂"这样的话来说明"意向作用"与"意向对象"的不可分离性。

平心而论，仅仅根据"你未看此花时，此花与汝心同归于寂"这样的话来判定王阳明的主观唯心主义，从逻辑上看，似乎并无充分的说服力。因为，正如陈先生所说，"心中无物说的提出本来不是面对外在的客观事物存在的物体，而是着眼于实践意向对'事'的构成作用，因而心外无物说本来与那种认为个体意识之外什么都不存在的思想不相干"。②

陈先生引用"离却我的灵明，便没有天地鬼神万物"这段语录后，着重讨论了"心物同体"问题。他认为，"心外无物"强调的是意识的第一性，而"心物同体"则是强调心与物两者的统一性。"如山中观花表示的，心外无物的心可以指个体意识，而万物同体一段说的'灵明'是指整个人类精神，二者是有区别的。前者是论个别事物与个体自我意识，后者则是存在物的整体与人类意识总体的关系。"③ 换句话说，在万物同体的意义上，"我的灵明"不仅指的是个体的心，而且可以指整个人类的精神。

陈先生指出，在王阳明看来，"人者天地万物之心也，心者天地万物之主也，心即天，言心则天地万物皆举之矣"。从这个意义上说，"心"既是人的全身之精华，人体活动之主宰，又是天地万物的精华，天地万物的主宰。这里所说的"主宰"，它并不一定是指"创生"或控制，而只是说它具有根本性。人心这个"灵明"，既然是宇宙间唯一的灵明，人心也可以看作宇宙之心。这样，不仅人具有良知，草木、禽兽、瓦石等万物也都具有良知

---

① 陈来：《宋明理学》，华东师范大学出版社，2005，第206页。
② 陈来：《宋明理学》，华东师范大学出版社，2005，第206页。
③ 陈来：《有无之境》，北京大学出版社，2006，第56页。

了。陈先生对王阳明的这些看法做了很高的评价,认为"这个思想是以一种有机整体宇宙的观念为基础的"。他虽然认为,"在心物问题上,阳明基本上是唯心论",但又强调:不要把"唯心论"看作一个"坏"的语词,"既然我们已经承认唯心论自有其认识的、伦理的价值,在哲学史的学术研究中就可以把它作为一个价值中立的范畴来使用"。"当我们使用诸如'唯心主义'一类范畴把握、描述阳明心学的性格时,决不表示我们对这一体系及其价值的简单否定。"[①]

三

从冯、陈两位先生的上述观点来看,冯先生认为,王阳明《大学问》所讲的是客观唯心主义,而在《传习录》中由于"不承认有公共世界",其哲学思想"就是主观唯心主义"。因此,王阳明哲学思想"基本上是客观唯心主义,但有主观唯心主义倾向和色彩"。这个看法与人们以往普遍流行的观点有别。陈先生并不否认王阳明哲学思想中的唯心主义,但他就"山中看花"那段语录说,由于王阳明回避了"花"是否"不依赖于人们的主观意识而自开自落"这个问题,又只是强调"意向作用"与"意向对象"的不可分离性,因而难以由此直接判断其哲学属性。而就"离却我的灵明,便没有天地鬼神万物"这段语录来说,"在心物问题上,阳明基本上是唯心论"。但不要把"唯心论"看作一个"坏"的语词,可以把它作为一个"价值中立"的范畴来使用。总之,冯、陈两位先生对王阳明的"心外无物"说是进行深入的具体分析,而不是简单地做出判定。

对于王阳明哲学,我们还可以介绍一下张世英先生的看法。他运用他自己的新哲学观,却给予其很高的评价。他认为,"王阳明似乎是中国哲学史上'天人合一'说的一个典型性的代表,其地位同海德格尔的'此在—世界'的思想在西方哲学史所占的地位相类似"。当然,他们两人又有根本区别,王阳明是中国古代哲学家,处于原始的"天人合一"阶段;海德格尔是西方现代哲学家,处于高级的"天人合一"阶段。两人区别最根本的一条就是,王阳明哲学缺乏西方近代"主客二分"式的思想,以及与此相联系的近代认识论,而海德格尔思想则是欧洲"主客二分"思想长期发展的

[①] 陈来:《有无之境》,北京大学出版社,2006,第57~58页。

产物。此外，王阳明哲学中的"人心"具有封建的伦理道德意识，是"人同此心"之心，"人同此理"之理，没有个人选择的自由，而海德格尔思想中的"此在"不具有道德意义，它不仅是"思"，还属于超理性，它是个体性的，可以自由选择。①

张先生在他的代表作《哲学导论》中，多次阐述王阳明关于人与天地万物统一的思想。在引用"山中观花"那段语录后，张先生说：

> 在人未看深山中的花树时，花虽存在，但它与人"同归于寂"，"寂"就是遮蔽而无意义，谈不上什么颜色美丽。只是在人来看此花时，此花才被人揭示而使得"颜色一时明白起来"。王阳明关心的也是人与物交融的现实生活世界，而不是物与人相互隔绝"同归于寂"的抽象之物。②

对于"离却我的灵明，便没有天地鬼神万物"这段语录，张先生的分析更为详细。他认为，我们不仅看到"离却我的灵明，便没有天地鬼神万物了"这一句，更要看到另一句"离却天地鬼神万物，亦没有我的灵明"。据此，他认为，"王阳明并不像过去一般所批判他的那样是主观唯心论者。通观他的整个思想，他实际上是主张离开人心，天地万物就没有意义"。③

"我的灵明"与"天地万物"这两者是什么关系呢？张先生把这种关系的特征归结为三点：内在性、非对象性和相通相融。所谓"内在性"是说，人融于世界万物之中，"世界万物因人的'灵明'而成为有意义的世界"；所谓"非对象性"是说，人虽然是万物的灵魂，但不能搞西方的"人类中心论"，万物不是被认识、被征服的对象；所谓"相通相融"是指，人不仅作为有认识的存在物，而且"作为有情、有意、有本能、有下意识等等在内的存在物而与世界万物构成一个有机的整体，这个整体是具体的人生活于其中的世界"。④ 这正是张先生认定"王阳明似乎是中国哲学史上'天人合一'说的一个典型性的代表"的主要依据。

---

① 张世英：《哲学导论》，北京大学出版社，2002，第11页。
② 张世英：《哲学导论》，北京大学出版社，2002，第64页。
③ 张世英：《哲学导论》，北京大学出版社，2002，第64页。
④ 张世英：《哲学导论》，北京大学出版社，2002，第4页。

在笔者看来，王阳明关于"山中看花"那一段话，最直接的是关系到审美观问题，还涉及本体论和认识论。

初看起来，王阳明似乎存在"把物与身、心、意、知混为一谈"之弊，但是，关键在于如何理解"同归于寂"中的"寂"的含义。所谓的"寂"，在这里指的是"无意义"的意思。自然本身无所谓美，当自然与人合一成为整体时，这"一时明白起来"的"此花颜色"，才显现出它对于人的"意义"来。过去人们曾经未加分析就把这段话笼统地看作主观唯心论的证据，这未免过于简单了。

其实，王阳明的这段话可以从不同的视角来理解。从认识论与审美观来说，他在这里只是说，当我们"未看此花时"，作为客体的、审美对象的花，与作为审美主体的、我们的心"同归于寂"。他并没有正面地从本体论视角来直接回答这个问题：如果我们没有来看花，作为自然物的花，它自身是否不以人的意志而仍然存在？显然，后者是个本体论的问题，与认识论与审美观的视角是不可以混为一谈的。

"人心与物同体"的说法既可以从本体论方面来说，也可以从认识论方面来说。毋宁说，王阳明是从"人心与物同体"这个本体论的视角来阐述他的认识论的。"充天塞地中间，只有这个灵明"，就是"心外无物"的另一种方式的表达。这句话的真谛是"我的灵明，便是天地鬼神的主宰"。有了这个意思，才顺理成章地引申出"天没有我的灵明，谁去仰他高？地没有我的灵明，谁去俯他深？鬼神没有我的灵明，谁去辨他吉凶灾祥？"在这里，"仰他高""俯他深""辨他吉凶灾祥"，都是从认识论的视角说的。但这些说法是与他的本体论的前提分不开的。在他看来，把"我的灵明"与"天地鬼神万物"分离开、间隔起来，是不可以想象的。所以，他反复强调："天地鬼神万物，离却我的灵明，便没有天地鬼神万物了。我的灵明，离却天地鬼神万物，亦没有我的灵明。"他还怕学生听不懂，又补充说："如此，便是一气流通的，如何与他间隔得？"人的灵明（人心）与"天地鬼神万物"本来是一体的，之所以有时出现间隔，"人只为形体自间隔了"。

他把话说到这里，本来很清楚明白了。但他的学生还要打破砂锅问到底，这又有了一问一答。学生问："天地鬼神万物，千古见在，何没了我的灵明，便俱无了？"其实，这个也是我们要问王阳明的，当然我们无法直接问，幸亏他的学生替我们问了。王阳明回答说："今看死的人，他这些精灵游散了,他的天地鬼神万物尚在何处?"

请注意:王阳明在这里并没有问:某个人死了之后,"整个"的"天地鬼神万物尚在何处?"他只是问,某个人死了,"他的"(即这个人的)天地鬼神万物尚在何处?这样,他又把本体论问题转换成认识论问题了。

众所周知,在认识论的领域,主体与客体既是对立的,又是统一的、互相依存的。之所以是对立的,那是因为主体就是主体,客体就是客体,两者的关系是外在的,其界限也是分明的,这叫"主客二分"。但是,主体与客体又是互相依存的、互以对方作为自己存在的前提条件:没有主体,就无所谓与之相对应的客体;同样,没有了客体,也就不成其为主体了。明白了这个道理,对于王阳明所说的许多话的真实意思,也就不致误解,也不会简单化地望文生义了!

我们这样说,并不否认作为宋明道学(理学)中,与"程朱理学"相对待的"陆王心学"的集大成者王阳明哲学中的主观唯心主义倾向。我们只想强调,对于王阳明哲学,要做具体分析,要讲道理,不能简单化,不能望文生义。王阳明说"心外无物",如果这个"物"是指客观世界的自然之物、实体之物,那么,这句话无疑是唯心主义的表达。如果这个"物"不是指客观世界的自然之物、实体之物,而是如前所述,是指"事",那么,"心外无物"这句话就变成"心外无事",这样一来,你能够说"心外无事",说"事"离不开"心",就是唯心主义吗?能够有与"心"无关的"事"吗?

以上我们从分析王阳明哲学,特别是他的"心外无物"说入手,不仅就事论事地探讨王阳明的哲学,还涉及关于哲学基本问题、基本派别的一般见解。在论述的过程中,我们简要地阐述了几位哲学名家的相关观点。这样做的目的是想从更为宏观的视野,审视王阳明的心学,并能以平和的心态、全面的观点来分析、对待哲学唯心主义。当我们说某个哲学家的某个哲学命题是主观唯心主义时,要力求准确无误,不能张冠李戴。这是学术研究的起码要求。即使是对待主观唯心主义的命题,也不能忽视其中所包含的合理因素。特别不能以政治代替学术,只扣政治帽子而缺乏学术论证,是无法让人信服的,更不利于推进学术研究的深入发展。

[作者附记]

2014年8月21~22日,贵州省阳明学学会、贵州省阳明文化研发中心等几个学术团体,在王阳明生前"龙场悟道"和讲学的所在地(修文县),联合召开了"黔中阳明文化传承学术研讨会"。笔者有幸应邀参加会议,并提交了论文。

载《王学研究》(贵州省阳明学学会),2014年第3期
收入本书有所删节

梁漱溟和他的《中西文化及其哲学》等著作

梁漱溟（1893年~1987年）原籍广西桂林，曾祖一代移居北京，父名济，字巨川，举人出身，曾任清王朝内阁中书、内阁侍读等职。梁漱溟1893年10月18日生于北京，原名焕鼎，字寿铭，后改为漱溟。由于他的父亲梁济在当时社会改革潮流的冲击下，是个主张"经世致用"的改革者，他对梁漱溟的启蒙教育，不是采取传统的八股旧途，而是让他儿子读新学，《地球韵言》是梁漱溟记忆最深刻的一本新书。而梁漱溟在"启蒙学堂"（当时的一所中西兼容的学校）里读到的《启蒙画报》，引起了他极大的兴趣，他一生自学成名的道路由此发端。1906年，梁漱溟考入北京顺天中学堂，在此学习期间，激流奔涌的时代与亲朋师友的影响，使他过早地以"人生问题"和"中国社会问题"作为思索的课题，并为此而投身于社会政治活动之中。为了解决"中国社会问题"，他在1949年之前和之后所从事的社会活动，及其走过的坎坷不平之道路，已为学人、国人所知晓；其中的是非曲直，也已经由历史做出了公允的结论，无须笔者在此赘言。本文仅就他的几部重要著作，看看他所走的思想历程，谈谈他作为新儒家的学术人生。

梁漱溟先生早期曾以"救国救世"之目的，把"求佛出世"作为他上下求索的路数之一。1913年以后的一个时期，他苦读佛典，开始吃素，拒绝父母为他成婚，并曾一度要出家为僧。他写了万余字的佛学论文，题目是《究元决疑论》，于1916年在《东方杂志》5、6、7三期上连载。此文是他钻研佛学和研究印度文化的结晶，也是后来被蔡元培赏识，聘请他到北京大学任教，主讲"印度哲学"的重要依据。而他在北大任教的七年（1917年~1924年），正是他从"佛"到"儒"的转变时期。这除了受当时社会思潮的重大冲击之外，也和"佛"与"儒"两家宗旨的迥异有关。梁漱溟既然以"救国救世"为人生的目标,舍弃"佛家"之出世虚无,崇尚"儒学"之入世务实,乃是顺理成章之必然结局。如果说1919年他为教学需要所写的《印度哲学概论》由商务印书馆印行之日,是他表示"归宗儒家"之时;那么,1921年《东西文化及其哲学》的出版,则是他最后由佛转儒的标志,是他成为当代新儒家创始人的奠基之作。

梁漱溟是现代新儒学的重要代表人物。"所谓现代新儒学,是指'五四'以来,在强烈的民族文化危机的刺激下,一部分以承续中国文化之使命自居的知识分子,力图恢复儒家传统的本位和主导地位,重建宋明理学的'伦理精神象征',并以此作为基础来吸纳、融合、会通西学,建构起一种'继往开来''中体西用'式的思想体系,以谋求中国文化和中国社会的现实出路。"① 这股思潮产生于五四时期,梁漱溟是第一代的重要代表,迄今已有三代人薪火相传,新儒家与马克思主义、西方文化派形成三足鼎立之势。梁漱溟有关新儒学的著作很多,最重要的是《东西文化及其哲学》《中国文化要义》《东方学术概观》和《人心与人生》等。

《东西文化及其哲学》:西方、中国、印度"三种路向"说

梁漱溟在《东西文化及其哲学》中,系统地阐明了儒家的人生哲学、文化哲学,提出了解决中国文化危机和改善人类生活模式的设想。该书的出版使梁漱溟成为举国知名的人物,从1921年到1929年,从第1版连续出版到第8版。影响之大,由此可见。在此书中,他提出了一个新概念:"意欲"。② 他认为,文化是一个民族的"生活样法",而生活就是无尽的"意欲"。虽说不同的民族的文化表现为不同的特质,但只要看这个民族生活样法、最初"意欲"的出发点就可以了。据此,他提出了"三种文化类型""三种路向"的说法。西方、中国、印度分别代表着三种文化类型,这三种类型因为所采取的路向不同,从而在历史上展现出从低级向高级发展的三个阶段。

西方文化所代表的是第一阶段。这个阶段自然生存的基本问题尚未解决,"意欲"表现为要求现世幸福,努力向前去征服环境,以满足基本的生

---

① 方克立:《现代新儒学与中国现代化》,天津人民出版社,1997,第448页。
② 梁漱溟承认:这个概念与叔本华所说的意欲"略相近",却是国内学人所未言者。

活欲望。古希腊的科学、哲学、美术、文艺由此发生。这是初级阶段的文化。经过"中古黑暗时代"之后，终于出现了"文艺复兴"时代，又回到了追求物质文明的路上去，并进而向着发展自然科学和发展人的本性的方向，终于走到了"科学时代"和"民主时代"。"科学"与"民主"是西方文化的两大异彩。

中国文化所代表的是第二阶段。在征服自然以获得物质方面，在发展科学技术和社会生活的民主方面，中国远不及西方；这不是因为中国迟钝走得慢，才导致如此，而是中国人走的与西方文化不同的道路。中国人的思想是"安分、知足、寡欲、摄生"，东方文化"无征服自然态度而为与自然融洽游乐的态度"，持这种态度就不会有近代科学技术的出现；在社会生活方面，持容忍礼让态度，也就不会有民主的出现。①

印度文化所代表的是第三阶段。印度文化独重宗教，精神生活畸形发展，宗教生活畸形发达。印度宗教的"因明学""唯识学"秉承严苛的理智态度，理应走上科学之路，但印度人不如西方人之追求物质幸福，也不像中国人之安遇知足，而是努力于求得解脱，反身向后要求"出世"。

梁先生认为，以上三种文化、三种路向，其哲学上的特点是：西方宗教与形上学起初很盛，后遭批评失势至于路绝，宗教自身变化以应时需，知识论有掩盖一切之势，成为哲学的中心；中国宗教素淡，绝少注意知识，而人生之部分极盛与形上学相连，占哲学之全部；印度宗教问题占思想之全部，宗教概括了人生思想，其哲学之全部为宗教问题。②

梁先生指出，人类文化都必须按照三个路向的顺序走。中国人开始也走了第一路，但未走到头就折到第二路上了；印度文化第一、第二路都未走完，便折到第三路上了。中国文化、印度文化都是"人类文化的早熟"。西洋文化虽然在征服自然、发展科学、倡导民主方面，取得了成功，但是，"西洋文化的胜利，只在其适应人类目前的问题，而中国文化、印度文化在今日的失败，也非其本身有什么好坏可言，不过就在不合时宜罢了"。③ 据此，中国人应当排斥印度的文化，而承受西方文化，吸取它们的科学与民主；但又绝不能全盘西化，而要改造其人生的态度。当今世界文化正处于第一路

---

① 梁漱溟：《东西文化及其哲学》，商务印书馆，1923，第65页。
② 梁漱溟：《东西文化及其哲学》，商务印书馆，1923，第68~69页。
③ 梁漱溟：《东西文化及其哲学》，商务印书馆，1923，第199页。

走尽、第二路到来之际，因此，最要紧的是，应当批判地拿出中国原来的态度、站在世界的高度，促进第二路（中国文化）的全面落实与普遍实现。

从《东西文化及其哲学》一书来看，梁漱溟哲学思想的来源是比较广博的。他吸收了法国柏格森的生命哲学和直觉主义的某些观点，又引入了佛教唯识宗的神秘主义，与中国儒家的"天人合一""存天理，灭人欲"的伦理思想相结合，从而创造了一套"生机主义"的宇宙观和直觉主义的认识论，并由此着力阐述了以孔子为代表的中国古代儒家的生命哲学。

《东西文化及其哲学》的出版在当时的思想界引起了很大的反响。① 无论赞同还是质疑，乃至反对，都在情理之中。必须指出的是：新儒家对于中国实现现代化之需要科学与民主，是明确认同的，认为这两种精神"完全是对的"，应"无条件承认"；他们还严厉批评腐儒冬烘之顽固不化。梁漱溟曾经公开宣布："我有一个最大的责任，即为替中国儒家作一个说明，开出一个与现代学术接头的机会。"② 可见，新儒家并不是不要科学与民主，而是主张在保持民族文化自主性的前提下来消化、整合、涵育这些现代内容。这就是梁先生多次阐述的"开新"必须"返本"，从"老树"上发出"新芽"的意思。平心而论，他针对全盘西化派的偏弊所做的反击，无疑是新文化运动的"对立互补"的因素，应该是"五四"文化启蒙运动中的不可或缺的一环。

《中国文化要义》："认识老中国，建设新中国"

《中国文化要义》是继《东西文化及其哲学》之后的又一部体现新儒家思想的专著，是梁漱溟先生多年研究中国文化的结晶。这部著作从开始动手到出版，前后历时9年。1941年他在桂林时，曾为广西大学师生作过专题讲演，1942年初就开始动笔，到1944年陆续写成6章，约8万字，以后因故辍笔。1946年11月来四川北碚办学，重新整理旧稿，到1949年终于写

---

① 2008年黄山书社出版了罗荣渠主编的"五四以来有关中国的文化趋向和发展道路论争文选"《从"西化"到现代化》一书，收录了若干重要文章，例如，张君劢《欧洲文化之危机及中国新文化之趋向》（1922年2月）、张东荪《读〈东西文化及其哲学〉》（1922年3月）、严既澄《读〈东西文化及其哲学〉》（1922年3月）、胡适《读梁漱溟先生的〈东西文化及其哲学〉》（1923年3月），等等。

② 《梁漱溟全集》（第2卷），山东人民出版社，1990，第136页。

成，11月由路明书局正式出版。全书共14章，计20万字。

梁先生在"自序"中说，他写此书是"为解决中国问题"，而解决中国的现实社会问题，必须从中国文化入手。为了解中国文化的现状，就必须了解"老中国社会"的全部文化及其特征。用他自己的话说，为了"建设新中国"，必须"认识老中国"。在"绪论"中，他提出了中国文化的七大"个性"和十四个"特征"。

七大"个性"是：（1）中国文化的独自创发，慢慢形成，非从他受；（2）中国文化自具特征，自成体系，与其他文化差异较大；（3）中国文化绵永其独立之民族生命，至今岿然独存；（4）中国文化能包容吸收外来文化，同化他人之力量最为伟大；（5）中国文化涵盖广阔，非惟时间绵延最久，空间之拓大亦不可及；（6）中国文化数千年不变，显示出自身具有高度妥当性、调和性，已臻成熟之境；（7）中国文化对四周之影响，既远且大。①

十四个"特征"是：（1）广土众民；（2）众多民族之同化融合；（3）历史久长；（4）造就以上三个特征之内在的伟大力量；（5）历久不变的社会，停滞不进的文化；（6）几乎没有宗教的人生；（7）家族本位的社会特色；（8）中国学术不向着科学方面发展；（9）民主、自由、平等一类要求不见提出，法制制度不见形成；（10）道德气氛特重，建国之基础不靠法律制度而靠伦理纲常；（11）中国长期组织松散，不属普通国家类型；（12）不重视武力，不重视军队，重文轻武；（13）中国文化重视"孝"，或可称为"孝的文化"；（14）中国"隐士"的文化风尚。②

在这七大"个性"和十四个"特征"的影响与陶冶下，造成了整个中华民族的十大特点：（1）自私自利（身家观念重，不讲公德、不能合作，缺乏组织能力，对国家及公共团体缺乏责任感，徇私废公及贪私等）；（2）勤俭（刻苦耐劳，好节省以至于吝啬）；（3）爱讲礼貌（重形式、爱面子）；（4）和平文弱（耻于用暴，调和妥协，不为已甚，适可而止）；（5）知足自得（知足安命，安分守己）；（6）守旧（好古薄今，因循苟安）；（7）马虎（不求精确，不惜时间，不讲数字，敷衍，没有一定规律）；（8）坚忍及残忍（坚忍指能忍耐，克己、自勉、忍辱、吃亏；残忍指对人对物少同情心）；（9）韧性及弹性（有"温炖汤""牛皮糖"之称喻）；（10）圆滑老到

---

① 梁漱溟：《中国文化要义》，上海人民出版社，2005，第7~8页。
② 梁漱溟：《中国文化要义》，上海人民出版社，2005，第8~24页。

(悠悠然不慌不忙、稳、老成持重、心眼多、有分寸、近情理、不偏不倚、不露圭角而具有极大适应性及潜力)。[①]

梁先生认为，中国人重家庭而不重集团生活，以道德代宗教作为人生信仰；中国社会是以伦理为本位，没有阶级对立，只有职业分途；中国的国家松散，"不像国家"；中国历史只是一治一乱的循环，而没有革命可言；中国是人类文化早熟的国家。相对于西方文化，中国文化是理性文化，西方文化是理智文化。这种"理智文化"与物质文化相联系，这种文化的向上发展，才进入"理性文化"。"理性文化"考虑的是"人"而不是"物"，是人心对人心的问题。中国文化未经物质文化的充分发展，就走上了理性文化的高级阶段，所以它是"人类文化的早熟"。

《东方学术概观》和《人心与人生》：晚年精思之作

《东方学术概观》这本书收集了三篇学术论文：《儒佛异同论》（1966年）、《今天我们应当如何评价孔子》（1974年）和《东方学术概观》（1975年）。它们都是在"十年动乱"中，在遭受批评的逆境中写成的。1986年，巴蜀书社将这三篇文章合集出版。其中《今天我们应当如何评价孔子》一文已经先在1985年5月、6月的《群言》杂志上发表，是在当时那个"批林批孔"的特殊年代，他自己也被点名为"现代的大儒"而不断地受批判的情况下，为捍卫儒家真义而同"四人帮"作抗争的产物。他认为，对于孔子"绝对的肯定或绝对的否定，都是不对的"，要站在今天的高度，一分为二地评价孔子在中国文化史上的地位。他还驳斥了"毛主席一直是批孔反孔"的观点，指出"毛主席反孔只是一个方面，还有肯定孔子的一面，就是说孔子的学说，有糟粕，也有精华"。这就给"四人帮"假借"批林批孔"用以篡党夺权的阴谋以沉重的打击。《儒佛异同论》和《东方学术概观》通过比较儒与佛，以及儒、佛、道三家的对比，进而阐明东方文化的真谛。

《人心与人生》是梁漱溟先生在晚年总结其终生思虑、实践和体验而写成的重要著作。从《东西文化及其哲学》到《中国文化要义》，再到《东方学术概观》和《人心与人生》，人们可以看出他的新儒家思想发展的清晰

[①] 梁漱溟：《中国文化要义》，上海人民出版社，2005，第25页。

脚步。

《人心与人生》写作过程的时间跨度很大。1926年、1927年、1934年前后三次用这个题目，在不同的场合做过演讲。1926年、1955~1957年两次写了序言，都因故没有写正文。1960~1966年夏，陆陆续续写成了前七章，又因红卫兵抄走了资料而未能继续写下去。直到1970年才再次动笔，1975年终于完成全书。1984年他"倾平日节余之全资"自费出版该书，1985年又由三联书店再版并向国外发行，1987年日译本出版。

在该书的"序言"和"书成自记"中，他说明了写作的缘起与相关的情况。早在他写成《东西文化及其哲学》、在北京大学讲授"儒家哲学"课时，就发现该书中的认识错误并打算加以改正。"其改正的要点全在辨认人类生命（人类心里）与动物生命（动物心理）异同之间。此一辨认愈来愈深入与繁密，遂有志于《人心与人生》专书之作。"[①] 对于人心，他当时只认识了人心的"本能"和"理智"两个方面，没有认识到人心的"理性"一面，因而相信克鲁泡特金的"本能、理智"二分法，而反对罗素的"本能、理智、灵性（理性）"的三分法。对于这个错误当时虽做了口头的改正而未及时成文。到了写作《中国文化要义》一书时，他就明确指出，"理性"的最大特点是"没有自己只有别人"的无私感情，是"宇宙间顶可贵的东西"，是"中华民族的精神所在"。在《人心与人生》中，他反复论述了人类生命（人类心理）与动物生命（动物心理）之间的异同，认为，"本能"是一切动物与生俱来的，也是"人类生活所不可少的工具"；"理智"是人类静以观物的心智，得到的是外界的"物理"，夹杂着个人好恶的感情；而"理性"（罗素称之为"灵性"）则是人的清明自觉的感情，是人类站在公正无私的理性感情上观物，得到的是情理。用他的话来说："理智者人心之妙用，理性者人心之美德。"他认为，"人类之所贵于物类者在此焉"，"世俗但见人类理智之优越，辄认以为人类特征之所在。而不知理性为体，理智为用，体者本也，用者末也；固未若以理性为人类特征之得当"。[②] 他认为，"理智、理性不妨说是人类心思作用之两面。知的一面曰理智；情的一面曰理性；二者密切相连不离"。《东西文化及其哲学》不足之

---

① 梁漱溟：《人心与人生》，上海人民出版社，2005，第220页。
② 梁漱溟：《人心与人生》，上海人民出版社，2005，第86页。

处"就是滥以本能冒充了人心"。①

梁先生认为，人心与人生是密不可分的，"心非一物也，固不可以形求"，"讲到人心必于人生求之"，或者说要"即人生以求人心"。② 他认为，心为主宰之义，"以主动、宰制分析言之，是一种方便。其又曰自觉的能动性者，是另一最好的说法，来说明此主宰之义"。③ 据此，他又以"主动性""灵活性""计划性"三点作为自觉的能动性的内涵，分三章对之进行论述。此外，他还具体分析了自然与人的关系、身与心的关系，谈到了人的性情、气质、习惯，社会的礼俗、制度，宗教与人生，以及作为人生实践的道德，等等。在进行这些论述时，梁先生都十分注意东西方文化、东西方哲学之比较，并且对资本主义与社会主义的发展前景做出了明确的论断，他说："人类社会发展在最近的未来，无疑地要从资本主义阶段转入社会主义阶段；随着社会经济这一转变的到来，近代迄今盛极一时向着全世界展开的西洋文化即归没落，而为中国文化之复兴，并发展到世界上去。"④

梁漱溟先生于1917~1924年曾执教于北京大学哲学系，余生也晚，无缘与先生谋面。当我于1954年进入北大时，先生早已离开那里。在大学读书期间，当时我们能够看到的是报纸杂志上对他进行批评的文章，和后来出版的两辑《梁漱溟思想批判》；还听说，他由于顶撞领袖，而受到了来自最高当局的极其严厉的批评。当时的这些传闻，后来从《毛泽东选集》第五卷《批判梁漱溟的反动思想》等相关文章中得到印证。改革开放以来，我陆陆续续地读了梁先生的若干旧作；近年以来，由于教学的需要，又重新读了他的一些哲学著作，才得以对他有了重新的认识。

前面已经提到，梁漱溟先生以解决"中国社会问题"和"人生问题"作为他的毕生志向。他既是学者，又是社会实践活动家。人们当然可以不同意他的政治观点和改革社会的主张，但绝对不能否认他是热爱祖国的，是赞成社会主义的，是拥护中国共产党的。梁漱溟先生以及新儒家的学术主张（特别是要从儒家传统中发掘出不为特定的历史时期和社会形态限定的、具有世界意义的东西的看法），虽然与当时出现的新思潮相左，但毕竟为激进分子提供了一个独特的参照系，促使他们调整、完善现代化方案。人们也可

---

① 梁漱溟：《人心与人生》，上海人民出版社，2005，第12页。
② 梁漱溟：《人心与人生》，上海人民出版社，2005，第15页。
③ 梁漱溟：《人心与人生》，上海人民出版社，2005，第27页。
④ 梁漱溟：《人心与人生》，上海人民出版社，2005，第77页。

以不同意他的学术观点和新儒家的思想，但他那好学深思的执着精神，锲而不舍的坚韧态度，以及他对传承中国古代文化的强烈的使命感和责任心，不由你不为之而感动。中国宋代著名哲学家张载曾经有这样的几句名言："为天地立心，为生民立命，为往圣继绝学，为万世开太平"。对于梁漱溟先生来说，难道他不是"为往圣继绝学"而终其一生的？他那种为国家、为民众、为社会的未来发展，而坚持自己认为正确的主张，不畏强权，直言不讳，敢于触犯权威的铮铮铁骨，是多么难能可贵！他的一些具体主张是否正确，可以由社会实践来检验；但是，他的人格操守，将永远为正直、善良的人们所景仰、所铭记！

载《中华读书报》，2009 年 12 月 9 日

二 关于1957年中国哲学史座谈会

坚守独立思考的学术争鸣之道

——1957年中国哲学史座谈会的回顾与反思

2012年10月下旬，我以校友、系友的身份，参加了北京大学哲学系成立100周年庆典。在为举办这个庆典而推出的一系列学术著作中，有一本题为《守道1957——1957年中国哲学史座谈会实录与反思》、由世纪出版集团上海人民出版社出版的书，引起我的极大关注。在此之前，该书编者之一的张翼星先生就向我透露了这个信息，很快我就看到了出版社寄来的样书。该书除了原原本本地再现了由《哲学研究》编辑部编、科学出版社1957年出版的《中国哲学史问题讨论专辑》之外，还增加了两部分新内容。一是"1957年中国哲学史会议实录"，它提供了当时的若干背景资料；二是"回顾与反思"，收入近来十多位学者写的15篇论文和新发现的资料。这些文章从不同的视角，就如何对待哲学与政治的关系、如何对待中国的哲学传统和文化传统、如何看待教条主义以及如何看待唯物主义与唯心主义的关系等问题，进行了有益的探索，阐述了不少富有启发性的看法。披阅之后，让我倍感亲切，感慨万千。

说它亲切，那是因为50多年前召开此会时，我作为在读的高年级本科学生，有幸得以列席旁听。我和戴清亮同学（两人合作、由我执笔）在会后写的一篇文章，也被收入《中国哲学史问题讨论专辑》中。半个多世纪过去了，当年出版的《专辑》已不容易看到，这段在一定程度上承载着反对"左"的教条主义，体现"百家争鸣"盛会的历史，也几近湮没了。现在能够见到此书，当年的许多情景，禁不住又呈现在我的眼前。

那是一次在难得的、短暂的历史机遇期中召开的学术盛会。说它是"难得的、短暂的历史机遇期"，并非危言耸听。众所周知，前苏共中央政治局委员日丹诺夫，在他亲自主持召开的对《西欧哲学史》（亚历山大洛夫著）讨论会（1947年6月24日）上，根据恩格斯关于哲学基本问题和列宁关于哲学的党性原则的观点，给哲学史下了一个定义，说"科学的哲学史，是科学的唯物主义世界观及其规律的胚胎、发生与发展的历史。唯物主义既然是从唯心主义派别斗争中生长和发展起来的，那么，哲学史也就是唯物主义与唯心主义斗争并战胜唯心主义的历史"。他还认为，唯物主义是与进步、革命相联系，唯心主义一般地总是与落后、反动脱不了干系的。①

此公的高论一出，苏联的哲学界和中国哲学界，都奉为经典、坚决照办。当时，在中国哲学史的教学与研究中，老师们只能按照日丹诺夫的调子，生硬地、不加分析地贴上唯物主义和唯心主义的斗争的标签，这样不仅使丰富多彩的中国哲学史变得越来越贫乏了，而且许多被列入唯心主义的重要哲学家，不管他们在哲学的发展中曾经有过什么样重大的影响与作用，都要与反动或落后挂钩，从而备受批判。这种"削足适履"的简单化的做法，当然难以反映哲学史发展和哲学家思想的全貌。

"百花齐放、百家争鸣"作为党在艺术和科学工作中的基本方针，是1956年4月由毛泽东在政治局会议上加以论述并得到确认的。接着，5月26日，中共中央宣传部陆定一代表党中央向文艺界、科学界做了题为"百花齐放，百家争鸣"的讲话。正是在这个背景下，1957年1月22～26日，北京大学哲学系召开了"中国哲学史座谈会"。参加者包括从事中国哲学史、西方哲学史以及马克思主义哲学三个方面研究与教学的国内知名专家100多人。讨论的问题主要有两个：一是对唯心主义的评价，二是中国古代哲学遗产的继承。因为1952年时，全国高等学校实行院系大调整，包括北京大学、清华大学、燕京大学、武汉大学、南京大学、中山大学等校的哲学系都合并到北京大学来，北大哲学系成为当时高校中仅有的一个哲学系，所以，这个会议并不局限于一个学校，实际上是全国性的会议。

在"关于唯心主义哲学的评价"问题上，坚持认为"唯心主义哲学中有好东西"的是贺麟先生和陈修斋先生。贺先生亲自听了陆定一的报告后，特地找了他的学生陈修斋，根据他的观点，以贺麟、陈修斋两人的名义，写了题为《为什么要有宣传唯心主义的自由？》的文章，发表在刚创办不久的

---

① 日丹诺夫：《在关于亚历山大洛夫著〈西欧哲学史〉讨论会上的发言》，人民出版社，1954，第4～5页。

《哲学研究》1956年第3期上。该文对唯心主义评价中的教条主义倾向和形而上学思维方法，提出了大胆而尖锐的批评，明确肯定了古典唯心主义哲学家的重要著作的价值和合理因素。在那次座谈会上，贺先生发言指出，哲学史虽然是唯物主义与唯心主义斗争的历史，但这种斗争与"宗教上的斗争，政治上的斗争却有很大的区别"。唯物主义者与唯心主义者的关系，"也不就是革命与反革命的关系"，"有时是'青出于蓝而胜于蓝'的关系，不是红与白的关系"。唯物主义与唯心主义之间，既有"互相斗争的一面，也有互相吸收利用凭借的一面"，两者之间的斗争是一个曲折的、矛盾发展的过程，"并不是唯物主义永远打胜仗"，"唯物主义也有被较晚、较发展的唯心主义代替的时候，唯心主义也有被较晚的唯物主义代替的时候"。① 贺先生上述的观点，遭到了中共中央政治研究室的关锋的尖锐的批判。关锋认为，"唯物主义和唯心主义是敌对的，其界限是分明的，斗争是尖锐的、没有妥协余地的"。他还指出，贺先生的"'青出于蓝而胜于蓝'的议论，正是和他的唯物主义、唯心主义并没有严格、分明的界限的观点一脉相通的"。"按着他对于唯物主义和唯心主义的统一性的了解，实质上就否定了它们之间的斗争性，它们的根本的敌对性。"②

针对关锋的批评，贺先生作了反批评，他再次着重谈了《关于对哲学史上唯心主义的评价问题》。他认为，唯心主义有好、有坏的提法，黑格尔说过，列宁也同意，而且还指出"聪明的唯心论比愚蠢的唯物论更接近聪明的唯物论"。贺先生认为，有的"唯心论者与唯物论者之间是朋友师生的关系，这并不妨碍他们在思想上的激烈尖锐的斗争。因为朋友师生（甚或今我与昨我）之间的学术思想的论辩与斗争可以达到非常深入细致、尖锐、激烈和艰苦的地步"。他还直言不讳："我对好的唯心主义是有感情的，这是对优秀文化遗产有感情。"③ 这句发自肺腑的话，清楚地表明了他之所以肯定好的唯心主义的真实目的。贺先生的学生陈修斋先生在会上发表了支持贺先生观点的意见，会后又写出《关于对唯心主义的估计问题的一些意见》一

---

① 赵修义、张翼星等编《守道1957——1957年中国哲学史座谈会实录与反思》，上海人民出版社，2012，第194~198页。
② 赵修义、张翼星等编《守道1957——1957年中国哲学史座谈会实录与反思》，上海人民出版社，2012，第209~216页。
③ 赵修义、张翼星等编《守道1957——1957年中国哲学史座谈会实录与反思》，上海人民出版社，2012，第202~206页。

文,对"唯心主义中有好的东西"这个论断的具体含义,做出细致的说明。①

在"中国古代哲学遗产的继承"问题上,主要是围绕冯友兰先生提出的"抽象继承法"展开讨论的。冯先生在当时发表的第一篇文章《关于中国哲学史研究的两个问题》中一针见血地指出:"我们近来的哲学史工作,大概用的是形而上学的方法,把哲学史中的唯物论和唯心论的斗争,简单化、庸俗化了,使本来是内容丰富生动的哲学史,变成贫乏死板。"② 因为中国古代的哲学家,不是属于奴隶主就是属于封建地主阶级,他们的哲学是为统治阶级服务的,尽是应该抛弃的糟粕,还有什么可以继承的呢?为了解决这个问题,冯先生提出要区别哲学命题的"具体意义"和"抽象意义"。由于哲学命题的具体意义是"跟这些命题的哲学家所处的具体的社会情况有直接关系的,这是不能继承的,我们所能继承的只是它们的抽象意义"。这就是后来被人们概括的、著名的"抽象继承法"。这个"抽象继承法"与贺麟先生上述对唯心主义评价问题之所以紧密相关,是因为"抽象继承法"与冯先生在20世纪30~40年代建立的"新理学"的哲学思想体系之间,存在着某种思想上的关联。有人认为,"抽象继承法"与"理在事先"是一脉相承的。"理在事中"与"理在事先"的关系,是唯物主义与唯心主义的斗争。在阶级警惕性无比高涨、大讲阶级斗争的年代,理所当然地成为事关"哲学的党性原则"的大问题。会议上冯先生的观点属于少数派,争论虽然不可避免,但基本上还能做到平等讨论,允许申辩。正因为如此,座谈会主要筹办者之一的汪子嵩先生在1994年曾经为北大哲学系建系80周年写的一篇题为《一次争鸣的讨论会》的文章③中认为,1957年召开的中国哲学史问题讨论会是"建国后近30年中仅有的一次基本上做到自由争鸣的讨论会"。

但是,这次会议结束后不久,反右斗争开始,在此之后,冯先生的这个观点被诬为"资产阶级伪科学",遭到从上到下、持久不断的批判。贺先生对政治上敏感的哲学问题,只能保持缄默,埋头于纯学术的研究,专门从事翻译和讲授西方哲学。在1966年开始的"十年动乱"中,他们都难逃厄

---

① 赵修义、张翼星等编《守道1957——1957年中国哲学史座谈会实录与反思》,上海人民出版社,2012,第224~232页。
② 赵修义、张翼星等编《守道1957——1957年中国哲学史座谈会实录与反思》,上海人民出版社,2012,第71页。
③ 汪子嵩:《一次争鸣的讨论会》,载《读书》1994年第9期。

运,被迫中断了一切学术工作。直到 1975 年以后,特别是 1978 年党的十一届三中全会以后,贺先生才取得恢复研究和翻译工作,出版译著的权利;冯先生又重新投入中国哲学史的著述,并在中国哲学史的著述与学科建设方面,做出了旁人难以替代的重大贡献。

1957 年的那次会议虽然在一定程度上出现了自由争辩的可喜现象,但是,苏式的教条主义仍然笼罩着整个会议。某些历史资料披露说,"关锋发言后,可能有些老教师的发言就有些保留了",甚至有些老教授感到:这"不是一个哲学讨论会,而是冯友兰、贺麟的思想批判会"。从表面上看,好像是批判者们"胜利"了,"但好像胜得太快,有些勉强,好像是以声势取胜"。[①] 苏式的教条主义带有独断论的特点,他们颐指气使,帽子、棍子满天飞,以"马克思主义哲学权威"自居,在他们身上还兼具专制主义的气息,是当时政治上"左"的产物和表现。贺麟先生对此深有体会。1957年 4 月 24 日他在《人民日报》上发表的题为《必须集中反对教条主义》的文章,指出"教条主义者气焰太盛,使人不敢'放'不敢'鸣'。教条主义即使不会断送科学研究,至少也会大大妨害社会主义文化建设"。"教条主义者虽然以正统的马克思主义者自居,但实际上却是陷入形而上学和唯心主义的反马克思主义者。""教条主义者每每是应时主义者。他善于看行情,从个人崇拜出发,去揣测领导意图,随意解释教条,并随意在经典著作中挑选适合自己意见的词句。"[②]

不久,关锋在《哲学研究》1958 年第 1 期发表了《反对哲学史工作中的修正主义》一文,给会议扣了三项大帽子:(1)"修正"马克思主义关于"哲学基本问题"的原理,混淆唯物主义和唯心主义的两条路线;(2)"修正"马克思主义关于"马克思主义出现以前没有唯物史观"的原理;(3)"修正"马克思主义关于"哲学的阶级性"的原理。[③] 此后,"左"的思潮长期肆虐于神州大地,即使这样,那次会议和自然科学界的生物遗传学会议一样,作为"百家争鸣"的一种尝试,作为当代中国哲学演进历史中

---

① 赵修义、张翼星等编《守道 1957——1957 年中国哲学史座谈会实录与反思》,上海人民出版社,2012,第 27～30 页。

② 赵修义、张翼星等编《守道 1957——1957 年中国哲学史座谈会实录与反思》,上海人民出版社,2012,第 454～457 页。

③ 赵修义、张翼星等编《守道 1957——1957 年中国哲学史座谈会实录与反思》,上海人民出版社,2012,第 458～493 页。

异乎寻常的一件大事，已永远载入中国学术发展的史册。在摆脱哲学与政治捆绑之后，近30年来，我国哲学界对那次会议上所提出的问题的研究，不断有所进展。

特别珍贵的是顾红亮先生在哈佛大学访学期间从该校档案中找到的美国哲学家霍金与陆定一、潘梓年、金岳霖的通信原件和手稿。顾先生把它们作为他所写文章的附件，第一次公开刊载。威廉·霍金在1956年11月21日致陆定一的信中，向中国哲学界提出的问题是："你们如何界定与唯物主义相对的唯心主义？"① 潘梓年和金岳霖两位先生在代表陆定一所写的回信（1957年2月22日）中说，"什么是唯心主义这个问题，在马克思主义哲学的代表作中已经作出了清晰的、明确的回答，中国马克思主义者对此没有特别的补充"。② 这些资料从一个侧面反映出1957年座谈会所产生的积极的国际影响，也给出了对那次会议进行反思的有益的空间。

《守道1957》一书把我们带回到半个多世纪前的1957年，那次会议上，以及会前会后许多体现自由思想和独立思考精神的精辟论断，至今经受了历史的检验；那些坚守学术争鸣之道、实现自己文化担当者的学人风骨，作为精神财富已经垂范于后人。贺麟和冯友兰这两位先生是1957年那次会议的核心人物，他们都是立志传承中国古代优秀文化、实现中华民族伟大复兴，有着文化担当的饱学之士。他们在会议上所提出的重要哲学理论问题，在我们"扎实推进社会主义文化建设"的今天，仍然是需要继续研究。温故知新、以史为鉴，只有真正遵循"百家争鸣"的方针，坚持走"独立精神，自由思想"这个学术发展之道，才能实现学术的创新和文化的繁荣，全面推进社会主义的文化建设。

此文的摘要曾在《中华读书报》2013年1月2日上发表，全文发表于福建社会科学院主办《学术评论》，2013年第3期

---

① 赵修义、张翼星等编《守道1957——1957年中国哲学史座谈会实录与反思》，上海人民出版社，2012，第672页。
② 赵修义、张翼星等编《守道1957——1957年中国哲学史座谈会实录与反思》，上海人民出版社，2012，第672页。

求解"真问题":如何对待唯心主义

——从1957年中国哲学史座谈会说起

难得的短暂历史机遇期内召开的哲学盛会

1957年1月22~26日,为了进一步在社会科学领域贯彻"百家争鸣"方针,"中国哲学史座谈会"在北京大学哲学系召开。这是在1956年春"百家争鸣"方针提出,到1957年夏反右派斗争之间难得的、短暂历史机遇期内召开的、中国当代哲学史上一次罕见的哲学争鸣会议,锋芒直指独断主义、"左"倾教条主义。会议的主题聚焦在:如何看待唯物、唯心两条路线之间的关系?是对苏式教条主义理论亦步亦趋,还是应当深入地探讨中国哲学的传统与特色?中国哲学遗产应该如何继承?冯友兰先生提出的"抽象继承法"、贺麟先生强调的"唯心主义哲学中有好东西"等观点,引发了诸多争议,从而被认为是"建国后近30年中仅有的一次基本上做到自由争鸣的讨论会"。① 被邀请参加者包括从事中国哲学史、西方哲学史以及马克思主义哲学三个方面研究与教学的国内知名专家120多人。笔者在当时作为在读的高年级本科生,有幸得以列席旁听,亲自见证了这段历史。1952年全国高等学校实行院系大调整,所有高校的哲学系都合并到北京大学来,北大哲学系成为当时高校中仅有的一个哲学系,所以,这次会议实际上是全国性的会议。

众所周知,前苏共中央政治局委员日丹诺夫,在他亲自主持召开的对《西欧哲学史》(亚历山大洛夫著)讨论会(1947年6月24日)上,根据

---

① 汪子嵩:《一次争鸣的讨论会》,《读书》1994年第9期。

恩格斯关于哲学基本问题和列宁关于哲学党性的观点,给哲学史下了一个定义,说"科学的哲学史,是科学的唯物主义世界观及其规律的胚胎、发生与发展的历史。唯物主义既然是从唯心主义派别斗争中生长和发展起来的,那么,哲学史也就是唯物主义与唯心主义斗争并战胜唯心主义的历史"。他还认为,"各种哲学派别在这本书中是一个一个先后排列或比肩并列的,而不是互相斗争的",因而是缺乏党性原则的。在他看来,哲学史上唯物主义与唯心主义的两军对垒是与政治上的进步与反动相对应,唯物主义是与进步、革命相联系,唯心主义总是服务于反动阶级。[①] 此公的高论一出,苏联哲学界和中国哲学界,都奉为戒律、坚决照办。当时,在中国哲学史的教学与研究中,只能按照日丹诺夫的调子,生硬地、不加分析地贴上唯物主义和唯心主义的斗争的标签,这不仅使丰富多彩的中国哲学史变得越来越贫乏,而且许多被列入唯心主义的重要哲学家,不管他们在哲学的发展中曾经有过什么样重大的影响与作用,都要与反动或落后挂钩,从而备受批判。这种"削足适履"的简单化的做法,当然难以反映哲学史发展的全貌。中国哲学史座谈会正是在这个背景下召开的。会后,由《哲学研究》编辑部编、科学出版社1957年出版的《中国哲学史问题讨论专辑》,收录论文50多篇。

　　那次会议过后55年,即2012年,恰好是北京大学哲学系成立100周年,在为举办这个庆典而推出的一系列学术著作中,有一本题为《守道1957～1957年中国哲学史座谈会实录与反思》的新书,由世纪出版集团上海人民出版社出版,赵修义、张翼星等编。正如编者在"前言"中所说:此书出版的目的不仅是"让这个如此重要的会议不致被岁月所湮没",更是要促使人们以史为鉴,温故知新,进行深入的反思。该书除了照录《中国哲学史问题讨论专辑》的全部论文之外,增加了两部分新内容。一是"1957年中国哲学史会议实录",它提供了当时的若干背景资料;二是"回顾与反思",包括会议之后写的15篇论文和新发现的资料。汪子嵩、方昕、梁志学、周继旨、张翼星、赵修义、陈村富、谢龙、陈霞、陈卫平、郁振华、晋荣东等先生著文,从不同的视角,就如何对待哲学与政治的关系、如何对待中国的哲学传统和文化传统、如何看待教条主义,以及如何看待唯物

[①] 日丹诺夫:《在关于亚历山大洛夫著〈西欧哲学史〉讨论会上的发言》,人民出版社,1954,第3~16页。

主义与唯心主义的关系等问题,进行了有益的探索,阐述了不少富有启发性的看法。特别珍贵的是,顾红亮先生在哈佛大学访学期间,从该校档案中找到的美国哲学家霍金与陆定一、潘梓年、金岳霖的通信原件和手稿,并把它们作为附件,第一次公开刊载。威廉·霍金在1956年11月21日致陆定一的信中,非常明确地向中国哲学界提出问题:"你们如何界定与唯物主义相对的唯心主义?"

围绕"如何对待唯心主义"这个核心问题引发的争论

从《守道1957》一书中的第一部分"1957年中国哲学史会议实录"中,人们可以发现,这个会议是经过认真准备的,所选择的讨论题目(主要有:中国哲学史的对象与范围、哲学史上唯物与唯心的斗争和对唯心主义的评价、中国哲学的特点和中国哲学遗产的继承等),都是教学与科研中经常遇到的一些"真问题",带有根本的性质。而且这些问题都与"如何对待唯心主义"这个总的问题有关。有鉴于此,本文就以此问题为中心,回顾一下当年讨论会的若干史实,并以现今的认识进行必要的反思。

在那次座谈会之前,当时的哲学系的系主任郑昕先生在1956的10月16日《人民日报》上发表了题为《开放唯心主义》的著名文章,它点明了会议的主题,并产生过很大的影响。郑先生认为,"在人民内部,开放唯心主义是解决我们思想中长期存在的学术与政治矛盾的钥匙","而正确地估计唯心主义,是对唯心主义展开斗争和最终战胜唯心主义的前提"。他结合自己的亲身体会,批评了"政治即是学术"和"为学术而学术"这两种倾向,并就大学哲学系中开设唯心主义课程这件事,谈到应对唯心主义作全面的估计。郑先生的文章在当时给人以耳目一新的感受,为会议的讨论开了一个很好的头。在那次会议上,提出并坚持认为"唯心主义哲学中有好东西"的是贺麟先生和陈修斋先生。

贺先生亲自听了陆定一部长关于"双百"方针的报告后,找了他的学生陈修斋,根据他的观点,以贺麟、陈修斋两人的名义,写了题为《为什么要有宣传唯心主义的自由?》的文章,发表在《哲学研究》1956年第3期上。该文对唯心主义评价中的教条主义倾向和形而上学思维方法,提出了大胆而尖锐的批评,明确肯定了古典唯心主义哲学家的重要著作的价值和合理因素。在那次会议上,贺先生指出,哲学史虽然是唯物主义与唯心主义斗争的历史，但这种斗争与"宗教上的斗争，政治上的斗争却有很大的区别"。唯物主义者与唯心主义者的关系，"也不就是革命与反革命的关系"，"有时是'青出于蓝而胜于蓝'的关系，不是红与白的关系"。唯物主义与唯心主义之间，既有"互相斗争的一面，也有互相吸收利用凭借的一面"，两者之间的斗争是一个曲折的、矛盾发展的过程，"并不是唯物主义永远打胜仗"，"唯物主义也有被较晚、较发展的唯心主义代替的时候，唯心主义也有被较晚的唯物主义代替的时候"。①

贺先生的观点，遭到了关锋尖锐的批判。关锋认为，"唯物主义和唯心主义是敌对的，其界限是分明的，斗争是尖锐的、没有妥协余地的"。"'青出于蓝而胜于蓝'的议论，正是和他的唯物主义、唯心主义并没有严格、分明的界限的观点一脉相通的。""按着他对于唯物主义和唯心主义的统一性的了解，实质上就否定了它们之间的斗争性，它们的根本的敌对性。"②

针对关锋的批评，贺先生在反批评中再次着重谈了《关于对哲学史上唯心主义的评价问题》。他说，早在1953年，他就说过"唯心主义有好、有坏，好的唯心主义都曾起过进步的作用"，因而遭到周围人的批评。1955年，在批判胡适的高潮中，他又说了"唯心主义哲学中有好的东西"的话。于是，年轻同志们吓一跳，大家愤慨地提出批评。贺先生说，他在当时"只能从政治上去欢迎这些同志们的批评"，意思是说，在学术上并不能接受这种批评。他认为，唯心主义有好、有坏的提法，黑格尔说过，列宁也同意，而且还指出"聪明的唯心论比愚蠢的唯物论更接近聪明的唯物论"。他认为，有的"唯心论者与唯物论者之间是朋友师生的关系，这并不妨碍他们在思想上的激烈尖锐的斗争。因为朋友师生（甚或今我与昨我）之间的学术思想的论辩与斗争可以达到非常深入细致、尖锐、激烈和艰苦的地步"。③（《中国哲学史问题讨论专辑》，第196~202页）陈修斋先生在会上发表了支持贺先生观点的意见，会后又写出《关于对唯心主义的估计问题的一些意见》一文，对"唯心主义中有好的东西"这个论断的具体含义，做出了细致的说明。④

---

① 《哲学研究》编辑部编《中国哲学史问题讨论专辑》，科学出版社，1957，第186~191页。
② 《哲学研究》编辑部编《中国哲学史问题讨论专辑》，科学出版社，1957，第205~215页。
③ 《哲学研究》编辑部编《中国哲学史问题讨论专辑》，科学出版社，1957，第196~202页。
④ 《哲学研究》编辑部编《中国哲学史问题讨论专辑》，科学出版社，1957，第225~236页。

中国古代哲学遗产的继承问题，虽然是会议中另一个相对独立的讨论热点，但这与上述的对唯心主义评价问题，实际上是紧密相关的。对这个话题的讨论，主要是围绕冯友兰先生提出的"抽象继承法"而展开的。

冯先生在当时发表的第一篇文章《关于中国哲学史研究的两个问题》中就一针见血地指出："我们近来的哲学史工作，大概用的是形而上学的方法，把哲学史中的唯物论和唯心论的斗争，简单化、庸俗化了，使本来是内容丰富生动的哲学史，变成贫乏死板。"① 因为中国古代的哲学家，不是属于奴隶主就是属于封建地主阶级，他们的哲学是为统治阶级服务的，尽是应该抛弃的糟粕，还有什么可以继承的呢？为了解决这个问题，冯先生以具体的哲学史事实为例，提出要区别哲学命题的"具体意义"（或"特殊意义"）和"抽象意义"（或"普遍意义"）。由于哲学命题的具体意义是"跟这些命题的哲学家所处的具体的社会情况有直接关系的，这是不能继承的，我们所能继承的只是它们的抽象意义"。这就是后来被人们概括的、著名的"抽象继承法"。

为什么"抽象继承法"会与上述对唯心主义评价问题紧密相关呢？因为"抽象继承法"与冯先生在20世纪30~40年代建立的"新理学"的哲学思想体系之间，存在着某种思想上的关联。有人认为，"抽象继承法"与"理在事先"是一脉相承的。"理在事中"与"理在事先"的关系，是唯物主义与唯心主义的斗争。在阶级警惕性无比高涨、大讲阶级斗争的年代，理所当然地成为事关"哲学的党性原则"的大问题。

究竟应当如何看待唯心主义和哲学史上唯物主义与唯心主义的斗争

哲学史上的唯物主义与唯心主义的区别、对立和斗争，长期以来，一直被认为是哲学史中的最重大、最基本的问题。20世纪的后半期，在最高权威的引导下，学术界普遍认为，整个哲学的发展史，就是唯物主义与唯心主义的"两军对战"的历史。这种看法经过长时间的广泛宣传，被奉为一种不容置疑的戒律。在这个戒律的框架内，从政治层面上说，唯心主义与落

---

① 《哲学研究》编辑部编《中国哲学史问题讨论专辑》，科学出版社，1957，第23页。

后、反动、反对革命是同义语;在思想认识的层面上,唯心主义又与错误画上了等号。谁要是主张或支持了唯心主义,不仅会引来非议,甚至会遭受批判、围攻与清算。

反观1957年的那次会议,人们不禁会提出这样的问题:究竟应当如何看待唯心主义?为什么哲学上的唯物与唯心的斗争,竟然被人说成"你死我活"的"红白关系",并把唯心主义视为洪水猛兽?

哲学上的唯物与唯心的斗争,之所以视为"你死我活"的"红白关系",除了用特定时期的政治背景来解释之外,从思想根源来说,实则与多年以来流行的"对立面的统一是相对的,对立面的斗争是绝对的"这个观点有关。这个观点并非出自马克思和恩格斯,只是列宁《谈谈辩证法问题》一文中有此一说,但列宁同时又申称:"在(客观的)辩证法中,相对和绝对的差别也是相对的。"这就意味着,不能把他所说的"对立面的斗争是绝对的"这个命题加以绝对化。毛泽东关于对立面斗争的绝对性和对立面统一的相对性的论断,以及后来把共产党的哲学说成"斗争哲学",只讲"一分为二",否定"合二而一",是对列宁上述思想的继承与向"左"的方向的发展。在那次会议上,一些人之所以从极"左"的方面看待唯物、唯心的斗争,把唯心主义打入十八层地狱,其理论根据就是这个"斗争的绝对性"!在《守道1957》一书中,梁志学、陈霞写的《论对立面的统一和斗争》质疑了"统一是相对的,斗争是绝对的",可谓切中要害。①

那么,究竟什么是唯心主义?中国哲学界对这个问题的探讨,实际上由来已久。早在20世纪30年代,贺麟先生在所写的《近代唯心论简释》中,就提出了关于"心有二义:(1)心理意义的心;(2)逻辑意义的心"的见解。他对"逻辑意义的心"的强调,正是对理性思维重要性的肯定,其所包含的合理因素显而易见。这令人想起20世纪60年代那场关于"桌子的哲学"的争论。

争论是由王若水的一篇文章引起的。该文指出,对于一般人来说,先有了桌子,然后才有桌子的观念,这是对的。但对于做这张桌子的木匠来说,应该是先有这张桌子的观念,后有这张桌子。"人们做一件事,脑子里总要先有计划、方案、理想、目的,这些东西都是观念的东西,不是物质的东西。但是一旦把计划等实现出来,观念的东西就变成了物质的东西。"② "桌

---

① 赵修义、张翼星等编《守道1957年》,上海人民出版社,2012,第611~618页。
② 王若水:《桌子的哲学——一次关于认识论的对话》,《人民日报》1963年7月16日。

子"不是"天然"的自然物,而是"人造"的自然物。究竟是先有作为物质的"桌子",还是先有"桌子的观念"?这实际上涉及思维、观念等精神性的因素的作用问题。这里所说的"桌子的观念",属于理性思维的范畴,相当于贺先生所说的"逻辑意义的心",也相当于冯先生所说的"理在事先"。汪子嵩先生在一篇文章中说,他反复考虑过这个问题,逐步认识到:"'理在事中'固然是正确的,但'理在事先'也不是完全没有道理的。"①笔者赞成这个说法。

在哲学史上有所谓"时间在先"与"逻辑在先"的区分,从本体论的视角来看,"时间在先"的东西,并不等于也能够在认识论上"逻辑在先";反之亦然。自然界在人类出现之前,就已经不以人的意志为转移地存在了,这就是"时间在先";但自然界中的万物对人的意义,只有作为人的认识与实践的对象之后,才能彰显出来。没有人,就谈不上人对外界事物的认识与改造,也谈不上自然界中的万物对人的意义了!这个"意义"属于理性的范畴,是精神性的东西。在古代中国,人们把"心"作为思维的器官,所以"理"就往往与"心"相关联,这才有"心即理也"的说法。有的哲学家所说"理在事先",正是从"逻辑在先",而不是从"时间在先"的角度讲的。人们对"逻辑意义的心"、对"心即理也"在一定意义上的认同,实质上就是对理性思维作用的认同,也是对人的主观能动作用的肯定。唯心主义之所以成为唯心主义,并不在于它对理性思维的重视,以及对人的主观能动作用的强调,而是因为他们把这种"重视""强调",讲得过头了。而正确的东西一旦讲得过头了、夸大了,就会变成了错误。不仅唯心主义是这样,唯物主义也同样是这样。唯物主义在肯定物质第一性这个命题时,它是正确的;但是,如果夸大了一步,把精神、思想也等同于物质,那就会走向庸俗唯物主义的错误。

坚守独立思考的学术之道,
实现知识分子的文化担当

历史的经验值得记取和反思。本来人们期望1957年的那次中国哲学史座谈会能够开成反对教条主义、独断论,贯彻"双百"方针的具有重大历

---

① 汪子嵩:《一次争鸣的讨论会》,《读书》1994年第9期。

史意义的学术盛会。但在当时环境下，是难以做到的。其结果是，论辩双方"谁也没有说服谁"，似乎还可以说是批判者的一方"胜利"了，"但好像胜得太快，有些勉强，好像是以声势取胜，说服分析是不够的"。① 不久"反右"斗争开始，会议的有些参与者因言获罪，他们的观点被诬为"资产阶级伪科学"，受到从上到下、持久不断的批判，有些人甚至被划为右派，在"文革"又遭遇灭顶之灾。这个惨痛的历史教训，值得我们永远记取。

贺麟先生是我国现代颇负盛名的哲学家和哲学史家。他学贯中西，博古通今，对于康德、黑格尔哲学及中国古代儒家学说、宋明理学研究尤深，并将新黑格尔主义与陆王心学相结合的唯心主义观点，作为自己哲学思想的主导观点，初步形成了他自创的"新心学"的哲学思想。他对黑格尔等西方著名哲学经典著作的翻译，早已使他蜚声中外。他的关于"唯心主义中有好的东西"的观点，虽然遭到自以为是"正统马克思主义者"的批评，但他始终坚持不改。他说："我对好的唯心主义是有感情的，这是对优秀文化遗产有感情。"② 那次会议之后，他在《人民日报》（1957年4月24日）上发表了题为《必须集中反对教条主义》的文章，指出"教条主义者气焰太盛，使人不敢'放'不敢'鸣'。教条主义即使不会断送科学研究，至少也会大大妨害社会主义文化建设。……教条主义者虽然以正统的马克思主义者自居，但实际上却是陷入形而上学和唯心主义的反马克思主义者。"但在"反右"斗争之后，贺先生对政治上敏感的哲学问题，只能保持缄默，埋头于纯学术的研究，专门从事翻译和讲授西方哲学。即使如此，在1966年开始的"十年动乱"中，他也难逃厄运，被迫中断了一切学术工作。直到1975年以后，特别是1978年党的十一届三中全会以后，才取得恢复研究和翻译工作、出版译著的权利。

冯友兰先生在晚年曾经亲笔书写一副对联用以自勉，联曰："阐旧邦以辅新命，极高明而道中庸"。《诗经》："周虽旧邦，其命维新。"所谓"旧邦"指源远流长的中国文化传统，"新命"指现代化和建设社会主义。"阐旧邦以辅新命"就是要把这个特点发扬起来，"把中国古典哲学中的有永久价值的东西，阐发出来，以作为中国哲学发展的养料"，"马克思主义在中

---

① 赵修义、张翼星等编《守道1957年》，上海人民出版社，2012，第27、505页。
② 贺麟：《哲学与哲学史论文集》，商务印书馆，1990，第528页。

国也要接上中国古典哲学,作为来源之一,才会成为中国的马克思主义"。①他的一生著述,可用"三史释今古,六书纪贞元"加以概括。"三史"是指《中国哲学史》(两卷)、《中国哲学简史》和《中国哲学史新编》(七卷);"贞元六书"指他在抗日战争期间所著的六本书:《新理学》(此书是他构建"新理学"的基础和核心)、《新事论》、《新世训》、《新原人》、《新原道》、《新知言》。在新中国成立前夕,他不顾友人的劝阻,毅然决然地放弃在美国优越的物质生活回到祖国,后又拒绝去南京,坚决留在北平,以迎接新中国的诞生。从那时起,他就给自己立下了以新的思想重新改写中国哲学史的宏愿。在包括"十年动乱"在内的40年的漫长岁月中,他历尽艰辛、备受磨难,用他的全部心血,在去世前的几个月,终于写完了长达150余万言的七卷本巨著《中国哲学史新编》。他认为,1957年的那次会议批评他的人,只说明应该"继承什么",他关切的是"怎样继承",这是传统哲学之所以具有当代价值所要解决的方法论问题。因此,有的学者说,"抽象继承法是从一个特定角度出发,对思想传承过程的独到观察和如实刻画,说抽象继承法是这次座谈会的一个重要创获,实不为过"。② 但有人把"抽象继承法"与"理在事先"联系起来,批评为唯心主义。

贺麟和冯友兰这两位先生是1957年那次会议的核心人物,他们都是立志传承中国古代优秀文化、实现中华民族伟大复兴,有着文化担当的饱学之士。他们在会议上所提出的重要哲学理论问题,在我们"扎实推进社会主义文化建设"的今天,仍然是需要继续研究,并在"双百"方针的指引下认真地加以解决。

原载上海社会科学院主办《哲学分析》2013年第5期

---

① 冯友兰:《三松堂自序》,人民出版社,1998,第372、404页。
② 赵修义、张翼星等编《守道1957年》,上海人民出版社,2012,第642页。

唯心主义评价问题的历史回顾与反思

——从贺麟关于唯心主义的看法说起

哲学上的唯物主义与唯心主义的区别、对立和斗争，长期以来，一直被认为是哲学发展中的最重大、最基本的问题。20世纪的后半期，在最高权威的引导下，学术界普遍认为，整个哲学的发展史，就是唯物主义与唯心主义"两军对战"的历史。这种看法经过长时间的广泛宣传，被奉为一种不容置疑的金科玉律。既然如此，怎样评价唯心主义，以及如何看待唯物主义与唯心主义的斗争，就不能不成为哲学研究中的头等重要的问题了。但是，人们对此的认识并没有因此而完全一致，相反，一直还存在明显的分歧，乃至严重的对立。如果你主张唯物主义，当然不会有什么问题；反之，如果你主张或支持了唯心主义，那不仅会引来误解、非议，甚至会遭受批判与围攻。即使如此，有的哲学家却仍然坦率地承认自己对唯心主义哲学的认同、坚持，甚至热爱。贺麟先生就是其中的一位。在极"左"的思潮的影响下，长期以来，贺先生因此而备受责难，历经坎坷。

20世纪30～40年代，贺先生在《近代唯心论简释》中对唯心主义的评价就引起了争议

贺麟先生（1902～1992），字自昭，是我国现代颇负盛名的哲学家和哲学史家。他对黑格尔哲学的精湛研究，以及对黑格尔等西方著名哲学经典著作的翻译，早已使他蜚声中外。他出生于四川金堂县，1926年毕业于清华留美预备学堂，1926～1930年先后在美国奥柏林大学、芝加哥大学、哈佛大学及其研究院学习和研究西方哲学史，曾在哈佛大学获得硕士学位。1930～1931年在德国柏林大学学习德国古典哲学。1931～1955年在北京大

学哲学系先任讲师两年,后任教授。1955年以后,调中国科学院哲学研究所从事研究工作,曾任西方哲学史研究室主任。贺先生通过教学、研究、翻译和著述,在向中国介绍西方哲学和培养专业人才方面,做出了重要的贡献。他的主要著作有:《德国三大哲人处国难时之态度》(1934)、《知难行易说与知行合一论》(1943)、《近代唯心论简释》(1944)、《当代中国哲学》(1945)、《文化与人生》(1947)、《现代西方哲学讲演集》(1984)、《黑格尔哲学讲演集》(1984)、《哲学与哲学史论文集》(1990)。主要译著有:E. 凯尔德的《黑格尔》(1936)、J. 罗伊斯的《黑格尔学述》(1936)、马克思的《黑格尔辩证法和哲学一般批判》(1955)、马克思的博士论文《德谟克里特的自然哲学与伊壁鸠鲁的自然哲学的差别》(1961)、B. 斯宾诺莎的《致知论》(1943)、《知性改进论》(1952)、《伦理学》(1958)、G. W. F. 黑格尔的《小逻辑》(1954)、《精神现象学》(与王玖兴合译,1962)、《哲学史讲演录》(与王太庆等合译,1956、1957、1959、1978)等。

贺先生对唯心主义哲学的肯定态度,是同他自身"新心学"哲学思想的形成与发展分不开的。无论是在20世纪的30~40年代,还是在50~60年代,前后基本上是连贯的。

早在20世纪30年代,贺先生就已经被称为"黑格尔哲学研究方面的专家"。他学贯中西,博古通今,对于康德、黑格尔哲学及中国古代儒家学说、宋明理学研究尤深,并将新黑格尔主义与陆王心学相结合的唯心主义观点,作为自己哲学思想的主导观点,初步形成了他自创的"新心学"的哲学思想。这可以从他在40年代出版的三本代表作中得到证明。它们是:《近代唯心论简释》(1942年由重庆独立出版社出版)、《当代中国哲学》(1945年由胜利出版公司印行)和《文化与人生》(1947年由商务印书馆出版)。这里只是着重说一下围绕他的第一本书的观点所引起的社会反响和学界评论。

《近代唯心论简释》是一本论文集,包括论文15篇。作为首篇同名论文《近代唯心论简释》,1934年3月发表在天津《大公报》的《现代思潮》周刊上。它标志着贺先生的"新心学"哲学思想的开始。有人称它为贺麟"哲学思想的宣言",说"以后的许多文章都是此文所阐述的基本思想的扩充与引申"。①

该文开宗明义写道:

---

① 贺麟:《近代唯心论简释》,商务印书馆,2011,第369页。

心有二义：（1）心理意义的心；（2）逻辑意义的心。逻辑的心即理，所谓"心即理也"。心理的心是物，如心理经验中的感觉、幻想、梦呓、思虑、营为，以及喜怒哀乐爱恶欲之情皆是物，皆是可以用几何方法当作点线面积一样去研究的实物。……逻辑意义的心，乃一理想的超经验的精神原则，但为经验、行为、知识以及评价之主体。此心乃经验的统摄者、行为的主宰者、知识的组织者、价值的评判者。自然与人生之可以理解，之所以有意义、条理与价值，皆出于此心即理也之心。故唯心论又常称为精神哲学。所谓精神哲学，即注重心与理一，心负荷真理，理自觉于心的哲学。①

那么，心与物两者是什么关系呢？贺先生认为，心与物是不可分的整体，"灵明能思者为心，延扩有形者为物"。"心为物之体，物为心之用。心为物的本质，物为心的表现。"当然，这里所说的表现，有程度高低之分：自然之物其表现精神之程度较低，而文化之物其表现精神之程度较高。"故唯心论者，不能离开文化或文化科学而空谈抽象的心。"否则，这个心就成为无内容、无生命的了。由于"唯心论"这个名词容易被误解，所以，贺先生认为，也可称唯心论为"唯性论"。这个"性"（essence）为物之精华，为理性所决定的自由意志，应付环境而产生的行为、所养成的人格，就是一个人的"性格"。

唯心论又可以称为"理想论"或"理想主义"，在不同的语境中，有不同的称谓："就知识之起源与限度言，为唯心论；就认识之对象与自我发展的本则言，为唯性论；就行为之指针与归宿言，为理想主义。"② 中国古代的心学家所说的"心即理"，多指天赋的道德意识，贺先生上述关于"心"的界说，显然吸取了德国古典哲学家康德、黑格尔关于理性的见解，把心与理性、理想融合起来了。他强调指出，作为人之"本性"的理性，是"构成理想之能力"（Reason is the faculty of ideals），而作为人的认识和行为的指针的"理想"，是人的最高精神能力，"乃超越现实与改造现实的关键，且是分别人与禽兽的关键"。③

---

① 贺麟：《近代唯心论简释》，商务印书馆，2011，第1~2页。
② 贺麟：《近代唯心论简释》，商务印书馆，2011，第5页。
③ 贺麟：《近代唯心论简释》，商务印书馆，2011，第6页。

《近代唯心论简释》论文集于1942年出版后，马上引起社会的关注和学术界评论。胡绳、徐梵澄、谢幼伟、陈康等人先后发表了对该书的评论文章。

胡绳以"一个唯心论者的文化观——评贺麟先生著《近代唯心论简释》"为题，在1942年9月重庆《新华日报》上发表了批评文章。胡绳认为，该书"虽然像是本系统地解释唯心论哲学的书，但实际上却是一本论文集"，"在同类著作中是算得比较有见解的，比较的能成一系统的"。胡文着重分析了贺著"从他的唯心论的观点与立场出发，在文化批评上到底进行了怎样的工作"。认为，贺著固然批评了"中体西用"说、"全盘西化"论，以及"本位文化论"等，但由于贺先生是"从欧洲贩运来大资产阶级腐败时期的直觉论和神秘主义思想，回来加入到旧礼教的复古营垒里去"。所以，他的文化观"其实是和那些说法是一丘之貉，甚至还要更落后一点"。① 胡文的这个定性是否准确、恰当，人们自可见仁见智，各有评估，在此存而不论。可以指出的是，胡文的批评着重于政治的层面，从学理上剖析唯心主义似嫌不足。

徐梵澄写的以《〈近代唯心论简释〉述评》为题的书评，于1942年发表于当时中央图书馆编印的《图书馆月报》上。贺先生认为，徐文对贺著"有简要平正的评论"。评论者虽指出贺著中有一二细微处不甚同意，但又指出，整个地看，"其努力求融会贯通中西哲学，显而易见。无论有没有偏颇的地方，却处处能见其大，得到平正通达的理解"。②

谢幼伟是贺麟在美国哈佛大学的同学，他写了《何谓唯心论？》的评论文章。该文肯定贺著是"今日中国哲学上不可多得之著作"，并提出三个问题。贺麟于1943年4月14日以书信形式对这三个问题做了回答。谢文说：

何谓唯心论？此为不易回答之问题。唯心论一辞，最为人所知，亦最为人误解。数十年来，国人之谈哲学者，于唯心论一辞，虽多提及，然为唯心论下一正确之解释者，则不多见。若进而主张唯心论，为唯心论辩护，及根据唯心论之说以谈道德文化诸问题，则更绝无仅有。有

---

① 贺麟：《近代唯心论简释》，商务印书馆，2011，第316页。
② 贺麟：《近代唯心论简释》，商务印书馆，2011，第321页。

之，吾惟于贺麟著《近代唯心论简释》一书见之。①

由此可见，对于什么是唯心论的解释，以及"唯心论"一词在西方哲学史上的来源，和它的各种意义的理解，在当时的思想文化界的认识就并不统一。

陈康曾在德国住了近十年，专攻希腊哲学。他与贺麟是在德国柏林大学时的同学。他看到贺麟1934年在天津《大公报》的《现代思潮》副刊上首次发表的《近代唯心论简释》的文章后，就写了评论文章，发表于1936年《文哲月刊》第6期。据陈康在文章中所做的说明可知，他本来就想写一篇柏拉图与亚里士多德两人关于认识主体与对象间的关系的见解的比较文章。在尚未动笔时，刚巧读到贺麟的文章，而贺文关于"心即理也"的基本观点，与他想写的文章又密切相关。于是，他把关于亚里士多德的部分搁置，缩小范围，只写柏拉图的一部分，文章的题目是《柏拉图认识论中之主体与对象》。从内容看，此文也就"成为对'心即理也'一词下一个哲学史方面的注解"。②

陈康的文章明确指出：

"唯心论"是个不幸的名词，因为如若中国人不丢弃那不研究内容专听口号的习惯，唯心论的哲学即因为它的标题为唯心论，已是遭人误解了。"心即理也"中的"心"也将和唯心论中的"心"一样为人误解。③

针对贺麟文章中关于"心"的解释，陈康又指出：

贺先生分别了心理的心和逻辑的心，但普通人只知道心理的心，不知逻辑的心。若以唯心论中的"心"和"心即理也"中的"心"作这心理的心解，即是以实在等于幻梦，秩序化为混乱，这样的哲学，在西洋哲学史上，虽著名的主观唯心论贝克莱的学说也还不能算。……至于心即理也中的"心"作逻辑的心解，意义甚明，这心即是理，因此，

---

① 贺麟：《近代唯心论简释》，商务印书馆，2011，第322页。
② 贺麟：《近代唯心论简释》，商务印书馆，2011，第341页。
③ 贺麟：《近代唯心论简释》，商务印书馆，2011，第342页。

这心是存在和变易，认识和被认识的基础（Grundlage des Seins und Werdens, des Erkennens und Erkanntwerdens），不独一切人的生活全不自觉的预先肯定这心，即是科学家终日所忙，也非别事，正是不自觉的谋规定这心。所以，肯定这心与科学研究并不是本身不能相容。①

无须再作解释，这些话已经讲得十分清楚了。看来，陈康对贺先生的观点基本上是认同的。

20 世纪 50～60 年代，贺先生坚持"唯心主义中有好东西"的观点，备受责难，历经坎坷

历史进入了 1949 年之后，无论客观的社会环境、政治状况和文化氛围，还是整个社会生活的指导思想，都发生了剧烈的变化。如果说，在 20 世纪 30～40 年代，"唯心论"就已经是一个容易引起误解的名词的话；那么，到了 50 年代之后，就不仅是引起"误解"了，也不单是一个学术主张了，而是标志着一个人的政治态度的立场问题。在这种状态下，贺先生原来所持有的、对唯心主义的看法，有没有发生变化，又有什么样的变化了呢？

"百花齐放、百家争鸣"作为党在艺术和科学工作中的基本方针，是 1956 年 4 月由毛泽东在政治局会议上加以论述并得到确认的。接着，5 月 26 日，中共中央宣传部陆定一代表党中央向文艺界、科学界做了题为《百花齐放，百家争鸣》的讲话（6 月 13 日的《人民日报》全文发表了这一篇讲话）。贺先生亲自听了这个报告后，特地找了他的学生陈修斋，根据他的观点以贺麟、陈修斋两人的名义，写了题为《为什么要有宣传唯心主义的自由？》的文章，发表在刚创办不久的《哲学研究》1956 年第 3 期上。该文认为，由于唯心主义在事实上存在于许多人的头脑中，因此，只有让它自由地公开发表出来，才能通过说明道理，加以克服；只有让唯心主义也有宣传自由，马克思主义的辩证唯物主义才能在战斗中更好地成长发展；只有让唯心主义也有宣传的自由，才能真正打消人们怕犯唯心主义错误的思想顾虑，敢于提出新颖的思想，以促进唯物主义的迅速发展；只有让唯心主义也有宣传自由，

---

① 贺麟：《近代唯心论简释》，商务印书馆，2011，第 342 页。

才能吸取古今中外思想中一切有价值的东西,从而大大地丰富马克思主义。①

该文对唯心主义评价中的教条主义倾向和形而上学思维方法,提出了大胆而尖锐的批评,明确肯定了古典唯心主义哲学家的重要著作的价值和合理因素。在当时的政治气氛和文化氛围下,许多过去从事哲学史研究工作并对历史上的唯心主义哲学思想怀有好感的知识分子,实际上持有与贺先生类似的想法,但不愿意或不敢直接说出来。贺先生能言人所未言、所不敢言,真诚坦荡,实属不易。熟悉贺先生的人都知道,斯宾诺莎的生平和思想对他的影响巨大。贺先生喜欢引用哲学史家文德尔班纪念斯宾诺莎时说的那句话:"为真理而死难,为真理而生更难"。贺先生对斯宾诺莎一再遭受放逐,过着磨镜片的贫苦生活,孜孜不倦地研究哲学的这种精神赞不绝口。他之所以多次敢于挺身而出,坚持"唯心论中有好东西"的观点,大胆地反对教条主义,并不是偶然的。

1957年1月22~26日,北京大学哲学系召开了"中国哲学史座谈会"。参加者包括从事中国哲学史、西方哲学史以及马克思主义哲学三个方面研究与教学的国内知名专家100多人。讨论的问题主要有两个:一是对唯心主义的评价,二是中国古代哲学遗产的继承。我作为哲学系的高年级的学生,有幸列席旁听。贺先生在会上做了题为"对于哲学史研究中两个争论问题的意见"的系统发言。

贺先生认为,哲学史虽然是唯物主义与唯心主义斗争的历史,但这种斗争与"宗教上的斗争,政治上的斗争却有很大的区别"。唯物主义者与唯心主义者的关系,"也不就是革命与反革命的关系","有时是'青出于蓝而胜于蓝'的关系,不是红与白的关系"。唯物主义与唯心主义之间,既有"互相斗争的一面,也有互相吸收利用凭借的一面",两者之间的斗争是一个曲折的、矛盾发展的过程,"并不是唯物主义永远打胜仗","唯物主义也有被较晚、较发展的唯心主义代替的时候,唯心主义也有被较晚的唯物主义代替的时候"。②

贺先生上述的观点,遭到了关锋的尖锐批判。关锋认为,"唯物主义和唯心主义是敌对的,其界限是分明的,斗争是尖锐的、没有妥协余地的"。"贺先生的'青出于蓝而胜于蓝'的议论,正是和他的唯物主义、唯心主义并没有严格、分明的界限的观点一脉相通的。""按着他对于唯物主义和唯

---

① 贺麟、陈修斋:《为什么要有宣传唯心主义的自由?》,《哲学研究》1956年第3期。
② 《哲学研究》编辑部编《中国哲学史问题讨论专辑》,科学出版社,1957,第186~191页。

心主义的统一性的了解，实质上就否定了它们之间的斗争性，它们的根本的敌对性。"①

贺先生针对关锋的批评作了反批评，再次着重谈了《关于对哲学史上唯心主义的评价问题》。为了说明他所持观点的一贯性，他举了在此之前的若干历史事实。他说，早在1953年，他就说过"唯心主义有好、有坏，好的唯心主义都曾起过进步的作用"，因而遭到周围人的批评。1955年，在批判胡适的高潮中，他又说了"唯心主义中有好的东西"的话。于是，年轻同志们吓一跳，大家愤慨地提出批评。贺先生说，他在当时"只能从政治上去欢迎这些同志们的批评"，意思是说，在学术上并不能接受这种批评。他认为，唯心主义有好、有坏的提法，黑格尔说过，列宁也同意，而且还指出"聪明的唯心论比愚蠢的唯物论更接近聪明的唯物论"。贺先生认为，有的"唯心论者与唯物论者之间是朋友师生的关系，这并不妨碍他们在思想上的激烈尖锐的斗争。因为朋友师生（甚或今我与昨我）之间的学术思想的论辩与斗争可以达到非常深入细致、尖锐、激烈和艰苦的地步"。②

贺先生的学生陈修斋先生在会上发表了支持贺先生观点的意见，会后又写出《关于对唯心主义的估计问题的一些意见》一文，对"唯心主义中有好的东西"这个论断的具体含义，做出了细致的说明。③

贺先生对优秀的文化遗产，包括西方唯心主义哲学大师怀有深厚感情。他说："我对好的唯心主义是有感情的，这是对优秀文化遗产有感情。"④ 他关于"唯心主义哲学中也有好东西"的观点，在当时已经广为人知，连同他在私人场合说过的"要我不研究黑格尔，比要我跟老婆离婚还困难"的话，在我们学生中也都有耳闻，已不是什么秘密了。他甚至大胆地提出这样的论断："哲学史上每一个唯心主义和每一个唯物主义在它特有的历史条件下有它的正确性，也有它的不正确性。"⑤

1957年4月11日上午，毛泽东主席曾约周谷城、金岳霖、冯友兰、郑昕、胡绳以及贺麟等十余人，到中南海丰泽园谈论问题，并共进午餐。他对贺麟说了一句颇有风趣的话："你可以与胡绳同志多打几个回合！"这就是

---

① 《哲学研究》编辑部编《中国哲学史问题讨论专辑》，科学出版社，1957，第205~215页。
② 《哲学研究》编辑部编《中国哲学史问题讨论专辑》，科学出版社，1957，第196~202页。
③ 《哲学研究》编辑部编《中国哲学史问题讨论专辑》，科学出版社，1957，第225~236页。
④ 贺麟：《哲学与哲学史论文集》，商务印书馆，1990，第528页。
⑤ 贺麟：《哲学与哲学史论文集》，商务印书馆，1990，第527页。

指1942年发生的那段往事。贺麟当时（1957年）回答说："胡绳同志的文章对我帮助很大，也就无须再辩论。"①

1957年4月24日贺先生在《人民日报》上发表了题为《必须集中反对教条主义》的文章，指出教条主义者虽然以正统的马克思主义者自居，但实际上却是陷入形而上学和唯心主义的反马克思主义者。② 在不久后（5月10~14日）由中国科学院哲学研究所、北京大学中国哲学史教研室、中国人民大学哲学史教研室在北京大学临湖轩，联合召开的中国哲学史工作会议上，贺先生又发言指出，唯物主义与唯心主义的斗争并不是对抗性的，它是学术上的学者对学者的论争，它不同于阶级斗争。但它也不是不变的，可以转化为对抗性的政治性的斗争。说唯心主义者与唯物主义者的关系有的是朋友师生的关系，并不等于否认两者之间斗争的尖锐性。

但是，随着当年夏天"反右"斗争的急风暴雨的到来，关锋对贺先生的批判大大地升级了。他以"亦农"的笔名，在当年10月号《新建设》杂志上发表了《和贺麟先生辩"矛盾斗争的绝对性"》的批判文章。针对贺先生的上述观点，他硬说，贺先生把马克思主义看作"教条"，实际上是"以修正主义反对马克思主义"。更有甚者，还把贺先生的上述言论与"反动派煽动闹事，在中国制造匈牙利事件，颠覆社会主义制度的政治阴谋"联系起来。③ "反右"斗争之后，贺先生对政治上敏感的哲学问题，只能保持缄默，埋头于纯学术的研究，专门从事翻译和讲授西方哲学。即使如此，在1966年开始的"十年动乱"中，他也难逃厄运，被迫中断了一切学术工作。直到1975年以后，特别是1978年党的十一届三中全会以后，才取得恢复研究和翻译工作、出版译著的权利。

回顾这段历史，并非发怀古之幽思，而是为了对以往的历史进行必要的反思，使历史之悲剧不再重演。

原载《学术评论》（福建），2012年第3期
收入本书时略有删节

---

① 贺麟：《近代唯心论简释》，商务印书馆，2011，第306页。
② 贺麟：《必须集中反对教条主义》，《人民日报》1957年4月24日。
③ 关锋（亦农）：《和贺麟先生辩"矛盾斗争的绝对性"》，《新建设》1957年10月号。

三 哲学理论问题的反思·
　　辩证法核心问题

解放思想的哲学与哲学思想的解放
——我对十一届三中全会以来若干哲学理论问题的反思

30年前召开的党的十一届三中全会是一次非常重要的会议,是"建国以来我党历史上具有深远意义的伟大转折"。① 这次会议重新确立了马克思主义的思想路线、政治路线和组织路线,果断地停止使用"以阶级斗争为纲"的口号,做出了把工作重点转移到社会主义现代化建设上来的战略决策,从此开始了改革开放的伟大历程。而在此之前召开的中央工作会议,则为这次全会的胜利召开做了充分的准备;邓小平在闭幕会上做了题为《解放思想,实事求是,团结一致向前看》的讲话,实际上是这次全会的主题报告。根据这个讲话的基本精神,三中全会高度评价了关于真理标准的大讨论②,认为"这对于促进全党思想和全国人民解放思想,端正思想路线具有深远的意义"。③

事实正是如此。关于真理标准的大讨论之所以一开始就带有十分重要的政治意义,那是因为它把矛头直接指向了林彪、"四人帮"狂热鼓吹的个人崇拜,抨击了"两个凡是"④ 的错误主张。当时讨论的焦点是:到底什么是检验真理的唯一标准?一种观点认为,实践是检验真理的唯一标准,因此要坚持实事求是,一切从实际出发,把理论与实践结合起来;另一种观点认为,"语录"是最高标准,主张从"本本"出发,坚持"两个凡是"。争论

---

① 参见1981年6月党的十一届六中全会通过的《关于建国以来党的若干历史问题的决议》。
② 1978年5月11日,《光明日报》以"特约评论员"的名义,发表了《实践是检验真理的唯一标准》一文,由此开始了关于真理标准的大讨论。
③ 参见1978年12月党的十一届三中全会的会议公报。
④ 由当时党的最高领导人圈定的、在1977年2月7日《人民日报》《红旗》杂志和《解放军报》联合发表的社论《学好文件抓住纲》指出:"凡是毛主席作出的决策,我们都坚决维护,凡是毛主席的指示,我们都始终不渝地遵循。"

的实质是：如何对待马列主义、毛泽东思想和毛主席曾经做过的决定？显然，如果按照"两个凡是"的方针办事，那么，邓小平也就不能出来担任党和国家的领导，"天安门事件"以及许许多多的冤案、错案，也就得不到平反，我们还要继续执行"文化大革命"中提出的那一套路线、方针和政策。因此，这场大讨论就不仅仅是关系到是否承认马克思主义哲学基础的问题，还是一场要不要端正党的思想路线，并进而端正党的政治路线、组织路线的大问题。

怎样才能解放思想？它的基础就是要不要坚持实践标准、坚持实事求是。因此，从这个意义上说，坚持实践标准、坚持实事求是，可以称之为"解放思想的哲学"；反之，坚持"两个凡是"那一套，则是"禁锢思想"的哲学。而只有坚持"解放思想的哲学"，才能为经济、政治、文化等各个领域的健康发展，提供强有力的、正确的哲学依据；同时，也为哲学理论的发展，提供巨大的推动力，从而真正地实现"哲学思想的解放"。

我1958年从北京大学哲学系毕业以后，在高校从事哲学教学与研究工作已经整整50年了。在三中全会召开和改革开放30周年的今天，回顾半个世纪所走过的路，感慨万千，难以言表。三中全会对于我们国家、我们党的发展的重大意义已经是被历史充分证明了的。就是对于我个人的学术生涯来说，也是个重大的转折：三中全会之前的20年和三中全会之后的30年，完全是两种境遇、两种状况。本文仅仅是结合个人在三中全会以来，对哲学理论中的若干问题所进行的回顾与反思，着重谈谈对"哲学思想解放"的一些体会。

对西方哲学和中国传统哲学的评价问题

在公元前800年～前200年间，中国哲学、印度哲学和以古代希腊为发源地的西方哲学，先后诞生了。在世界范围内，有了三个基本的哲学派别，先后各自实现了"哲学的突破"。其中印度哲学我们知之甚少，这里存而不论。在西方哲学中，只要举出古希腊的先哲苏格拉底、柏拉图、亚里士多德等这些人们所熟知的名字，就足以说明当时在西方所实现的"哲学的突破"了。在中国，早在先秦时期"百家争鸣"的时代，中国古代哲学奠基了。诸子百家思想纷呈，蔚为大观。但是，长期以来，我们曾经是怎样对待中国的，以及西方的这些珍贵的文化遗产的呢？应该承认，在相当长的时间内，在如何评价对待西方哲学和中国古代哲学的问题上，存在严重的"左"的思想的影响。

众所周知，新中国成立以来，我国理论界也和其他领域一样，深受苏联的影响。前苏共主管意识形态的中央政治局委员日丹诺夫，在他亲自主持召开的关于《西欧哲学史》（亚历山大洛夫著）讨论会（1947年6月24日）上，做了批判性的总结发言。他根据恩格斯关于哲学基本问题和列宁关于哲学的党性原则的观点，给哲学史下了一个定义，说"科学的哲学史，是科学的唯物主义世界观及其规律的胚胎、发生与发展的历史。唯物主义既然是从唯心主义派别斗争中生长和发展起来的，那么，哲学史也就是唯物主义与唯心主义斗争并战胜唯心主义的历史"。而且，唯物主义是与进步、革命相联系，唯心主义一般地总是与落后、反动脱不了干系。此公的高论一出，苏联的哲学界以及中国哲学界，都奉为经典、坚决照办。而生硬地、不加分析地贴上唯物主义和唯心主义的斗争的标签的结果，不仅使丰富多彩的中、西哲学史变得越来越贫乏了；而且许多被列入唯心主义的重要哲学家，不管他们在哲学的发展中曾经有过什么样重大的影响与作用，都要与反动或落后挂钩，从而备受批判。

在西方哲学中，马克思主义产生之前，古代的苏格拉底、柏拉图、亚里士多德以及近代以来的笛卡儿、莱布尼兹、康德、黑格尔，都因其被列入唯心主义者的阵营而不能被客观地、公允地对待。黑格尔的辩证法是马克思哲学的来源之一，对他的《逻辑学》还是比较重视的，在对之展开批判的前提下，还进行着一定程度的研究。但对被马克思称为"黑格尔哲学的真正起源和秘密"的《精神现象学》，以及黑格尔自己认为是"最高的学问"的《精神哲学》，虽然它们更能反映黑格尔哲学的实质，但受到了不应当的冷遇。

党的十一届三中全会以后，随着政治氛围的宽松和思想路线的端正，情况有了很大的改变，开始尽量以客观、全面的观点，平和的心态对待之。特别是海德格尔等人的思想，受到前所未有的关注。海德格尔提出的、有别于黑格尔的新的哲学史观①，以及他对西方哲学史所做的梳理，也引起了人们

---

① 海德格尔对待西方哲学史有一个独特的看法。他认为，自古以来，西方传统哲学就有两个追问方向：一是追问"存在者"，一是追问"存在"。但是，从柏拉图到黑格尔，西方的传统哲学，模糊了"存在"与"存在者"的区别，并把"存在者"当作了"存在"。追问"存在"的哲学思潮，在古代曾经有过可喜的开端，但后来几乎被淹没了。以他为代表的现代存在论，要超越"存在者是什么"的追问，去追问"存在本身"。

的重视，认为它可以为人们重新认识西方哲学史，提供新的视角与新的思路。①

在中国哲学史的研究领域，人们也不再囿于西方哲学的视野，而是从中国古代哲学自身的特点出发。这样，中国哲学发展的丰富性得以彰显，以儒、道为主干，儒道佛三家各自的发展脉络及其相互渗透、融汇的图像，也更加清晰了。对中国哲学发展的基本问题的探讨，具有中国特色的哲学范畴的阐发，中西文化、中西哲学的比较研究，都有了长足的进展。在这样的思想基础上，促使我写作与发表了若干关于中、西哲学史方面的学术论文。②

关于哲学的基本问题的再探讨

众所周知，恩格斯在《费尔巴哈与德国古典哲学的终结》中，对哲学基本问题做了明确的论述。他从西方哲学史，特别是西方近代哲学发展的实际，把"思维与存在的关系问题"作为哲学的基本问题。但是，他对哲学基本问题所做的概括，是否能完全覆盖中国、西方哲学发展的整个过程和全部内容？简单地用唯物主义与唯心主义"两军对战"的模式，能够概括中国哲学史的丰富内容吗？

这个问题早在1957年1月22～26日在北京大学哲学系所举行的"中国哲学史座谈会"上，已经在一定程度上提出来了。与会者包括中国哲学、西方哲学和马克思主义哲学三方面的专家、教授，共100多人。我作为高年级的学生，旁听了这个会议。与会者的发言中，就有人委婉地发出了这方面的疑问。他们认为，如果完全按照恩格斯关于哲学基本问题的论述和日丹诺夫关于哲学史的定义来处理中国哲学史，会有"削足适履"之虞，难以反映哲学史发展的全貌。③ 但是，在那种学术问题政治化的背景下，想对中国

---

① 林可济：《追问"存在"，还是追问"存在者"？——从海德格尔的哲学视角梳理西方哲学史》，《福建论坛》2005年第9期。

② 主要有：《追问"存在"，还是追问"存在者"？——从海德格尔的哲学视角梳理西方哲学史》（《福建论坛》2005年第9期）、《中国古代哲学基本问题新探》（《东南学术》2006年第1期）和《海德格尔何以赞赏老庄哲学？》（《福建省委党校学报》2004年第3期）等，它们大体上反映了我对中西哲学发展史的一些看法。

③ 这个会议讨论的文章可参考哲学研究编辑部编《中国哲学史问题讨论专辑》，科学出版社，1957。

哲学的基本问题进行客观的探讨，几乎是无法做到的。

党的十一届三中全会以后，一些学者就此发表了自己的看法。例如，我国著名中国哲学史家张岱年先生在1983年成书的《中国哲学史方法论发凡》中写道："恩格斯所讲哲学基本问题是从西方哲学史中总结出来的，是否也适用于中国哲学史呢？这个问题需要深入的考察。中国古代哲学所用的概念范畴与西方的不同，没有人像黑格尔一样采用'思维与存在'这个表达方式。但是中国古代哲学确实也有自己的基本问题或最高问题。"①

近年来对恩格斯关于哲学基本问题的论述提出不同看法的有张世英先生。他在《新哲学讲演录》等有关著作中说："思维对存在、主体对客体的关系问题，就其充分明确的形式而言，只是西方近代哲学的问题。"如果"硬用唯心论与唯物论来套中国传统哲学和希腊哲学以及西方现当代哲学的一切思想流派，也是显然不合适的"。他认为，哲学的基本问题应是人对世界的关系问题，人对世界的态度问题，也就是张先生所说的"在世结构"问题。② 应该说，张世英先生并没有否认恩格斯关于哲学基本问题的论述，但限制或缩小了它的适用范围。

其实，恩格斯对哲学基本问题所做的概括，被人们简单化、教条化了。恩格斯说过："全部哲学，特别是近代哲学的重大的基本问题，是思维和存在的关系问题。"但是，恩格斯同时还说，这个问题是"根源于蒙昧时代的狭隘而愚昧的观念"，在中世纪时，"这个问题以尖锐的形式针对教会提了出来：世界是神创造的呢，还是从来就有的？""这个问题，只是在欧洲人从基督教中世纪的长期冬眠中觉醒以后，才被十分清楚地提了出来，才获得了它的完全的意义。"③ 可见，在不同的时代里，哲学的基本问题有着不同的、具体的表现形式，理应从不同的方面加以研究。恩格斯对哲学基本问题的论述，毕竟是对西方哲学，特别是以认识论为中心的近代哲学的概括，考虑到哲学发展的阶段性和民族差异，是可以而且应该加以丰富与发展的。这才是我们对待马克思主义应有的正确态度。

在研究中国哲学史时，如果执意要以唯物、唯心为标准来划分哲学派别，是不可能产生什么积极的成果的。例如，老子是属于哪派：唯物，还是

---

① 张岱年：《中国哲学史方法论发凡》，中华书局，2003，第15页。
② 张世英：《新哲学讲演录》，广西师范大学出版社，2004，第37页。
③ 《马克思恩格斯选集》（第4卷），人民出版社，1972，第219~220页。

唯心？曾经众说纷纭，莫衷一是。即使是同一位学者，也有可能在不同的时期，得出不同的结论。著名中国哲学史家任继愈先生就有过这种经历。他认为，老子的哲学思想比孔、孟都丰富，但"道"是精神性的还是物质性的，"老子本身没有深说"。在1963年出版的《中国哲学史》中，任先生把老子说成"中国第一个唯物主义者"，而在1973年出版的《中国哲学史简编》中，却又认为老子"属于唯心主义"。由于两种说法都不能令人信服，"这就迫使我停下来考虑这个方法对不对。——如果方法不对，问题出在哪里？"① 从任先生为之困扰的这个难题中，人们再清楚不过地看出：本来就不应当对老子的"道"做出"是唯物，还是唯心"的强行判定。在如何对待恩格斯关于哲学基本问题的论述上，"左"的教条主义可以休矣！

哲学的研究对象和"认识论"在哲学中的地位

十一届三中全会以前，"左"的教条主义思想还表现在关于哲学的研究对象以及"认识论"在哲学中的地位的理解上。

哲学的研究对象是什么？有一种权威的说法，认为哲学是"关于自然知识与社会知识的概括和总结"。它究竟对不对呢？究竟应当怎样来理解所谓的"概括和总结"？

如果认为具体的科学研究的是特殊规律，哲学研究的是一般规律，那就是从实证的意义上来理解。长期以来，许多哲学教科书就是仅仅把哲学看作"研究最一般的规律"，把它当作一种"关于普遍性的知识"，认为哲学与其他具体科学的区别仅在于"一般"与"特殊"之不同，这就大大地缩小了哲学的社会功能和它对人生的意义。而且，这种把哲学理解为"科学知识的总汇"的看法，是倒退到19世纪以前旧哲学那里去了。

我们应当从"反思"的意义上来理解这个"概括和总结"，把哲学不是理解为关于外部世界的直接的认识，而是理解为关于这种认识的"再认识"，是对人的存在方式和生存意义的反思，并进而更深入地回答真善美的关系问题。只有当我们这样，也仅仅这样地来理解"概括和总结"的时候，上述哲学是"关于自然知识与社会知识的概括和总结"的说法，才有可能是正确的。与此相联系，把哲学归结为"认识论"的说法，也曾经盛行一

---

① 任继愈：《老子绎读》，北京图书馆出版社，2006，第253~254页。

时，认为马克思主义哲学不存在什么"存在论"（本体论）。有的学者甚至撰文明确提出了哲学就是"最广义的认识论"的主张。①

事实上"存在论"（本体论）问题，是哲学理论的基本构成内容之一。它在古代希腊以来的西方哲学史上，经历了漫长的演变过程；而直接继承西方哲学优秀成果的马克思主义哲学，却没有"存在论"的一席之地，这岂非咄咄怪事？把哲学仅仅归结为认识论的教训之一，可举我国在20世纪50~60年代，曾经发生过的那一场关于"美的本质是什么"的大讨论为例。在参加这场讨论的学者中，无论主张美是主观的，或是客观的，或是主客观的统一，或是强调美的社会性，都是把美的问题归结为认识论问题。这样，作为价值论的人文学科的美学、作为哲学中的分支学科的美学，看作一门认识论学科，把审美意识放在"主客二分"关系的框架中来讨论。但是，审美意识根本不是认识，美学不能仅从认识论上来把握，而要从存在论（本体论）上来把握。这一点在后来一些美学研究者中的有识之士所写的反思的文章中，也得到了说明。②

长期以来，我们强调实践的观点是马克思主义认识论的第一和基本的观点，并以马克思实践观点的创立，作为马克思主义哲学实现革命变革的标志，这固然是正确的。但是我们对"实践"的理解是不全面的。由于我们轻视从"存在论"的角度看待人的实践活动，实践仅限于关于具体实践形式的简单认同，而没有认识到它对于我们自身及生活世界的"根据"意义：实践既是人的最基本的活动方式，也是人的存在方式。这样，对实践方式、实践观念的过分物化、短期化的理解，以及由此而来的实用性的弊病，就难以避免了。在这种思想框架的指引下，我们虽然在"改变外部世界"的向度上来讲实践，而对开发人的潜能、发展人的天性、和谐人与人以及人与自然的关系等方面，却处于失语的状态。至于人生意义、伦理道德，特别是关于审美意识和审美教育之类的内容，更是把它们视为哲学以外的内容，而无暇顾及了。

---

① 例如，吴江在《着重宣传辩证唯物主义认识论——对于改进干部哲学教学的意见》（《哲学研究》1980年第8期，《人民日报》1980年9月5日第5版摘要转载）一文中说，什么是哲学？可以简洁地回答："哲学就是最广义的认识论。马克思主义哲学也就是马克思主义的认识论。"

② 徐碧辉：《对五六十年代美学大讨论的哲学反思》，《中国社会科学》1999年第6期。

关于唯物辩证法三条规律相互关系和对它的核心是什么的理解

辩证法的核心究竟是什么？在三中全会后不久，哲学界曾经就这个问题发生了看法上的明显分歧。当时提出有别于传统看法的新见者有之，仍然认为"辩证法的核心是对立统一规律"者亦有之[①]。当时笔者参加了在北京召开的"全国唯物辩证法理论研讨会"，并且提交了一篇论文[②]，对此表示了自己的看法。

无论是把辩证法的核心说成对立统一规律，还是否定之否定规律。观点虽然截然相反，但在论证各自的观点时又都在实际上涉及对立统一规律和否定之否定规律的相互关系问题。因此，要探明辩证法诸规律中何者为核心，首先要弄清辩证法诸规律、范畴之间的内在联系，这是解决辩证法核心问题的前提。相比较而言，弄清辩证法诸规律、范畴之间的内在联系，比起确立何者为辩证法的核心，对于推进唯物辩证法的研究工作，是更为重要的事情。

笔者认为，从一定的意义上说，辩证的"否定"同"矛盾"是同一程度的概念，因此，"矛盾是运动的源泉"和"否定是运动的源泉"这两个命题并不是绝对对立的。只要我们把"否定"与"矛盾"统一起来理解，不仅把否定看作转化的表现和结果，而且也把否定看作促使转化的内在因素。这样，我们就不难发现，"否定是运动的源泉"这个命题是"矛盾是运动的源泉"这个命题的内在根据，我们不必要也不应该把它们对立起来。

马克思、恩格斯还没有明确地阐述过哪一条规律是辩证法的核心，因此，在他们的著作中，人们既可以找到有关否定之否定规律是核心的论述，

[①] 肖焜焘先生于《中国社会科学》1980年第2期发表《关于辩证法科学形态的探索》一文，认为内在的否定性"将辩证法的三个规律联成一个整体"，它"像一根红线一样一起一伏地贯穿于事物的两种状态之中，导致矛盾的不断产生与不断解决，从而构成了真正的辩证进程"。"否定问题是深入了解辩证法的关键问题"。接着，卢婉清女士在《哲学研究》1980年第10期写了《辩证法的核心是对立统一还是否定的否定》一文，认为辩证法的核心是对立统一规律而不是否定之否定。

[②] 林可济：《把对立统一规律和否定之否定规律联系起来理解》，载中国社会科学院哲学研究所辩证唯物主义研究室编《唯物辩证法讨论集》，广西人民出版社，1982，第113～122页。

也可以找到有关对立统一规律是核心的论述。如果我们无视这种事实，就有可能把他们本来是说明否定之否定是核心的论述，解释为对立统一是核心了。

明确规定对立统一规律是辩证法的核心的是列宁。他曾经明确指出："可以把辩证法简要地确定为关于对立面的统一的学说。这样就会抓住辩证法的核心，可是这需要说明和发挥。"① 这在那种强调革命，强调阶级斗争的年代，是完全可以理解的。即使如此，列宁也没有把对立统一规律和否定之否定规律对立起来。当他认为对立统一规律揭示了事物发展的动力和源泉时，其中也包含了列宁对否定在事物发展中革命作用的确认。列宁十分重视并赞同黑格尔关于"内在的否定性是一切运动的泉源"的思想，认为这是"辩证法的精华"。这是耐人寻味的。

否定之否定规律从斯大林时代开始就被当作"黑格尔主义的遗迹"长期被抛在一边，至今仍有许多人怀疑它，乃至否认它。长期以来，在讲辩证法时，只是突出地讲对立统一规律，而没有把它和否定之否定规律联系起来。在这种情况下，为了还马克思主义辩证法的本来面目，并使我们对辩证法的研究向前推进，必须把对立统一规律和否定之否定规律联系起来，必须认真研究否定之否定规律，并给以应有的评价。这是我们在研究辩证法核心问题时必须特别注意的一个关键性的问题。"如果我们能够把对立统一规律和否定之否定规律联系起来加以理解，进一步弄清楚辩证法诸规律和范畴之间的内在联系，那么，我们也就能够更好地解决辩证法的核心问题，更好地建立辩证法在内的整个马克思主义哲学严密的、科学的体系。"②

以上几个所说的问题，在众多的哲学问题中，虽然只是一小部分，却是非常重要的。无可讳言，在三中全会之前的一个相当长的时期内，我们曾经固守马克思主义经典作家关于哲学的某些表述，并且以教条主义的态度、从"左倾"的方面加以理解。学术问题意识形态化、哲学理论政治化，使哲学研究走上畸形发展的道路。在三中全会抛弃了"两个凡是"的思想禁锢之后，既然我们能够在经济、政治等诸多领域，根据本国的国情，随着实践的

---

① 《列宁选集》（第2卷），人民出版社，1972，第608页。
② 林可济：《把对立统一规律和否定之否定规律联系起来理解》，载中国社会科学院哲学研究所辩证唯物主义研究室编《唯物辩证法讨论集》，广西人民出版社，1982，第122页。

发展，逐步形成了有中国特色的社会主义理论体系；那么，我们也有同样的理由坚信而且期待：在哲学研究领域，能够沿着三中全会指引的道路，进一步解放思想，清除任何形式的"两个凡是"的影响，实现哲学思想的不断解放。

载《福建师大学报》，2008年第4期

关于辩证法核心问题意见分歧的回顾与反思

——纪念真理标准大讨论和第十一届三中全会召开 30 周年

1978 年关于真理标准的大讨论和党的十一届三中全会召开后不久，我国哲学界对辩证法核心问题的传统说法，进行了再思考。先是肖焜焘先生写了《关于辩证法科学形态的探索》一文（以下简称肖文，载《中国社会科学》，1980 年第 2 期），对辩证法的核心问题，提出了与传统看法不同的见解。紧接着，卢婉清女士写了《辩证法的核心是对立统一还是否定的否定》一文（以下简称卢文，载《哲学研究》，1980 年第 10 期），坚持认为，辩证法的核心只能是对立统一规律而不是否定之否定规律。读了这两篇文章后，笔者感到关于如何理解辩证法的核心这个问题，有进一步讨论的必要。于是，写了《把对立统一规律和否定之否定规律联系起来理解》一文，提交 1980 年 12 月在北京召开的"全国唯物辩证法问题研讨会"（会后那篇论文被收入中国社会科学院哲学研究所辩证唯物主义研究室编辑的会议论文集：《唯物辩证法讨论集》，广西人民出版社，1982）。笔者认为，上述意见看似相反，但是"如果我们能够把对立统一规律和否定之否定规律联系起来加以理解，进一步弄清楚辩证法诸规律和范畴之间的内在联系，那么，我们也就能够更好地解决辩证法的核心问题，更好地建立辩证法在内的整个马克思主义哲学严密的、科学的体系"。① 当时还获悉：某权威刊物打算就此展开讨论，笔者又写了《对辩证法核心问题的一些看法》的文章，对原来的看法做了进一步的拓宽和补充。遗憾的是，后来由于原定的准备展开讨论

---

① 林可济：《把对立统一规律和否定之否定规律联系起来理解》，载中国社会科学院哲学研究所辩证唯物主义研究室编《唯物辩证法讨论集》，广西人民出版社，1982，第 122 页。

的计划未能如期实现，拙作也被搁置了将近30年！

今年是党的十一届三中全会召开和关于真理标准大讨论的30周年。在这特定的时刻，回顾当年往事，不禁感慨系之！当时哲学界出现的意见分歧，并非偶然。以今天之眼光看，这个问题仍然有探讨的必要。思虑再三，在旧稿的基础上，重新写成此文，以期引起人们对这个问题的关注与进一步的探讨，从而加深对唯物辩证法问题的认识。

要把对立统一规律和否定之否定
规律联系起来加以理解

辩证法的三条规律中，究竟何者为核心？对于质量互变规律，人们没有什么争议；当时的意见分歧是在于对其他两条规律的看法：肖文认为，"否定问题是深入了解辩证法的关键问题"，内在的否定性"将辩证法的三个规律连成一个整体"，它"像一根红线一样一起一伏地贯穿于事物的两种状态之中，导致矛盾的不断产生与不断解决，从而构成了真正的辩证进程"。而卢文认为，辩证法的核心是对立统一规律而不是否定之否定规律，"对立统一才是真正贯穿发展全过程的一根红线，是它把辩证法的规律连成一体的"。笔者至今仍然认为，肖文、卢文的某些观点虽然截然相反，但在论证各自的观点时，实际上又都涉及对立统一规律和否定之否定规律的相互关系问题。正因为对这两个规律的相互关系的理解不同，所以产生了上述的意见分歧。其实，要探明辩证法诸规律中何者为核心，首先要弄清辩证法诸规律、范畴之间的内在联系，这是解决辩证法核心问题的前提。相比较而言，弄清辩证法诸规律、范畴之间的内在联系，比起确立何者为辩证法的核心，对于推进唯物辩证法的研究工作，是更为重要的事情。

为了弄清这两个规律的关系，首先必须回答的是："矛盾"同"否定"两者的关系究竟是怎样的呢？我们知道，否定是相对于肯定而言的。任何事物都毫无例外地包含肯定与否定这两个方面。只讲肯定的"肯定一切"或只讲否定的"否定一切"都是形而上学的观点。如果我们不是离开肯定来讲否定，那么，我们完全可以把否定当作矛盾的本质，或把否定看作和矛盾同一程度的，甚至比矛盾更深一个层次的概念。但是卢文却认为，"否定是矛盾自身固有的因素，并不是比矛盾更深一层的本质"，这就不能不令人感到费解：既然否定是矛盾自身固有的因素，为什么却不是矛盾的本质呢？

由于否定是使此事物转化为他事物的因素，因此，否定与肯定相比较，是更为本质的东西。马克思在《资本论》第二版"跋"中指出："辩证法在对现存事物的肯定的理解中同时包含对现存事物的否定的理解。"① 他十分强调否定因素在事物发展中的革命作用。恩格斯在《路德维希·费尔巴哈和德国古典哲学的终结》中，讲到善与恶的历史上的作用时，指出了在对"恶"的作用的看法上，黑格尔的观点要比费尔巴哈的观点深刻得多，因为后者充分估计了"恶"作为历史发展杠杆以及对旧事物的叛逆的作用。在这里，"恶"的作用也就是否定的作用。列宁也指出，事物内在的否定性，是"辩证法的特征的和本质的东西"；"作为联系环节、作为发展环节的否定，是保持肯定的东西的，即没有任何动摇、没有任何折衷的否定"。②

事物和概念中存在矛盾，这一点古代的辩证法家就已经认识到了，并不是黑格尔的独特发现。黑格尔的辩证法比以往的辩证法更为高明之处就在于：他不仅看到了矛盾，看到了否定，而且还看到否定还要被否定。他在哲学史上第一次明确地提出否定之否定规律并把它作为自己整个哲学体系构成的基本规律。在他看来，否定之否定同对立面的统一完全是一回事。在肯定阶段时，其中就已经潜存着否定；当肯定转化为否定时，矛盾就暴露出来；而否定之否定，也就是肯定与否定融为一体，对立面得到了统一。因此，否定之否定的过程，也就是矛盾的揭露和解决的过程。只有经过否定之否定，事物或概念才真正实现了自我运动和自我发展。从这个意义上说，对立统一规律和否定之否定的规律，并不是截然对立的。肖文关于"'否定'与'辩证法'是同义的"，"否定，构成了辩证法的灵魂"，否定"将辩证法的三个规律连成一个整体"，它"像一根红线一样"贯穿于事物发展的始终等说法，很好地揭示了对立统一规律与否定之否定规律的内在联系，是值得重视的正确意见。对此卢文却不以为然，认为，马克思主义经典作家已经反复肯定了对立统一规律是辩证法的核心，马克思和恩格斯对黑格尔哲学所做的拯救、清洗，除了表现在对黑格尔的唯心辩证法加以唯物主义的改造以外，还表现在"揭示出辩证法的实质（核心）是对立统一规律，端正了三个规律之间的关系"。这就向人们提出这样的问题：

---

① 《马克思恩格斯选集》（第2卷），人民出版社，1972，第218页。
② 《列宁全集》（第38卷），人民出版社，1959，第244页。

马克思和恩格斯对辩证法的核心究竟是怎样论述的？
他们在辩证法问题上同黑格尔的根本分歧何在？

肖文写道："马克思指出：黑格尔哲学的最后成果乃是：'作为推动原则和创造原则的否定性的辩证法'。恩格斯将马克思在《资本论》中所运用的辩证法概括为：'按本性说是对抗的、包含着矛盾的过程，每个极端向它的反面的转化，最后，作为整个过程的核心的否定的否定'。可见，否定问题是深入了解辩证法的关键问题，列宁认定这乃是：'辩证法的精华'之所在。"这里肖文引用了马克思、恩格斯、列宁的三句话，目的是说明"否定问题是深入了解辩证法的关键问题"。卢文不同意这点，认为从这些话中是得不出这个结论的。现在，我们先来看看马克思和恩格斯是怎样说的？对他们的话应该做怎样的理解？

黑格尔哲学的最后成果乃是："作为推动原则和创造原则的否定性的辩证法"。这句话出自《1844年经济学哲学手稿》，它的全文是："黑格尔的《现象学》及其最后成果——作为推动原则和创造原则的否定性的辩证法——的伟大之处首先在于黑格尔把人的自我产生看作一个过程，把对象化看作失去对象，看作外化和这种外化的扬弃；因而，他抓住了劳动的本质，把对象性的人、现实的因而是真正的人理解为他自己的劳动的结果。"① 马克思在这里所讲的《现象学》，即《精神现象学》，是黑格尔运用否定之否定的观点研究意识发展的一部重要著作，是黑格尔哲学的"真正诞生地和秘密"。

黑格尔认为，意识的发展过程，就是否定之否定的过程，也就是马克思所说的"把对象化看作失去对象，看作外化和这种外化的扬弃"的意思。"对象化"或"外化"，就是"否定"；"失去对象"或"外化的扬弃"，就是"否定之否定"，也就是"否定性的辩证法"。黑格尔之所以能够提出这种看法，是因为"他抓住了劳动的本质"，把现实的人"理解为他自己的劳动的结果"。当然，在黑格尔那里，这一切都是在神秘的、唯心主义的基础上表述的，他把劳动看作精神的一种能动作用。如果我们把黑格尔所讲的"劳动"作唯物主义的理解，即把劳动看作人类的一种改造世界的物质活

---

① 《马克思恩格斯全集》（第42卷），人民出版社，1979，第163页。

动，那么，一切都变得非常明白了。由于劳动，人的主体力量才能外化和对象化，人才能与客观世界发生联系：不仅适应环境，而且还能动地改造环境，使自然界人化，使对象主体化，这就扬弃了对象化而使人的主体力量回到了自身。从劳动主体的人出发，转化到对象上去，这就是否定；通过劳动又回到人本身，这就是否定之否定。只有经过这样一个"否定之否定"的过程，人才真正成为现实的人。这就是马克思所讲的"人的自我产生"的过程。马克思透过黑格尔哲学中的神秘的、唯心主义的迷雾，看出了黑格尔辩证法中如上所述的"伟大之处"，从而把否定性的辩证法，即否定之否定，看作"推动原则和创造原则"。

卢文说：所谓否定性的辩证法，"它同贯穿《现象学》的'自我意识的异化'这个概念是一致的。就是批判的、革命的意思"。"'推动原则''创造原则'也是这个意思。"笔者认为，这个说法似乎太简单了些，也不够全面。之所以说它太简单，是指没有分析到劳动的作用，而离开劳动的作用，"批判的、革命的意思"究竟是什么，就说不清楚了；之所以说它不够全面，就是指没有看到否定性的辩证法，不仅同"自我意识的异化"相联系，而且同这种异化的被扬弃相联系。换句话说，否定性的辩证法不仅指否定，而且是指否定之否定。如果上述这种理解能够成立的话，人们是可以从马克思上述的话中得出"马克思认为否定问题是深入了解辩证法的关键"这个结论的。

再看恩格斯的那句话。恩格斯在《反杜林论》中说："马克思所使用的整整一系列辩证的说法：按本性说是对抗的、包含矛盾的过程，每个极端向它的反面的转化，最后，作为整个过程的核心的否定的否定。"[①] 卢文认为，恩格斯在这里所讲的"作为整个过程的核心的否定的否定"，是说整个发展过程"是一个被否定了的否定的系列"，是新的不断否定旧的过程。尽管有"核心"两字，"也得不出否定的否定是辩证法的核心的结论"。笔者认为，卢文的解释是很勉强的。恩格斯的这句话是很难另作解释的。整个过程也就是事物的整个辩证发展过程，整个过程的核心同辩证法的核心完全是一回事。为了讳言否定的否定是辩证法的核心，硬把"核心"解释为"系列"，是不符合恩格斯的原意的。

由于马克思、恩格斯还没有明确地阐述过哪一条规律是辩证法的核心，

---

① 《马克思恩格斯全集》（第20卷），人民出版社，1971，第153页。

在他们的著作中，人们既可以找到有关否定之否定规律是核心的论述，也可以找到有关对立统一规律是核心的论述。如果我们无视这种状态，就有可能把他们本来是说明否定之否定是核心的论述，解释为对立统一是核心了。

例如，马克思在《哲学的贫困》中说："两个相互矛盾方面的共存、斗争以及融合成一个新范畴，就是辩证运动的实质。"① 马克思在这里讲的共存、斗争和融合，就是黑格尔的正题、反题和合题，也就是肯定、否定、否定之否定。可是，卢文却认为马克思的这句话"是哲学发展史上对对立统一规律是辩证法的实质的最初表述"。这样解释是难以令人信服、无法成立的。

马克思和恩格斯虽然没有明确指出对立统一规律是辩证法的核心，并不会贬低他们在辩证法问题上所完成的革命变革，也不会把他们和黑格尔混同起来。因为马克思的辩证法同黑格尔的辩证法的根本分歧，并不在于黑格尔认为否定之否定是辩证法的核心，马克思认为对立统一是辩证法的核心；而是在于黑格尔的辩证法是唯心主义的，马克思的辩证法是唯物主义的。马克思本人明确地提出过这一点，这是人所共知的。恩格斯也指出，对于黑格尔的哲学，应该反对的仅仅是他的"唯心主义的出发点和不顾事实任意地构造体系"。黑格尔之所以"不顾事实任意地构造体系"，是他的"唯心主义的出发点"造成的，而不是由于他以否定之否定作为辩证法的基本规律。

卢文认为，马克思和恩格斯对黑格尔哲学所做的拯救和清洗，一是表现在把黑格尔的唯心主义辩证法倒过来，剥去它的神秘形式，放在唯物主义的基础之上；二是表现在"揭示出辩证法的实质（核心）是对立统一规律"。笔者完全赞成第一点，对于第二点，却不敢苟同。因为明确规定对立统一规律是辩证法的核心的并不是马克思和恩格斯，而是列宁。

那么，我们要问：

列宁是从哪些意义上认为对立统一规律是辩证法的核心？他所说的"辩证法的精华"究竟是指什么？

列宁曾经明确指出："可以把辩证法简要地确定为关于对立面的统一的

---

① 《马克思恩格斯选集》（第1卷），人民出版社，1972，第111页。

学说。这样就会抓住辩证法的核心，可是这需要说明和发挥。"①

列宁是从哪些意义上认为对立统一规律是辩证法的核心呢？从列宁的《哲学笔记》来看，主要有三条：一是因为对立统一规律回答了什么是事物发展的动力和源泉，从根本上解决了事物发展的原因；二是因为对立统一规律是理解辩证法其他规律和范畴的"钥匙"；三是因为是否承认对立统一规律是哲学史上辩证法同形而上学这两种发展观斗争的焦点。

这里需要着重指出的是：列宁虽然把对立统一规律当作辩证法的核心，但他并没有把对立统一规律和否定之否定规律对立起来。当列宁认为对立统一规律揭示了事物发展的动力和源泉时，其中也包含了列宁对否定在事物发展中革命作用的确认。我们通常说，矛盾是事物发展的源泉，没有矛盾就没有运动，也就没有世界。这是正确的。但是，应当进一步看到：如果没有否定，也就构不成矛盾；而没有矛盾，当然也无谓矛盾的统一和矛盾的斗争，也就没有矛盾的转化了。这样，事物的"自己运动"又从何说起呢？

"辩证法的精华"这个论断是列宁读黑格尔的《逻辑学》一书时所写的批语。黑格尔的原话是："刚才考察过的否定性，形成概念运动中的转折点。这个否定性的自身的否定关系的一个单纯之点，是一切活动的内在泉源，是生命的和精神的自己运动的内在泉源，是辩证法的灵魂……"② 黑格尔这段话论述了否定性在概念运动中的性质和作用。黑格尔认为，概念的运动，首先表现为直接的或肯定的东西。但在肯定的东西中，就包含着自身的否定的东西，因而，就转化为他物。这就是第一次的否定。由于否定的东西中又保持着肯定的东西，因而又要达到肯定和否定的统一，出现第二次的否定，即否定之否定。黑格尔把这种否定之否定看作概念运动的基本形式，把否定性看作"形式概念运动中的转折点"。这里所讲的内在的否定性，也就是由于概念内在矛盾而形成的自身否定。因为他所强调的否定性，是内在的否定性，所以，他所讲的运动，也就"不是某种外在反思的作用"，而是自身的运动。正是在这个意义上，黑格尔把这种内在的否定性，看作包括生命的和精神的运动在内的"一切活动的内在泉源"，并称之为"辩证法的灵魂"。列宁十分重视并赞同黑格尔在这里所讲的关于内在的否定性是一切运动的泉源的思想，认为这是"辩证法的精华"。肖文说："如果说：事物的

---

① 《列宁全集》（第38卷），人民出版社，1959，第240页。
② 《列宁全集》（第38卷），人民出版社，1959，第246页。

矛盾法则是唯物辩证法的根本的法则,那么,事物的内在否定性就是事物矛盾运动中的能动的革命因素。不懂得这个事物内部搏动的否定性,就不可能真正理解事物的矛盾运动,正因为如此,列宁才将这个否定性称之为'辩证法的精华'。"肖文的这个看法是符合列宁原意的。

但卢文对此持有异议,认为"列宁并未指辩证法的精华是否定性",不同意肖文关于"否定构成了事物的真正内在活动的源泉"的提法,指出:"否定(转化)是矛盾斗争的结果,是矛盾引起否定,矛盾是事物发展的真正源泉。"卢文还问道:"是矛盾引起否定,矛盾是运动的源泉呢?还是否定引起斗争,否定是运动的源泉呢?"其实,"矛盾是运动的源泉"和"否定是运动的源泉"这两个命题并不是绝对对立的。只要我们把"否定"与"矛盾"统一起来理解,不仅把否定看作转化的表现和结果,而且也把否定作促使转化的内在因素。这样,我们就不难发现,"否定是运动的源泉"这个命题是"矛盾是运动的源泉"这个命题的内在根据,我们有必要把它们对立起来吗?人们如果一定要把"否定是运动的源泉"和"矛盾是运动的源泉"两者对立起来,并且不同意否定性是运动的源泉的提法,那么,也就不可避免地会把辩证法的精华是指"内在的否定性",还是指事物的"自己运动"这两种提法看作互相排斥的。值得特别强调的是,列宁虽然从特定的意义上指出了对立统一学说是辩证法的核心;但是,由于列宁并没有把对立统一规律和否定之否定规律对立起来、割裂开来,所以,他在指出对立统一规律是辩证法的核心的同时,又认为事物的内在否定性是"辩证法的精华"。这是耐人寻味的。

综上所述,人们不难发现,由于否定之否定规律从斯大林时代开始就被当作"黑格尔主义的遗迹"长期抛在一边,至今仍有许多人怀疑它,乃至否认它。长期以来,在讲辩证法时,只是突出地讲对立统一规律,而没有把它和否定之否定规律联系起来。在这种情况下,为了还马克思主义辩证法的本来面目,并使我们对辩证法的研究向前推进,必须认真研究否定之否定规律,并给以应有的评价。我们在探讨辩证法核心问题时,要看到马克思主义经典作家对这个问题的看法是有一个发展过程的。无论是马克思和恩格斯,还是列宁,尽管他们在具体的论述中有所不同,但他们都没有把对立统一和否定之否定对立起来、割裂开来。这是个不争的事实,是我们在研究辩证法核心问题时必须特别注意的一个关键性的问题,也是本文的主题所在。笔者之所以无意在辩证法核心问题上做出"非此即彼"的判定,其原因也在这里。

　　马克思曾经说过，哲学是"时代精神的精华"，是世界"文明的灵魂"，"理论在一个国家的实现程度，决定于理论满足这个国家的需要的程度"。① 但是，长期以来，在以阶级斗争为纲的年代，人们把哲学为现实服务，简单地理解成只为阶级斗争服务；从而把哲学问题直接归结为某种政治需求，并以某个政治权威的论断，作为学术理论是非的评判标准。这样一来，像"辩证法核心是什么"这样的学术理论问题，当然难以进行平等的学术讨论了。在那种强调革命，强调"以阶级斗争为纲"的年代，坚持对立统一规律是辩证法的核心，这是完全可以理解的。问题在于：在停止"以阶级斗争为纲"、实现改革开放已经30年了的今天，如果我们仍然固守马列主义经典作家关于哲学的某些表述，并且以教条主义的态度、从"左"的方面来判断学术问题的是非，那岂不是又回到三中全会以前的"两个凡是"的思想禁锢中去了？这倒是值得人们深思与警惕的啊！

载《福建论坛》，2008年第7期

---

① 《马克思恩格斯选集》（第1卷），人民出版社，1972，第10页。

百家争鸣：解决学术理论问题
意见分歧的必由之路
—— 关于辩证法核心问题意见分歧的回顾与反思

关于真理标准的大讨论和党的十一届三中全会胜利召开，以及由此启动的改革开放事业，至今已经30年了。笔者亲身经历了这个伟大的历史转折，感受到这30年来在我国各个领域发生的深刻变化。这里，仅以亲身的经历，回顾一下作为马克思主义哲学理论之一的、关于辩证法核心问题意见分歧的若干情况，并进行必要的反思。

辩证法诸规律之间的关系是如何的呢？传统说法认为，对立统一规律是辩证法的核心。这种说法具有极大的权威性，长期以来认为是不容置疑的。但是，在真理标准的大讨论和党的十一届三中全会召开后不久，我国哲学界在"解放思想"的感召下，对辩证法核心问题的传统说法，进行了再思考。先是肖焜焘先生写了《关于辩证法科学形态的探索》一文（以下简称肖文）[①]，其中对辩证法的核心问题，提出了与传统看法不同的见解。紧接着，卢婉清女士写了《辩证法的核心是对立统一还是否定的否定》一文（以下简称卢文）[②]，坚持认为，辩证法的核心只能是对立统一规律，而不是否定之否定规律。读了这两篇文章后，笔者感到在如何理解辩证法的核心这个问题上，既然有分歧的意见，就有进一步讨论的必要，通过"百家争鸣"来解决。于是，写了《把对立统一规律和否定之否定规律联系起来理解》一文，提交1980年12月在北京召开的"全国唯物辩证法问题研讨会"，作为一家之言参加讨论（会后，该文被收入《唯物辩证法讨论集》，中国社会科

---

① 载《中国社会科学》1980年第2期。
② 载《哲学研究》1980年第10期。

学院哲学研究所辩证唯物主义研究室编，广西人民出版社，1982年）。笔者认为，上述意见看似相反，但是，"如果我们能够把对立统一规律和否定之否定规律联系起来加以理解，进一步弄清楚辩证法诸规律和范畴之间的内在联系，那么，我们也就能够更好地解决辩证法的核心问题，更好地建立辩证法在内的整个马克思主义哲学严密的、科学的体系"。①

接着，笔者又写了《对辩证法核心问题的一些看法》的文章，对原来的看法做了进一步的拓展和补充。

辩证法的三条规律中，究竟何者为核心？对于质量互变规律，人们没有什么争议；当时的意见分歧在于对其他两条规律的看法：肖文认为，"否定问题是深入了解辩证法的关键问题"，内在的否定性"将辩证法的三个规律连成一个整体"，它"像一根红线一样一起一伏地贯穿于事物的两种状态之中，导致矛盾的不断产生与不断解决，从而构成了真正的辩证进程"。而卢文认为，辩证法的核心是对立统一规律而不是否定之否定规律，"对立统一才是真正贯穿发展全过程的一根红线，是它把辩证法的规律连成一体的"。

在《对辩证法核心问题的一些看法》这篇文章中，笔者认为，而且至今仍然认为，肖文、卢文的某些观点虽然截然相反，但在论证各自的观点时，实际上又都涉及对立统一规律和否定之否定规律的相互关系问题。正因为对这两个规律的相互关系的理解不同，所以产生了上述的意见分歧。其实，要探明辩证法诸规律中何者为核心，首先要弄清辩证法诸规律、范畴之间的内在联系，这是解决辩证法核心问题的前提。相比较而言，弄清辩证法诸规律、范畴之间的内在联系，比起确立何者为辩证法的核心，对于推进唯物辩证法的研究工作，是更为重要的事情。

基于这个认识，笔者在文章中阐明了以下三点，现简略叙述如下。

(1) 要把对立统一规律和否定之否定规律联系起来加以理解。

任何事物都毫无例外地包含肯定与否定这两个方面。否定是相对于肯定而言的，只讲肯定的"肯定一切"或只讲否定的"否定一切"，都是形而上学的观点。如果我们不是离开肯定来讲否定，那么，我们完全可以把否定当作矛盾的本质，或把"否定"看作和"矛盾"同一程度的，甚至比矛盾更

---

① 林可济：《把对立统一规律和否定之否定规律联系起来理解》，载中国社会科学院哲学研究所辩证唯物主义研究室编《唯物辩证法讨论集》，广西人民出版社，1982，第122页。

深一个层次的概念。由于否定是使此事物转化为他事物的因素,因此,否定与肯定相比较,是更为本质的东西。马克思在《资本论》第二版"跋"中、恩格斯在《路德维希·费尔巴哈和德国古典哲学的终结》中,对此都有所阐述。

事物和概念中都存在着矛盾,这一点古代的辩证法家就已经认识到了,并不是黑格尔的独特发现。黑格尔的辩证法比以往的辩证法更为高明之处就在于:他不仅看到了矛盾,看到了否定,而且还看到否定还要被否定。他在哲学史上第一次明确地提出"否定之否定规律"并把它作为自己整个哲学体系构成的基本规律。在他看来,否定之否定的过程,也就是矛盾的揭露和解决的过程。只有经过了否定之否定,事物或概念才真正实现了自我运动和自我发展。从这个意义上说,对立统一规律和否定之否定规律,两者并不是截然对立的。

(2)马克思和恩格斯对辩证法的核心究竟是怎样论述的?他们在辩证法问题上同黑格尔的根本分歧何在?

由于马克思、恩格斯还没有明确地阐述过哪一条规律是辩证法的核心,在他们的著作中,人们既可以找到有关否定之否定规律是核心的论述,也可以找到有关对立统一规律是核心的论述。如果我们无视这种状态,就有可能把他们本来是说明否定之否定是核心的论述,解释为对立统一是核心了。

例如,马克思在《哲学的贫困》中说:

> 两个相互矛盾方面的共存、斗争以及融合成一个新范畴,就是辩证运动的实质。①

马克思在这里讲的共存、斗争和融合,就是黑格尔的正题、反题和合题,也就是肯定、否定、否定之否定。可是,卢文却认为马克思的这句话"是哲学发展史上对对立统一规律是辩证法的实质的最初表述"。这样的解释是难以令人信服的。

马克思和恩格斯虽然没有明确指出对立统一规律是辩证法的核心,并不会贬低他们在辩证法问题上所完成的革命变革,也不会使他们和黑格尔混同起来。因为马克思的辩证法同黑格尔的辩证法的根本分歧,并不在于黑格尔

---

① 《马克思恩格斯选集》(第1卷),人民出版社,1972,第111页。

认为否定之否定是辩证法的核心，马克思认为对立统一是辩证法的核心；而是在于黑格尔的辩证法是唯心主义的，马克思的辩证法是唯物主义的。马克思本人明确地提出过这一点，这是人所共知的。明确规定对立统一规律是辩证法的核心的并不是马克思和恩格斯，而是列宁。

（3）列宁是从哪些意义上认为对立统一规律是辩证法的核心？他所说的"辩证法的精华"究竟是指什么？

列宁曾经明确指出：

> 可以把辩证法简要地确定为关于对立面的统一的学说。这样就会抓住辩证法的核心，可是这需要说明和发挥。①

列宁是从哪些意义上认为对立统一规律是辩证法的核心呢？从列宁的《哲学笔记》来看，主要有三条：一是因为对立统一规律回答了什么是事物发展的动力和源泉，从根本上解决了事物发展的原因；二是因为对立统一规律是理解辩证法其他规律和范畴的"钥匙"；三是因为是否承认对立统一规律是哲学史上辩证法同形而上学这两种发展观斗争的焦点。

这里需要着重指出的是：列宁虽然把对立统一规律当作辩证法的核心，但他并没有把对立统一规律和否定之否定规律对立起来。当列宁认为对立统一规律揭示了事物发展的动力和源泉时，其中也包含了列宁对否定在事物发展中革命作用的确认。

"辩证法的精华"这个论断是列宁读黑格尔的《逻辑学》一书时所写的批语。黑格尔认为，概念的运动，首先表现为直接的或肯定的东西。但在肯定的东西中，就包含自身的否定的东西，因而就转化为他物。这就是第一次的否定。由于否定的东西中又保持着肯定的东西，因而又要达到肯定和否定的统一，出现第二次的否定，即否定之否定。黑格尔把这种否定之否定看作概念运动的基本形式，把这种内在的否定性，看作包括生命的和精神的运动在内的"一切活动的内在泉源"，并称之为"辩证法的灵魂"。列宁十分重视并赞同黑格尔在这里所讲的关于内在的否定性是一切运动的泉源的思想，认为这是"辩证法的精华"。

还要特别强调的是，列宁虽然从特定的意义上指出了对立统一学说是辩

---

① 《列宁全集》（第38卷），人民出版社，1959，第240页。

证法的核心；但是，由于列宁并没有把对立统一规律和否定之否定规律对立起来、割裂开来，所以，他在指出对立统一规律是辩证法的核心的同时，又认为事物的内在否定性是"辩证法的精华"。这是耐人寻味的。

由于否定之否定规律从斯大林时代开始就被当作"黑格尔主义的遗迹"长期抛在一边，至今仍有许多人怀疑它，乃至否认它。长期以来，在讲辩证法时，只是突出地讲对立统一规律，而没有把它和否定之否定规律联系起来。在这种情况下，为了还马克思主义辩证法的本来面目，并使我们对辩证法的研究向前推进，必须认真研究否定之否定规律，并给以应有的评价。我们在探讨辩证法核心问题时，要看到马克思主义经典作家对这个问题的看法是有一个发展过程的。无论是马克思和恩格斯，还是列宁，尽管他们在具体的论述中有所不同，但他们都没有把对立统一和否定之否定对立起来、割裂开来。这是个不争的事实，是我们在研究辩证法核心问题时必须特别注意的一个关键性的问题，也是拙文的主题所在。

以上是《对辩证法核心问题的一些看法》一文的基本观点。此文写好后，于1981年初投寄《中国社会科学》编辑部。编辑部很快将稿件打印若干份，以征求意见。同时编辑部的一位资深编辑于1981年1月28日、1月30日两次来信，嘱笔者"再加工提高，使论点更严密，希能在2月20日前把修改稿寄回"。但是，在笔者按时寄去修改稿件后不久，情况发生变化，编辑部正式来信说：

> 您就辩证法核心问题与卢文商榷的文稿，经研究，本刊不拟采用。因为卢文原发表在《哲学研究》上，而又是与本刊发表的肖文商榷的文章。今将文稿奉还，您可与其他刊物联系，请别的刊物考虑能否发表。

《中国社会科学》编辑部的逻辑是这样的：既然卢文原来是发表在《哲学研究》上，而笔者的文章又是与之商榷，当然应该改投《哲学研究》了！当时还获悉：该刊物也打算就此问题展开讨论。这样，投寄《哲学研究》更加顺理成章了！遗憾的是，后来的情况又有了变化，原定的准备展开讨论的计划未能如期实现。

1981年7月2日，《哲学研究》编辑部的一位资深编辑来信说：

> 关于您的稿件问题，现在中央已发表建国以来若干历史问题决议，

百家争鸣：解决学术理论问题意见分歧的必由之路

其中提到唯物辩证法的核心是对立统一规律，您是持不同观点的，所以不宜发表，待过一时期后，看情况再说。您的稿件本拟第五期发表，后因需要作些修改，又寄给您，等您稿件寄回时，第五期已发稿，没有赶上。在编第六期时，我们已经知道决议的内容，而且我们的刊物是每月廿五日出版，紧接七一，所以不宜发表。由于以上原因，只好将稿件暂存编辑部，并请原谅！

此稿在编辑部"暂存"了四个多月之后，编辑部于 11 月 16 日给笔者发出正式的退稿信件，把退稿的理由讲得更加明确了：

> 您的大作《对辩证法核心问题的一些看法》，曾经考虑过在继续讨论辩证法核心问题时发表。因中宣部多次指示我们在政治上要与中央保持一致，特别是今年十月份中宣部与中组部联合发出通知，内容是关于学术讨论会应注意事项，对中央已作出决定的重大理论问题，不要再公开讨论，有意见可以按组织系统提出来。在这样的情况下，我刊编委议定辩证法核心问题不再组织讨论，有关稿件退回作者，并致以歉意。

拙作被退回后，放在抽屉中将近 30 年！

从编辑部的信件中关于退稿原因的说明，再联系前面对拙文基本观点的简介，人们不难看出，虽然三中全会已经重新确立了"解放思想、实事求是"的思想路线，但"冰冻三尺，非一日之寒"，"两个凡是"的影响在各个领域的彻底消除，并非一朝一夕能一蹴而就的。把哲学的学术理论问题与政治等同起来，用政治权威的学术见解作为学术上是非的评判标准的传统做法，在当时仍然被视为理所当然。

诚然，1981 年 6 月十一届六中全会通过的《关于建国以来党的若干历史问题的决议》中，曾经出现过"毛泽东同志阐述和发挥了马克思主义辩证法的核心——对立统一规律"[①] 的提法，但这只是说明毛泽东同志根据列宁的观点所做出的阐述和发挥。作为毛泽东同志个人的一种学术观点，它和党中央做出的政治决议，并不能完全等同。人们同意这个学术观点，或者对之持不同的看法，并不存在是否"在政治上要与中央保持一致"的政治态度

[①] 《三中全会以来重要文献选编》，人民出版社，1982，第 833 页。

问题。而且，辩证法的核心也仅仅是哲学原理中的一个学术问题，未必属于"中央已作出决定的重大理论问题"的范畴。虽然肖文在这个问题上对传统的看法提出了若干质疑，也并没有出现"辩证法的核心不是对立统一规律，而是否定的否定规律"的明确结论。笔者撰写《对辩证法核心问题的一些看法》的用意，完全无意于在"对立统一规律"与"否定的否定规律"两者究竟哪个是辩证法核心问题上做出"非此即彼"的判定。因为笔者着力强调的是"对立统一规律"与"否定之否定规律"的内在联系。所以，当笔者拜读了编辑部的退稿后，对于信中所说的退稿理由，实在不敢苟同。

马克思曾经说过，哲学是"时代精神的精华"，是世界"文明的灵魂"，"理论在一个国家的实现程度，决定于理论满足这个国家的需要的程度"。① 但是，长期以来，在"以阶级斗争为纲"的年代，人们把哲学为现实服务，简单地理解成只为阶级斗争服务；从而把哲学问题直接归结为某种政治需求，并以某个政治权威的论断，作为学术理论是非的评判标准。这样一来，像"辩证法核心是什么"这样的学术理论问题，在当时当然难以进行平等的学术讨论了。在那种强调革命，强调"以阶级斗争为纲"的年代，坚持对立统一规律是辩证法的核心，这是完全可以理解的。问题在于：在停止"以阶级斗争为纲"、实现改革开放已经30年后的今天，如果我们仍然固守马列主义经典作家关于哲学的某些表述，并且以教条主义的态度、从"左"的方面来判断学术问题的是非，那岂不是又回到三中全会以前的"两个凡是"的思想禁锢中去了？这倒是值得人们深思与警惕的！

学术问题意识形态化、哲学理论政治化，使哲学研究走上了畸形发展的道路。在三中全会抛弃了"两个凡是"的思想禁锢之后，既然我们能够在经济、政治等诸多领域，根据本国的国情，随着实践的发展，逐步形成有中国特色的社会主义理论体系；那么，我们也有同样的理由坚信而且期待：在哲学研究领域中，能够沿着三中全会指引的道路，进一步解放思想，清除任何形式的"两个凡是"的影响，实现哲学思想的不断解放。

今年是党的十一届三中全会召开和关于真理标准大讨论的30周年。在这特定的时刻，回顾当年往事，不禁感慨系之！当时哲学界出现的意见分歧，并非偶然。以今天之眼光看，关于辩证法核心的理论问题仍然有继续探讨的必要。笔者现在撰写本文，不仅是想让对此问题感兴趣的读者了解这一

---

① 《马克思恩格斯选集》（第1卷），人民出版社，1972，第10页。

段历史,引起人们对这个问题的关注与进一步的探讨,从而加深对唯物辩证法问题的认识。更重要的是为了更好地总结历史经验,真正做到学术上的"百家争鸣"。从这个意义上说,如何评判学术上的是非,仍然是一个值得反思的问题。

《百年潮》杂志纪念改革开放30周年征文

冯友兰先生的矛盾观及其现实意义

在冯友兰先生所著《中国现代哲学史》（广东人民出版社，1999年）的最后"总结"中，作者把马克思主义的辩证法和中国古典哲学的辩证法，放在平等的地位上进行了富有启发意味的比较，得出了令人深省的论断。进一步研究这些问题，必将有助于我们提高对辩证法理论的认识。本文仅就矛盾对立面的统一性与斗争性的关系问题，做些理论阐释；并且试图揭示冯先生的矛盾观所蕴含的现实意义。

冯先生说：人类不会永远走"仇必仇到底"的道路

冯先生说："客观的辩证法只有一个，但人们对于客观辩证法的认识，可以因条件的不同而有差别。照马克思主义的辩证法思想，矛盾斗争是绝对的，无条件的；'统一'是相对的，有条件的。这是把矛盾斗争放在第一位。中国古典哲学没有这样说，而是把统一放在第一位。理论上的这点差别，在实践上有重大的意义。"①

为了说明马克思主义的辩证法是"把矛盾斗争放在第一位"，他引用了毛泽东在《矛盾论》中关于矛盾统一性的两种含义的有关论述；然后，他又回忆了1957年在最高国务会议第十一次（扩大）会议上，他听取毛泽东所做的《关于正确处理人民内部矛盾的问题》讲话的情景。毛泽东在讲到矛盾双方"互相渗透"的时候，曾引了元朝赵孟頫送他夫人管仲姬的一首曲子作为说明："我侬两个忒煞情多，好比一对泥人儿，将来一起都打破，再捏再塑再调和。我中有了你，你中也有了我。"在后来正式发表时，这些

---

① 冯友兰：《中国现代哲学史》，广东人民出版社，1999，第250、250、251页。

话被删去了。之所以这样，冯先生估计："大概毛泽东的左右们认为这个说明过分强调了对立面的统一性"。但冯先生并不赞同此举，他说："统一性是不会过分强调的。一个统一体的两个对立面，必须先是一个统一体，然后才成为两个对立面。这个'先'是逻辑上的先，不是时间上的先。用逻辑的话说，一个统一体的两个对立面，含蕴它们的统一性，而不含蕴它们的斗争性。"①

在中国哲学传统中，冯先生特别赞赏北宋时的著名哲学家张载对辩证法的规律所做的归纳。张载的《正蒙·太和篇》中有四句话："有象斯有对，对必反其为；有反斯有仇，仇必和而解。"冯先生指出："这四句中的前三句是马克思主义辩证法思想也同意的，但第四句马克思主义就不会这样说了。它怎么说呢？我还没有看到现成的话可以引用。照我的推测，它可能会说：'仇必仇到底。'"②

冯先生引用的上述四句话包含在张载的一段完整的话中，它的全文是："气本之虚，则湛本无形。感而生，则聚而有象。有象斯有对，对必反其为；有反斯有仇，仇必和而解。故爱恶之情，同出于太虚，而卒归于物欲。倏而生，忽而成，不容有毫发之间，其神矣夫！"冯先生在20世纪30年代写的《中国哲学史》中，对张载的这一段话做出了解释。他说："阴阳交感，则气升降飞扬，聚而有象而成为物。有一物必有与之相反者以对之。此与之相反者，与之立于仇敌之位。然相反之物，亦能相成；及气散则相反相成之物，又复同归于太虚，此所谓'和而解'者也。物相反相成，则有恶之情；相和相成，则有爱之情；此所谓'物欲'也。然此等物欲，亦同出于太虚，终亦复归于太虚。此为宇宙间之一种普遍的现象。"③ 无论是张载还是冯先生都是从"气"的变化发展规律的视角，把"仇必和而解"作为宇宙间的一种普遍现象加以论述的。时隔半个世纪之后，冯先生则着重从社会领域来展开论述。

冯先生认为，"仇必和而解"的思想，是要"维持两个对立面所处的那个统一体"；而"仇必仇到底"的思想，则是要"破坏两个对立面所处的那个统一体"。张载要维持的是中国封建社会那个统一体，而马克思是革命家

---

① 冯友兰：《中国现代哲学史》，广东人民出版社，1999，第250、250、251页。
② 冯友兰：《中国现代哲学史》，广东人民出版社，1999，第250、250、251页。
③ 冯友兰：《中国哲学史》（下册），华东师范大学出版社，2000，第231页。

当然主张"仇必仇到底"。"毛泽东是革命家,他所组织和领导的中国共产党是革命的政党,毛泽东思想也当然要主张'仇必仇到底'。毛泽东常说'将革命进行到底',就是这个意思。问题在于什么叫:'到底'?'底'在哪里?任何革命都是要破坏两个对立面所共处的那个统一体。那个统一体破坏了,两个对立面就同归于尽,这就是'底'。革命到这个程度就'到底'了。"但是,这个社会仍然存在,只不过它要从一个统一体转入另一个统一体罢了。"革命家和革命政党,原来反抗当时的统治者,现在转化为统治者了。作为新的统治者,他们的任务就不是要破坏什么统一体,而是要维护这个新的统一体,使之更加巩固,更加发展。这样,就从'仇必仇到底'的路线转到'仇必和而解'的路线。"①冯先生认为,这是一个大转弯。在任何一个社会的大转变时期,都会有这么一个"大转弯"。

显而易见,冯先生在这里所说的"大转弯",实际上就是指从革命时期到建设时期的大转变。换句话说,矛盾中的两个对立面处于革命时期和处于建设时期,它们的结局将是完全不同的:在革命时期,当原有的那个统一体破坏时,两个对立面当然就会"同归于尽";反之,在建设时期,为了要维护这个新的统一体,两个对立面当然就不必也不应该"同归于尽"了!这就是从"仇必仇到底"的路线转到"仇必和而解"的路线的"大转弯"。历史的经验告诉我们:该转弯时而不及时地转弯,那就会犯极"左"的严重错误。

冯先生还引用张载的另一句话并加以解释,张载说:"两不立则一不可见,一不可见则两之用息。"这里的"一"指的是统一体,"两"指的是统一体中的两个对立面。一个统一体的存在,就表现在它的两个对立面中,所以说"两不立则一不可见";如果没有一个统一体,也就没有两个对立面了,所以说"一不可见则两之用息"。"两之用"就是说,矛盾斗争推动事物的发展和前进。张载认为,无论是一个社会,还是整个宇宙,其正常的状态是"和"。所谓"和",并不是没有矛盾斗争,而是充满了矛盾斗争。

冯先生说:"客观辩证法的两个对立面矛盾统一的局面,就是一个'和'。两个对立面矛盾斗争,当然不是'同',而是'异';但却同处于一个统一体中,这又是'和'。"因此,"'仇必和而解'是客观的辩证法。不管人们的意愿如何,现代的社会,特别是国际社会,是照着这个客观辩证法

---

① 冯友兰:《中国现代哲学史》,广东人民出版社,1999,第251~252、253~254页。

发展的。……人是最聪明、最有理性的动物，不会永远走'仇必仇到底'那样的道路。这就是中国哲学的传统和世界哲学的未来"。① 在这里，冯先生是从世界哲学的未来发展的视角来吸取中国传统哲学的合理养分。

马克思主义辩证法是否就是"把矛盾斗争放在第一位"，并且只是主张"仇必仇到底"？

冯先生在上面的论述中，向人们提出了一些值得研究的问题，特别是如何理解马克思主义辩证法的本性这样一个重要问题：马克思主义辩证法的原始文本是"把矛盾斗争放在第一位"，只主张"仇必仇到底"吗？如果不是这样，为什么冯先生会做出这样的概括？

在这里，我们特别要强调指出的是，马克思主义的原始文本中所阐明的辩证法，同在某个特定时期内，被人们歪曲、篡改了的所谓"马克思主义辩证法"，完全是两回事，切不可混为一谈。

马克思在《哲学的贫困》一书中，早就明确指出："两个矛盾方面的共存、斗争以及融合成一个新范畴，就是辩证运动的实质。"② 这里的"共存""斗争"和"融合"这三个概念，实际上就是肯定、否定、否定之否定。马克思并没有特地去强调对立面的斗争。

恩格斯在《反杜林论》中指出，从卢梭关于平等问题的叙述中，人们可以看到"马克思所使用的整整一系列辩证的说法：按本性说是对抗的、包含矛盾的过程，每个极端向它的反面的转化，最后，作为整个过程的核心的否定的否定"。③ 事情非常清楚，无论是马克思，还是恩格斯，他们在这里所说的"融合""否定之否定"，实际上就是新的统一体的建立的理论表达。

后来，列宁在《谈谈辩证法问题》一文中，讲到辩证法的实质是研究对象本质自身的矛盾以及对矛盾着的部分的认识时，既说过"发展是对立面的'斗争'"，也说过"发展是对立面的统一"这样的话。列宁提出的这两个论断似乎是自相矛盾的，似乎也可以理解为他是在不同的场合、从不同

---

① 冯友兰：《中国现代哲学史》，广东人民出版社，1999，第251~252、253~254页。
② 《马克思恩格斯全集》（第4卷），人民出版社，1958，第146页。
③ 《马克思恩格斯全集》（第20卷），人民出版社，1971，第153页。

的角度说的。列宁虽然肯定：对立面的统一是相对的，"相互排斥的对立面斗争则是绝对的，正如发展、运动是绝对的一样"；但是，他同时还强调指出，"在（客观的）辩证法中，相对和绝对的差别也是相对的。"① 这就意味着，不能把他所说的"对立面的斗争是绝对的"这个命题加以绝对化。这就不难理解：他为什么反复强调既要讲矛盾着的对立面的斗争，也要讲矛盾着的对立面的统一了。因为只有这样，才能坚持辩证思维的全面性，从而避免片面性的弊端。无可讳言，列宁似乎更多的是强调对立面双方的斗争。这与他当时所处的是革命时期，存在着激烈的阶级斗争这个总的背景密切相关。

毛泽东在《矛盾论》中关于对立面斗争的绝对性和对立面统一的相对性的论断，其思想理论的来源是列宁的上述思想。这是不言而喻的，而且他是在阶级矛盾和民族矛盾异常尖锐的革命战争年代写下《矛盾论》的，这就不能不使他的理论打上了那个时代的烙印。问题在于，当新中国成立以后，整个国家开始了和平建设，这个时候还要不要、该不该仍然像战争年代那样，一如既往地强调斗争的绝对性？回答当然是否定的。这个时候应该强调的是矛盾双方的统一性了。懂得了这一点，才能理解毛泽东1957年在最高国务会议上发表的《关于正确处理人民内部矛盾的问题》中，为什么会引用元曲中的那段关于"我中有了你，你中也有了我"的话。这段话难道不是活脱脱地反映出毛泽东对于矛盾统一性是非常关注的吗？不幸的是，由于时代风云变幻、形势急转直下，从反右派、反右倾，到社会主义教育运动，再到史无前例的"十年动乱"。这样，当然不能再讲矛盾的统一性，而转变为强调矛盾的斗争性了。这样，就要重提阶级斗争，而且要"年年讲、月月讲、天天讲"了。这样，人妖颠倒，在人民内部人为地、肆意地搞起"残酷的斗争，无情的打击"来了！当然，"十年动乱"和新中国成立以来一系列"左"的错误，有着极其复杂的社会、历史根源，但是，它与极"左"思潮所奉行的"斗争哲学"是紧密相关的。所谓的"无产阶级专政条件下的继续革命"的错误理论，正是以这种"斗争哲学"作为理论依据的。党的十一届三中全会后，人们痛定思痛、拨乱反正，从惨痛的历史教训中领悟到：我们的国家再也不能这样折腾了！

人们认识到，作为革命家，哪怕是无产的革命家，并非在任何时期、任

---

① 《列宁全集》（第38卷），人民出版社，1959，第408页。

何条件下,都要强调斗争的绝对性的。而极"左"思潮之所以是错误的,就是因为它们片面地理解斗争性和统一性的关系。极"左"思潮的倡导者和奉行者们不适当地强调"斗争性"是统一性的基础,从而赋予矛盾的斗争性以绝对的地位,把统一性仅仅看成为矛盾的对立和斗争提供场所,进而抹杀了统一性本身作为矛盾双方的一种属性,它在事物发展中所应具有的重要地位和作用。在这种思维定式的支配下,人们当然只从矛盾的对立和斗争的视角来思考问题,而不从对立面的共存和融合的视角来观察处理问题了。持这种片面性并且以极端的观点看问题的人,他们把矛盾双方斗争的结局,或者说成"同归于尽";或者是其中的一方"吃掉"另一方。这样,辩证法就被片面地歪曲并等同于矛盾、对立、斗争;对立和斗争被夸大为辩证法的核心和精髓,甚至明确地宣称"共产党人的哲学就是斗争哲学"。

长期以来,在马克思主义辩证法的研究与宣传工作中,不少人对于斗争的绝对性与统一的相对性这个问题,虽然一直存在着疑惑,未能从学理的层面讲明白。但是既然列宁、毛泽东是这样讲的,即使不甚明白也要照着这样讲。如果认真地推敲一下,为什么斗争是"绝对的",而统一却只能是"相对的"呢?通常解释是因为斗争是无条件的、永久的,而统一是有条件的、暂时的。那么,为什么斗争是无条件的、永久的呢?因为在任何时间、任何统一体中,矛盾斗争总是存在的,所以它是无条件的、永久的。其实,这样讲"斗争"已经把"斗争"抽象化了。因为任何"斗争"也和"统一"一样,都是具体的,都要寓于某个具体的统一体之中。斗争的形式、斗争的结局都只能是具体的。这就表明:斗争也是具体的。既然如此,为什么就不能说:斗争也是"相对的"呢?诚然,任何特定的统一体都是具体的,因而可以由此来说明统一性是具体的、相对的。但是,既然可以从抽象的意义上来说明斗争的无条件性、永久性,为什么就不可以从抽象的意义上来说明统一的无条件性、永久性呢?如果这样的说法可以成立,岂不是统一也是绝对的呢?上面我们曾经引用冯先生的话,他说:"一个统一体的两个对立面,必须先是一个统一体,然后才成为两个对立面。这个'先'是逻辑上的先,不是时间上的先。用逻辑的话说,一个统一体的两个对立面,含蕴它们的统一性,而不含蕴它们的斗争性。"冯先生这种说法不无道理。为了解决前面说的理论上的困境,我们还是要回到上面引用过的列宁的话:"相对和绝对的差别也是相对的"。由此可见,虽然革命家可以根据客观形势的变化和政治上的需要,有时强调斗争,有时强调统一,但从理论上把斗争总是说成

"绝对"的，无论如何是缺乏充分论证的。

冯先生之所以会认为"马克思主义的辩证法思想，矛盾斗争是绝对的，无条件的；'统一'是相对的，有条件的。这是把矛盾斗争放在第一位"。当然并非毫无根据，因为列宁和毛泽东曾经讲过这样的话。但如果由此认定马克思主义的辩证法思想，就是"把矛盾斗争放在第一位"，至少说是不够准确的，或者说是失之笼统了，因为我们从马克思、恩格斯的文本中，找不到这样的根据。但是，话又说回来，冯先生之所以会认为马克思主义辩证法是"把矛盾斗争放在第一位"，并且做出马克思主义辩证法可能会说"仇必仇到底"的推测，也许更重要的是他在实践中所见、所闻的亲身经历。这是完全可以理解的。但凡经历过新中国成立以来历次政治运动，特别是"文化大革命"的人们，都不会感到冯先生的上述说法和"推测"是空穴来风。因为这种用对待敌人的办法来处理人民内部矛盾的、"仇必仇到底"的悲痛事实，毕竟在神州大地反复地，甚至长时间地出现过；这种矛盾对立面双方"仇必仇到底"的说法，即使不是马克思主义的固有观点，但是，极"左"思想的倡导者和奉行者在这样做的时候，他们毕竟是打着"马克思主义"的旗号！

用"和谐哲学"取代"斗争哲学"，为构建"和谐社会"奠定理论基础

如前所述，冯先生在关于矛盾统一性的论述中，阐发了中国古代哲学中关于"和"不但能容"异"，而且必须有"异"的思想，特别是根据张载关于"仇必和而解"的观点，提出了"人是最聪明、最有理性的动物，不会永远走'仇必仇到底'"的论断。这些论断的现实意义在于：从哲学的高度，为当前构建社会主义"和谐社会"的目标提供了理论依据。

马克思主义辩证法告诉我们，一切矛盾着的对立双方不仅相互对立、相互排斥，而且相互依存、相互联系。只有这样，才能构成一个现实的矛盾的统一体。那种离开统一性的"斗争性"和抛弃斗争性的"统一性"，都不能成为事物发展的动力。因此，应该坚持用既对立又统一的观点，来审视矛盾着的对立面：不仅要看到对立面之间的斗争和冲突，还要看到对立面之间的相容和互补，即汲取对方有利成分壮大自己，从而实现对立面的共存、融合和双赢，形成一个和谐完美的统一体。因此，对立面双方的共存、融合，不仅能产生出新的力量，而且它本身就是一种新的发展模式。但是，长期以来

在人们的理论思维中，总是把矛盾的对立面的斗争视为事物发展的源泉和动力，认为对立、斗争比起统一、和谐具有更重要的意义。这正是极"左"思潮长期得以泛滥、肆虐的深刻的认识论根源。

稍微上了年纪的人，应该都不会忘记发生于20世纪60年代初的那场关于"一分为二"与"合二而一"的哲学论战。1963~1964年，杨献珍先生在给中央党校学员讲课时，曾根据中国古代思想家方以智的有关论述以及他自己的长期思考，提出了"事物既是一分为二的，也是合二而一的"，"对立统一规律也可用合二而一来表述"的论断。这个看法经该校两位教师在1964年5月29日《光明日报》上发表了题为《"一分为二"与"合二而一"》一文而在社会上传播。在此之前，毛泽东曾以"一分为二"作为对立统一规律的通俗表述。因此，杨献珍此言很快就背上了"反对毛主席"的罪名，从而引发了全国范围大规模的批判"合二而一"的高潮。这场论战也就从原来的学术探讨，演化为政治斗争，变成一种主张"阶级调和论"的"修正主义"理论。众所周知，20世纪50年代在批判胡风的政治风暴中，最高当局曾经提出了"舆论一律"的著名论断，既然最高当局要以"一分为二"来表达对立统一规律，当然也就不能再用"合二而一"来表达了。只允许用"一分为二"来表达对立统一规律，无异于说在讲对立统一规律时，只能讲对立的斗争，而不能讲对立的统一；只能讲"斗争哲学"，而不能讲"统一哲学"或"和谐哲学"。

党的十一届三中全会以来，通过拨乱反正，在停止了"以阶级斗争为纲"的同时，理所当然地摒弃了那种把矛盾的对立和斗争加以绝对化的"斗争哲学"。党中央在以经济建设为中心推进建设中国特色社会主义的伟大实践中，提出了构建"和谐社会"的重要理念。从哲学理论思维上说，就要转变只讲矛盾的对立、斗争的思维方式，而从协调、和谐、共存、双赢的视角去观察处理问题，以"和谐哲学"取代"斗争哲学"。这就要求在社会的各个有着不同利益的群体之间、社会的各种运行机制之间，按照互利、互惠、互补、互动的模式，采取积极、宽容的态度，协调和化解各种社会矛盾，推动社会主义和谐社会的建设。

提倡"和谐哲学"并不等于在实践中就能自然而然地做到。这里关键在于怎么理解"和谐"？"和谐"并不意味着没有矛盾和斗争。正如冯先生所说的：在中国古典哲学中，"和"与"同"的意义是不一样的。"同"不能容"异"；"和"不但能容"异"，而且必须有"异"，才能称其为"和"。

"和而不同",这才是事物发展的常态。在社会主义社会,在人民内部中,能不能允许"异"的存在呢?这个问题太重要了!它实质上涉及要不要民主、怎么实现真正民主的问题,而这个问题又关系到我们党、我们国家的兴衰成败。人们曾记得在新中国成立之前,毛泽东与黄炎培的那次著名谈话?黄炎培就他亲眼看到的所谓"其兴也勃焉,其亡也忽焉"的事实,问共产党是否能跳出这个周期率?当时年仅53岁的毛泽东回答道:"我们已经找到了新路,我们能跳出这周期率。这条新路,就是民主。只有让人民起来监督政府,政府才不敢松懈。只有人人起来负责,才不会人亡政息。"① 从后来的现实状况,特别从"十年动乱"的惨痛教训来看,我们"民主"究竟是目的还是手段?是"由民做主"还是"为民做主"?什么才是无产阶级民主、社会主义民主?在这些问题上,并不是没有存在误区的。只有记住极权主义所造成的灾难,把"以人为本"的理念真正落到实处,有了人民的民主和监督,允许法律所保护的言论自由之"异",那才有真正的"和谐"可言。否则,一切都是空谈。

从当前和平与发展的时代发展趋势来看,合作、互利、和谐、双赢日益成为适应时代发展需要的重要内容。在以往世界性的现代化进程中,不仅由于对自然的征服、掠夺带来人与自然的对立,而且由于社会阶级的矛盾与斗争,导致人与人的分裂和异化,特别是两次世界大战及随后的冷战局面,促使人们不断地进行反思,从而日益清醒地认识到:对立、对抗和冲突并非解决矛盾的唯一出路;而和平共处,协调合作才是适应时代要求的正确抉择。因此,在人与自然的关系上,对自然界的征服与掠夺的旧意识,日益被"生态平衡""可持续发展"等新观念所取代;在不同社会制度和不同意识形态国家之间的关系问题上,对立和对抗斗争的旧思维也必将逐渐被"和平共处"和"互利双赢"的新模式所取代。当前,我们只有以对话促进互信,以协商化解矛盾,在竞争比较中取长补短,在求同存异中共同发展,这样才能在我国范围内实现大陆与台湾关系的转机与缓和;与此同时,在国际范围内,构建出共同繁荣的国与国之间的和谐关系,最终达到实现"和谐世界"的理想境地。

载《福建论坛》,2009年第7期

---

① 黄方毅:《"黄炎培周期率难题"执笔人姚维钧百年祭》,《南方周末》2009年3月12日。

四 现代著名哲学家哲学思想再探索

西方逻辑分析方法与中国传统哲学的完美结合
——金岳霖哲学著述与学术人生

金岳霖（1895~1984），字龙荪，湖南长沙人。1911年入北京清华学堂，1914年毕业后公费留学美国。先后在宾夕法尼亚大学、哥伦比亚大学学习，获哥伦比亚大学政治学博士学位。1921~1925年，又访学于英、德、法、意等国。1925年回国后，创办清华大学哲学系，任该系教授、系主任。1937~1945年抗战期间，任西南联大哲学系教授。1949~1952年任清华大学哲学系教授、系主任、文学院院长，1952~1955年任北京大学哲学系教授、系主任。1955年9月，金先生离开了北大哲学系，调到中国科学院新成立的哲学研究所，任研究员、副所长，哲学社会科学部学部委员和中国逻辑学会会长等职。

金岳霖先生长期从事哲学和逻辑学的教学与研究，学术造诣很深。他把西方哲学与中国哲学相结合，以西方逻辑分析方法来构建形而上学，因此，他的哲学思想具有中西哲学相结合的特色，有着自己独特的哲学思想体系。换言之，他建构哲学体系的逻辑方法和致思路径是西方的，但蕴藏于深处的思想感情和学术韵味却是中国的。他是最早把西方现代逻辑系统介绍到中国来的逻辑学家之一。他的代表作有《逻辑》（1936年）、《论道》（1940年）和《知识论》（1948年）等。

1984年金岳霖先生去世后，中国社会科学出版社于1990年出版了刘培育选编的《金岳霖学术论文选》，甘肃人民出版社于1995年出版了周礼全主编的《金岳霖文集》（1~4卷）。此外，多种研究金岳霖学术思想的著作相继出版，如：中国社会科学院哲学研究所编《金岳霖学术思想研究》（四川人民出版社，1987年），刘培育主编《金岳霖的回忆与回忆金岳霖》（增补本，四川教育出版社，2000年），刘培育主编《金岳霖思想研究》（中国社会科学出版社，2004年），等等。

《逻辑》：国内唯一具新水准之逻辑教本

金岳霖先生初到美国时，读的是商业科，但总是"引不起兴趣"，因为它只是"雕虫小技"，而他要学的是直接关乎国家的前途和命运的、称得上"万人敌"的大学问。于是，不久就改学政治学。于1918年和1920年先后获政治学的硕士和博士学位。

据金先生自己说，他对哲学发生兴趣是开始于1919年。这时，他正在研究政治思想史，他的博士论文的题目是《T. H. Green的政治学说》。格林（T. H. Green）是英国新黑格尔派的哲学家，他的政治思想与他的哲学体系有着内在的联系，这是格林和其他哲学家不同之处。格林的著作使金岳霖先生"头一次感觉到理智上的欣赏"。金先生还说，1922年，在英国伦敦时，有两本书对他后来的思想影响特别大。一本是罗素的《数学原理》（Principles of Mathematics），另一本是休谟的《人性论》（Treatise）。① 休谟的书能够对许多重大问题作出深刻的讨论，给他以"洋洋乎大观"的感觉，从此，政治学或政治思想史不再是他致力的方向，而"进入了哲学"的研究领域。

在哲学领域中，他对逻辑又情有独钟。据说，金先生早在读中学时，就有很强的逻辑意识。他曾觉察到"金钱如粪土"和"朋友值千金"这两句民间谚语不可能同时成立，因为从中可以推出"朋友如粪土"的荒谬结论来。他在读罗素的书时，事实上已经接触逻辑了；当他欣赏分析哲学，发出"精深的分析就是哲学"的赞叹时，再进而欣赏分析哲学所使用的逻辑工具，也就是顺理成章的事情了。

《逻辑》一书是金先生在清华大学讲授"逻辑学"课程时写的讲稿，于1935年由该校出版部印成讲义，内部使用。1936年又列入"大学丛书"由商务印书馆正式出版。该书的开头，作者以现代逻辑的眼光，介绍传统逻辑推理的理论；进而对传统逻辑所存在的问题进行批评；接着介绍了一个节略的逻辑系统，即选取怀特海和罗素合著的《数学原理》中的近300个定理，

---

① 金岳霖：《论道》，中国人民大学出版社，2010，第4页。

组成一个精干的逻辑演算系统；还阐述了逻辑和逻辑系统的种种问题，对之进行了整体性的哲学思考。

金先生的逻辑课受到了学生们的普遍欢迎，他是"边教边学"而且是"自学成才"的。1931年他到哈佛大学向谢非教授学习逻辑时，曾有过"教过逻辑，可是没有学过"之说，引起谢非教授大笑一阵。①

《逻辑》一书的出版受到学术界的高度评价，贺麟先生曾誉之为"国内唯一具新水准之逻辑教本"。② 殷海光也曾撰文盛赞说它"观点纯粹、严格，解析精密"，是"中国有逻辑以来，亦即中国有史以来的第一部纯粹逻辑著作"。③

金先生不仅在逻辑学的教育方面成绩卓著，培养了一代又一代杰出人才，像沈有鼎、王浩等人，就是其中的佼佼者；而且在普及逻辑学方面也做出了重大贡献。1959年，他组织哲学所逻辑组的同人编写了《逻辑通俗读本》，并亲自撰写书中"判断"这一章（此书在1962年出版后的20年间出了5版，印刷了100多万册）。1961年主编《形式逻辑》，此书于1963年写成，1979年正式出版，是"十年动乱"后出版的一部高校逻辑教材，后被许多高校所选用，发挥了重要的作用。

《论道》：一部用西方严格的逻辑方法阐发中国哲学传统范畴的本体论著作

金岳霖先生在西南联大期间所写的《论道》一书，是一部独创性的本体论哲学著作。众所周知，形而上学，或者说本体论，它要探讨的是关于宇宙整体、人类存在意义以及现象世界的终极性根据等具有无限性、普遍性的问题，历来是哲学中最重要的部分，曾被古希腊亚里士多德称为"第一哲学"。但在20世纪的二三十年代，西方蓬勃兴起了分析哲学运动，公然提出"拒斥形而上学"的主张。到了40年代，分析哲学运动更是达到了巅峰状态。在分析哲学家们的手中，现代逻辑得到了高度发展，但是，他们当中没有一个人愿意用现代逻辑来重建形而上学体系。而作为中国哲学家的金先

---

① 刘培育主编《金岳霖思想研究》，中国社会科学出版社，2004，第405页。
② 贺麟：《五十年来的中国哲学》，商务印书馆，2002，第29页。
③ 刘培育主编《金岳霖思想研究》，中国社会科学出版社，2004，第407页。

生却反其道而行之，在这方面做了大量的工作，并取得了卓越的成就。从这个意义上说，金先生超越了当时西方的分析哲学家，或者说，他是一个能够熟练地运用逻辑分析方法的形而上学家。

他把哲学中的"本体论"（亦称"形而上学"）叫作"元学"，是哲学的中心。别人问他，为什么用《论道》作为书名？他说："道字有中国味。"他在"绪论"中说：

> 现在这世界底大文化区只有三个：一是印度，一是希腊，一是中国。它们各有它们底中坚思想，而在它们底中坚思想中有它们底最崇高的概念与最基本的原动力。欧美底中坚思想，我们现在所急于要介绍到中国来的，追根起来，也就是希腊精神。……印度底中坚思想我不懂，当然也不敢说甚么。中国底中坚思想似乎儒道墨兼而有之。……中国思想中最崇高的概念似乎是道。所谓行道、修道、得道，都是以道为最终的目标。思想与情感两方面的原动力似乎也是道。……各家所欲言而不能尽的道，国人对之油然而生景仰之心的道，万事万物之所不得不由，不得不依，不得不归的道才是中国思想中最崇高的概念，最根本的原动力。对于这样的道，我在哲学底立场上，用我这多少年所用的方法去研究它，我不见得能懂，也不见得能说得清楚，但在人事底立场上，我不能独立于我自己，情感难免以役于这样的道为安，我底思想也难免以达于这样的道为得。①

因此，他是把《论道》作为安身立命之作来写的，全书弥漫着一股诗人气质和浪漫精神，充分体现中西哲学相结合的特色。他在晚年曾经表示，这是他"比较满意的书"。

在"绪论"中他阐明了对研究"元学"与研究"知识论"的不同态度，他说：

> 关于道的思想我觉得它是元学底题材。我现在要表示我对于元学的态度与对于知识论的态度不同。研究知识论我可以站在知识论底的对象范围之外，我可以暂时忘记我是人，凡问题之直接牵扯到人者我

---

① 金岳霖：《论道》，中国人民大学出版社，2010，第 16~17 页。

可以用冷静的态度去研究它，片面地忘记我是人适所以冷静我底态度。研究元学则不然，我虽可以忘记我是人，而我不能忘记'天地与我并生，万物与我为一'，我不仅在研究底对象上求理智的了解，而且在研究底结果上求情感的满足。虽然从理智方面说我这里所谓道，我可以另立名目，而另立名目之后，这本书底思想不受影响；而从情感方面说，另立名目之后，此新名目之所谓也许就不能动我底心，怡我底情，养我底性。知识论底裁判者是理智，而元学底裁判者是整个的人。①

《论道》一书共有八章。分别阐发了"道，式—能""可能底现实""现实底个体化""共相底关联""时—空与特殊""个体底变动""几与数""无极而太极"等问题。在这本书中，他借用中国传统哲学的一系列范畴，例如，道，能，式，理、势、性、情、体、用、几、数、无极、太极、天演、道演、等等，运用西方严格的逻辑方法，在分析、推演和论证的基础上，借助于逻辑学的形式，阐述了他关于宇宙、人生的总看法，从而把中国传统哲学的研究水平提到了一个新的高度。

金先生认为，个别事物都有许多"殊相"，而"殊相"表现着"共相"。但是，在个别事物中，还有一种既不是"殊相"也不是"共相"的因素，这就是"能"。这个范畴相当于西方哲学史上亚里士多德的"质料"和中国哲学史上宋明理学家的"气"，但又有所差别。有"能"而不必有"能"的"样式"，这就是"可能"；把所有的"可能"析取地排列起来，就是"式"。而"式"与"能"的综合，就是"道"。"道，式—能"是现实世界和宇宙万物变动生灭的总历程和总规律。由于"式"包含了所有的"可能"，而"能"必然要使"式"中的一些"可能"现实化，因此，既没有无"式"之"能"，也没有无"能"之"式"。居"式"而"能"，莫不为"道"。从"道，式—能"的关联中，引申出"理"。因为"式"是"可能"与"可能"之间的关联，这种关联就是必然之"理"，简称"纯理"。共相与共相之间的关联，称为"固然之理"；殊相与殊相之间的关联，称为"势"。由于殊相是变动不居的，所以，"理有固然，势无必至"，换言之，现实世界中既有必然性，又有偶然性。一个事物所包含的"共相"，对于该

---

① 金岳霖：《论道》，中国人民大学出版社，2005，第17~18页。

事物自身而言是"性",对其他事物而言是"体";一个事物所包含的"殊相",对于该事物自身而言是"情",对其他事物而言是"用"。所谓"情不尽性,用不得体"是指一个特定时空中的事物所具有的"殊相",总不能完全地表现相应的"共相"。"能"之入于"可能"是一类或一个事物的"生","能"之出于"可能"是一类或一个事物的"灭"。"能"之即出即入,称为"几"。相应于前面所说的"理有固然,势无必至",就有"理几"与"势几"之别。"能"不仅有即出即入,还有会出会入。"会入"是指虽未入而不会不入,"会出"是指虽未出而不会不出。"能"之会出会入称为"数"。正如理有"理几"与"势几"之别那样,数也分"理数"与"势数"。"几"与"数"的结合谓为"时"。现实世界的时间空间都是无穷的。从时间上说,以往的无穷的极限称为"无极",未来的无穷的极限称为"太极"。金先生指出,"无极而太极是为道"。在"太极"中,事物的"情"尽"性","用"得"体","势"归于"理",达到至真、至善、至美、至如的最高境界。①

金先生解释说:

> 太极是绝对;势归于理也可以说是万归于一。在这种情形之下真就是美,美就是真,而它们也都是善。太极既是绝对的,真善美也都是绝对的,所以本条说至真、至善、至美。……在日常生活中,因为情不尽性用不得体,万事万物都在不完全地自如。……在太极情尽性,用得体,万事万物莫不完全自在,完全自如。②

对于《论道》一书,我国学术界给予了高度的评价。北京大学哲学系教授胡军在研究金先生哲学思想方面卓有成效,他曾经这样写道:

> 金岳霖向往中国传统思想中的最崇高的概念——道,但他并不是照抓照抄,而是在中西文化交流融合的大背景之下吸收了西方文化发达的逻辑、认识论意识来丰富道的含义,从而建构起一新的形而上学思想体系。这种继承—创新的哲学重建模式即使对于中国现代化或思想的建设

---

① 周礼全:《金岳霖同志的哲学体系》,载《金岳霖学术思想研究》,四川人民出版社,1987。
② 金岳霖:《论道》,中国人民大学出版社,2005,第212~213页。

仍然具有十分重大的意义。①

胡军教授的这个评价，可以说是人们的共识。

《知识论》：中国哲学家建构的第一个关于知识论的完整体系

金岳霖先生在完成了《论道》的写作之后，就集中精力撰写《知识论》，这是一本他"花精力最多、时间最长"的书。他说，他早在昆明时，就把这本书写完了。但在一次空袭警报响起跑到防空洞时，"席地坐在稿子上"。警报解除后，他站起来就走，致使稿子遗失。抗战胜利返回北平之后，又重新写作。他说："这是几十万字的书，重写并不容易。可是，得重写。"到了1948年12月终于写完，交给商务印书馆，但"这已经是解放前夕，没能出版"。到了1983年由商务印书馆正式出版。所以，他非常感慨地说：这是一本"多灾多难"的书，"它今天能够正式出版，我非常非常之高兴"。②

金先生认为，"知识论"并"不指导我们怎样去求知识"，它的主旨是"理解知识"，是"研究知识底理底学问"。在《知识论》的"导言"中，精辟地阐明了知识论是什么、它与别的学问的区别。他说：

> 知识论对于知识作理论的陈述。它不是指导我们怎样求知识的学问。……③知识论是以知识底理为对象的学问。它底对象是普遍的，所以它不是记载学，虽有人把它看成人类知识史，而根本不是知识史。它的目标是通，不是真，所以它底对象虽是普遍的理，而它仍不是科学。它是哲学类中的学问。④

此书以17章、近70万的皇皇巨著，提出了一个系统、完整的知识论体系。由于此书是在他去世前一年（1983年）才正式出版，所以，在他生前，

---

① 刘培育主编《金岳霖思想研究》，中国社会科学出版社，2004，第29页。
② 金岳霖：《知识论》，"作者的话"，写于1983年5月，中国人民大学出版社，2010。
③ 金岳霖：《知识论》，中国人民大学出版社，2010，第1页。
④ 金岳霖：《知识论》，中国人民大学出版社，2010，第12页。

多数人似乎还来不及很好地消化。随着人们对此书的学习与理解的进展，对它的评论也日益增多了。

刘培育在他主编的《金岳霖思想研究》一书中写道：

> 金岳霖的《知识论》是中国学者写的一部技术性很强的哲学专著。它是接着西方哲学讲的，它把西方经验主义和理性主义两大思潮统一起来，在西方认识论发展史上具有重要意义，也为中国哲人在世界哲学领域里争得较高地位做出了贡献。在中国，近代以来，哲学界长期停留在纯理性和社会伦理的研讨中，远离经验和事实，不利于科学和哲学的发展。金岳霖研究知识论，把分析方法引进知识论，把分析方法和知识论引到中国哲学界，在中国哲学史上树起了一个新的里程碑。①

应该说，这个评价是非常恰当的。

金先生的哲学体系既是西方的，又是中国的，是现代化与民族化的完美结合

金岳霖先生的《逻辑》《论道》《知识论》是构成他的哲学体系的代表作，被称为"哲学三书"。他的哲学体系既是西方的，又是中国的，是现代化与民族化的完美结合。

冯友兰先生对《论道》一书评价极高，认为，金岳霖的《知识论》和《逻辑学》都是"体大思精"的著作，但它们都是"知识论、逻辑学在中国"，而不是"中国知识论"和"中国逻辑学"；而《论道》则不然，它把中国哲学与西方哲学融合为一，现代化与民族化融合为一，它的体系确切是"中国哲学"，并不是"哲学在中国"。②

在《中国现代哲学史》中，冯先生以第八章整章的篇幅介绍金先生的哲学，认为它"不仅是现代化的，而且是民族化的"。冯先生还提到，当他在写作《新理学》时，金先生也正在写《论道》。冯先生比较了这两本书，

---

① 刘培育主编《金岳霖思想研究》，中国社会科学出版社，2004，第350页。
② 冯友兰：《中国现代哲学史》，广东人民出版社，1999，第198页。

认为，他自己是接着程朱理学讲的，是"旧瓶装新酒"，而金先生在《论道》中提出一些新看法的同时，还创造了一些新名词，是"新瓶装新酒"。他们两人互相看稿子，也互相影响：金先生对冯先生的影响"在于逻辑分析方面"，冯先生对金先生的影响，"可能在于'发思古之幽情'方面"。如果说冯先生的长处是"能把很复杂的事情说得很简单"，那金先生的长处就在于"能把很简单的事情说得很复杂"，"表面上看起来没有问题的事情，经他一分析，问题会层出不穷"。①

冯先生还客观地评价了金先生在中国现代哲学史上的地位与作用，他说：

> 金先生是中国第一个真正懂得近代逻辑学的人。……金先生又是中国第一个懂得并且引进现代逻辑学的人。说到这里，金先生在《中国哲学》中所说的那一句话倒是对了。他说："逻辑、认识论的意识仍然不发达，几乎一直到现在。"金先生可以说是打破这种情况的第一个人。他是使认识论和逻辑学在现在中国发达起来的第一个人。②

这就是说，金先生是把西方的逻辑尤其是现代逻辑系统地介绍引进中国的第一人，又是以逻辑分析方法重建哲学体系的第一人，还是以逻辑分析方法建立庞大的知识论体系的第一人。

对于金先生哲学所体现的中西融合的特点，逻辑学家周礼全对此做出了这样的评价，他说：

> 金岳霖精通中国哲学与西方哲学，并且精通西方的现代哲学和现代逻辑。在他的哲学体系中，可以看到从赫拉克利特哲学到康德哲学中的许多合理的因素，也可以看到西方现代哲学中的许多精密思想。但是，他的哲学的根本精神，还是中国哲学传统的。我倾向于认为，他的哲学是先秦老庄哲学和宋儒道学的创造性发展。这是融合了西方

---

① 冯友兰：《三松堂自序》，人民出版社，1998，第239~240页。
② 冯友兰：《怀念金岳霖先生》，载《金岳霖学术思想研究》，四川人民出版社，1987，第30页。

哲学的发展,是运用了严密的逻辑分析的发展,并且是向唯物主义的发展。①

林志钧曾撰文指出,《论道》一书"组织之严密,思想之精辟,感情之深挚,规模之伟大,皆不易及,为研究中国哲学而要会通逻辑学及西洋哲学,参合新旧,由分析而综合,自成一新哲学学者所不可不循之大路"。并称"此亦'道'之一端也"。②

总而言之,在金先生的哲学体系中,逻辑学、认识论和形而上学三者是统一的,这三者的统一,实质上也就是真、善、美的统一。这种统一,既不完全是西方的,也不完全是中国的,而是中西哲学完美的会通与融合。

金岳霖先生在《中国哲学》(1943年写于昆明)中,曾经指出,"如果说这种逻辑、认识论意识的发达是科学在欧洲出现的一部分原因,那么这种意识不发达也就该是在中国不发达的一部分原因"。金先生深刻地认识到中国传统哲学的这个缺陷,运用西方逻辑分析方法,构建的形而上学体系和知识论体系,并以致力于逻辑、知识论的研究的实际努力,对于推进中国的现代化,起着直接的积极作用。在他的哲学体系中,最能展示出西方哲学特色与长处的精彩篇章,正是他熟练地运用逻辑分析方法所取得的硕果。也许正因为如此,人们对于金先生所具有明显的西方哲学的思路,擅长逻辑分析,讲究科学方法,注重理性思维的这一面知之较多;而对于他在内心深处同时拥有的中国感情、中国韵味的这个特征,人们可能未加详察。

金先生曾经坦率地说:"在感情上我向往中国哲学的思想及其韵味。"这里,我们不妨举出他对老庄哲学的态度作为例证。他对《庄子》一书,不仅赞赏其思想,而且推崇其文体,并且认为,读《庄子》除了运用理智,更要倾注自己的感情。他说:

也许应该把庄子看成大诗人甚于大哲学家。他的哲学用诗意盎然的

---

① 周礼全:《金岳霖同志的哲学体系》,载《金岳霖学术思想研究》,四川人民出版社,1987,第21页。
② 刘培育主编《金岳霖思想研究》,中国社会科学出版社,2004,第411页。

散文写出，充满赏心悦目的寓言，颂扬一种崇高的人生理想，与任何西方哲学不相上下。其异想天开烘托出豪放，一语道破却不是武断，生机勃勃而又顺理成章，使人读起来既要用感情，又要用理智。①

他还说：

> 中国哲学非常简洁，很不分明，观念彼此连结，因此它的暗示性几乎无边无涯。②

从上述他对庄子哲学以及整个中国哲学的评价中，我们似乎可以看到，作为一个深受西方思想影响的现代哲学家，他对中国传统哲学的真切理解与深厚感情。

金先生认为，"中国哲学家都是不同程度的苏格拉底人物"，之所以这样，是"因为伦理、政治、反思和认识论集于哲学家一身"。在中国哲学家那里，知识和美德是不可分的一体，哲学和哲学家也是不可分的。对于哲学家而言，"他的哲学要求他身体力行，他本人是实行他的哲学的工具。按照自己的哲学信念生活，是他的哲学的一部分。他的事业就是不断地把自己修养到进于无我的纯净境界，从而与宇宙合而为一"。③

金先生本人就是这样的一位具有西方思维方法、西方科学视野，又深知中国哲学、承载中国哲学传统的中国式的哲学家。

金先生不仅对中国传统的哲学有深厚的感情，而且对中国古代的文学艺术的某些门类也情有独钟。据他自己在回忆录中所说，他喜欢作对联，喜欢山水画，对古树有兴趣，等等。他喜欢在所作对联中，把朋友的名字嵌入其中。例如，"梁上君子，林下美人"这个对联就是送给梁思成、林徽因夫妇的。他对后者的深情，还表现于1955年4月1日林徽因病逝后所做的挽联中。联曰："一身诗意千寻瀑，万古人间四月天"，既充满感情，又无限遗

---

① 金岳霖：《中国哲学》，中译文载刘培育编《道、自然与人》（金岳霖英文论著全译），生活·读书·新知三联书店，2005，第53页。
② 金岳霖：《中国哲学》，中译文载刘培育编《道、自然与人》（金岳霖英文论著全译），生活·读书·新知三联书店，2005，第54页。
③ 金岳霖：《中国哲学》，中译文载刘培育编《道、自然与人》（金岳霖英文论著全译），生活·读书·新知三联书店，2005，第59~60页。

憾，千言万语都蕴含在这个对联之中了。

金先生说，他对中国山水画的兴趣与偏爱来自和邓叔存（邓以蛰）先生的交往。众所周知，邓以蛰是中国现代美学的奠基人之一，与宗白华有"北宗南邓"之称，是金先生"最雅的朋友"。叔存经常请金先生欣赏古画并乐于讲解。金先生认为，"中国对世界文化最大贡献之一，就是山水画"。而"中国山水画和西洋的山川风景画不一样。它没有西洋画的'角度'或'侧画'，它有的是'以大观小'"。"它没有要求人自外于他自己的小天地（天性），也不要求人自外于广大的天。"金先生对钱松喦所作山水画中的"空白"赞叹不已。①

1954年夏，我考入北京大学哲学系读书时，金先生虽然没有直接给我们讲课，但他是哲学系的系主任，无论在会议上，还是在平时，和我们学生也有不少的接触。我们当时已经听到在老同学中广为流传的一些逸事。例如，他在清华大学时，曾经主持过艾思奇讲演会。那时，以及再前一段时间，有人对形式逻辑抱有错误的看法，把它等同于那种坚持孤立静止观点的形而上学思维方法，并与辩证法相对立。艾思奇也免不了这种成见。在讲演中，也骂了形式逻辑几句。讲完之后，金先生与之边走边说"你骂了形式逻辑之后，所说的话完全合乎形式逻辑，没一点错误"。这就婉转地反驳了艾思奇。②

在我的印象中，金先生经常戴着一顶帽舌很长的遮光帽，衣着朴素，举止大方；对我们学生和蔼可亲，没有架子，循循善诱，而又不乏幽默感。

载《中华读书报》，2010年5月19日
发表时标题改为"从西方思路到中国韵味
——金岳霖哲学著述回眸"

---

① 金岳霖：《金岳霖回忆录》，北京大学出版社，2011，第176、77、84~86页。
② 金岳霖：《金岳霖回忆录》，北京大学出版社，2011，第139页。

阐旧邦以辅新命　极高明而道中庸

——从冯友兰先生"三史""六书""一序"说起

冯友兰先生（1895~1990）离开我们已经将近20年了。他是我国20世纪最重要、最有影响，也最有争议的一位哲学家和哲学史家。对于他的学术思想，无论在生前或者在身后，都褒贬不一。随着时代的发展，社会的进步以及人们认识的深入，对他的评价也就越来越全面、越来越客观、越来越公允。这是一件值得令人欣慰的事情。本文拟通过阐述冯先生的"三史""六书""一序"的学术价值及出版经历，以期展示冯先生不平凡的学术生涯。我们从中可以看出，在他一生的著述事业中，始终贯穿着的是传承中国优秀文化坚定的信念和自觉的历史使命感。

冯先生在晚年曾经亲笔书写一副对联用以自勉，联曰："阐旧邦以辅新命，极高明而道中庸"。他说："上联说的是我的学术活动方面，下联说的是我所希望达到的精神境界。""旧邦""新命"之语，出于《诗经》："周虽旧邦，其命维新。"冯先生多次引用这句话，并且反复解释：所谓"旧邦"指源远流长的中国文化传统，"新命"指现代化和建设社会主义。他认为，旧邦新命是现代中国的特点，"阐旧邦以辅新命"就是要这个特点发扬起来，"把中国古典哲学中的有永久价值的东西阐发出来，以作为中国哲学发展的养料"，"马克思主义在中国也要接上中国古典哲学，作为来源之一，才会成为中国的马克思主义"。[1] 为总结一生，他还拟一联："三史释今古，六书纪贞元"。这里所说的"三史"，是指《中国哲学史》（两卷）、《中国哲学简史》和《中国哲学史新编》（七卷），而"贞元六书"指他抗日战争期间"贞元之际"所著的六本书。"三史"和"六书"从内容上看，可谓

---

[1] 冯友兰：《三松堂自序》，人民出版社，1998，第372、404页。

"极高明而道中庸",它们是冯先生实践"阐旧邦以辅新命"的主要论著。"一序"指《三松堂自序》,实际是冯先生的自传,是我们研究他的学术经历的重要依据。

《中国哲学史》是中国近现代史上史论结合、自成体系的第一部哲学史著作

冯先生早年先后就读于北京大学哲学门和美国哥伦比亚大学哲学系,《中国哲学史》(上、下册)是他于1928年到清华大学讲授中国哲学史期间所写。该书没有采取"信古"或"疑古"的态度,而是以"释古"的态度来写中国哲学史,把中国哲学史分为"子学时代"与"经学时代"两个大段落。上册于1931年由上海神州国光社出版,到1934年上、下册由商务印书馆出齐。诚然,在冯先生的《中国哲学史》出版之前,胡适已经写了《中国哲学史大纲》并于1919年出版。但胡适的《中国哲学史大纲》只有上卷,只写到先秦时期,并不完整,用的是"汉学"的方法,重考据;冯先生的《中国哲学史》用的是"宋学"的方法,重义理。书中多有创见,特别是关于把名辩者分为以惠施为代表的"合同异"和以公孙龙为代表的"离坚白"两派的主张,以及把程颢、程颐两兄弟分别界定为:程颢是"心学"之先驱,程颐是"理学"之先驱,等等。

冯先生的《中国哲学史》不仅在当时得到了陈寅恪、金岳霖这两位审阅人的高度评价,而且至今仍然备受赞扬。例如,张世英先生说,"《中国哲学史》是中国近现代史上史论结合、有自己独立的理论体系的第一部哲学史著作。……把史论结合得那么紧密,把中国哲学史讲得那么有条理、那么清晰,而且贯穿着自己的观点,不人云亦云,到现在还无人能及"。①

冯先生的《中国哲学简史》是他1946年到美国宾夕法尼亚大学讲学时用英文写的。先后有两种中文译本,一为涂又光译,于1985年由北京大学出版社出版;一为赵复三译,于2005年由天津社会科学院出版社出版。《简史》并非《中国哲学史》之缩写本,而是在他写了"贞元六书"有了自己的哲学体系之后写的,正如作者自己所说"譬犹画图,小

---

① 任继愈等:《实说冯友兰》,北京大学出版社,2008,第61页。

景之中，形神自足。非全史在胸，曷克臻此"。冯先生讲学欧美，他的著作被译为多种文字，流传数十个国家，其学术影响之大，是有目共睹的。据单纯先生回忆，李慎之先生曾经说过，"如果中国人因为有严复而知有西方学术，外国人因为有冯友兰而知有中国哲学"，这大概不会是夸张。①

"贞元六书"的出版标志着中西会通的"新理学"哲学体系的建立，从此中国哲学从传统进入了现代

"贞元六书"就是指"贞元之际"所著的六本书，写于抗日战争时期，是为了增强民族自信心而写的。《周易·乾卦》里有"元、亨、利、贞"四字，分别象征春、夏、秋、冬四季。"贞元之际"是从冬到春之间的过渡，实意味着抗日战争一定胜利，民族复兴一定到来，这个提法本身则充分地显示出他以哲学创作的方式自觉参加民族复兴大业的努力。"贞元六书"包括：《新理学》（1939年）、《新事论》（1940年）、《新世训》（1940年）、《新原人》（1943年）、《新原道》（1945年）、《新知言》（1946年）。其中，《新理学》是冯先生构建的"新理学"的基础和核心，他提出了"理""气""道体""大全"等一系列概念："理"是物之则，"气"是物之初，"道体"是事物之流变，"大全"是宇宙之整体。《新事论》和《新原人》都是"新理学"的应用。《新事论》的副题是《中国到自由之路》，这条路就是工业化；《新原人》讲的是人生的四种精神境界：自然境界、功利境界、道德境界、天地境界。功利境界、道德境界与自然境界的显著不同在于，在功利境界和道德境界中的人是自觉的；功利境界与道德境界的区别，在于为私还是为公；天地境界则是人的最高的"安身立命之地"。《新知言》是讲哲学的方法论。他认为，有的哲学概念，例如"气""大全"等，是不可思议、不可言说的。冯先生把这种具有重要意义的方法称为"负的方法"。"贞元六书"是冯先生对宋朝程朱理学"接着讲"而构建起来的、自己的哲学理论体系，它建立在中华民族文化和哲学的基础之上，同时又吸收了西方自柏拉图以来的理性主义优秀传统。正如任继愈先生所说，"冯先生的哲学主要是继往开来。冯先生接着'程朱理学'，会通西方的新实在论，

---

① 任继愈等：《实说冯友兰》，北京大学出版社，2008，第291页。

吸收了马克思唯物史观,熔铸自己的哲学体系。他是在旧的基础上继续前进,而不是推倒重来"。①"贞元六书"所展示的是"新理学"的理论系统,"这一体系的形成,标志着中国哲学从传统走入了现代,成为一种现代哲学"。②

赤诚的爱国心和强烈的文化使命感是冯先生写书的一贯动力。早在他写《中国哲学史》和"贞元六书"时就是这样了。他在两卷本的《中国哲学史》的"自序"中说:"此第二篇稿最后校对时,故都正在危急之中。身处其境,乃真知古人铜驼荆棘之悲也。"在《新原人》的"自序"中,他引用了张载的话("为天地立心,为生民立命,为往圣继绝学,为万世开太平")之后说:"此哲学家所应自期许也。况我国家民族,值贞元之会,当绝续之交,通天人之际,达古今之变,明内圣外王之道者,岂可不尽所欲言,以为我国家致太平,我亿兆安身立命之用乎?虽不能至,心向往之。非曰能之,愿学焉。"③(《三松堂自序》,人民出版社,1998 年,第 262~263 页)对于他的哲学主张,人们尽可见仁见智,但读了他这些掷地有声的文字,不能不为之动容!

总之,在新中国成立之前,冯先生以他的《中国哲学史》和《中国哲学简史》以及"贞元六书"已经在国内外享有很高的声誉了。他不仅是治中国哲学史方面无人出其右的中国哲学史家,而且还是一位具有开创性的现代哲学家。单纯先生曾经就"近百年以来,在文史哲三大领域中谁是领头的代表人物"这个问题,请教过张岱年先生,张先生回答说,"哲学方面是冯友兰、史学是陈寅恪、文学是王国维,他们三个分别是这三个领域的顶级人物"。④ 张岱年先生还说:"'西学东渐'以来,中西哲学的结合是必然的趋势。当代中国哲学界最有名望的思想家是熊十力先生、金岳霖先生和冯友兰先生,三家学说都表现了中西哲学的融合。熊先生的哲学是由佛学转向儒学的,也受到柏格森生命哲学的影响,在熊氏哲学体系中,'中'局十分之九,'西'局十分之一。金先生惯于用英语思考问题然后用中文写出来,对于中国古代哲学的精义也有较深的体会和感情,金先生的体系可以说是'西'局十分之九,'中'局十分之一。唯有冯友兰先生的

---

① 任继愈等:《实说冯友兰》,北京大学出版社,2008,第 12 页。
② 任继愈等:《实说冯友兰》,北京大学出版社,2008,第 282 页。
③ 冯友兰:《三松堂自序》,人民出版社,2008,第 262~263 页。
④ 任继愈等:《实说冯友兰》,北京大学出版社,2008,第 292 页。

哲学体系可以说是'中''西'各半，是比较完整的意义上的中西结合。"①

《中国哲学史新编》的写作与出版历经坎坷、备受磨难，这是他以40年的心血写成的巨著

在新中国成立前夕，冯先生不顾友人的劝阻，毅然决然地放弃在美国优越的物质生活回到祖国；后又拒绝去南京，坚决留在北平，以迎接新中国的诞生。从那时起，他就给自己立下了以新的思想重新改写中国哲学史的宏愿。经历了包括"十年动乱"在内的40年的漫长岁月，在极其艰难、备受磨难的情况下，用他的全部心血，在去世前的几个月，终于写完了长达150余万言的巨著《中国哲学史新编》（七卷）。

1949年10月5日，即新中国成立后的第五天，冯先生就满腔热忱地给毛泽东主席写了一封信，说他过去讲封建哲学，帮了国民党的忙，现在决心改造思想，学习马克思主义，准备在五年之内，以马克思主义为指导重新写一部中国哲学史。过了没有几天，10月13日毛泽东主席就回信了。信中写道："像你这样的人，过去犯过错误，现在准备改正错误，如果能实践，那是好的。也不必急于求效，可以慢慢地改，总以采取老实态度为宜。"② 此后，他一边参加政治运动、接受思想改造，一边着手写作。到了60年代初，写完第一、二卷两卷，分别于1962年、1964年出版。他在第一卷出版时，曾写了一首七律，以作《题词》，其中有"小言亦可润洪业，新作应需代旧刊""此关换骨脱胎事，莫当寻常著述看"之句，其虔诚之心、敬业之情溢于言表。但是，很快他对这两卷的内容就感到不满意了。经过"十年动乱"，又迎来了党的十一届三中全会的拨乱反正，到了80年代初，可以继续写书了。这时有人劝他，为了节省时间，把原来写的那两卷进行修改。但他没采纳，而是把它们作为《中国哲学史新编》的"试稿"来对待，决心从头写过。这时他已经是个85岁的高龄老人了！与以往相比，虽然客观环境已经大有改善；但是，身体日益衰弱，耳目渐失聪明，比起以往却大为不如了！

---

① 单纯等主编《解读冯友兰·学者研究卷》，深圳海天出版社，1998，第3页。
② 冯友兰：《三松堂自序》，人民出版社，1998，第148页。

但是，他在强烈的爱国心和文化使命感的驱动下，排除万难，笔耕不辍，写了一卷又一卷，从85岁写到95岁，终于完成了历史使命。1990年7月11日，当他写完《新编》第七卷后，又写了"自序"，其中说："我的老妻任载坤在1977年去世的时候，我写了一副对联：'同荣辱，共安危，出入相扶持，碧落黄泉君先去；斩名关，破利索，俯仰无愧怍，海阔天空我自飞。'在那个时候，我开始认识到名、利之所以为束缚，'我自飞'之所以为自由。在写本册第八十一章的时候，我真感觉到'海阔天空我自飞'的自由了。"他在写第八十一章的时候，曾经对朋友们说："如果有人不以为然，因之不能出版，吾其为船山矣。"① 王船山即明末清初的著名哲学家王夫之，他在深山中著书达数百卷，当时无法出版，几百年以后，终于出版了。《新编》的出版，当然不可与之同日而语，其中第一卷至第六卷在他生前的1982年、1984年、1985年、1986年、1988年和1989年，已经陆续由人民出版社出版了。

冯先生在写《新编》时，不迷信权威，不依傍他人，"修辞立其诚"，按照自己想到的、看到的秉笔直书，逐渐地做到了"海阔天空我自飞"。所以，时有惊世骇俗之论。例如，在第六卷中，他重新评价了洪秀全和曾国藩，认为洪秀全和太平天国搬来的是西方中世纪的神权政治，如果洪秀全和太平天国成功了，中国将倒退几个世纪；而曾国藩阻止了这种倒退，这就是一个大贡献。这类例子还有，不必一一列举。

第七卷是整个《新编》的重点，"它是全书的中心和归结点，讲的是现代的问题，即什么是有中国特色的精神文明。前六册实际上都是第七册的准备和铺垫"。② 正是这个第七卷，涉及诸多非常敏感的话题。在论述"毛泽东和中国现代革命"时，他把毛泽东思想的发展分为三个阶段，认为，新民主主义及以前的第一阶段是科学的；社会主义的第二阶段是空想的；极左思想的第三阶段是荒谬的。③ 第七卷的文稿于1990年7月16日送交人民出版社，后来没有继续在人民出版社出版，而是由中国港台于1991年、1992年出版，1999年又由广东人民出版社出版，书名改为《中国现代哲学史》。其中的第十一章就是《新编》第七卷"自序"中提到的全书中的第八十一

---

① 冯友兰：《中国现代哲学史》自序，广东人民出版社，1999，第1页。
② 冯友兰：《三松堂自序》，人民出版社，1998，第388页。
③ 冯友兰：《中国现代哲学史》，广东人民出版社，1999，第137~172页。

章,它是《中国哲学史新编》全书的"总结"。

在这个"总结"中,讲到"从中国哲学的传统看世界哲学的未来"时,冯友兰把马克思主义的辩证法思想和中国古典哲学的辩证法,放在平等的地位上进行了比较,得出了富有启发并令人深省的结论。他说:"照马克思主义的辩证法思想,矛盾斗争是绝对的,无条件的;统一是相对的,有条件的。这是把矛盾斗争放在第一位。中国古典哲学没有这样说,而是把统一放在第一位。理论上的这点差别,在实践上有重大的意义。"冯先生引用了张载《正蒙·太和篇》中四句话("有像斯有对,对必反其为;有反斯有仇,仇必和而解")之后指出:"这四句中的前三句是马克思主义辩证法思想也同意的,但第四句马克思主义就不会这样说了。它怎么说呢?我还没有看到现成的话可以引用。照我的推测,它可能会说:'仇必仇到底。'"但是,"'仇必和而解'是客观的辩证法。不管人们的意愿如何,现代的社会,特别是国际社会,是照着这个客观辩证法发展的。""人是最聪明、最有理性的动物,不会永远走'仇必仇到底'那样的道路。这就是中国哲学的传统和世界哲学的未来。"[①] 但凡经历过新中国成立以来历次政治运动,特别是"文化大革命"的人们,都不会感到冯先生的这个"推测"是空穴来风。因为这种"仇必仇到底"的悲痛事实,毕竟在神州大地反复地,甚至长时间地出现过;当然,这种矛盾对立面双方"仇必仇到底"的说法,并非马克思主义的固有观点,只是极"左"思想的倡导者和奉行者用以解决人民内部矛盾的错误主张罢了。如果联系到今天人们已经耳熟能详的、关于构建"和谐社会"的一系列论述,就不难理解冯先生关于矛盾对立面双方"仇必和而解"论断所具有的理论预见及其实践意义。

如何客观、全面、公正地评价冯友兰,至今仍是个需要研究的热门话题

冯友兰先生作为20世纪的同龄人,从世纪之初进入哲学的学术研究领域,到90年代完成了最后一部中国哲学史巨著,其间撰写或编纂的中文和英文书籍近40种,发表学术论文近500篇,其学术生命之长、论著之丰,在其同辈学人中恐怕是绝无仅有的。与此同时,他受批判之多、争议之大,

---

① 冯友兰:《中国现代哲学史》,广东人民出版社,1999,第249~254页。

恐怕也是绝无仅有的。对于这种情况,冯先生自己是十分清楚的。他在《中国哲学史新编》的著述刚刚开始的80年代初,就着手撰写《三松堂自序》,这也是他所写的自传。他说,古代人写书有写"自序"的传统,他现在写的这个《三松堂自序》,不是某一本书的自序,而是他以往所有著作的"总序","世之知人论世、知我罪我者,以观览焉"。此书分为"社会"(志环境)、"哲学"(明专业)、"大学"(论教育)、"展望"(申信心)四个部分,最初由三联书店于1984年出版,经过第二次校勘后,于1998年改由人民出版社出版。对于人们的许多疑问、责难,实际上他都直接或间接做出了回应。正如蔡仲德先生所说:"它不是一般的自传或回忆录,它对于理解作者尤其具有重要意义。"①

凡是读了冯先生的"三史""六书""一序",并了解它们的出版经历的人,就会不约而同地提出这样的问题:冯先生的一生遭遇和他的学术经历,在20世纪的中国知识分子中有没有代表性?它与时代的风云变幻、社会的动荡变迁之间,存在着什么样的关系?对冯先生学术生涯的评价悬殊、争议不断,是否又与境内外、国内外不同的评论者自身的政治处境与意识形态紧密相关?不少的研究者对冯先生一生的学术发展的变化,做出了见仁见智的概括与分析。这是完全可以理解的。只要新旧观念的冲突、政治与学术的纠葛以及意识形态的对抗还存在,对冯先生的评价上的分歧不可能得以消弭。但是有一点是可以肯定的:"冯先生是我国现代一位最著名的哲学家,他在中西哲学会通方面做出了很大的贡献。"他的学说、他的思想,人们当然可以批评和讨论。"但是,他在他那个时代,确实是一面旗帜。我们研究中国哲学的人,可以努力地超过他,但你不能越过他、避开他。他已经达到了那个时代的一个高峰。"②

20世纪世界的变化和中国社会的发展,作为历史的一页虽然已经掀了过去。但是,只要我们没有忘记历史,只要我们仍然关注着中国现当代知识分子的命运;那么,总会有人反复地回到上述的问题上来,而如何客观、公正地评价冯友兰,仍然会继续成为一个热门的话题。

载《中华读书报》,2009年4月8日

---

① 冯友兰:《三松堂自序》,人民出版社,1998,第478页。
② 任继愈等:《实说冯友兰》,北京大学出版社,2008,第179页。

阐旧邦以辅新命　极高明而道中庸

[作者附记]

笔者于 1954～1958 年在北京大学哲学系读书时，曾经在有关会议或讲座上，听过冯先生的发言或讲演。由于后来没有专门从事中国哲学史的研究，工作单位又不在北京，无缘向先生直接地请教，但先生的坎坷而又曲折的经历与处境也还是时有耳闻。2008 年 10 月，北京大学出版社推出了题为《实说冯友兰》的新书，该书作为"大型专题片《世纪哲人冯友兰》实录"，记录了 23 位学者关于冯友兰的谈话。这些学者讲述了他们的亲身体会和真实看法，有见识而客观，有情感而公正，既不是道听途说，也不是人云亦云，从而把一个真实的冯友兰呈现在人们的面前。笔者读后，感慨良多，特写此文，略抒管见。

独辟蹊径　平章华梵
融会佛儒　兼采中西
—— 熊十力"新唯识论"哲学思想的再认识

熊十力（1884~1968），原名继智，又名升恒，字子真（亦作子贞），晚年自号漆园老人、逸翁。"十力"这个带有佛教色彩的名字，是他中年学佛以后才改成的，它是梵文 Dasabala 的意译，指佛所具有的十种非凡的智力。

熊先生是湖北黄冈市上巴河张家湾人，早年曾投笔从戎，参加 1911 年的武昌起义。辛亥革命失败后，他告别青年时代的戎马生涯，转向学界，走"学术救国"之路。当时章太炎在他主编的《民报》上发表多篇佛学方面的文章，谭嗣同在他的代表作《仁学》自序中以"华相众生"为笔名，欣赏佛教"众生平等"之教义。这些都对熊先生产生思想上的影响，1920 年经梁漱溟介绍，拜欧阳竟无为师，入南京支那内学院学习佛学。1922 年应北京大学校长蔡元培之聘，到哲学系任特约讲师（1943 年改为特聘教授），从此开始了在北大长达 30 多年的教学生涯（抗日战争期间曾讲学于四川）。1956 年，因年迈离开北大，定居于上海。1968 年以 84 岁高龄病逝。1954 年我考入北大哲学系时，他也是我们的老师，但没有机会听他上课。

熊先生融通中、印与西方之学，创立了独具一格的"新唯识论"的思想体系，是中国现代著名的新儒家学者和最富原创性的哲学家之一。

出佛入儒，贯通中西

熊先生在支那内学院师从"唯识学"大师欧阳竟无，苦读佛教经卷整整三年，成为一位佛教哲学专家。他研究佛学的主要动机是想通过改造人心，来达到提高道德水平的目的。他欣赏佛学的精湛深奥，认为"古今哲理者，最精莫如佛，而教外别传文旨，尤为卓绝"。①

佛教认为，"万法皆空"，一切事物与现象都可分解为"因"与"缘"，本身都不是独立存在的实体，客观世界只不过是由主观意识变现出来的"假相"，并没有自性。因此，称之为"空"或"假有"。"唯识论"特别强调"识"的作用，认为一切现象均"依他众缘而得起"，这就是"依他起自性"。而在"众缘"中，"阿赖耶识"最为根本。因为它含有宇宙万物的"种子"，只有它才能引起心识派生万物的活力。但是，这些说法，显然有违于常识，于是，佛教又认为，就现象而言，似乎一切事物都是"有"，但这只是世俗的见解，称之为"俗谛"；与之相对的是"真谛"，这是就本质而言的。若从"真谛"的角度看，一切事物都是"空"的，都没有自性。

熊先生在学习佛学的时候，曾接受"唯识宗"的观点。他说："识者，心之异名。唯者，显其殊特。即万化之原而名以本心是殊特。言其胜用，则宰物而不为物役，亦足征殊特。《新论》（指《新唯识论》）究万殊而归一心，要在反之此心，是故以唯识彰名。"② 可见，他的哲学思想是由唯识宗嬗变而来的。即使如此，他在把佛学与儒学加以比较之后，对之产生疑问，因而走上了批评佛学之路，可谓既能"入乎其中"，又能"出乎其外"。他后来舍佛而学《易》，归宗于孔子，推崇《易大传》，提出"摄体归用"的主张。

在熊先生看来，佛家讲生灭，突出了一个"灭"字，实际上是以"灭"否定了生。他从佛学之中走出来后，以哲学家的眼光评点佛教的"大乘空宗"和"大乘有宗"。

大乘空宗反复宣传"破相显性"，但熊先生对此持怀疑态度。他说："空宗是否领会性德之全，尚难判定。"所谓"性德"，就是佛学所谓的"真如"，相当于西方哲学中说的"本体"。他为什么会怀疑空宗没有领会"性德"之全，因为他从空宗的言论中发现："空宗只见性体是寂静的，却不知性体亦是流行的"，"不要以为性体但是寂静的，却须于流行识寂静，方是见体"。③ 这里所说的"流行"，也就是"生化"，而"生化"两字是从《易

---

① 熊十力：《新唯识论》，中华书局，1985，第19页。
② 熊十力：《新唯识论》，中华书局，1985，第239页。
③ 熊十力：《新唯识论》，中华书局，1985，第381、383~384页。

传》来的。《易传》说:"天地之大德曰生","万物化生"就是性德的"流行"。冯友兰先生在评论这个问题时指出,"说到这里,熊十力就破了空宗这一关,而归入儒家了"。①

大乘有宗不同于大乘空宗,谈论宇宙论,但正如熊先生所说:"有宗将宇宙之体原与真如本体却打成两片。""有宗所以陷于这种迷谬不能自拔者,就因为有宗谈本体虽盛宣真实,以矫空宗末流之失,然亦以为本体不可说是生生化化的物事,只可说是无为的、无起作的。"② 从有宗的观点来看,他们并不承认生生化化这个过程,本身就是宇宙的本体,认为在这个过程之外还有一个本体。这样一来,"就把本体和现象分裂了。其实,现象就是本体,并不是现象的背后另有一个本体"。③

熊先生批评了大乘空宗和大乘有宗,终于从佛学中走了出来。出佛入儒,或者说,援佛入儒,对于他固有的思想而言,是顺理成章的。本来他就认为佛与儒并无绝对的对立之处,都是建立在"性智"的基础之上的"见体"的学问,就总体而言,与西方哲学并不属于同一类型。

熊先生把孔子创立的儒学视为国学的正宗,在评述先秦诸子学说之后,提出了"诸子皆源于儒"的论断。他认为,孔子在50岁以前的思想可概括为"小康学",维护禹、汤、文、武的"小康"礼教,主张实行开明专制;50岁以后的孔子,要求废除君主专制,主张建立"天下为公"的"大同"社会,可概括为"大同学"。孔子以后的儒学史,其实是一部小康学派的演化史,孔子发明的大同学更无传人。汉武帝采纳董仲舒的建议,"罢黜百家,独尊儒术",使儒学从一家之言,上升到御用官方哲学,但汉儒对儒学的扶植是假,篡改是真,严重扭曲了孔子之道的真精神,使儒学堕落成封建帝制的婢女。

东汉末年,经学趋于式微,魏晋玄学兴起,佛教传入中国;到唐代,形成了儒、释、道三教并立之局面。宋明理学援佛与道入儒,分为程朱理学与陆王心学两大派系。熊先生把它们放在中国哲学史的重要地位上,认为它们既可推进儒家的本体论,又可启迪民主与科学等现代意识。他自己特别欣赏陆王心学,尤其是王阳明的哲学。他接近陆象山"先立乎其大者"的思想,

---

① 冯友兰:《中国现代哲学史》,广东人民出版社,1999,第220页。
② 熊十力:《新唯识论》,中华书局,1985,第409页。
③ 冯友兰:《中国现代哲学史》,广东人民出版社,1999,第221页。

认同王阳明以"良知为本体""知行合一"等思想。但他对宋明理学也有所批评，认为它没有跳出"小康学"之藩篱，未能将体与用统一起来，内圣与外王、天理与人欲的关系，也处理得不够好，没有完全摆脱佛学的消极影响。

熊先生十分重视明清之际崇尚实学的启蒙思潮，认为这个时期的启蒙学者上承孔子的"大道"之学，下开向西学吸纳科学与民主精华之先河，是中国文化从传统向现代转型的重要环节。他服膺顾炎武、王夫之的学问，更敬佩他们的为人。

对于从古流传至今的儒家"六经"，他不同意学术界流行的"六经为后儒陆续补作"之说，认定六经为孔子所作。他对"内圣"之学极为重视，认为"外王"的骨髓在"内圣"，因"内圣"之学，充分体现出中国哲学的特点，是生命的本体论，是道德的形而上学，是"返已之学"。但"内圣"必须落实到"外王"，使两者统一起来。宋明理学由于轻视外王，内圣也随之落空。

熊先生虽然倾心于中国传统文化，重视对儒学的发扬光大，但他并不轻视西方学术。相反，他对西方文化、西方哲学，有非常精辟的见解。他反对"全盘西化"与唯科学主义倾向，对民族文化虚无主义也相当反感。

他认为，西学的误区是"蔽于用而不见体"，具体表现在西方哲学家把"本体"当作与人相外在的"东西"来寻找，并且在谈到"本体"时，常常向外寻求"第一因"，过分依赖理智，不知道通过"性智"来把握本体。总括起来说，就是没有把握住"体用不二"与"天人不二"这两条原则。针对西方实证主义者的"哲学就是认识论"的口号，他反其道而行之，提出"哲学就是本体论"的主张。他认为，西方哲学走到"本体不可知"，其实不是"本体不可知"，而是西方哲学家"不知本体"。

熊先生对西方哲学既有批评，也有吸收。在建立自己"新唯识论"的哲学体系时，他直接吸收了罗素的"事素"说和柏格森的生命哲学，并把后者的直觉主义当作建立本体的认识论根据。他还间接地接受了黑格尔概念辩证法思想的影响，借助矛盾学说建立"体用不二"的本体论学说。

《新唯识论》的出版与"新唯识论"的思想体系

熊先生的哲学思想集中地体现在他的代表作《新唯识论》中，这部书的写作可以追溯到1923年。这时，他已在北京大学讲授选修课"唯识学概论"。讲课的讲义《唯识学概论》为9万多字，由北大印出，有唯识、诸识、能变、四分、功能、四缘、境识、转识等章。这是他按照旧的唯识论体系写的，但他在书写成后，对唯识宗的教义发生怀疑，只能尽弃全稿，开始自创"新唯识论"，遂有第二种《唯识学概论》讲义的问世。该书于1926年仍由北大印刷，内容只分唯识、转变、功能、境色等四章，删掉原有的关于唯识学名相的解释，增加了批评唯识学的内容，体现了他本人的新观点，使"新唯识论"思想体系初具雏形。此后，1930年公孚印刷所将经他不断修改的书稿《唯识学概论》印出，这是第三种稿本了。他在该书导言中写道："此书前卷，初稿、次稿以壬戌（1922年）、丙寅（1926年）先后授于北京大学，今此视初稿根本变异，视次稿亦易十之三四云。"他之所以视三稿与初稿为"根本变异"，因为两者是新唯识学与旧唯识学之别。与次稿相比，也有很大修改（十之三、四），可见这一稿已经较为成熟了。

1932年，文言文本的《新唯识论》由浙江省立图书馆出版发行，终于在学术界以"新唯识论"观点，展示了他的哲学主张，创立了一家之言。

从1938年开始，熊先生开始在文言文本《新唯识论》的基础上改写语体文本，并进一步完善"新唯识论"的思想体系。他所写的"语体文"，实际上是一种介于"文言文"与"白话文"之间的文体，既有文言文的典雅，又有白话文的通俗，把两者的优点融于一体。《新唯识论》语体文本的上卷于1940年由吕汉财资助印刷200册，上中两卷于1942年由居正募资，北碚勉仁书院哲学组出版。到1944年，全书三卷，中国哲学会作为"中国哲学丛书"甲集之第一部著作，由重庆商务印书馆出版，1947年上海商务印书馆重印。1953年秋，此书的"壬辰删定本"由董必武、林伯渠等协助印刷。《新唯识论》的语体文本，后又经中华书局重新标点、重新排印于1985年作为"熊十力论著集之一"出版。

熊先生论著甚丰，除《新唯识论》外，重要的著作尚有：《破破新唯识论》（1933年北京大学出版部出版）、《十力语要》（原名《十力论学语辑略》，北京出版社于1935年出版，辑录1932～1935年论学书信、笔记，后来加上1942～1944年笔札及传记若干，编为《十力语要》卷一，《十力语要》卷二由周封岐资助于1941年印行，卷三、卷四编于1946年。四卷共33万字。1948年四卷合在一起，正式问世）、《十力语要初续》（1949年香港东升印务局出版）、《佛家名相通释》（1937年由居正资助，北京大学出版组出版，1985年由中国大百科出版社出新版）、《原儒》（1956年由上海龙门联合书局出版，此书为熊先生国际影响最大的一部著作）、《体用论》（1958年由上海龙门书局出版）、《明心篇》（1959年由上海龙门书局出版）、《乾坤衍》（1961年由中国科学院印刷厂影印）。

在上述著作中，熊先生对《体用论》尤为重视。他在该书的"赘语"中说："此书既成，新论两本俱毁弃，无保存之必要。"（"新论两本"指《新唯识论》的文言、语体两种文本）

熊先生的"新唯识论"的哲学理论体系包含本体论、宇宙论、辩证法、认识论、人生论等诸多方面，研究者们也从不同视角对它进行了概括，见仁见智，看法不尽一致。限于本文篇幅，仅能总体论析，未及逐一详述。

冯友兰先生在他晚年成熟著作《中国现代哲学史》中，以第十章的专门篇幅，对之进行评述。在扼要地阐述了熊先生哲学体系的发展过程后，指出熊先生哲学体系的中心思想是"体用不二"，并认为他晚年所写的《体用论》，是阐述这一中心思想的重要著作。

"体"与"用"是中国古代哲学最基本的范畴之一，但在不同历史时期，在儒家、玄学家、佛学家那里所赋予的含义，并不相同。熊先生认为，"体"的确切含义就是宇宙本体，"用"是指本体的功用或表现，"用"与"体"是一而二、二而一的整合关系。"体"全部显现为"用"，从这个意义上说，"体"即是"用"，"用"也即是"体"。以这个观点来看佛教，佛教所说的"法性"相当于"体"，"法相"相当于"用"。熊先生认为，大乘空宗的问题在于"破相显性"，而大乘有宗的问题是"立相遮性"。大乘空宗和大乘有宗所犯的错误虽然不同，但其所以犯错误，却有一个共同的原因，那就是：把"法性"和"法相"割裂开来，对立起来。从熊先生对佛教的批评可以看出：他不仅主张"体用不二"，而且主张"性相一如"。两者是一致的，仅是表达有异。①

宋朝理学家程颐作《周易传》，把《周易》的要旨概括为八个字："体用一源，显微无间"。这八个字相当于熊先生的"体用不二，性相一如"。其中"显"对应于"相"，"微"对应于"性"。程颐与熊先生"他们对于哲学中的两个主要问题，所见略同；但比较起来，熊十力对于这两个问题，见得比较透，解决得比较彻底。说是'一源'，意味着体、用还是两件事；说是'无间'，意味着显、微还是两件事。熊十力直截了当地说'体用不

---

① 冯友兰：《中国现代哲学史》，广东人民出版社，1999，第224页。

二''性相一如',这是因为熊十力经过和大乘空宗及有宗的斗争"。① 冯友兰先生对熊先生的这个评价是中肯的、深刻的。

冯先生认为,熊先生的宇宙论的两个基本概念是"翕"和"辟"。我们知道,"翕"和"辟"这两个术语是从《老子》《周易》那里借用来的。《老子》十六章说:"将欲翕之,必固张之。"在这里"张"与"辟"的意思是一样的。《易传·系辞上》写道:"夫坤,其静也翕,其动也辟,是以广生焉。"可见"翕"有收敛、凝聚、固定之意,而"辟"则反之,有申展、发散、张开之意。熊先生提出"翕辟相反而成变"的说法,认为"翕,动而凝也;辟,动而升也。凝者,为质为物。升者,为精为神"。又说:"精神与物质本非两体,不可剖析,实体变成功用,即此功用之内部起分化,而为翕辟两方面。辟,为精神。翕,为物质。质则散殊,精乃大一。翕辟以相反而归统一,完成全体之发展。"② 他又把本体叫作"恒转",认为"本体"是显现为万殊的用的,"恒转现为动的势用,是一翕一辟的,并不是单纯的"。"物和心是一个整体的不同的两方面",正如"翕和辟不是可以剖析的两片物事,所以说为整体"。③ 在翕和辟、物和心的关系上,熊先生认为,"辟"为宇宙的心,宇宙精神,"翕以显辟,辟以运翕。盖翕的方面,唯主受;辟的方面,唯主施"。在这里,"受"是顺承之意,"施"是主动之意,因此,"辟毕竟是包涵着翕,而翕究是从属于辟的"。④

冯先生对上述关于翕辟的见解,有过精辟的评论。他说,"熊十力所说的翕、辟,就是《周易》的乾、坤两卦所表示者"。他把翕、辟的对立和"心""物"联系起来,把翕假借为物,辟假借为心。"反对唯物论者把'心'消纳于'物',也反对唯心论把'物'消纳于'心',但他的哲学体系并不是心物二元论,因为心、物并不是他的体系中的最高范畴。"⑤ 熊先生认识到宇宙及其间的事物,是因为其内部有矛盾的两个对立面相反相成,斗争而统一。这就是辩证法,正是熊先生哲学思想中最为宝贵的东西。

"物用不二""翕辟成变"是熊先生哲学思想体系中最重要的部分,掌握了这个线索,对他哲学思想的其他方面就不难理解了。

---

① 冯友兰:《中国现代哲学史》,广东人民出版社,1999,第224~225页。
② 熊十力:《体用论》,上海龙门书局,1958,第127页。
③ 熊十力:《新唯识论》,中华书局,1985,第319~320页。
④ 熊十力:《新唯识论》,中华书局,1985,第328~329页。
⑤ 冯友兰:《中国现代哲学史》,广东人民出版社,1999,第230~231页。

独辟蹊径　平章华梵　融会佛儒　兼采中西

对"新唯识论"哲学思想体系的若干评论

　　熊先生"入佛"而又"出佛"的行动以及对佛学,特别是对唯识宗的批评,引起佛学界的强烈反应。与他同出欧阳竟无大师门下的刘衡如在《新唯识论》文言文本问世不久,即以《破〈新唯识论〉》为题,在支那内学院的院刊《内学》第六辑上,发表长文进行驳斥。该文分为三个部分,除了学理上的质问之外,还对熊先生"背叛师门"的做法,表示了相当的气愤。熊先生读后立即动笔赶写出《破〈破唯识论〉》,也分三个部分,进行答辩与申诉。值得注意的是,他在答辩的文章中,并不掩饰自己意欲融会儒佛的愿望,表示要以真理为准绳,而不株守门户之见。事实上,在佛教诸宗之中,唯识宗虽经唐代玄奘及其弟子窥基的弘扬而兴盛一时,但并未很好解决使之中国化的问题。熊先生致力使儒、佛融会,实与试图解决此问题有关。有的学者看到了这一点,例如,高振农先生曾经撰文指出,熊先生虽然遭人指责与评议,但"他毕竟是把中国儒家固有的思想、概念和语言,搬进了佛学唯识论,使印度大乘有宗的学说具有了中国思想的风味,从而建立起他自己的独具一格的哲学思想体系"。"这比起唐玄奘时那种'抱残守缺'地完全照搬印度佛学那一套作法来,应该说是一个不小的发展。"① 应该说,高先生的这个评论是客观的、公允的。

　　对于熊先生学术贡献的评价,可以说,从一个侧面反映出不同时期的社会发展状况和意识形态的差异。从学术领域而言,佛学界对之批评者多,认为他在儒、佛融会方面是失败的;在非宗教界,特别是崇尚儒学的学者却认为,他在儒、佛融会方面是成功的。从历史时期而言,1949 年之前的学术界,虽然对之反应不是太热烈,但总体上的评价是很高的,贺麟在他所著的《当代中国哲学》(南京胜利出版公司 1947 年版)中,用相当的篇幅加以评述;在 1949 年之后,学术界则反应不多,比较冷淡,更有甚者,竟然把《新唯识论》与《新理学》(冯友兰著)都视为"与反动派残害人民和投降主义逆流相呼应"的复古主义之作,"文化大革命"期间,熊先生被诬蔑为"地主资产阶级尊孔派学者"。从地域而言,港台学者特别是在港台的他的学生,对之评价甚高;大陆的学者则更多以他的哲学思想属于唯心主义而持

---

① 蔡元培:《玄圃论学集》,生活・读书・新知三联书店,1990,第 296~297 页。

不同的保留态度，相当长一段时间基本上保持缄默，直到20世纪80年代，情况才有所扭转。①

这里我想说的是蔡元培、马一浮、梁漱溟、张岱年、牟宗三等先生对熊先生的评价。蔡元培先生是学界泰斗，马一浮先生是儒学大师，梁漱溟先生是他的挚友、知己，张岱年先生是中国哲学史研究专家，忠厚学者，牟宗三先生是他在港台的学生中有学术成就而仍健在的知名学者。他们的观点具有代表性，也颇有权威性。

熊先生的佛学研究与儒佛融合的成就受到了儒学大师马一浮先生的高度评价，并欣然答应为《新唯识论》文言文本题签作序。序言说："十力精察识，善名理，澄鉴冥会，语皆造微。早宗护法，搜玄唯识，已而悟其乖真。精思十年，始出境论。将以昭宣本迹，统贯天人，囊括古今，平章华梵。"序言在扼要阐述了该书的基本内容后，认为熊先生的学识，"足使生（道生）肇（僧肇）敛手而咨嗟，奘（玄奘）基（窥基）侨舌而不下。拟诸往哲，其犹辅嗣（王弼）之幽赞易道，龙树之弘阐中观。自吾所遇，世之谈者，未能或之先也。可谓深于知化，长于语变者矣"。道生、僧肇、玄奘、龙树等皆古代著名佛学大家，王弼是魏晋时代的著名玄学家，马一浮先生将熊先生与之相提并论，评价之高，由此可见。1953年，马先生还写七律一首，祝贺熊先生的七十寿辰，中有"天机自发高文在，权教还依世谛传"之句，既叙友情，更有赞赏。

熊先生能于1922年应聘于北京大学，固然得力于好友梁漱溟先生的推荐，更与蔡元培先生与熊先生早有文字之交有关。熊先生是在参加孙中山先生领导的"护法运动"失败后离开广州，返回德安，决心专门从事学术研究的。1918年，他将1916年以来写的笔记、短文、书札汇集整理成书，名为《熊子贞心书》，自印行世。蔡元培先生当时就拨冗为之作序，对之赞誉有加。序文说："熊子之所得者至深且远，而非时流之逐于物欲者比也。"还说："熊子之学，贯通百家，融会儒佛。其究也，乃欲以老氏清净寡欲之旨，养其至大至刚之气。富哉言乎！遵斯道也以行，本淡泊明志之操，收宁静致远之效，庶几横流可挽，而大道亦无事乎他求矣。"② 可见熊先生后来之所以在《新唯识论》等学术专著中取得卓越成就，是长期研究的结果，

---

① 宋志明：《熊十力评传》，百花洲文艺出版社，2010，第187~199页。
② 此书已收入1985年中华书局出版的《熊十力论著集之一：新唯识论》，可参阅。

独辟蹊径　平章华梵　融会佛儒　兼采中西

非一朝一夕之功也。

最难得的是熊先生的老友梁漱溟先生,他与熊先生完全是学术上直言不讳,道义上肝胆相照的诤友、挚友。是他于1916年在《东方杂志》13卷5~8期上连载的长文《究元决疑论》中,指名道姓地批评了熊先生早期有关佛学的文章,并与之切磋学问;是他于1920年推荐了熊先生到南京支那内学院专门学习佛学,又于1922年向蔡元培先生推荐,熊先生得以进入北京大学,开始了长达30多年的教学生涯。又是他,于1961年,在重新研读了熊先生的所有著作后,摘录其主要论点,编成一册《熊著选粹》,以示世人。尤为可贵的是,在《读熊著名书书后》这篇三万余字的长文中,既有肯定熊著"颇有新意,深表叹服"之赞词,也指出其不足之处。他认为,熊先生在建立本体论、宇宙论时,过分偏爱理论分析,因而在中国文化反躬向内、践形尽性的传统思路方面有所缺失;看到了上层建筑中各个组成部分的交互影响,而未能把上层建筑同经济基础联系起来考察研究;对佛教的理解也有偏差之处;等等。

对于熊先生的"新唯识论"哲学体系,中国哲学史专家张岱年先生曾经有过概括性的评论。张先生指出:《新唯识论》认为"实体"非离心外在的实体,名为"恒转"。恒转包含"翕"与"辟"的作用,实体一翕一辟,而有色法(物质现象)与心法(精神现象)。但又说恒转即是本心。熊十力在他晚年所著《体用论》与《乾坤衍》中,不再讲"境不离识",而强调"体用不二",认为实体不是离开现象而独立的,是万物的内在根源,"物质与精神,皆实体之功用",主张"摄体归用"。熊十力将此种观点托之于孔子,认为《易大传》中所谓乾即指生命和精神,所谓坤即指物质与能力,自称此种学说为"新易学"。他企图超越唯物主义与唯心主义的对立,实际上仍然倾向于唯心主义。① 张岱年先生的上述评价,在一定程度上代表了大陆哲学界许多学者的共识。

熊先生在我国港台的弟子以唐君毅、徐复观、牟宗三等最为著名。他们在不同时候当过熊先生的学生。至今健在的牟宗三先生曾指出,"熊十力先生是一代大哲、现代新儒家学派的开创者","是五四后老一代佛学专家中屈指可数的几位代表人物之一"。应该说这个评价是客观的、精当的。

熊先生的"新唯识论"哲学思想体系,基本上是属于唯心主义的,他

---

① 参见《中国大百科全书》(哲学卷),中国大百科全书出版社,1987,第1041页。

对宋明道学中的"心学""理学"的分歧,有调和的倾向,但还是归于心学。事实上,熊先生所理解的"心"与"物"都是本体的功用,两者相互依存,"一言乎物,已有心存,一言习心,当有物在",所以"在宇宙论中所以无唯心唯物之分裂者"。① 在他那里,"天人不二""体用不二"是互相说明的,是他的基本哲学思想的不同表述。这一点是十分清楚的。他是在1949年后留在大陆的哲学教授中,唯一没有宣布放弃自己原来思想体系的哲学家。他曾表示过,他是不能改造的,改造了就不是他熊十力了。这一点也是他有别于他人的地方,是很不容易的。因为在"左"的思潮占统治的年代里,人们心目中是把"唯心主义"与"反动""反对革命"等政治概念画上了等号的。在这种氛围中,要客观地、准确地对他的哲学思想做出评价是不可能的。好在后来的历史,终于证明了他的思想价值,确立了他在哲学发展史上应有的学术地位。

随着熊先生的仙逝,许多事情虽已事过境迁,人们应当反思的是:要如何正确地评价作为学术思想的唯心主义,如何正确对待持有唯心主义哲学思想的哲学家?什么时候我们才能做到把学术思想与政治态度不要混为一谈?在考察、评价熊十力先生的哲学思想体系及其一生为学、为人的时候,这些问题是无法回避、也不应该回避的。

载《福建论坛》,2013 年第 1 期

---

① 熊十力:《原儒》(下卷),龙门印刷局,1956,第 32 页。

昌明国故　融化新知　为往圣继绝学
——汤用彤的中国佛教史和魏晋玄学研究

汤用彤（1893～1964），字锡予，湖北黄梅人。在辛亥革命后入北京清华学堂，1917年毕业。1918年留学美国。1922年回国后，历任东南大学、南开大学、北京大学、西南联大等校教授。1947年一度赴美国加利福尼亚大学讲学。1949年后，历任北京大学校务委员会主席、副校长，中国科学院哲学社会科学学部委员等职。

汤先生通晓梵语、巴利语等多种外国语文。治学严谨，精于考证而又不流于烦琐；善于吸取中外学者的成果，而又不囿于成说；注意统观古代各家学术思想全貌，并揭示其发生发展的线索。他采用西方学者研究哲学史的方法，再参以乾嘉诸老的考证方法，在中国佛学思想史、魏晋玄学以及印度古代哲学史的研究上，都有可贵的创见，为中外学术界所重视。

已出版的主要著作有：《汉魏两晋南北朝佛教史》《隋唐佛教史稿》《魏晋玄学论稿》《印度哲学史略》等。

《汉魏两晋南北朝佛教史》和《隋唐佛教史稿》：打通中国哲学史研究中所碰到的礁石，至今无人得以超越

汤先生最初是以治佛学而名世的，《汉魏两晋南北朝佛教史》原为汤先生在北京大学等校讲课时用的讲义，从1933～1934年就开始写作，历时数载，经过多次增订后，1937年完成，由长沙商务印书馆于1938年6月正式出版。全书资料丰富，考订精审，共分两个部分："汉代之佛教"和"魏晋南北朝佛教"。

"汉代之佛教"有五章，重点是总结汉代"佛道"的性质，指出当时的

佛教信仰是被当作中国所谓"道术"的一种而得以流传。汤先生指出：

> 佛教在汉世，本视为道术之一种，其流行之教理行为，与当时中国黄老方技相通。其教因西域使臣商贾以及热诚传教之人，渐布中夏，流行于民间。上流社会，偶因好黄老之术，兼及浮屠，如楚王英、明帝及桓帝皆是也。至若文人学士，仅襄楷、张衡略为述及，而二人亦擅长阴阳术数之言也。……及至魏晋，玄学清谈渐盛，中华学术之面目为之一变，而佛教则更依附玄理，大为士大夫所激赏。①

第二部分"魏晋南北朝佛教"，共十五章。先着眼于三国时"佛教玄学之滥觞"，以及两晋之际"名士"与"名僧"之间的交往。接着综论魏晋佛法兴起的原因，并详述释道安时代之"般若学"兼及鸠摩罗什及其门下，包括对僧肇之学的评价。此外，还分析了慧远与竺道生等人在中国佛教史上的地位，论述了南北朝佛教的性质、存在问题、发展方向，以及对隋唐佛教宗派的影响等。此书根据社会各个时期的不同特点，以及各派思想的相互影响，着重阐明了这个时期佛教发展的线索，中国佛教与印度佛教不同的发展道路，等等。汤先生说：

> 汉末以来，世风渐变。孔教衰微，《庄》《老》兴起。中朝文物，经乱残废。北方仕族叠次渡江。于是魏晋释子，袭名士之逸趣，谈有无之玄理。其先尚与正始之风，留迹河、洛。后乃多随永嘉之变，振锡江南。由是而玄学佛义，和光同流，郁而为南朝主要之思想。②

这是南朝的状况。北朝却是另一番景象了：

> 反观北方，王、何、嵇、阮，本在中州。道安、僧肇，继居关内。然叠经变乱，教化衰熄，其势渐微，一也。桓、灵变乱，以及五胡云扰，名僧南渡，玄学骨干，不在河、洛，二也。胡人入主，渐染华风。而其治世，翻须经术，三也。以此三因，而自罗什逝世，北方玄谈，渐

---

① 汤用彤：《汉魏两晋南北朝佛教史》（增订本），北京大学出版社，2011，第67页。
② 汤用彤：《汉魏两晋南北朝佛教史》（增订本），北京大学出版社，2011，第295页。

昌明国故　融化新知　为往圣继绝学

就消沉。①

接着，汤先生分析了经学与佛学之间的关系：

> 后魏初叶，仕族原多托身于幽、燕，儒家师抱晚汉经学之间残缺于陇右。而燕、陇者，又为其时佛法较盛之地。则佛教之于经学，在北朝开基已具有因缘。及北方统一，天下粗安，力鼓励文治，经术昌明，而昌明经术之帝王，又即提倡佛学最力之人。于是燕、齐、赵、魏，儒生辈出，名僧继起，均具朴质敦厚之学风。大异于南朝放任玄谈之习气。盖其所谓儒学，仍承炎汉通经致用之义，终成北周之政治。而致用力行，乃又北方佛子所奉之圭臬也。②

胡适对《汉魏两晋南北朝佛教史》给予非常高的评价，由衷赞叹其权威性，说"此书极好"。"锡予训练极精，工具也好，方法又细密，故此书为最有权威之作"。③

贺麟在1945年写的《五十年来的中国哲学》一书中，曾经从总体上介绍当时哲学界对中国哲学史的研究，把它与胡适的《中国哲学史大纲》、冯友兰的《中国哲学史》三部著作联系起来评论。他说：

> 写中国哲学史最感棘手的一段，就是魏晋以来几百年佛学在中国的发展，许多写中国哲学史的人，写到这一时期，都碰到礁石了。然而这一难关却被汤用彤先生打通了。汤先生以缜密的头脑，渊博的学问，熟悉东西方哲学文学，学习过梵文及巴利文，以治印度哲学，承继他家传的佛学，并曾在支那内学院听过欧阳竟无先生讲佛学，同时他又得到了西洋人治哲学史的方法，再参以乾嘉诸老的考证方法。所以他采取蔡勒尔（Zeller）治希腊史一书的方法，所著的《汉魏两晋南北朝佛教史》一书，材料的丰富，方法的谨严，考证方面的新发现，义理方面的新解

---

① 汤用彤：《汉魏两晋南北朝佛教史》（增订本），北京大学出版社，2011，第295页。
② 汤用彤：《汉魏两晋南北朝佛教史》（增订本），北京大学出版社，2011，第295～296页。
③ 胡适：《胡适日记》1937年1月17、18日，见《汉魏两晋南北朝佛教史》附录，北京大学出版社，2011，第499页。

释,均胜过别人。①

贺先生在这里不仅肯定了该书崇高的学术价值,而且也分析了取得如此成就的原因。

《隋唐佛教史稿》是汤先生在20世纪20年代末至30年代初的授课讲义,生前虽经多次修订终因病而未能正式出版。从汤一介先生在1979年所写的"整理说明"来看,此书是他以30年代北京大学铅印讲义为底本,并根据20年代末原中央大学油印讲义补齐所缺章节,经整理后出版。全书共分五章,有隋唐佛教势力之消长、隋唐传译之情形、隋唐佛教撰述、隋唐之宗派、隋唐佛教之传布等。

汤先生指出,佛教势力之消长除了士大夫的态度之外,帝王的好恶关系甚大。"隋炀帝之尊智者大师,唐太宗、高宗之敬玄奘三藏,武宗之于神秀,明皇之于金刚智,肃宗之于神会,代宗之于不空,佛教最有名之宗派均因之而兴起。"反之,"有开元之禁令,三阶教由之而亡;有会昌之法难,我国佛教其后遂衰"。由于佛教来自异域,所以传译工作对于开发宗派,以及往后的盛衰,关系极大。除了传译原来的经典,还要义理的发挥,这就直接影响到支派的出现和宗派的变迁。在隋唐之前,佛教中只有不同的"学派"之分歧,还没有出现宗派。到隋唐时期,佛教经过数百年的发展,"宗派"产生了,而且五花八门,自立门户,"争道统之风渐盛"。书中考察的宗派有:三论宗、天台宗、法相宗、华严宗、禅宗、净土宗、真言宗、三阶教,等等。隋唐时期佛教逐渐成为"传法之中心","高丽、日本遂常来求法"。

隋唐时期佛教极盛,汤先生曾经有过如下概括性的阐述:

> 佛教入华,约在西汉之末,势力始盛在东晋之初。……自陈至隋,我国之佛学,遂大成。三论之学,上承般若研究。陈有兴皇法朗,而隋之吉藏,尤为大师。法相之学,原因南之摄论,北之地论,至隋之昙迁而光大。律宗唐初智首、道宣,实承齐之慧光。禅宗隋唐间之道信、弘忍,上接菩提达摩。而陈末智𫖮大弘成实,隋初昙延最精涅槃,尤集数百年来之英华,结为兹果。又净土之昙鸾,天台之智𫖮,华严之智俨,

---

① 贺麟:《五十年来的中国哲学》,商务印书馆,2002,第21~22页。

三阶佛法之信行,俱开隋唐之大派别。且自晋以后,南北佛学风格,确有殊异,亦系在陈隋之际,始相综合,因而其后我国佛教势力乃达极度。隋唐佛教,因或可称为极盛时期也。①

在佛教的诸多宗派中,汤先生在书中所说的"禅宗",可以说是"纯粹之中国佛教"。包括家喻户晓的"唐僧取经"中的玄奘所属的法相宗等,都只能是"佛教在中国",而不能称之为"中国的佛教"。汤先生说:"禅宗自谓教外别传,盖谓灵山会中,如来拈花,迦叶微笑,即是付法。"迦叶成为印度初祖,秘密相传到第二十七祖,就是菩提达摩,他在梁武帝时来中国,就成为中国禅宗的初祖。以后有二祖慧可、三祖僧璨、四祖道信、五祖弘忍。弘忍传慧能,世称其为六祖。他与其同学神秀分为南北二宗,慧能为南宗,神秀为北宗。南宗下传有神会的荷泽宗,此外又有青原行思、希迁下传的法眼、云门、曹洞三个宗,加上怀让、道一洪州宗下传的沩仰、临济两个宗,共为五宗。其余"旁出派徒不可胜数","至唐末他宗衰歇,而禅风益竞矣"。②

唐朝以后,从总体而言,"灿烂光辉之佛教,再不能恢复矣"。其具体细节,当然不在此书论述之范围。《汉魏两晋南北朝佛教史》和《隋唐佛教史稿》是汤先生研究中国佛教的代表作,此外,他对印度佛教与哲学亦深有研究,可于《印度哲学史略》见之。

《印度哲学史略》是汤先生为适应在北京大学教学而编写的一部讲稿,1945年由重庆独立出版社出版,1960年又由中华书局重印出版。汤先生早在1924年6月就曾在《学衡》杂志第30期上发表了题为《印度哲学之起源》的文章,对之进行了探讨,揭示出印度的有史之初到婆罗门教,再到小乘佛教暨尼犍子六师学说的产生,再到商羯罗,从此到印度教的产生的发展线索。其中阿输迦至商羯罗为印度哲学的极盛时代。文章中还谈到后来回教的侵入,以及现代西方教化的影响等。

《印度哲学史略》一书则以时间先后的顺序,起自上古,讫于商羯罗,分十二章,对印度古代和中世纪的哲学做出分析,论及印度古代的典籍和哲学的派别。印度最古老的典籍是吠陀,古译为"明",今义为"学",是关

---

① 汤用彤:《隋唐佛教史稿》,江苏教育出版社,2007,第1页。
② 汤用彤:《隋唐佛教史稿》,江苏教育出版社,2007,第148~152页。

于神的颂歌和祷文的文集，包括《梨俱吠陀》（又名《赞诵明论》，主要是对自然诸神的赞歌和祈祷文）、《娑摩吠陀》（赞歌配曲后的歌曲集）、《夜珠吠陀》（如何应用诗歌进行祭祀的集子）、《阿闼婆吠陀》（巫术、咒语的汇集）等，共四部。后吠陀时期有《梵书》《奥义书》，《梵书》是对吠陀的解释，《奥义书》的梵文为 Upanisad，原义是"近坐""秘密的相会"，引申的意思就是近坐所传的"秘密教义"。如果说《梵书》是敷陈礼仪属于"法"之事，那么，《奥义书》深探哲理，则属于"智"之事。

瑜伽是梵文 Yoga 的音译，在《梨俱吠陀》中已多次出现。瑜伽是印度六派哲学之一，可视之为修行方法。汤先生以之与佛经相比较，认为它与佛教关系甚为密切。而业报轮回、解脱之道以及人我关系，则为整个印度哲学的特点。①

汤先生在对中国古代佛教史的研究中，涉及印度古代哲学史研究，这是研究中国古代佛教史所必需。在中国魏晋时期，佛学是外来文化，而魏晋玄学则是当时中国本土文化的典型形态，佛学必须依附玄学，才能为中国知识分子和普通民众所接受，才能在中国得到发展。为了厘清佛学与玄学冲突与调和的过程，便必须进一步理清玄学自身的理论根源和学术性质。因此，汤先生从对佛学的研究，顺理成章地进入对魏晋玄学的研究，并在这两个领域同时取得开创性的成果，是完全合乎逻辑的。

《魏晋玄学论稿》：在现代学术意义上"魏晋玄学"学科的建立的奠基之作

在对魏晋玄学的评价方面，自两晋、南北朝以至 20 世纪前，中国历史上大多数史家与学者总是以"清谈误国"视之。20 世纪以后，随着中国学者对西方文化了解的深入，受西方文化学术的影响和启发，人们开始重新审视和评价魏晋玄学。经过数代学人的共同努力，魏晋玄学同周秦诸子、两汉经学、隋唐佛学、宋明理学以及清代学术一样，终于成为中华民族学术、思想、文化发展史上一个不可或缺的重要环节，获得了全新的肯定和评价。

中国近代以来的学者中，虽然刘师培肯定了魏晋六朝时期的士格之高、学风之善，章太炎于 1910 年撰《五朝学》一文，就历史上学风之得

---

① 麻天祥：《汤用彤评传》，百花洲文艺出版社，2010，第 236～247 页。

失进行比较，批评了历史上的史家与学人认为"魏晋之俗衰敝愈于前朝"的成见，但中国现代学术意义上的"魏晋玄学"的研究，则开始于20世纪30~40年代这一时期。当时中国正国难当头，中华民族正处于生死存亡之秋，然而正是在这一时期，形成了一个从哲学、史学、文学、美学等不同的学科领域，对魏晋南北朝时期的文化学术展开研究和讨论的学者群体。如果说，胡适的《中国哲学史大纲》和冯友兰的《中国哲学史》是中国哲学在通史方面研究的典范的话；那么，汤用彤对魏晋玄学的研究，则是中国哲学专门史或断代史方面研究的典范。汤先生在研究佛学的基础上，又进一步深刻地研究了玄学与佛学的关系问题，开辟了"魏晋玄学"研究这一个新的学科研究领域，从而扭转了人们由于重视佛学而忽视玄学的倾向，对魏晋玄学做出了具有创造性和系统性的研究，使之成为中国哲学、思想、文化史上一个具有现代学术意义的相对独立的学科，受到学者们的高度重视。

《魏晋玄学论稿》集中地反映了汤先生关于魏晋玄学研究的学术成果，汇集了1938~1947年陆续写成的九篇论文。除《言意之辨》以外的各篇论文，均已先后发表在当时的国内报纸杂志上。其中《王弼之周易论语新义》曾由奥人李华德译成英文，于1947年在美国《哈佛亚洲研究杂志》发表后，引起国外学术界的重视。1957年人民出版社第一次将九篇论文结集出版，题名《魏晋玄学论稿》，1962年9月，由中华书局再版。在这些论文中，汤先生对魏晋玄学的思想渊源、学术方法、哲学性质、发展阶段以及历史影响等各个重点，进行了专门研究，形成了较为全面系统的学理体系。尤其是他首创从哲学本体论的角度，将魏晋玄学作为一个整体加以系统的研究，从而对整个20世纪魏晋玄学研究的基本方向和规模，产生了决定性的影响。

该书的首篇论文《读〈人物志〉》，是关于魏晋玄学思想探源的专门论文。汤先生在中国哲学史研究中，非常注意各个不同时代学术的"变迁之迹"。他对刘邵《人物志》的研究，以及对王弼"大衍义"的研究，揭示了由汉代经学向魏晋玄学转折的"变迁之迹"；而他对谢灵运《辨宗论》的研究，又揭示了由魏晋玄学向隋唐佛学、宋明理学转折的"变迁之迹"。这充分显示出了他研究哲学"断代史"或专门史的学术特色。他从刘邵《人物志》的研究中发现了汉末晋初学术变化的过程及原因，指出，正始时期玄学家的学说，已开始脱离具体的人物和事物，成为一种"形上学说"。①

自汉魏以来，人们曾经就圣人"圣人是否可学、是否可至"的问题开展了讨论，依据不同的传统，得出不同的结论。中国传统的说法认为，圣人不可学不可至；印度传统却认为，圣人可学亦可至。谢灵运采纳了竺道生的"顿悟"之说，调和两种不同说法，主张圣人虽不可学，却能至，只是这个"至"，不是由"积学所成"，而是在于"顿得自悟"。这不啻宣告圣人之可至，显示出魏晋思想的一大转变。自此以后，成圣、成佛不仅是一种理想，而且"为众生均可企及之人格"了。这种看法，不仅下接隋唐禅门之佛学，而且开创宋明理学"圣人可学、可至"之先河。②

《魏晋玄学流别略论》是全书的纲领，魏晋玄学思想发展史在此得到了扼要的评述。汤先生从时间上的分段、各流别所受学说的影响等外部特征，以及各流别所具有内在的理论特征、逻辑关联等方面，清晰描述并深入分析出玄学从"佛学与玄学的纠缠"中，逐步独立出来的发展轨迹。汤先生指出，

"汉代偏重天地运行之物理，魏晋贵谈有无之玄致"，魏晋玄学与汉代思想的根本不同在于：它"已不复拘于宇宙运行之外用，进而论天地万物之本体。汉代寓天道于物理。魏晋黜天道而究本体，以寡御众，而归于玄极（王弼《易略例·明象章》）；忘象得意，而游于物外（《易略例·明象章》）。于是脱离汉代宇宙之论（Cosmology or Cosmogony）而留连于存存本本之真（ontology or theory of being）"。③

他还指出，玄学家何晏、王弼立论"以无为本"中所说的"无"，虽然说的是"无"，但非人们在有无的意义上所理解的"什么都没有"的虚无，乃是"无对之本体（Substance）"，"因其为道之全，故超乎言象，无名无形"。④ 由此确立了魏晋玄学作为一种本体之学（本体论）在中国哲学史上的学术性质和地位。这就为后来的学者以历史与逻辑相统一的方法，研究魏晋玄学的发展过程提供了重要的线索。

---

① 汤用彤：《晋玄学论稿》，生活·读书·新知三联书店，2009，第23页。
② 汤用彤：《晋玄学论稿》，生活·读书·新知三联书店，2009，第121~122页。
③ 汤用彤：《晋玄学论稿》，生活·读书·新知三联书店，2009，第23页。
④ 汤用彤：《晋玄学论稿》，生活·读书·新知三联书店，2009，第49页。

汤先生在该论文中,还将魏晋时期玄学家的思想与佛家的教义,予以对照,以明其异同与相互联系,最后得出结论:

> 王弼注《老》而阐贵无之学,向、郭释《庄》而有崇有之论。皆就中华固有学术而加以发明,故影响甚广。释子立义,亦颇挹其流风。及至僧肇解空第一,虽颇具谈玄者之趣味,而其鄙薄老、庄,服膺佛乘,亦几突破玄学之藩篱矣。①

这表明,佛学首先是依附玄学才能发展的,而僧肇思想的产生,既是魏晋玄学的继承和发展,又是佛学中国化的开始。

《言意之辨》在综论魏晋玄学方法论的同时,比较了过去烦琐的"汉代经学"与新起"魏晋玄学"的根本不同之点。汤先生指出:"新学术之兴起,虽因于时风环境,然无新眼光新方法,则亦只有支离片断之言论,而不能有组织完备之新学。故学术,新时代之托始,恒依赖新方法之发现。"②这里所指的"新方法",便是"言意之辨"。他认为,"言意之辨"的重要性有四:首先,言意之辨"用之于经籍之解释",可以"会通其义而不拘泥于文字",并削除汉人之芜杂;其次,言意之辨"深契合于玄学之宗旨",是玄学作为一种本体之学的内在要求;第三,言意之辨中"得意妄言"的方法,可以"会通儒道二家之学";第四,言意之辨不仅是理论方法问题,而且对于魏晋士人之"立身行事"产生重大影响。"大凡欲了解中国一派之学说,必先知其立身行事之旨趣","理论上言意之辨,大有助于实用上神形之别","魏晋名士谈理,虽互有差别,但其宗旨固未尝致力于无用之言,而与人生了无关系。清谈向非空论,玄学亦有其受用"。③ 总之,汤先生通过对魏晋玄学的学术方法"言意之辨"的阐述,将之与最能反映玄学的哲学特点的思维方法问题(抽象的"体用、有无之辨"),与当时最为人们所关注的社会政治问题(即"名教与自然之辨"),以及与魏晋士人最为切身的生活实践问题(即"形、神之辨")等几个方面的问题很好地贯穿起来,构成了一个较为完整的玄学研究的基本理论框架。

---

① 汤用彤:《晋玄学论稿》,生活·读书·新知三联书店,2009,第60页。
② 汤用彤:《晋玄学论稿》,生活·读书·新知三联书店,2009,第25页。
③ 汤用彤:《晋玄学论稿》,生活·读书·新知三联书店,2009,第25页。

《魏晋思想的发展》原来是作者在一次专门会议上所做学术演讲的记录稿，经整理而作为附录收入书中。这篇论文全面总结了魏晋玄学的产生、玄学的流变与派别，及对后世学术的影响的论文，它涉及它的产生是否受到外来佛教的影响的问题。汤先生明确指出："玄学的产生与佛学无关"，因为

> 玄学是从中华固有学术自然的演进，从过去思想中随时演出"新义"，渐成系统，玄学与印度佛教在理论上没有必然的关系，易言之，佛教非玄学生长之正因。反之，佛教倒是先受玄学的洗礼，这种外来的思想才能为我国人士所接受。不过以后佛学对于玄学的根本问题有更深一层的发挥。所以从一方面讲，魏晋时代的佛学也可说是玄学。而佛学对于玄学为推波助澜的助因是不可抹杀的。[①]

中国哲学界对魏晋这一特定时期的文化，包括哲学思想，还没有形成一个固定的名称。有人称之为"清谈"之学，也有人称之为"思辨"之学，等等，不一而足。汤先生第一次用"魏晋玄学"这个名称来概括这个时期哲学的特点，并且已被多数哲学史家所采纳。除此以外，他对魏晋玄学的思想内容的分析与概括，对不同阶段代表人物的深刻剖析，至今仍为研究这个时期的学者所遵循。魏晋玄学研究在汤先生等学者的共同努力之下，依靠他们对中国传统文化的深切理解，并借助于西方的学术观念和方法，建立起基本的现代学术形态，为后来的进一步研究奠定了坚实的基础。

汤先生学术研究取得成就的原因，他的文化观与研究方法以及在学术史上的重要地位

汤先生在《汉魏两晋南北朝佛教史》一书出版的1938年，专门为此书写了跋。言虽简约，其意深远。他说：

> 中国佛教史未易言也。佛法，亦宗教，亦哲学。宗教情绪，深存人心，往往以莫须有之史实为象征，发挥神妙之作用。故如仅凭陈迹之搜

[①] 汤用彤：《魏晋玄学论稿》，生活·读书·新知三联书店，2009，第133页。

讨，而无同情之默应，必不能得其真。哲学精微，悟入实相，古哲学慧发天真，慎思明辨，往往言约旨远，取诸虽近，而见道深弘。故如徒于文字考证上寻求，而缺心性之体会，则所获者其糟粕而已。且说者谓，研究佛史必先之以西域语文之训练，中印史地之旁通。①

他认为，佛法既非纯粹哲学，又非普通宗教，具有"亦宗教，亦哲学"的特征。他不是从一般宗教徒的视角，而是以哲学的眼光来探究佛教和佛学。在研究过程中，既要"同情之默应""心性之体会"，又要并览今古，兼容中西，多维比较，因革损益，以探寻不同文化之真谛，并理清其发展的历史脉络，达到选择吸收来自各方面精华的结局。明乎此，我们就可以懂得，汤先生为什么在研究中国佛教史时，不能不涉足魏晋玄学的领域，并进而探明两者的相互联系；在探求中国佛教的源头时，必须弄清印度哲学的起因及其特色。印度哲学具有探求宇宙大本，重视真我、无我之辨，擅长理性思维并蕴含出世与人生辩证统一之特点，这与汤先生在佛教研究的过程中，始终如一地贯穿着的重本体而不离人生的旨趣是相契合的。

汤先生在"跋"中还说，他"幼承庭训，早览乙部。……稍长，寄心于玄远之学，居恒爱读内典。顾亦颇喜疏寻往古思想之脉络，宗派变迁"。这可以说是汤先生学术生涯的真实写照。汤先生生长于书香门第，家学渊源。他的父亲汤震（字雨三）素喜汉易，爱吟诗词，对他起着潜移默化的作用，使他自幼对历史产生了浓厚的兴趣，并以同情之眼光理解历史，看待人生。对于国学，他崇尚宋明理学，视之为中国之"真文化真精神"；到美国留学期间，主攻哲学及梵文、巴利文，认真苦读，与陈寅恪、吴宓并称为"哈佛三杰"。他以新人文主义者白璧德为师，接受了"同情加选择"的新人文主义的思想。学成回国后，作为《学衡》杂志的主要撰稿人和该学派的重要成员，以"昌明国故，融化新知"为己任，发表了一批阐发中西圣哲思想的高水平文章。在20世纪的30～40年代，教学南北，既没有卷入当时的政治大潮而与世浮沉，又不忙于构建自己的理论体系，而是以"同情之默应"，毕生致力于冷僻的中国佛教史与魏晋玄学的研究，为往圣继绝学，"俾古圣先贤之人格思想，终得光辉于世"。汤先生的学术成就从而得

---

① 汤用彤：《汉魏两晋南北朝佛教史》（增订本），北京大学出版社，2011，第487页。

到了国内外学术界的高度评价。

季羡林先生说：

> 中国十九世纪末至二十世纪初叶学术发展有一个大转变。俞曲园能熔铸今古；但是章太炎在熔铸今古之外，又能会通中西。……太炎先生以后，几位国学大师，比如梁启超、王国维、陈寅恪、陈垣、胡适等，都是既能熔铸今古之外，又能会通中西的。……我认为，汤用彤（锡予）先生就属于这一些国学大师之列，这实际上是国内外学者之公言，决非我一个人之私言。①

季先生说，这是"国内外学者之公言"。的确如此。像胡适、钱穆这样的学术大家，都不乏对汤先生高度评价。

胡适在1937年1月18日，看了《汉魏两晋南北朝佛教史》尚未出版的书稿后，除了称赞"此书为最有权威之作"之外，《胡适日记》中还有这样一段话：

> 到北大，与汤锡予先生畅谈。他自认胆小，只能作小心的求证，不能作大胆的假设。这是谦词。锡予的书极小心，处处注重证据，无证之说虽有理亦不敢用，这是最可效法的态度。②

钱穆先生对汤先生的为学、为人向来评价甚高，有"与时而化"，"极高明而道中庸"之赞誉。他在海外专门写了题为《忆锡予》的纪念文章，对汤先生道德文章的特点，给予深入的分析。他说："居今之世，而一涉及学问，一涉及思想，则不能与人无争。而锡予则不喜争。"他还说，真正认识一个人是很难的，"读其书不易知其人，交其人亦绝难知其学"，汤先生之不喜与人争，并不是因为是"无学问""无思想"，而是体现了中国学人"致中和"的优秀品格。钱先生根据世人在人性、品格方面的差异，分为欧洲"主进"型的"伊尹之任"，印度"主退"型的"伯夷之清"，以及中国

---

① 季羡林：《国故新知——汤用彤先生诞生百周年纪念文集》序，北京大学出版社，1993。
② 《胡适日记》1937年1月18日，见《汉魏两晋南北朝佛教史》附录，北京大学出版社，2011，第503页。

"执两用中"型的"柳下惠之和"。汤先生的为学为人与世无争而又纵论今古、燮理内外,乃中国学人的大家风范。①

汤先生的《汉魏两晋南北朝佛教史》等著作半个世纪以来,一直被国外学者誉为"价值至高的工具与导引"。②

前面讲到,汤先生是当时"学衡派"的重要成员,而当时的"学衡派"是作为文化保守主义的派别,在当时与自由主义、激进社会主义并立,而载入史册的。汤先生的学术成就充分地说明了,学衡派"昌明国故,融化新知"的学术主张在当时虽备受冷遇,但这种文化观的正确性终究经受历史的检验而得到了证明。

汤先生之所以能在同辈学者所未予重视的学术领域中,取得不凡的学术研究成果,除了家庭背景、社会环境之外,重要原因还在于,他有一个正确的文化观,对文化交流的冲突与调和等问题,有深入的思考。他曾撰有《评近人之文化研究》(1922年《学衡》第12期)、《文化思想之冲突与调和》(1943年《学术季刊》第1卷第2期)等文,提出"文化之研究乃真理之讨论"的口号。他既不同意"思想是民族或国家各个生产出来的,完全和外来的文化思想无关"的说法,也不同意一种文化思想"根本受外方影响,而外方思想总可完全改变本来的特性与方向"的说法,而同意"以为外来文化和本地文化接触,其结果是双方的而决不是片面的"的观点。基于这种观点,他认为,外来文化与本地文化接触、融合的步骤(或阶段)是:"(1)因看见表面的相同而调和,(2)因看见不同而冲突,(3)因为发现真实的相合而调和。"当外来文化与本地文化接触时,必须经过"冲突"与"调和"两个过程,这样,外来文化才能被吸收而"加入本有文化的血脉中",在本地生根,发挥作用。这是一个外来文化被"同化"、本土文化被"转化"同步而行的过程。以印度佛教传入中国为例,外来文化必须经过很大的改变,以适应中国本地文化,成为中国化的佛教,才能为中国人广泛接受。"在这个过程中与中国相同、相合的能继续发展,而和中国不合、不同的则往往昙花一现,不能长久。"由此,他得出一个重要结论:"一个国家民族的文化思想实在有他的特性,外来文化思想必须有所改变,

---

① 麻天祥:《汤用彤评传》,百花洲文艺出版社,2010,第57~58页。
② E. Zurcher, The Buddhist Congress of China, Leiden, 1959.

合乎另一文化性质,乃能发生作用。"① 汤先生从研究佛教史中得出来的这个结论,至今仍然具有重要的现实意义,理应引起足够的重视。

1949年以后,由于受到"左"的思想的严重影响,把学术问题当作政治问题来对待,学术研究变成了政治宣传,致使在相当长的时期内佛教史与魏晋玄学的研究,都未能受到应有的重视,更谈不上学术活动应有的创新了。直到20世纪80年代以后,佛教史和魏晋玄学研究才重新焕发出生机。许抗生、李泽厚等人相继撰文指出,魏晋南北朝"这个时代是一个突破数百年统治意识,重新寻找和建立理论思维的解放历程",汤先生当时的见解"比较能揭示出玄学的本质特征"。② 这充分说明:国内的许多学者在具体的研究取向和研究方法方面,开始向20世纪30~40年代汤用彤先生等人开辟的道路复归。

在20世纪90年代前期,人文社会科学界在进一步学习和掌握中国传统学术重考据的方法的同时,也注重对西方学术观点和方法的借鉴、吸收,如对西方解释学、现象学、存在主义等观念和方法的借鉴、吸收,从而在研究方法上呈现出更加多元化的趋势,涌现出像余敦康、蒙培元等一批优秀的后继学者。

这里值得特别关注的是《郭象与魏晋玄学》一书的问世(汤一介著,湖北人民出版社1983年出版)。作者把哲学史看作人类认识的发展史,注重对概念、范畴的逻辑发展的分析研究,该书全面论述了魏晋玄学产生与发展的历史进程,以及玄学与佛教、道教之间的关系;具体分析了郭象的哲学体系与方法,及其同向秀、裴頠、王弼、张湛等人的思想联系与区别;在研究方法上,注重对玄学家所使用的基本概念和范畴的把握,以及在描述思想演进过程时强调历史与逻辑的统一。这是20世纪80年代前期中国学者努力摆脱政治与意识形态的束缚,在继承前辈学者的研究成果并借鉴西方哲学史研究经验基础上,取得的一项具有很高学术价值的成果。汤一介先生还发表了许多有关佛学以及魏晋玄学方面有影响的文章,深得乃父(汤用彤先生)学术思想之真传。他对汤用彤先生学术研究的方法、风格和成果,有着独到的理解与领悟,能言人之所未

---

① 汤用彤:《汤用彤全集》(第五卷),河北人民出版社,2000,第277~281页。
② 许抗生:《略论魏晋玄学》,《哲学研究》1979年第12期;李泽厚:《魏晋风度》,载《中国哲学》(第2期),生活·读书·新知三联书店,1980。

言。在整理汤用彤先生的旧稿，促成其正式出版方面，更是做出了他人无可替代的贡献。

汤先生于1964年离开我们，至今已近半个世纪，他的学术研究后继有人，研究成果也在不断发扬光大，这正是他生前所期盼的。倘若先生有知，必定倍感欣慰。

[作者附记]

1954~1958年笔者就读于北京大学哲学系期间，无缘直接聆听汤先生授课，那时他作为校领导，出现在有关场合。先生敦厚长者的风度，给广大学生留下了深刻的印象。今年是北京大学哲学系建系100周年，谨撰此文以为纪念，并表达祝贺之意。

原载《愿随前薪作后薪》，北京大学出版社，
2012年，第113~126页

融合古今　学贯中西
——张岱年先生的学术著述与坎坷人生

张岱年先生（1909~2004）字季同，别名宇同，原籍河北省献县，出生于北京。1928年10月入北平师范大学教育系学习，1933年毕业后受聘于清华大学哲学系任助教。1937年抗战爆发后，因与学校领导失去联系而未能随校南行。在蛰居北平读书期间，保持民族气节，不与敌伪妥协，于1943年任私立中国大学哲学教育系讲师，次年改任副教授。抗战胜利清华复校后，于1946年回清华大学哲学系任副教授，1951年任教授。随着全国高校院系调整，1952年调任北京大学哲学系教授。在1957年的"反右"运动中，因对当时的工作提出善意批评，而遭受打击，被迫停止教学，不能发表论著。1962年"摘帽"后，虽允许恢复教学工作，仍不能发表文章。1979年，被错划"右派"的问题，才得到彻底改正。先是担任北京大学哲学系中国哲学教研室主任，1981年为教育部批准的首批博士生导师，次年开始培养博士研究生。1979年起，经选举连续三届担任中国哲学史学会会长，后任名誉会长，还先后兼任中华孔子学会会长、名誉会长和清华大学思想文化研究所所长等职。

张先生是现代中国少数建构了自己哲学体系的哲学家之一。早从20世纪30年代开始，在长兄张申府的引导下，他就接受并肯定辩证唯物论和历史唯物论是当代最为伟大的哲学，同时认为英国分析派哲学概念明晰，论证缜密，应该加以吸收。他运用分析的方法，批判继承中国古代哲学中固有的唯物论与辩证法，以及重视道德理想的优良传统，探索、论证现代唯物论与辩证法的基本观点，逐步形成了唯物主义、分析方法与道德理想相互结合的"新唯物论"哲学体系。80年代以来，他所极力提倡并反复阐发的"综合创新"的文化观，在当代社会主义文化建设中发挥了重大的作用。

《中国哲学大纲》是一部以问题为纲的中国哲学问题史

张先生的学术生命肇始于1931年。当时中国哲学史界有一场老子与孔子的年代孰先孰后的辩论。以胡适为主的一派认为，老子先于孔子；以梁启超为主的另一派则与之相反。时年22岁的张先生在天津《大公报·文学副刊》上发表了《关于老子年代的一假定》一文，后又被收入《古史辨》第四册中。该文以其严密考证、细致推理的深厚功力，引起了冯友兰先生的注意，误认为作者"必为一年长宿儒也"，后知其为大学生，"则大异之"。

1935年开始撰写、1937年完成的《中国哲学大纲》，是张先生的成名之作。当时他年仅28岁左右。此书与当时已经出版的胡适、冯友兰所写的中国哲学史著作不同，它不是按照历史的顺序来叙述历代哲学家的哲学思想，而是以哲学问题为纲的一部"中国哲学问题史"。它把中国哲学作为一个整体，按照不同的问题，分门别类地加以阐述。

该书作者在1937年2月3日所写的"自序"中，明确指出，该书以"审其基本倾向""析其辞命意谓""察其条理系统""辨其发展源流"四者，作为写作方法的注重之点。全书除了"序论"与"结论"之外，分为三大部分：宇宙论、人生论、致知论。其中，宇宙论包括：本根论、大化论两篇；人生论包括：天人关系论、人性论、人生理想论、人生问题论四篇；致知论包括：知论、方法论两篇。每一篇又分若干章，多少不等，累计有40多章，44万余字。在每一问题下，作者都按照时间顺序，分述从先秦至清中期诸家学说，对中国哲学的特有范畴如气、天、理、道、神、本根等，分析其传承流变，充分体现出中国哲学的特点。对于中国哲学，该书既注重其固有概念范畴之分析，也注重其整个理论体系之把握，特别阐发了中国古代的唯物主义与辩证法的优良传统，认同并强调地阐发了以张载为代表的主张以"气"为本的思想传统。

这里，我们仅以张先生对"天人合一"思想的分析为例，略可窥见该书的特点。因为在中国传统哲学的诸多思想中，他对"天人合一"思想极为重视。他说："中国传统哲学，从先秦时代至明清时期，大多数（不是全部）哲学家都宣扬一个基本观点，即'天人合一'。这是中国传统哲学的一个独特的观点，确实值得深入的考察。"① 在《中国文化的基本精神》(1993)中，张先生强调指出，中国文化、中国哲学的基本精神，主要包括四项基本观念：天人合一，以人为本，刚健有为，以和为贵。其中"天人合一"被列为第一。②

在《中国哲学大纲》中，张先生梳理、阐明了中国哲学问题的发展历史。在"天人关系论"中，他首先分析了天人关系的多种含义："中国哲学中，关于天人关系的一个有特色的学说，是天人合一论。"所谓"天人合一"，又有天人"本来"合一，与天人"应归"合一的区分。在"本来合一"说中，又有"天人相通"与"天人相类"之分。

所谓天人相通，如解析之，其意义可分为两层：第一层意义，是认为天与人不是相对待之二物，而乃一息息相通之整体，其间实无判隔；第二层意义，是认为天是人伦道德之本原，人伦道德原出于天。③

天人相类也有两种意义：一是指"形体"相类，如董仲舒的"天人感应"说，实为穿凿附会之说；二是指"性质"相类，它实际上与上述天人相通的第二层意义一样，也是把人伦道德说为天道。

在《中国哲学大纲》中，张先生对天人关系概念的历史发展与演变作了明确的阐述：

> 天人相通的观念，发端于孟子，大成于宋代道学（即理学）。……孟子之天人相通的观念，至宋代道学，乃有更进的发挥，成为道学之一根本观念。道学家多讲天人合一，而张子开其端。……至清初，王船山论天人相通，最为明晰。④

《中国哲学大纲》是一部研究中国哲学的固有体系、问题、范畴的开创之作，在中国哲学研究中占有十分重要的地位。但是，它出版的道路却坎坷不平，历尽艰辛。该书在1937年定稿后，经冯友兰先生推荐，上海商务印

---

① 张岱年：《中国哲学中"天人合一"思想的剖析》，载李存山编《张岱年选集》，吉林人民出版社，2005，第326页。
② 张岱年：《中国文化的基本精神》，载《中国精神——百年回声》，海天出版社，1998，第427页。
③ 张岱年：《中国哲学大纲》，江苏教育出版社，2005，第183页。
④ 张岱年：《中国哲学大纲》，江苏教育出版社，2005，第177~180页。

书馆准备出版，后因淞沪战争爆发，商务印书馆南迁香港而没能印刷出版。仅于 1943 年，在北平私立中国大学少量印刷，作为供教学使用的讲义。1955 ~ 1956 年，商务印书馆找到原来排好的纸型，决定付印。但张先生却突然于 1957 年被划为所谓的"右派"分子，此书是否出版就成为一个重大的政治问题。幸好商务印书馆的总编陈翰伯先生（1914 ~ 1988 年）力排众议，决定出版。因不能用真实姓名，只好用"宇同"的笔名，终于 1958 年少量印刷出版，此时，距离该书的脱稿时间已经有 20 年了。时间又过了 20 多年，到 1982 年，中国社会科学出版社才得以用"张岱年"这个著者的本名正式出版。

"哲学新论"的构思：
20 世纪 40 年代写的"天人五论"

张先生蛰居北平读书期间，完成了《哲学思维论》（1942 年）、《事理论》（1942 年）、《知实论》（1943 年）和《品德论》（1944 年）的写作，它们和抗战胜利后的《天人简论》（1948 年）等五篇论著，合称为"天人五论"，最后的《天人简论》是前四论的总结。

在《哲学思维论》中，作者首先提出了一个关于哲学意义的解释；其次是分析命题的类别与意义的标准；再次，略说演绎、归纳与辩证法三者的关系，进而对辩证法的基本原则作较详的说明；最后，略说体验、解析、会通等三种常用方法的要领。

《事理论》是讨论"事"与"理"的关系，认为"理在事中，无离事独存之理"，从而批评了"理在事先"之说。张先生指出，事理问题是中国传统哲学的一个根本问题，事理连举，在先秦即已有之，以后诸家之说各异。张先生所说"则与横渠、船山之旨为最近，于西方则兼取唯物论与解析哲学之说"。

在《知实论》中，作者试图从感觉的分析来证明客观世界的实在，以"离识有境"之说，批驳"离识无境"之说。西方近代一些实证论者认为，客观世界的实在的问题是没有意义的，张先生此论正是从理论上证明客观世界的实在。

《品德论》是作者对价值标准和人生理想问题的一些思考。张先生说，他拟建立一种兼重"生"与"义"、既强调生命力又肯定道德价值的人生观，提出人生之道在于"充生以达理""胜乖以达和"。①

《天人简论》虽然写成于1948年，实际上作者在1942年就开始构思了。作者认为，哲学是"天人之学"，故名之为《天人简论》。作者本来打算通过以上各个专论的写作，构建自己的"哲学新论"的体系，用他自己的话说，就是："欲穷究天人之故，畅发体用之蕴，以继往哲，以开新风。"但由于各种原因，"所成不及原初设想之半"，又担心"新论"之作难于续成，所以，把已经写成的四种书稿，"略加修订，各自单独成书"。另外再写《天人简论》，"将个人对于各方面哲学问题的见解作一概括的简述"，是整个"新论"之要旨。它包括10要点：（1）天人本至；（2）物统事理；（3）物源心流；（4）永恒两一；（5）大化三极；（6）知通内外；（7）真知三表；（8）群己一体；（9）人群三事；（10）拟议新德。

"天人五论"撰写于20世纪40年代，此书以辩证唯物主义为指导，运用逻辑分析方法，结合中国传统哲学之精华，提出自己独立的见解，其学术价值自不待言，但还是在书箧中沉睡了40年！直到1988年，在几位学生的再三劝说下，作者将上述五种论稿汇编成书，因担心"别人会说他太狂"而拒绝使用原来的书名《天人五论》，另起书名为《真与善的探索》，由齐鲁书社出版。这可以说是张先生所构思的新哲学体系的大要表达。如果说，《中国哲学大纲》是偏重于"史"；那么，《天人五论》则偏重于"论"。这一"史"一"论"，相得益彰，它们是张先生在20世纪40年代以前哲学运思所达到的最重要的学术成果。钟肇鹏先生在一篇回忆文章中说，他曾经问过张先生：哪一部书最能代表张先生的哲学思想？张先生回答说："《真与善的探索》这本书是我自己的思想。"② 张先生当时的哲学思想曾经被一些学人做了概括，称之为"分析的唯物论""解析的唯物论"或"解析法的新唯物论"，等等。

"文化综合创新论"的提出
第二个学术成果丰收期

张先生早在20世纪30年代就接受了马克思主义哲学，1949年之后，

---

① 参见李存山编《张岱年选集》，吉林人民出版社，2005，第204页。
② 陈来主编《不息集》，北京大学出版社，2005，第36页。

曾与金岳霖先生在清华大学共同开设全校性的大课"辩证唯物论";在1956年的《新建设》杂志上发表的《中国哲学史讲授提纲·宋元明清部分》中,他运用马克思主义观点,为分析宋、元、明、清哲学提供了基本线索。中国青年出版社于1956年出版了他的《中国唯物主义思想简史》,这是中国近代以来系统论述自西周以来唯物论思想的第一部专著。张先生在北大哲学系为我们本科学生开设"中国哲学史"课程时,他所承担的就是宋元明清哲学。那时他就给我们留下了平易近人、朴实敦厚、直道而行、刚毅木讷的印象。谁也没有想到不久之后,他却在"鸣放"运动中,因诤言而罹祸,蒙受"向党夺权"之奇冤。后又经历"十年动乱"中的靠边站、被抄家、下乡劳动,长期身陷逆境,在20多年中被迫停止了学术著述的权利。

20世纪70年代末以后,随着整个政治形势的变化,被错误划为"右派"的问题得到彻底改正,他终于重新获得进行学术研究和培养中国哲学史专业研究生的权利。从此,他开始了人生的第二个学术成果丰收的时期,在这个新的时期,无论在学术创作、培养人才方面都有了新的跨越、新的进展。他出版的学术著作,除了上述的《中国哲学大纲》(中国社会科学出版社,1982年修订本;另外,此书于1976年曾被译为日文,由日本"八千代"出版;1999年又译成韩文)和《真与善的探索》(齐鲁书社1988年出版)之外,主要的还有:《中国哲学发微》(山西人民出版社,1982年)、《中国哲学史史料学》(生活·读书·新知三联书店,1982年)、《中国哲学史方法论发凡》(中华书局,1983年)、《文化与哲学》(北京教育科学出版社,1988年)、《中国伦理思想研究》(上海人民出版社,1989年)、《中国古典哲学范畴要论》(中国社会科学出版社,1989年),等等。

在治学方面,他"好学深思",谦虚严谨,"修辞立其诚"。通过上述这些学术著作的撰写,他对中国哲学的阐释更为完善,对哲学问题的探索更加深入,在文化问题的研究上,新见迭出,特别是"文化综合创新论"的提出,对整个思想文化界产生了越来越大的影响。

在1936年5月25日的《国闻周报》第13卷第20期上,他发表了一篇重要论文:《哲学上一个可能的综合》。在这篇文章中,他明确指出,"今后哲学之一个新路,当是将唯物、理想、解析,综合于一"。在《中国哲学大纲》中,他准确地把握了中国哲学"体用统一""天人合一""真善同一""知行一致"的基本精神,以之与西方近代哲学的"主客二分"的特征相对待。到了20世纪80年代,随着改革开放的深入,中国又掀起了"文化热"

高潮,张先生不仅用"综合创新"的观点来完善他的哲学体系,而且还用以考察社会主义的文化建设问题。在新的历史条件下,他重新强调、阐发了他的"文化综合创新论",既反对全盘西化,又反对复古主义。

据中华孔子学会秘书长刘鄂培先生的回忆,1987年秋天,曾以该学会的名义,组织过两次重要的学术座谈会。参加者有知名学者陈岱荪、季羡林、邓广铭、虞愚、金克木、赵光贤、陈元晖、杜任之、石峻等人。张先生在会议上的发言中全面论述了"文化综合创新论"。会后由刘鄂培先生整理成文,题为《综合创新,建设社会主义新文化》(后被收入《张岱年文集》卷六)。同年冬天,在山东济宁市由中华孔子学会举办的全国性学术会议上,作为该会会长的张先生在大会的主题演讲中,正式提出了他的文化观"文化综合创新论"。2002年,刘鄂培先生主编的《综合创新——张岱年先生学记》由清华大学出版社出版。该书相当完整地系统阐述了张先生所提出的"文化综合创新论"。①此外,张先生在这个时期发表的相关论文中,对此也多有论述。

张先生在《中国文化发展的道路——论文化的综合与创新》(1990年)一文中,在深入地阐述了中国文化演变的历程、中国传统文化之得失之后,又就天人观、价值观、思维方式等三个方面,对"如何综合中西文化之长"的问题,做出了深刻的分析。最后,对"新文化体系的创造"问题,表明了自己的明确观点。他说:

> 我们主张综合中西文化之长以创造新文化,并不是说对于中西文化可以东取一点、西取一点,勉强拼凑起来;综合的过程也即是批判、改造的过程,也就是创建新的文化体系的过程。一个独立的民族文化,与另一不同类型的文化相遇,其前途有三种可能:一是孤芳自赏,拒绝交流,其结果是自我封闭,必将陷于衰亡。二是接受同化,放弃自己原有的,专以模仿外邦文化为事,其结果是丧失民族独立性,将沦为强国的附庸。三是主动吸取外来文化的成果,取精用宏,使民族文化更加壮大。中国文化与近代文化相遇,应取第三种态度。

> 中国新文化应是中国优秀传统与西方先进成果的综合。马克思主义学说是西方文化精粹的汇集。所以,中国新文化的主导思想应是马克思

---

① 陈来主编《不息集》,北京大学出版社,2005,第68~70页。

主义的普遍真理与中国优秀传统的正确思想的综合。①

那么，什么是"西方文化的先进成就"，什么是"中国优秀传统的正确思想"？张先生在《中西文化之会通》中说得非常明确："近代西方文化的先进成果，主要是科学与民主"，而中国文化的优良传统主要有二，"一是重视自然与人的统一的'天人合一'观；二是以'和'为贵的人际和谐论"。②

张先生还指出，

我们在吸取西方近代文化的先进成就的同时，更应努力发扬中国文化的优秀传统，这样才能增强民族的自尊心和自信心，才能增进民族文化在世界文化中的地位，才能使世界文化更加丰富多彩。③

笔者于1954年入学，在北京大学哲学系本科班学习，"中国哲学史"是我们的专业课，由朱伯崑、任继愈、张岱年、邓艾民四位老师各讲一段。张岱年先生负责讲授宋元明清这一个时期。虽然半个世纪过去了，但张先生讲课的若干情景，我们记忆犹新。我的同班同学孔繁在《忆张师岱年先生》一文中有一段关于张先生讲授宋代哲学的记述，颇为传神。张先生说：程颐50多岁时才出仕为官，任崇政殿说书，是为宋哲宗皇帝讲书。当时为皇帝讲书，皇帝可以坐着听，而讲书的人必须站着讲。对此，程颐当然不能容忍，居然提出他也要坐着讲。有人劝告说："以前大臣为皇帝讲书，都站立不懈，而你刚从布衣入官，却要求坐着讲，是否不妥？"程颐回答说："正是因为我是以布衣辅导皇帝，我更应该自重才对！"另一件事是，程颐在为皇帝讲书期间，有一次碰见哲宗皇帝于柳树上折下一条嫩枝。他立即向前对哲宗皇帝提出告诫，说："现在正是草木生长季节，不应该折断柳枝妨害生意呀！"哲宗皇帝听后很不高兴地说："我折一条柳枝都要受到你的干预！"张先生讲这两则故事时，情绪有些激动。这个情况在当时并未引起我的深思。孔繁在回忆文章中认为，这说明张先生对宋儒刚正不阿精神的赞赏，而

---

① 李存山编《张岱年选集》，吉林人民出版社，2005，第504页。
② 李存山编《张岱年选集》，吉林人民出版社，2005，第519页。
③ 李存山编《张岱年选集》，吉林人民出版社，2005，第522页。

宋儒的这种精神很大程度上是受到孟子关于人格尊严精神的影响。有的学者把孟子的人格尊重概括为"以德抗位"。张先生所讲的关于程颐对待哲宗皇帝的两件事，正是不折不扣的"以德抗位"。后来在1957年的帮助党的"整风"的会议上，据说张先生在向党内不正之风提出意见时，曾经说，他此举也是一种"以德抗位"。为此，张先生因直言而招来祸端，付出了惨重的代价。① 作为学生，在当时我们并不知道详情，现在回首往事，仍然感慨万千！幸亏张先生长寿，终于能够在他的有生之晚年，重返讲坛、继续著书立说。

张先生著述等身，桃李满天下。1989~1994年，刘鄂培主编的《张岱年文集》（收录的文稿截至1989年止）由清华大学出版社陆续出齐6卷。1996年，河北人民出版社隆重推出《张岱年全集》（收录的文稿截至1995年），共8卷，370多万字。在《全集》的"自序"中，他说："虽已届耄耋之年，而一息尚存，当更有所撰述。"张先生是这样说的，也是这样做的。张先生平常最喜欢说的是这样几句话：一是《易经》的"厚德载物"，一是《论语》的"直道而行"，一是张载的"为天地立心，为生民立命，为往圣继绝学，为万世开太平"，一是陶渊明的"纵浪大化中，不喜亦不惧"。王弼曾以"身没而道犹存"来注释老子所说的"死而不亡者寿"，张先生虽然离开了我们，但他的治学之道、为人之道，影响了几代学人，并且，作为中华民族的宝贵精神财富，必将代代相传，不断地发扬光大！

原载《中华读书报》，2010年10月20日发表时标题改为
《探索真与美：张岱年的学术人生》

---

① 陈来主编《不息集》，北京大学出版社，2005，第43~44页。另据范学德《遥祭张岱年先生》一文说，张先生当时发言仅15分钟。1957年被错划为"右派"，停止教学工作，不能发表论著。过了5年，1962年"摘帽"后，虽允许恢复教学工作，仍不能发表文章。22年后，1979年才得到彻底改正，获得发表论著的权利。"按5年来算，那是每三分钟的话，要用一年的时间来赎罪！按22年来算，那是每一分钟的话，要用近一年半的时间来赎罪！"（《不息集》第318页）

任继愈《老子》研究中的方法论探索

任继愈先生（1916～2009）是我的老师，1954～1958年，我曾经有幸就读于北京大学哲学系，任先生当时还在北京大学哲学系。"中国哲学史"是我们的专业课，由朱伯崑、任继愈、张岱年、邓艾民四位老师各讲一段。任先生负责讲授两汉、魏晋南北朝，直到隋唐这个阶段。他精通佛学，对佛教也深有研究。他的有关佛学、佛教的学术论文，毛泽东曾以"凤毛麟角"予以高度评价。佛教在东汉从印度传入到唐朝而达到鼎盛，任先生讲授这个阶段的哲学史，让我们这些学生受到了关于佛学、佛教极好的启蒙教育。后来，任先生离开北大，于1964年任中国科学院世界宗教研究所所长，1987年任中国国家图书馆馆长。1983年以来，他主编的《中国佛教史》（三卷）、《中国道教史》（两卷）、《道藏提要》、《宗教大辞典》、《佛教大辞典》、《中华大藏经》等大型著作陆续出版。

在任先生的中国哲学史研究中，老子哲学占有重要的位置。他说："中华文化没有孔子不成其为中华文化；同样，没有老子，也不成其为中华文化。"① 本文无意全面阐述任先生在哲学、宗教学、文献学等诸多领域的学术贡献，仅就他对老子哲学研究中的方法论问题，谈些个人不成熟的认识。

任先生关于老子哲学的研究成果和他对《老子》认识的转变

任先生关于老子哲学的研究成果，首先体现在他主编的、在不同时期出版的三种不同形式的中国哲学史著作之中。

---

① 任继愈：《皓首学术随笔·任继愈卷》，中华书局，2006，第192页。

1. 从《中国哲学史》到《中国哲学史简编》，任先生对《老子》有个认识上的转变。20世纪50年代，任先生接受了主编中国哲学史教材的任务，经过编书者的共同努力，完成了四卷本《中国哲学史》的写作，于1963年、1964年、1969年，陆续由人民出版社出齐。1973年，又出版了四卷本缩写本的《中国哲学史简编》。这两种著作中，对老子哲学的属性，有着完全相反的认定。《中国哲学史》认为，"中国哲学史上，老子第一次建立了'道'这一最高范畴，建立了元气论的朴素唯物主义"。① 但是，十年后出版的《中国哲学史简编》却改变了看法，认为老子是唯心主义者。这种对老子哲学属性在认识上的转变，是当时国内学术界关于老子哲学热烈争论的反映。现在的年轻学者可能会感到纳闷：为什么研究古代的哲学家老子，一定要判定他到底是唯物主义，还是唯心主义？这就不能不涉及当时的历史背景和政治氛围了。

众所周知，恩格斯在《费尔巴哈与德国古典哲学的终结》中，对哲学基本问题做了明确的论述。他从西方哲学史，特别是西方近代哲学发展的实际，把"思维与存在的关系问题"作为哲学的基本问题。我国哲学理论界在新中国成立以来，也和其他领域一样，深受着苏联的影响。前苏共主管意识形态的中央政治局委员日丹诺夫，在他亲自主持召开的关于《西欧哲学史》（亚历山大洛夫著）讨论会（1947年6月24日）上，根据恩格斯关于哲学基本问题和列宁关于哲学的党性原则的观点，给哲学史下了一个定义。他说"科学的哲学史，是科学的唯物主义世界观及其规律的胚胎、发生与发展的历史。唯物主义既然是从唯心主义派别斗争中生长和发展起来的，那么，哲学史也就是唯物主义与唯心主义斗争并战胜唯心主义的历史"。而且认为，唯物主义是与进步、革命相联系，唯心主义一般地总是与落后、反动脱不了干系的。此公的高论一出，苏联哲学界以及中国哲学界，都奉为经典、坚决照办。在当时如果不先弄清老子（包括古代其他哲学家）的哲学属性，中国哲学史的编写工作就无法进行下去。因此，在研究老子哲学时，弄清楚他究竟"属于唯物主义还是唯心主义"就成为非常重要的问题了。

2. 《中国哲学发展史》中，任先生没有再就老子的哲学属性做出判定。时间又过了十年，任先生主编的《中国哲学发展史》（七卷本）的第一卷于1983年由人民出版社出版（1985年、1988年和1994年陆续出版了其中的

---

① 任继愈主编《中国哲学史》第一卷，人民出版社，1963，第49页。

第二、三、四卷)。当时我曾利用去北京出差之便,到任先生的家里就有关中国哲学史中的几个问题,向他请教。他说,《中国哲学发展史》与《中国哲学史》不同之处在于,它是一部学术研究的专著,不同于教科书。教科书的撰写要受课时的限制,阐述的观点要考虑到学术界的可接受性和参加撰写者的共识。学术研究的专著就不同了,对某些问题研究得多,可以多写一些;研究得不够则少写。在学术观点上,能做到各持己见,百家争鸣。这个特点在阐述老子的哲学思想时就得到了充分体现。

该书第一卷是讲"先秦"哲学,在以"老子的哲学思想"为题的一章中,除了介绍老子这个人和《老子》这本书,分析老子代表哪个阶级,老子贵柔的辩证法思想之外,专门有一节是讲"老子的哲学是唯物主义,还是唯心主义?"其中,客观地、比较详细地介绍了认为老子哲学是唯心主义(姑称为"甲派",有吕振羽、杨荣国等),和认为老子哲学是唯物主义(姑称为"乙派",有范文澜、杨兴顺等)这两派的具体论点,然后写道:"本书作者的四卷本哲学史属乙派,1973年作者的《中国哲学史简编》发现主张老子是唯物主义有困难,改变了观点,又主张甲派。"① 在这部学术著作中,任先生没有再就老子哲学的"唯物、唯心"做出判定。

3. 在《老子绎读》的附录中,任先生明确地提出了《老子》研究的方法问题。任先生关于老子哲学的研究成果,不仅体现在上述他所主编的三种中国哲学史著作之中,还集中地反映在他对《老子》一书的注释上。他曾经这样说过:"每一个新时代的注释都注入了每一时代的新内容。老学看来万古长新,并不能说老学本身不变,而是由于广大研究者随时注入新内容,新解释,所以它不会成为不变的考古研究的对象,而是人们生活中不可中断的精神营养。"②

任先生对《老子》的注释,历时50年,锲而不舍,四易其稿,精益求精。1956年,他接受了为在北大读书的外国留学生讲授老子哲学的任务,在讲义的基础上,参照历代注释,整理出版了《老子今译》(古籍出版社)。后来考古学者在湖南长沙发现了帛书《老子》甲、乙本,对老子哲学的认识有了深化的情况下,他对《老子今译》有所修订,由上海古籍出版社于1978年出版了《老子新译》(1985年修订)。几年之后,他应邀为四川巴蜀

---

① 任继愈主编《中国哲学发展史·先秦》,人民出版社,1983,第258页。
② 任继愈:《皓首学术随笔·任继愈卷》,中华书局,2006,第192页。

书社主编一套"哲学古籍全译",在此情况下,又把《老子》重译一次,书名改为《老子全译》(1992年)。后来,湖北荆门楚墓出土竹简本《老子》甲、乙、丙本,任先生决定第四次翻译《老子》。这就是《老子绎读》于2006年12月由北京图书馆出版社出版的缘由。这本书名为"绎读","绎"有阐发、注释、引申的含义(不止是翻译),它更加贴切地反映了该书的面貌。

在《老子绎读》一书的附录中,有一篇题为《我对〈老子〉认识的转变》的短文特别值得重视。因为它重新回顾了任先生对《老子》认识的转变。任先生认为,老子哲学思想比孔子、孟子都丰富,对后来的许多哲学流派影响也深远。但是,老子哲学思想究竟是唯心主义,还是唯物主义?"道"是精神性的,还是物质性的?"老子本身没有深说"。而这又是个十分重要的问题,如果这个问题不解决,先秦哲学史就写不下去。在新中国成立后和"十年动乱"后,哲学界先后两次对此展开了争论,都未能取得共识。在1963年出版的《中国哲学史》教科书中,认为老子是中国第一个唯物主义者;而1973年出版的《中国哲学史简编》则认为老子属于唯心主义。作为这两本书的主编,任先生认为,"主张前说时,没有充分的证据把老子属于唯心主义者的观点驳倒;主张后说时(《简编》的观点),也没有充分的证据把主张老子属于唯物主义者的观点驳倒。好像攻一个坚城,从正面攻、背面攻,都没有攻下来。这就迫使我停下来考虑这个方法对不对。正面和背面两方面都试验过,都没有做出令人信服的结论来,如果说方法不对,问题出在哪里?我重新检查了关于老子辩论的文章,实际上是检查自己,如果双方的论点都错了,首先是我自己的方法错了"。①

任先生对老子哲学研究方法的探索和它对我们的启迪

1. 任先生对甲、乙两派从研究方法的视角进行了批评。任先生说他的"方法错了",但在上述的短文中并未具体说明,而在《中国哲学发展史·先秦》中说了。他在评论甲、乙两派的错误时说:"今天看来,甲、乙两派都有一定的根据,但根据不充分。双方都把老子的思想说过了头,超出了老子时代(春秋)的人们的认识水平。""甲派方法有错误,错在把老子的唯

---

① 任继愈:《老子绎读》,北京图书馆出版社,2006,第253~254页。

心主义体系与近代唯心主义哲学相类比,把老子的'道'比做黑格尔的绝对精神。……按照人类思维发展规律,老子的时代,不能达到像黑格尔的那样高度抽象的程度。""乙派同样把老子的'道'解释为'物质一般'。'物质一般'的概念是近代科学以前不可能有的,甲乙两派犯了把古人现代化的错误。"① 由此可见,如何把握老子哲学中的"道"这个范畴,是判别老子哲学属性的关键所在。

任先生认为,中国哲学史在先秦时期主要是通过"天道观"来表现其唯物主义,或是唯心主义的。"天道观"不同于今天人们所说的"世界观",它的范围比世界观小,主要是讲天地万物生成变化的原理。仅就老子的天道观而言,它在客观上打击了"天道有知"的宗教迷信,因而是进步的。在《老子》一书中,"道"是最重要的范畴,它出现过74次,有5种含义:(1) 混沌未分的原始状态。"有物混成";"道之为物,惟恍惟惚";"道生一,一生二,二生三,三生万物"。(2) 自然界的运动:"独立而不改,周行而不殆","大曰逝,逝曰远,远曰反"。(3) 道是最原始的材料,"道常无名,朴虽小,天下莫能臣也"。(4) 道是肉眼看不见,感官不能直接感知的:"视之不见","听之不闻","搏之不得"。(5) 道又有事物规律的含义,"天之道","人之道"。任先生指出,当老子把"道"设想为产生天地万物的总根源时,他把"道"称为"大";而当他把"道"设想为混沌未分的原始材料,叫不出名字,又谓之"朴""无名"。他用"无形""无物""无状"这些否定性的词来描述"道",从而在中国哲学史上第一次提出作为万物之本的负概念——"无"的范畴,这标志着它是人类认识的重要里程碑;但由于"无"又有混沌不清的意思,因而既可以给以唯心主义的解释,也包含以唯物主义解释的可能性,这是老子哲学后来向着相反两个方向发展的契机。② 任先生在《中国哲学发展史·先秦》中阐发的上述观点,是对以前出版的《中国哲学史》和《中国哲学史简编》的总结和发展,是认识过程中的一种综合。正因为有了这样的认识成果,他才能对包括他自己主编的《中国哲学史》和《中国哲学史简编》在内的甲、乙两派所存在的"片面性"提出尖锐的批评。

2. 对任先生的批评意见的一点评论。任先生认为甲、乙两派的错误在

---

① 任继愈主编《中国哲学发展史·先秦》,人民出版社,1983,第259页。
② 任继愈主编《中国哲学发展史·先秦》,人民出版社,1983,第262~265页。

于"犯了把古人现代化的错误"和"片面性"的错误。从今天的眼光看,我们不禁要问:甲、乙两派的错误,是否仅仅是"片面性"?甲、乙两派又为什么会"犯了把古人现代化的错误"?笔者认为,要回答这些问题,不可能不涉及如何全面地理解恩格斯关于哲学基本问题的论断。

我们不妨重新提出这样的问题:恩格斯对哲学基本问题所做的概括,是否能完全覆盖中国、西方哲学发展的整个过程和全部内容?简单地用"唯物主义与唯心主义两军对战"的模式,能够概括中国哲学史的丰富内容?之所以说是"重新提出",因为这个问题早在1957年1月22~26日在北京大学哲学系所举行的"中国哲学史座谈会"上,已经在一定程度上提出来了。当时全国高校中,只有北大设立哲学系,因此,这个会议实际上是一次全国性的盛会。与会者包括中国哲学、西方哲学和马克思主义哲学三方面的专家、教授,共100多人。作为高年级的学生,笔者有幸旁听了这个会议。与会者的发言中,有人委婉地就"在中国哲学史的研究中,如何贯彻日丹诺夫的讲话精神"的问题,提出了质疑。他们认为,如果完全按照恩格斯关于哲学基本问题的论述和日丹诺夫关于哲学史的定义来处理中国哲学史,会有"削足适履"之虞,难以反映哲学史发展和哲学家思想的全貌。会议结束后,由《哲学研究》编辑部编辑、科学出版社出版了《中国哲学史讨论专辑》。其中收录任先生的两篇文章:《中国哲学史的对象和范围》和《在中国哲学史的研究中所遇到的几个困难问题》。文章在肯定日丹诺夫关于哲学史的定义的同时,也指出了它有三方面的缺点,同时,任先生还提出了自己在中国哲学史的研究中所遇到的四个困难问题。[①]

在50多年后的今天,我们完全有理由说,恩格斯对哲学基本问题所做的概括,在"左倾"思潮盛行的年代,被人们简单化、教条化了。恩格斯是说过:"全部哲学,特别是近代哲学的重大的基本问题,是思维和存在的关系问题。"但是,恩格斯同时还说,这个问题是"根源于蒙昧时代的狭隘而愚昧的观念",在中世纪时,"这个问题以尖锐的形式针对着教会提了出来:世界是神创造的呢,还是从来就有的?""这个问题,只是在欧洲人从基督教中世纪的长期冬眠中觉醒以后,才被十分清楚地提了出来,才获得了它的完全的意义。"[②] 由此可见,在不同的时代里,哲学的基本问题曾经有

---

① 详见《中国哲学史讨论专辑》,科学出版社,1957,第46~53、139~145页。
② 《马克思恩格斯选集》(第4卷),人民出版社,1972,第219~220页。

着不同的、具体的表现形式，因而理应从不同的方面加以研究。恩格斯对哲学基本问题的论述，毕竟是对西方哲学，特别是以认识论为中心的近代哲学的概括，考虑到哲学发展的阶段性和民族差异，后来的人是可以，而且应该加以丰富与发展的。这才是我们对待马克思主义应有的正确态度。但是，在我国哲学界热烈争论老子的哲学属性的那个年代，学术问题几乎都被政治化了，想对中国哲学发展的基本问题进行客观的探讨，事实上是无法做到的。

1978年党的十一届三中全会以后，一些学者对恩格斯关于哲学基本问题的论述发表了自己的看法。例如，我国著名中国哲学史家张岱年先生于1983年成书的《中国哲学史方法论发凡》中，写道："恩格斯所讲哲学基本问题是从西方哲学史中总结出来的，是否也适用于中国哲学史呢？这个问题需要深入的考察。中国古代哲学所用的概念范畴与西方的不同，没有人像黑格尔一样采用'思维与存在'这个表达方式。但是中国古代哲学确实也有自己的基本问题或最高问题。"①

提出不同看法的还有西方哲学史家张世英先生。张先生在《哲学导论》《新哲学讲演录》等有关著作中，把人与世界的关系作为哲学的基本问题。他认为，在中西哲学史上，对人生在世的"在世结构"的问题的看法，可粗略地分为两个层次（"天人合一"和"主客二分"）、三个发展阶段（第一个阶段是原始的"天人合一"，古希腊早期的自然哲学和中国古代传统哲学都属于这个阶段；第二个阶段是"主客二分"，西方近代哲学充分具备了这个特点；第三个阶段是经过了"主客二分"式思想的洗礼，包含"主客二分"在内，而又"扬弃"了"主客二分"式的高级的"天人合一"，西方现当代哲学已出现了这个趋势）。根据以上的看法，张先生明确指出："思维对存在、主体对客体的关系问题，就其充分明确的形式而言，只是西方近代哲学的问题。"如果"硬用唯心论与唯物论来套中国传统哲学和希腊哲学以及西方现当代哲学的一切思想流派，也是显然不合适的"。②

现在越来越多的学者认为，老子对"道"的论述，主要是从本体论、而不是从宇宙发生论提出和展开的，更不是为了解决思维与存在的关系问题的。因为老子作为中国古代的哲学家，他的哲学思想处于原始的"天人合一"阶段，那个阶段哲学思想的发展，并没有达到主观与客观、思维与存

---

① 张岱年：《中国哲学史方法论发凡》，中华书局，2003，第15页。
② 张世英：《新哲学讲演录》，广西师范大学出版社，2004，第37页。

在的明显分化。而在过去相当长一段时间内,人们以恩格斯关于哲学基本问题的论述为标准,来为老子哲学是"唯物或唯心"定性,这无异于要在原始的"天人合一"思想框架内,徒劳地去寻找奉行"主客二分"原则时才能具备的思想表现,这完全是找错了地方,是没有意义的。如果这个看法能够成立,那么,对于老子哲学,无论说它是唯心主义,还是唯物主义的,就并不是什么"片面性"的问题,而是根本不需要或不应该给老子戴上"唯心或唯物"的帽子的问题了!当然,如果是对待西方近代的某些哲学家,由于他们哲学思想比较复杂(既有唯心的成分,又有唯物的成分),需要作全面的、具体的分析,不能简单地说他们是唯心或唯物的,以免陷入片面性。那是另一回事,这与作为中国古代哲学家的老子不能相提并论。

其实,任先生在《中国哲学发展史·先秦》中已经接触这个问题了。他说:"老子提出的取代上帝的最高发言人的'道',是精神,是物质,他自己没有讲清楚。就人类认识的水平来看,他也不可能讲清楚。思维与存在的关系问题,古代已经存在着,但古人没有明显地意识到这一点,不像后来那么清楚,古代的先进思想家,只是朦胧地探索着前进的途径。思维与存在哪是第一性的这个问题,到了近代才明确起来。"① 任先生这段话说得很对,它正确地分析了上述甲、乙两派之所以会在认识论和方法论方面"犯了把古人现代化的错误"的深刻原因:因为他们把中国古代哲学家老子,混同于西方近代哲学家,所以,才出现了硬要给老子戴上了不该戴的"唯心或唯物"的帽子,从而犯了共同的错误。

任先生对老子哲学的研究成果,除了前面提到的三种中国哲学史著作和四种版本的《老子》注释外,还有许多散见于报纸杂志的文章。在《皓首学术随笔·任继愈卷》中,任先生自选了两篇直接谈论老子的论文:《老子源流》和《关于〈道德经〉》。在这里,任先生分析了老子哲学思想的来源和它对中华民族的发展所产生的深远影响,论述了老子哲学思想中的"尊道""贵无""尚柔""治国"等各个方面的内容,提出了对老子思想必须批判地加以继承的原则。他说:"对老子《道德经》这部人类知识宝库,要充分认识它的价值。中华文化如果缺了老子思想,就不会有今天的成就,同时,一味顶礼膜拜,也会走偏了方向,止步不前。"② 这实际上是我们研究

---

① 任继愈主编《中国哲学发展史·先秦》,人民出版社,1983,第266页。
② 任继愈:《皓首学术随笔·任继愈卷》,中华书局,2006,第202页。

老子哲学应该遵循的总的方法论原则。

　　任先生虽然已经离开了我们，但他给中国哲学史的研究留下了丰硕的学术遗产。他在对老子哲学进行研究的过程中所提出来的研究方法方面的原则性意见，给人们以很大的启迪；他那为了追求真理而不断探索，勇于自我超越的学术精神，必将永远激励着人们为弘扬中国古代优秀的文化而不懈地努力！

载《福建论坛》，2010 年第 1 期

张世英的学术历程：从哲学史家到哲学家

张世英先生是我国著名的研究黑格尔哲学的专家和享有盛誉的哲学家。在拙著《张世英哲学思想研究》（2008年8月由人民出版社出版）中，曾对张先生的哲学思想做了初步的研究。这里简要地阐述一下他从哲学史家到哲学家的学术历程。

作为哲学史家：张先生对黑格尔哲学的研究享誉海内外

我和张世英先生认识于20世纪50年代，当时他就是我的老师。1954年夏，我以第一志愿考入了北京大学哲学系。经过1952年夏全国高等院校的专业设置的"院系大调整"后，全国高校中只有北京大学有哲学系。那时，除了北京大学哲学系原有的教师外，清华大学、燕京大学、辅仁大学、南京大学、武汉大学、中山大学等大学的哲学系教师，也都云集北大，极一时之盛。其中在全国知名的教授，就有20多位。张世英老师那时是从武汉大学调来的，年纪并不大。他是1921年出生的，当时只有30多岁，还只是位青年教师。他是从西南联大毕业的，这下子算是调回母校了。

张先生是以西方哲学史研究为专业，他教我们的课程是"黑格尔哲学"，当时重点放在黑格尔的"逻辑学"部分。列宁的《哲学笔记》中，就有《黑格尔〈逻辑学〉一书摘要》。所以，张老师在讲课中，也结合着讲列宁对黑格尔《逻辑学》一书的有关论述。当时，在西方哲学史上的众多哲学家中，黑格尔和费尔巴哈是最受重视的两位。因为黑格尔的唯心主义辩证法和费尔巴哈人本主义唯物论是马克思主义哲学的理论来源。当然，重视黑格尔哲学并不是全盘接受它，而是要批判其唯心主义的哲学体系，吸取其辩证法的"合理内核"。那时张老师的讲课，就是按照这个基本的思路进行的。

当时，我们哲学系的同学都必须人手一册的书，就是日丹诺夫讲话单行本。苏联哲学家亚历山大洛夫写了一本《西欧哲学史》，日丹诺夫的讲话是在讨论这本书的会议上（1947年6月24日）所做的总结。日丹诺夫是前苏共中央主管意识形态的领导人，他在讲话中根据恩格斯关于哲学基本问题和列宁的哲学的党性原则的观点，提出了科学的哲学史是"在哲学上两个基本派别——唯物主义和唯心主义的斗争中研究认识的历史"，指出唯物主义是与进步、革命相联系，而唯心主义一般地总是与落后、反动脱不了干系的。这个基本的评价，贯穿于各门哲学课的教学之中。当然，也包括张老师讲授的"黑格尔哲学"课程。

从1954年入学，到1958年毕业的四年中，很多的时间都用于搞政治运动，批判胡风、评论《红楼梦》、批判胡适的哲学思想，高潮是反右派斗争；随后，又有关于教育方针以及"红与专关系"的大辩论，拔"白旗"、插"红旗"，等等。其间，虽然也有"向科学进军"的号召，和贯彻"百家齐放、百家争鸣"方针的传达等，但都只是转瞬即逝，没有产生什么大的影响。在这样的政治气氛下，不少的教师成为被批判的对象。除了老师上课、学生听课之外，师生之间不可能有更密切的关系，我和张先生之间的关系也仅限于此。现在回想起来，感到万分的遗憾。当时的北大哲学系，有那么多在哲学领域中的知名学者，如果当时也像现在这样，具有宽松的政治环境和活跃的学术氛围，师生之间有正常的相互关系，学生能向老师们学到更多的东西，那该有多好啊！

本人1958年大学毕业离开母校来到福建之后，与张先生没有什么直接的来往。但是，他研究黑格尔哲学的专著陆续出版后，我倒是认真拜读了。在20世纪的50~60年代，张先生有关研究黑格尔哲学的专著有：《论黑格尔哲学》（上海人民出版社，1956）、《论黑格尔的逻辑学》（上海人民出版社，1959）、《黑格尔〈精神现象学〉述评》（上海人民出版社，1962）。张先生也许认为，这几本书是他早期之作，而且又是在那种盛行"大批判"的环境中写的，内容上不无商讨之处。但是，张先生的这些书曾经教育、影响了一代年轻学人。凡是在新中国成立以后读大学而又对黑格尔哲学感兴趣，或者想搞这方面研究的人，几乎都读过张先生的这几本书。这是不争的历史事实。上述这些专著的出版，奠定了张先生作为研究黑格尔哲学专家的学术地位。

　　张先生关于黑格尔哲学的研究不仅在国内享有盛誉，而且为国际学术界所认同。1987年第14届德国哲学大会主席马尔夸特教授在大会上称张世英先生是"中国著名的黑格尔专家"。在会议期间，他还接受了德国电台记者的采访。1986年10月，在瑞士卢策恩举行的国际哲学讨论会上，他被列为作公开讲演的报告人。当地报纸在报道中，突出了他的到会和所做的公开讲演。[①] 会议主持人格洛伊教授也称他为"中国著名黑格尔专家"。德国《哲学研究杂志》1989年第43卷第2册介绍他时说，张世英是"中国最著名的哲学家之一，近几年来在西方也有名声"。

　　张先生上述的一系列著作和其他论文，包括他在国外学术界所做的一系列学术演讲，[②] 不仅集中地研究了黑格尔哲学，而且还以不同的方式论述了西方哲学思想总体的发展线索。他认为，在西方哲学史上，特别明显的是从中世纪到现代，人的生存状态的发展，大体上经历了三大阶段：在第一个阶段，人的个体性和自由本质受到神权的压制，"文艺复兴"把人权从神权的束缚下解放出来；但接踵而来的是第二个阶段，人的个体性和自由本质被放在超感性的、抽象的本体世界之中，从而受到旧形而上学的压制；只是在第三个阶段，即黑格尔以后的现代哲学，人们个体性和自由本质才逐渐从彼岸世界和超验的抽象世界中解放出来，而被放在现实的、具体的世界之中。这样，"人"才逐渐成了活生生的人。

　　张先生在20世纪80年代出版了两本引起学术界重视的学术著作。一本是1982年由吉林人民出版社出版的《黑格尔〈小逻辑〉绎注》一书。这本

---

① 参见《卢策恩市日报》1986年10月4日和10月6日的有关报道。

② 例如：1986年10月，他参加在瑞士卢策恩市举行的以"唯心主义中和现代哲学中的统一性概念"为主题的国际学术讨论会，做了题为《黑格尔关于反思与对立统一性的学说》的公开讲演，文章的德文稿被收入伯尔尼1987年出版的该会论文集。1987年9月，他参加在联邦德国吉森举行的"第14届德国哲学大会"，在专题小组会上做了题为《西方哲学史上的主体性原则与中国哲学史上关于人的理论》的学术报告，文章的英文稿发表于1988年《维也纳哲学年鉴》。1988年5月，他参加国际辩证法哲学协会在巴黎召开的"国际哲学讨论会"，在小组会上做了题为《黑格尔关于人的理论》的学术报告。1989年9月，他参加在美国芝加哥举行的"纪念海德格尔诞辰100周年国际哲学讨论会"，并在大会上做了题为《海德格尔与道家》的学术报告，文章的英文稿被收入1990年印第安纳出版的该会论文集。1990年7月，他在"日本京都大学"做了题为《中国哲学界对黑格尔的研究与解释》的学术报告。1992年6月，他在"维也纳大学"和德国"美因兹大学"做了题为《超越自我》的学术讲演。

书的内容是逐节讲解和注释黑格尔《小逻辑》，每节都分"讲解"和"注释"两部分。"讲解"部分重在讲解难点，明白易懂之处只概述其大意。张先生认为，要忠于像黑格尔这样晦涩的哲学家之原意，特别是不能仅仅抓住他的只言片语来理解，必须通贯他的整个思想，联系其与主题相关的其他各处的讲法与提法。为此，他在"注释"部分主要采取了两种方法：一是用黑格尔注释黑格尔，即就同一问题，不仅把散见在《小逻辑》各节中的论述联系起来，而且把黑格尔其他许多著作中的相关论述和材料也收集在一起，这样使得读者对某一问题的理解，能从他的注释中得到相互参照、相互发明的便利。二是借用一些西方研究黑格尔学者的讲解和注释以注释黑格尔，这实际上是一种"集注"。

另一本书是《论黑格尔的精神哲学》，由上海人民出版社1986年出版。张先生在该书的"序言"中说：这本书的写作延误了近20年。"文化大革命"前，他就已准备撰写此书，当时，已经细读了黑格尔《精神哲学》原著，系统地摘译了其中重要的段落，还做了一些批语。正打算动笔，"文化大革命"开始了，不得不中止。"文化大革命"结束后，由于一些同志的催促，才在《黑格尔〈小逻辑〉绎注》一书完稿之后，正式开始写这本书。他说，如果在"文化大革命"前就完成了论黑格尔精神哲学的写作，那肯定是一堆"大批判"，不可能以现在这样的面貌出现，也谈不上把握黑格尔精神哲学的精髓。

《论黑格尔的精神哲学》出版后，张先生的研究重点虽然已不在康德、黑格尔哲学，但由于出版界的需要，他又应约写了《自我实现的历程——解读黑格尔的〈精神现象学〉》一书（山东人民出版社，2001年）和几篇有关黑格尔的专文，它们代表了改革开放的新时期张先生对黑格尔哲学研究的新观点。

我们知道，黑格尔的整个哲学体系是由三个部分组成的："逻辑学""自然哲学"和"精神哲学"。他的《哲学全书》的第一版出版于1817年，其中就包括了《逻辑学》（我国学术界称之《小逻辑》）、《自然哲学》和《精神哲学》这三部分。在这之前的1807年，黑格尔还出版了《精神现象学》一书。其实，这本书才是黑格尔著作中最重要，也最具有当代相关性的著作。正如马克思所指出的那样，它是"黑格尔哲学的真正诞生地和秘密"[1]，是"黑格尔的圣经"。但改革开放以前，学术界大多数人重视的都是《逻辑学》，改革开放后则对《精神现象学》逐渐重视了起来。这种状况之

---

[1] 马克思：《1844年经济学哲学手稿》，人民出版社，2000，第97页。

所以产生，并不难理解。因为无论是马克思，还是列宁，都非常重视黑格尔的"逻辑学"。列宁有一句名言："不钻研和不理解黑格尔的全部逻辑学，就不能完全理解马克思的'资本论'"。① 所以，大家都认真地读黑格尔的《逻辑学》。改革开放后，之所以对《精神现象学》重视了起来，是因为这本书的内容更能体现黑格尔哲学的精华，而且与当前思想界所面临的许多亟待解决的问题的关系更为紧密。看起来似乎是关注这本书或那本书，实质上与特定时期所要解决的问题相关联。张先生在《自我实现的历程——解读黑格尔的〈精神现象学〉》一书中，把黑格尔的《精神现象学》一书解读为一部描述人为了实现自我、达到"主客同一"所必须通过的战斗历程的伟大著作，其主要特点之一是强调自我实现之历程的漫长性、矛盾性和曲折性。张老师在1949年以后的30年的时间中，他自己和同时代学人所经历的人生沧桑，使他深深领会到：哲学的中心问题应该是对人的追问。在黑格尔看来，人的本质是精神，是自由；因而他把论证人的自由本质，看作哲学的"最高目的"，并且把"精神哲学"看作"最高的学问"。

张先生对黑格尔哲学的整体把握和评价，当然也有一个新的转变。和"文化大革命"前着重批判黑格尔哲学的唯心主义不同，他现在更多地强调黑格尔哲学对他去世后的西方现当代哲学的积极作用和影响，强调学习黑格尔哲学中关于人的主体性和自由本质的意义。张先生认为，黑格尔哲学既是西方传统形而上学的顶峰，更蕴含和预示了传统形而上学的颠覆和现当代哲学的某些重要思想。例如，现当代现象学的口号"回到事情本身"，其内涵和实质就可从黑格尔《精神现象学》序言关于"实体本质上即是主体"的著名命题中，得到真切的理解和说明。黑格尔的《精神现象学》突出地体现了他对西方传统的"主客二分"思维方式的批判，为西方现当代哲学中"人与世界融合为一"的基本思想铺垫了宽广的道路，对现当代"现象学"的建立起了积极的作用。过去人们总爱说：黑格尔是西方传统形而上学之集大成者，其实，现在我们更应该说，黑格尔是他死后的西方现当代哲学特别是人文主义思潮的先驱。因为"现当代许多批评黑格尔哲学的大哲学家们，往往是踩着黑格尔的肩膀起飞的"。②

---

① 《列宁全集》（第38卷），人民出版社，1959，第357页。
② 黑格尔：《逻辑学》（哲学全书第一部分），梁志学译，人民出版社，2002，中文版序，第14页。

作为哲学家：张先生提出了
以"万物一体"为核心范畴的新哲学观

我与张先生的真正有所交往，并且在思想上有了无拘束的、坦诚的交流，是在离开母校将近 50 年之后的 21 世纪初。

2002 年的某一天，我在书店看到了一本北京大学出版社出版的新书：《哲学导论》。开始有些疑惑，心里犯嘀咕：张先生是搞西方哲学史的，特别是研究黑格尔哲学的。他长期以来都是在培养西方哲学史专业的研究生，怎么突然会写起《哲学导论》来了呢？会不会是另一位与张老师同名的作者呢？但是，在翻阅几页之后，这个疑问很快就消除了。我毫不犹豫地买回此书，抽空仔细地读了一遍，感到很新鲜，许多观点都是我以前未曾接触过的。

2003 年夏天，我到北京时，曾经专程到北京大学中关园教师宿舍，拜访了张世英老师。当时，他也许有些奇怪，怎么毕业多年、平时并没有交往的老学生会来到他的家中呢？谈话之间，张先生知道，原来我是为了探讨他写的那本《哲学导论》而来。于是，他也说了他的思想历程，特别是他自 20 世纪 80 年代以来，进行中西哲学比较研究，提出他的新哲学观的若干情况。张先生说，20 世纪 80 年代初，我国哲学界开始讨论"主体性"问题。本来，"主体性"问题，是和人与世界万物的"主客二分"关系联系在一起的。人生在世，关于人与世界的关系问题，有两种不同的基本态度或关系，从而形成了两种思维模式：一种认为是"天人合一"或"万物一体""万有相通"，把人与万物看成彼此内在、相互融合、相互贯通的关系；另一种认为，人与万物彼此外在，人通过"认识"这个桥梁，来把握万物的本质与规律性。"主体性"的问题由此而凸显。但是，在当时，许多人只是从主观能动性这个角度来理解"主体性"，不少人甚至把"主体性"与"主观片面性"混为一谈。在这种思维框架下，哲学问题被归结为仅仅是"主客二分"的关系问题。许多人并不了解，"主客二分"关系问题，以及与之相联系的"主体性"问题，在西方现当代哲学中，已经成为过时的概念了。因此，他们把诸如"主体死亡"的口号，视之为"奇谈怪论"。这种状况让长期从事西方哲学史研究的张先生感到困惑；同时，也激发了他集中地研究以下问题的浓厚兴趣。这些问题包括：人对世界万物的关系，是否只是主体对客体的关系？西方传统哲学的主客关系问题，是否能够囊括哲学问题的全部？中国传统哲学能用"主客二分"的模式来涵盖吗？中国哲学今后的发展，将与西方现当代哲学发生什么样的相互作用和影响？这些问题集中起来，可以归结为两个问题：一是哲学何为？二是中国哲学向何处去？

为了研究上述问题，张先生集中阅读了中国传统哲学，特别是道家的著作，① 以及西方现当代哲学家尼采、狄尔泰、海德格尔、迦达默尔、德里达等人的著作。在此过程中，张老师把中西哲学的发展线索，以及各自的一系列特征做了横向比较；又把中西哲学的各大流派的思想观点，放在整个人类思想发展的同一条历史长河中，对它们做了纵向的考察。张老师所提出的新的"万物一体"（或"万有相通"）观，并不同"主客二分"关系相对立，而是包括它，并超越它的、高级的"万物一体"（或"万有相通"）观。他同西方古代希腊早期哲学，以及中国古代的"天人合一"或"万物一体"观的关系，也并不是简单的重复，而是一种"否定之否定"。

相对而言，20世纪50年代以来大约半个世纪的时间内，我国哲学界（包括我自己在内）所广为宣传和奉行的观点，基本上是以"主客二分"关系为基本模式而派生的。正因为这样，像我这样长期从事哲学教学与研究的人，看到《哲学导论》后，才会感到那么的新鲜！如果用"振聋发聩"四个字来形容，也许并不太过分。

2004年5月，广西师范大学出版社又推出张先生的《新哲学讲演录》作为"大学名师讲课实录"系列之一。很快，张先生寄一本书送我。这本书的基本内容与《哲学导论》大体相同，有增有减，但它是由录音整理而成。每次讲课后，听课者（学生，包括一些旁听的教师）的提问和张老师的回答，都"原汁原味"地整理出来，附于每讲之后。我读了这本讲演录，感到它的内容更为具体、更加生动。

---

① 张先生在这个时期有一种回归老庄思想的精神家园的感触。他在《"羁鸟恋旧林，池鱼思故渊"——我的追求》一文中，简要地描述了他从最初想学习自然科学到后来改而学习社会科学、从读经济系转为读哲学系，再从前期研究黑格尔哲学到后期研究尼采、海德格尔以及中国的传统哲学思想的心路历程。他在引用了基尔凯郭尔说的"一个人自己的思想是他生活的家"这句话后，接着说："我从黑格尔转向尼采、海德格尔、道家和陶渊明，使我恍惚想到了自己的家。'羁鸟恋旧林，池鱼思故渊'。陶渊明不愿'以心为形役'而赋《归去来辞》；海德格尔因不甘'沉沦'而思回归'本真'。古今中外，诗人与哲学家，颇有异曲同工之妙。我在外飘游的时间已经太久了，也思恋自己的家，但家究竟在哪里？我仍觉茫然。也许我只能在思家的路上不断追寻，而永远找不到家。"（参见董驹翔等编《哲人忆往》，中国青年出版社，1999，第140页）

张先生通过他所著的《哲学导论》（北京大学出版社，2002）和《新哲学讲演录》（广西师范大学出版社，2004），以及在此之前出版的《天人之际——中西哲学的困惑与选择》（人民出版社，1995）和《进入澄明之境——哲学的新方向》（商务印书馆，1999）等几部书，把他在近20多年来所形成的新哲学观全面、系统地展示在广大读者面前，从而完成了他从哲学史家到哲学家的转化历程。

记得《哲学导论》出版后，上海《社会科学报》（2003年5月29日）上刊载了该报记者的一篇专访。标题为：《智识之中的从容》，副题是：《黑格尔研究专家张世英谈中西哲学的会通》。其中记者讲到了《哲学导论》这本书，并且尖锐地问道：这本以"万物一体"为主纲来开展整个哲学体系的新著，"和当前高校盛行的马克思主义哲学教科书体系迥然不同，这是否意味着是一种不同质的哲学？"张先生对此作了明确的回答。他说："如果说我讲的这套东西是和'当前高校盛行的马克思主义哲学教科书体系迥然不同'，那我倒是敢于承认的；但我不敢说这是与马克思主义'不同质'的哲学。"

作为一个学生，在我的求学生涯中，遇到的老师虽然很多，但使我钦佩而且能在毕业后继续保持联系、继续让我受益的并不太多。张先生则是其中的一位。对于他的哲学思想，人们完全可以见仁、见智，但他那种"生死以之"做学问的精神，以及他善于听取包括学生在内的不同意见的虚心态度，不能不让我感动和佩服。我虽然已经退休多年了，但还在从事力所能及的教学工作。只要我还在搞一点教学，仍然要像张先生那样，不断充实自己，发挥余热，认真做事，善待学生。

载《问道》2009年（总第3辑），其中部分内容
先期在《中华读书报》2009年1月14日发表

[作者附记]

《中华读书报》（周报，光明日报报业集团主办）从2009年1月14日起，在"文化周刊"的总标题下，以第14版的位置，新开辟了"出版史"栏目，并写了如下的"编者按"：

一本书有一本书的来龙去脉。当它问世，自有其与文本和年代关联的命运。每一本书背后，总聚集着很多人的心血与智慧，有些在书中得

以呈现，有些则随书页开合湮没在时间烟尘里。我们的阅读记忆自然与铺陈在光阴中的书籍不可分割。出版史就是由这些和书相关的人物与往事写成。时至今日，我们不是了解得太多，而是领悟得太少，那些掉落在书架上、书页里隐没的片段，仿佛泛着书香的珠玑，等待我们去一一捧出、串起。

五　哲学与科学

重新审视"李约瑟问题"

——从中西文化哲学差异的视角

"李约瑟问题"即人们常常提到的:"既然中国古代科学技术曾长期比西方遥遥领先,为何近代科学却没有在中国出现呢?"这个问题对于研究中国文化史、哲学史和科技史的学者来说并不陌生。它的实质是:应当如何评价中国古代的科学技术?中国古代的科学传统的背后,有着什么样的哲学思维方式和文化背景?它与西方古代的科学传统及其哲学、文化之间,存在着什么样的差异?从这个意义上说,"李约瑟问题"就不仅是个科技史的问题,更重要的是关乎中西哲学和文化之间比较的问题了。

"李约瑟问题"的提出及其基本内涵

李约瑟(Joseph Needham)是英国著名的科学家和科学史家,原名约瑟夫·尼达姆,是个生物化学专家,"李约瑟"是他的中文姓名。他以毕生的精力,和他的合作者一起,终于完成了七大卷二十多分册的巨著《中国科学技术史》(Science and Civilisation in China,直译为《中国的科学与文明》)。"李约瑟问题"(the Needham question)正是他在研究、论及中国古代科技史时提出的一个问题:"既然中国古代科学技术曾长期比西方遥遥领先,为何近代科学却没有在中国出现?"他在该书英文著作第一卷(1954年)中,正式表述这个问题。在该书的序言中,他这样写道:

> 中国的科学为什么持续停留在经验阶段,并且只有原始型的或中古型的理论?如果事情确实是这样,那么在科学技术发明的许多方面,中国人又怎样成功地走在那些创造出著名"希腊奇迹"的传奇式人物的

前面，和拥有古代西方世界全部文化财富的阿拉伯人并驾齐驱，并在3到13世纪之间保持一个西方所望尘莫及的科学技术水准？中国在理论和几何学方法体系方面所存在的弱点，为什么没有妨碍各种科学发现和技术发明？中国这些发明和发现往往远远超过同时代的欧洲，特别是在15世纪之前更是如此。欧洲在16世纪以后就诞生了近代科学，这种科学已经被证明是形成近代世界秩序的基本因素之一，而中国文明却未能在亚洲产生与此相似的近代科学，其阻碍因素是什么？

李约瑟之所以提出上述问题，是基于中国科技"长期优胜"这样的认定，这既是"李约瑟问题"的基本前提，也是他毕生从事中国古代科技史研究和创作的巨大原动力。他还认为，"现代科学是由传统世界所有民族的贡献造成"，无论是从古希腊或罗马，从阿拉伯世界，或者从中国和印度的文化，"这些贡献都不断地流注到它里面去"。形象地说，如果"现代科学"是"大海"的话，那么，一切民族文化在古代和中古所发展出来的科学，就像是"众多河流"，其结果是"殊途同归"，"百川朝宗于海"，最后会汇聚在"现代科学"之中。他认为，中国和西方的科学传统走的是同一条路，而且"科学"作为一种特殊的对象，可以从不同的民族文化的整体脉络中抽离出来，这样一来，当然能够进行"优胜"或"落后"的比较。

这就涉及一个根本性的问题：究竟如何评价中国古代的科学技术？不同民族各自的科学传统与该民族的文化传统、哲学背景之间，究竟是什么样的关系？

事实上，最早提出这个问题的人，并非李约瑟，而是中国的科学家和哲学家。早在20世纪20~30年代，就已经有人提出了类似的问题，并得出了相反的论断，认为中国古代并没有严格意义上的科学。

"任鸿隽问题"和"冯友兰—爱因斯坦问题"

任鸿隽先生是中国科学社的创始人，作为中国近代科学的先驱，早在1915年《科学》杂志的创刊号上，就发表了题为《说中国之无科学的原因》一文。他认为，中国之无科学，"第一非天之降才尔殊，第二非社会限制独酷。一言蔽之曰，未得科学之研究方法而已"。他所说的科学方法，就是指"演绎法"与"归纳法"。这两种逻辑方法对于科学而言，"如鸟之两翼，失其一则无为用也"。他把科学分为"广义"与"狭义"两种，认为，凡是具有分门别类的特征的知识，都可以属于"广义"的科学。但是，只有由"演绎法"与"归纳法"组织起来的、有系统的知识，才可以称之真正科学。这也就是他所说的"狭义"科学。他所谓的"中国无科学"，正是在这个意义上说的。因此，有的学者把这个问题称为"任鸿隽问题"。①

联系到前面所讲的"李约瑟问题"，人们不难看出，李约瑟所说的"科学"，不是任鸿隽所说的"狭义"的科学，而接近于"广义"的科学。只要把"科学"界定为"狭义"的科学，"李约瑟问题"与"任鸿隽问题"（即"为什么中国无科学"）是否能够兼容呢？换言之，如果把"科学"界定为"狭义"的科学，那么，李约瑟是否仍然会认为"中国古代科学技术曾长期比西方遥遥领先"呢？因此，有的学者认为，"李约瑟问题"与"任鸿隽问题"有着内在的联系，应该把"李约瑟问题"，更确切地称为"任鸿隽—李约瑟问题"。

1921年，正在美国哥伦比亚大学攻读博士的冯友兰先生，在该系的讨论会上，宣读了一篇题为《中国为何无科学——对于中国哲学之历史及其结果之一解释》的论文。此文后来在1922年4月发表于美国的《国际伦理学杂志》（三十二卷三号）上。事隔70多年之后，冯先生在《三松堂自序》中这样回忆道：

> 这篇文章的大概意思是：中国所以没有近代自然科学，是因为中国的哲学向来认为，人应该求幸福于内心，不应该向外界寻求幸福。近代科学的作用不外两种，一种求认识自然界的知识，另一种是求统治自然界的权力。西方近代哲学的一个创始人笛卡尔说："知识是确切"；另一位创始人培根说："知识是权力"。这两句话说的就是这两种作用。如果有人仅只是求幸福于内心，也就用不着控制自然界的权力，也用不着认识自然界的确切知识。②

正是因为东方和西方的人们在追求幸福的倾向上有如此的差异，所以，中国人虽然顺从自然，却没有发现逻辑方法；而西方人对抗自然，却发现了

---

① 陈晓平：《论"冯友兰—爱因斯坦问题"》，《中华读书报》2012年10月10日。
② 冯友兰：《三松堂自序》，人民出版社，1998，第192~193页。

逻辑方法。至于东西方人在追求幸福的倾向上，之所以有"向内"与"向外"的差别，则与他们各自的生存环境密切相关。中国是以农业为主的大陆国家，希腊是以商业为主的海洋国家（这点他在《中国哲学简史》中作了详细的说明）。

以上是中国学者的观点，国外的学者中，爱因斯坦的观点具有代表性。爱因斯坦在1953年给美国学者斯威策（J. S. Switzer）的信中，对中西科学进行比较，他这样写道：

> 西方科学的发展是以两个伟大的成就为基础：希腊哲学家发明形式逻辑体系（在欧几里得几何中），以及（在文艺复兴时期）发现通过系统的实验可能找出因果关系。在我看来，中国的贤哲没有走上这两步，那是用不着惊奇的。

从这封信中可以看出，爱因斯坦是非常重视西方科学中的用于数学的演绎逻辑和用于实验的归纳逻辑，因为数学与实验的结合，本来就是西方近代自然科学才具有的研究方法。这个方法西方人发现了，而中国人却没有发现，爱因斯坦认为，"那是用不着惊奇"的。实际上，如上所述，冯友兰也已经用自己的理解，从哲学的某个角度回答了这个问题。从这个意义上说，爱因斯坦问题与冯友兰的问题之间，也存在着内在的联系。

爱因斯坦认为中国没有科学，这里的"科学"是指现代科学，也就是任鸿隽所说的"狭义"的科学。这一点与冯友兰的问题中所指的是一致的。至于爱因斯坦是否知道冯友兰的文章并受其影响，我们无法做出证据确凿的断定，但从冯友兰的文章和相关的观点在西方的影响来看，也许我们并不需要去排除这种可能性。所以，有的学者把两人的观点联系起来，称之为"冯友兰—爱因斯坦问题"。①

"李约瑟问题"对中国学术界的影响

"李约瑟问题"的提出对中国学术界，特别是对中国古代科技史研究的影响是巨大的。在20世纪的后50年，许多研究者曾经从中国古代的经济状

---

① 陈晓平：《论"冯友兰—爱因斯坦问题"》，《中华读书报》2012年10月10日。

况、政治制度、文化结构、思维方法等不同的方面进行了探讨，虽然也得出不少有益的答案，但始终未能圆满地画上句号。有一点应该指出的是：相关的研究基本上是在认可"李约瑟问题"的框架中进行的。这里仅举两个有代表性的论著作为证。

一本书是科学出版社1982年8月出版的《中国科学技术史稿》（上、下两册）。这是中国科学院自然科学史研究所的一项重大科研成果，由杜石然等六位专业研究人员用了三年时间集体编著而成。全书的"结语"讨论了四个问题，其中第四个问题就是"中国科学技术在近代落后的原因"。这里不妨引述几段：

> 中国古代的科学技术成就是极其光辉灿烂的，在一个相当长的历史时期中居于世界领先的地位。
>
> 近代中国科技长期落后的根本原因是由中国长期的封建制度束缚所造成的，而近代科学之所以能在欧洲产生，其根本原因也是由于新兴的资本主义社会制度首先在欧洲兴起的结果。
>
> 近代科学之所以不能在中国产生，不能单纯地从中国古代科学技术体系的内部原因去寻找。这个问题归根结底是和资本主义何以在中国始终得不到发展紧密联系在一起的。
>
> 很多人以为近代科学之所以未能在中国产生，是因为中国缺乏像古希腊哲学中的那种形式逻辑体系，如著名的欧几里得几何学那样的体系；还因为中国也缺乏文艺复兴以来所提倡的那种经过系统实验以找出自然现象得以发生的因果关系的精神。这个论断当然是有一定道理的，但却不很全面。因为它并不能解释更多的问题。①

另一本书是陕西科学技术出版社1983年6月出版的《科学传统与文化——中国近代科学落后的原因》。这本会议论文集汇集了1982年中国科学院《自然辩证法通讯》杂志社在成都召开的关于"中国近代科学落后的原因"学术讨论会上的24篇论文。无论会议的召开还是论文集的出版，在当时都引起了很大的反响，明显地体现出"李约瑟问题"的影响力。

文集由范岱年先生做序，"序言"指出，要探讨中国近代科学落后的原

---

① 杜石然等：《中国科学技术史稿》（下册），科学出版社，1982，第330~331页。

因,"有必要把科学的内部史与外部史的研究结合起来,把科学技术史的研究与经济史、政治史、文化史的研究结合起来"。① 这是一个具有指导性的观点。论文集的最前面有 8 篇论文,都是从整体上讨论问题,带有总论性质,起着领头的作用。其中金观涛等人的论文明确指出,"在历史上长达千余年的时期内,中国科学技术曾处于世界领先地位,并对整个人类文明做出了许多有决定性影响的贡献;但在近三、四百年中,西方科学技术飞速发展,远远超过了中国"。论文采取统计的方法,以量化分析为手段,从"科技结构"与"社会结构"的相互关系,解释了李约瑟所描画的"中西科学发展示意图"。② 这篇论文以及戴念祖等人的其他论文,在试图回答"李约瑟问题"方面,做出了难能可贵的努力,也说明在当时,我国学术界对于"李约瑟问题"是充分认同并深信不疑的。

"李约瑟问题"提出后,由于"李约瑟问题"本身蕴含着把"广义"科学与"狭义"科学在一定程度上相混淆的弊端,这就使他无法充分认识到,无论是中国哲学家冯友兰以及西方科学家爱因斯坦,都已经比他更早地,也更深刻地提出了类似的问题。这就使得李约瑟误认为,爱因斯坦贬低了中国古代科学;对于冯友兰在 1921 年宣读的题为《中国为何无科学——对于中国哲学之历史及其结果之一解释》的论文,李约瑟则认为,"中国缺少的不是科学,而是现代科学",因此,冯先生提出的问题"根本便提错了"。但事实是:冯友兰和爱因斯坦他们所讲的"中国无科学",都是说中国古代没有"狭义"的科学,并没有否认中国古代有"广义"的科学。

其实,中国古代拥有的只是如李约瑟自己所说的:"停留在经验阶段,并且只有原始型的或中古型的理论",这只是广义上的科学,与西方用于数学的演绎逻辑和用于实验的归纳逻辑的近代科学,完全不可同日而语。当人们明白了这个区别之后,对"李约瑟问题"发生质疑,也就是不可避免的了。

对"李约瑟问题"的质疑

2009 年 4 月三联书店出版的陈方正先生写的一部西方科学史著作,名

---

① 《自然辩证法通讯》编辑部:《科学传统与文化——中国近代科学落后的原因》,陕西科学技术出版社,1983,序言第 4 页。
② 《自然辩证法通讯》编辑部:《科学传统与文化——中国近代科学落后的原因》,陕西科学技术出版社,1983,第 3~5 页。

为《继承与叛逆——现代科学为何出现于西方》。此书从另外一个崭新的视角对"李约瑟问题"问题提出了质疑,并以丰富的西方科学发展的史实做出了自己的回答。有的评论者认为,该书最重要的新颖之处在于:"作者摆脱了'为何近代科学却没有在中国出现'这个虚幻的问题之后,转而关注'现代科学为何出现于西方'这件事情。"[1]

陈方正先生的这个思路与美国教授席文(Nathan Sivin)的想法颇为吻合。这位以研究中国科学史著称的美国学者,曾经是李约瑟的紧密合作者,针对李约瑟所提出的问题,他明确指出,关于历史上未曾发生的问题,我们恐怕很难找出其原因来。尽管"现代科学为何未出现在中国"与"现代科学为何出现在西方"是一个问题的两个方面,但是,与其追究"现代科学为何未出现在中国",不如去研究"现代科学为何出现在西方"。[2]《继承与叛逆》这部著作之所以采用"现代科学为何出现于西方"作为副标题,也许就是为了要摆脱"为何近代科学却没有在中国出现"这个问题。

客观地说,"为何近代科学却没有在中国出现"这个问题是个"虚幻的问题",或者说,是个"伪问题"。何以见得?因为"李约瑟问题"的前提是:"中国古代科学技术曾长期比西方遥遥领先",正是在认定了这个前提的基础上,才有可能来问后一句所表达的问题,即"为何近代科学却没有在中国出现?"那么,李约瑟所认定的这个前提,即"中国古代科学技术曾长期比西方遥遥领先",是否成立呢?这个前提是否因为是李约瑟说的就自然而然地成立,而无须加以论证呢?陈先生认为,这个问题的前提并不能够成立。

"中国古代科学技术曾长期比西方遥遥领先"这句话,其实还暗含着另外一个前提,就是:古代中国与古代西方的科技是可以通约的、可以直接拿来比较的。但是,这个前提更是需要论证的。但它至今没有得到论证。

陈先生并不认同李约瑟的这个未经论证的观点,他认为,自然科学的研究传统无不扎根于其独特的文化整体之中,绝不可能离开其文化母体而被充分认识。古代世界出现的几个古老的文明民族,它们的科学技术发展所走的

---

[1] 江晓原:《中国的"川"有没有入世界的"海"?——评陈方正〈继承与叛逆〉》,《南方周末》2010年1月14日。

[2] *China Review International*, Vol. 12, No. 2, Fall 2005, p. 300.

路径是互不相同的,因而是不可比的。著名学者余英时先生赞成这个观点,在该书"序言"中说:中西两种科学,"同名而异实",不能用同一标准加以测量或比较,犹如围棋与象棋都是"棋"类而各自规则不同,既然我们不可能说"某一围棋手的'棋艺'曾长期领先某一象棋手",当然也不可能说"中国古代科学技术曾长期比西方遥遥领先"这样的话了,中西科学之间也就"无从发生'领先'与'落后'的问题"。①

余英时先生指出,"李约瑟问题"之所以会被李约瑟提出来,当然是由于李约瑟认为,古代中国在科技发展方面所走的道路与西方所走的是同样的,而且是走到了前面。余先生回顾:早在1974年,李约瑟他就说过,"现代科学"与一切民族的文化和在古代所发展的科学的关系,可以看作"大海"与"百川"的关系,而"百川"终将"朝宗于海"。余英时先生在"序言"中,根据中国近代历史上同文馆设立天文算学馆的事实,认为到19世纪时,"中国原有的科技成就在西方最新的发现和发明面前已经'瞠乎后矣',因此并未发生多少接引的作用。李约瑟所想象的'百川朝宗于海'的状况根本未曾出现"。②

《继承与叛逆》一书的作者认为,现代科学之所以出现在西方,不曾出现在中国,这绝对不是偶然的,而完全是必然的。西方的古代和西方的现代是一脉相承的,古希腊所固有的科学精神和理性主义的传统与西方近现代科学成就之间,有着一条思维模式和科学传统的"纽带",这条"纽带"是不可被割断的。西方科学从古代希腊到现代,作为一个完整的学术体系,它"是一脉相承、推陈出新而发展出来的"。与此相应,中国古代的科学是与中国古代的哲学观念与思维方式相匹配的。徐光启这位曾由利玛窦口授译出《几何原本》的明末著名学者,在比较了中国《九章算术》与西方数学之后,明确指出:两者"其法略同,其义全阙"。这里的"法"似可指计算技术的运用,"义"似可指原理的推导证明。

长期以来以"天人合一"思维模式为主导的中国古代哲学,以直觉思维和综合方法为特征的中国古代科学技术,尽管曾经出现过国人引为自豪的"四大发明",但由于缺乏近代科学所特有的研究方法,虽有技术层面的发

---

① 余英时:《陈方正〈继承与叛逆〉》序,见陈方正《继承与叛逆——现代科学为何出现于西方》,生活·读书·新知三联书店,2009,第XVII页。
② 余英时:《陈方正〈继承与叛逆〉》序,见陈方正《继承与叛逆——现代科学为何出现于西方》,生活·读书·新知三联书店,2009,第XXI页。

明而短于对基本原理的精确探讨，它们与西方近现代科学之间，存在非常明显的差别。

中国古代的自然哲学与整体思维对科学技术发展的影响

宇宙起源或本原的问题是自然哲学研究的首要问题，也是历代哲学争论的中心之一。春秋战国时期，人们普遍地以自然化的"天地"代替人格化"天帝"的地位。哲学家们纷纷提出了各种不同类型的宇宙发生论，初步形成了以"道"为核心，以太极、气、阴阳、五行、八卦诸说为线索，以道家、儒家的自然哲学为支柱的、独具特色的自然哲学体系。

当时人们比较普遍地接受这样一种关于宇宙发生秩序的观点：天生阳气，地生阴气，二气相合，产生万物。但进一步的看法则存在分歧：有一部分人认为，在天地之前，还有一个更早的存在物。例如，《老子》以"道"为本原，提出"道生一，一生二，二生三，三生万物"；《易·系辞传》以"太极"为本原，提出"太极生两仪，两仪生四象，四象生八卦"的宇宙进化图式。另一些人却不这样认为，例如，《管子》的《内业》等四篇以"精气"为本原，《水地》篇则以水为本原。但无论如何，中国古代自然哲学的基本观点或基础原理是阴阳五行学说，这是没有疑义的，也是许多中国哲学史研究者的共识。

中国古代的"五行"学说与西方古代哲学中曾经出现的"元素"说的不同之点在于：它们不是实指五种物质，而是五种属性或功能。它们可以与一年之中的季节、空间的方位、天干、地支、星辰、音律、人的五脏、五官、情绪，以及人类社会中的许多事物、现象等相对应。

那么，如何评价上述中国古代的哲学思想和科学思维呢？

在西方的学者中，例如，美国学者托比·胡弗在《近代科学为什么诞生在西方》一书中，就有这样的评论：

> 在大多数科学领域，中国都是沿着自己的路线独立发展起来的。中国与印度之间有着交流，中国与中东的阿拉伯之间也有着交流，但这些在中国并没有引起多大改变。中国人几乎对亚里士多德、欧几里得、托勒密或盖伦一无所知，而这些大师的著作，特别是经过阿拉伯人修订和增补之后，却成了现代西方科学发展中的主要出发点。

中国数学和科学思想的不足之处在于，它缺乏如欧几里得的《几何原本》、托勒密《至大论》和《行星假说》的行星模型中所包含的论证逻辑。同样地，中国在约13世纪以前一直都缺少阿拉伯—印度数字体系及数字零。

在中国，知识分子的形象首先是而且最重要的是一个开明的并且在伦理道德方面遵循传统的人。……他们关注的焦点是人与社会秩序，即小宇宙，而不是自然和大宇宙。……从古至今，中国曾三度遭遇西方科学：17世纪耶稣会士带来的西方科学；19世纪晚期英美传教士带来的科学；以及辛亥革命后中国主动拥抱的"赛先生"。……中国并没有经历一场真正的科学革命而仅在数理天文学方面发生了一次小转变。①

托比·胡弗的上述评论讲的是符合实际的。在中国古代，一般地说，儒家特别重视伦理道德的研究，主要讲人伦社会，始终把注意力集中于人类社会，以道德为人生的最高境界和人生最高意义之所在，讲的都是些"应然"的道德规范、道德教条，而非"已然"的客观法则。因而对自然科学技术的发展的促进作用相对不足，这应该是事实。

道家哲学与儒家哲学相比较，对科学技术发展的作用，当然有其贡献。道家由于主张人根源于自然，也应回归自然，因此，道家思想从本质上就蕴含着对自然研究的重视。没有道家的哲学理论基础，很难想象有中国古代的科学技术。在道家思想的来源中，本来就包括"方术"在内，而方术与早期的科学技术是不可分的。尽管道家与儒家之间，存在着上述区别，但他们都是信奉"天人合一"，崇尚整体思维，缺乏西方那样的理性主义的科学分析的精神，这是毫无疑义的。例如，庄子主张"六合之外，圣人存而不论"，而且还发出这样的叹息："吾生也有涯，而知也无涯，以有涯随无涯，殆已。"这种认识和态度对科学的发展，无疑是极其有害的。

中国早在公元前约21～16世纪的黄帝时代，就有了由传说中的神农氏、有巢氏、燧人氏那里世代继承下来的、相当发展的农副业生产、制陶、冶炼等技术了。现在人们关心的是：在上述这些科学技术的背后依托着什么样的

---

① 托比·胡弗：《近代科学为什么诞生在西方》，北京大学出版社，2010，第45、46、47、336、337页。

文化、哲学背景？取得这些成就在思维方式上有着什么样的特点？

中国学者纪树立先生在《整体思维与形式思维》一文中，把它们定义为一种"原始思维"，这种思维也可以说是一种还没有从行动中分化出来的"前思维"，或者如同马克思所说的，是"一个混沌的关于整体的表象"。这些科学知识和高超的技艺都是建立在"人间—天上""现世—来世"的直接关联的观念上，它集中地反映了这些古代民族所特有的"天人合一"的文化理念。① 虽然由这种"原始思维"方式所规定的原始科学，曾经是"中国科学和西方科学的共同祖先"。但是，当人类逐步从原始的整体表象中挣扎出来以后，似乎是沿着两个方向往更高级的思维提升：一个方向是继续对世界进行整体的把握，从原始思维的"整体表象"提升到"整体思维"；中国科学技术的发展大体上走的是这一条道路。另一个方向是直接跃进到逻辑运演的"形式思维"，众所周知，这是西方科学技术所走的道路。从《继承与叛逆——现代科学为何出现于西方》一书关于"一个传统""两次革命"的阐述中，我们可以看到关于这条发展道路的大致轨迹。

所谓"一个传统"是指从古希腊到现代，西方科学以"数学化"为主要特征、数学和物理学为终极基础。第一次革命是指古希腊时期的"新普罗米修斯革命"，它是以精确的数学研究来探求宇宙的奥秘，天文学与物理学便是成绩最为卓著的两个部门。第二次革命发生在十六七世纪，它出现的一系列突破性飞跃是众所周知、耳熟能详的。第二次革命在性质上仍与古希腊科学一脉相承、同条共贯。

原始思维的"整体表象"与"整体思维"虽然它们都是从整体出发，但两者之间是有区别的，区别在于"它们代表着人类思维发展的不同阶段，标志着人类自觉性的不同水平：从一种半本能的行为模式跃升到一种自觉意识的理论思维形式"。前者是"物我不分的原始混沌"，后者则已经"把自己同自然界初步分离出来"了。笔者基本上赞成纪先生的说法，但在此愿意强调的是：这种分化仅仅是"初步"的、十分有限的，因为中国古代从先秦时期到鸦片战争之前，占主导地位的思维方式一直是"天人合一"，如果主体完全与客体相对立，自我完全从自然界中分化出来，那就不是"天人合一"的思维方式，而是"主客二分"的思维方式了。

---

① 纪树立：《整体思维与形式思维》，载李志林等《中西哲学比较面面观》，华东师范大学出版社，1988，第57~59页。

在"天人合一"这个思维模式中,人与自然、主体与客体、心与物的统一是不言而喻的。本体论、认识论、价值论浑然一体,不可分裂。在这个整体性的大系统中,"天"与"人"的关系是最基本、最广泛的关系,中国古代的"天人合一",在有的哲学家(例如董仲舒)那里,是以"天人感应"来表达,又增添了若干神秘的色彩。无论是"天人合一"还是"天人感应",都绝不仅仅是精神世界中的哲学玄想,它直接调节着全部中国科学的生长。这是它的一个最根本的特点。不仅天文、历算几乎是直接记录和运用了这种感应,炼丹的成败大致也主要取决于术士甚至委托人的心境和品行;而且,中国医学的基本思想是调节天人关系,以及由此引起的人体内部脏腑经络之间的关系。"天人合一"这种思维模式影响并铸就了中国古代的科学思想,从而形成了与西方截然不同的科学传统。

这种深刻地影响并调节着中国古代科学发展的整体思维,不是把研究对象从普遍联系中抽取出来,加以简化之后再进行研究,而是面对这个无所不包的整体并参与其中,直接去感受与领悟。以这种整体思维为特征的中国古代科学,当然难以通过抽象思维的逻辑过程,找出若干简单的规定,再运用归纳或演绎,构建出合乎逻辑的理论体系。它总是经常超出于"逻辑—语言"的表达范围,而走向"书不尽言,言不尽意"的境地。既然这种"意会"的知识是从"体会""体验"或"领悟"中得来,当然可以更多地与经验技巧相融合,而不一定都要经过严格的逻辑程序。这样,整体思维虽然没有遵循严格的逻辑程序去重建合乎逻辑的理论体系,而是与经验技能相结合,融汇成具有自身特色的科学成就。这种"整体思维"与"经验技能"两维互补的思维结构,是中国古代科学发展赖以实现的独特的思维结构。这就是中国古代整体思维、直觉思维对科学技术发展所产生的影响。

懂得了中国古代哲学、文化的这个特色,就可以理解:为什么中国古代科学发展的先后顺序,不像西方科学那样,先从研究最简单的机械运动形式开始,然后再遵循简单到复杂的原则与顺序,再到物理、化学、生物等运动形式;而是一开始就可以在研究复杂的生命运动形式的农学、医学中取得卓然的成就。懂得了这个特色,也就可以理解:为什么中国古代足以自豪的"四大发明"都是技术工艺形态的科学,而不是以抽象思维为特征的、由逻辑理论为框架的理论自然科学?懂得了这个特色,还可以理解:为什么说,中国古代科学与西方传统科学走的不是同一条道路,它们之间当然是难以直接进行简单的比较。"李约瑟问题"之所以会受到质疑,其根本原因与致命之点正在于此。

重新审视"李约瑟问题"后的启示

从前面的阐述中,我们知道,中国学术界对中国古代科学技术的评价,经历了一个否定之否定的曲折过程。在 20 世纪上半叶,通过在西方留学的知识分子而产生出"中国古代无科学"的最初印象;但在 20 世纪的下半叶,受"李约瑟问题"的巨大影响,从而认为中国古代科学比西方优胜并长期"遥遥领先",这是一次否定;21 世纪以来,对"李约瑟问题"发生了疑问,开始对中国古代科学技术有了新的评价,这是一个否定之否定。当然,这虽然仅仅是个趋向,但值得注意。

顺便说一句:关于中国古代科学比西方优胜从而支持"李约瑟问题"的认识,在西方学者中并不多见,他们赞赏李约瑟关于中国古代科学技术的实证研究,并不认同"李约瑟问题"。这一点与中国学术界不同。而中国学术界那么直截了当地赞同"李约瑟问题",其原因是相当复杂的。这与李约瑟本人投身于中国古代科学技术的实证研究所表现出来的热情、毅力和所取得的巨大成果,以及与他对中国人民的友好态度、中国政府给予他的崇高评价与隆重礼遇,都不无关系。所有这些,都是可以理解的客观事实。

在如何评价中国古代科学技术的问题上,牵涉到在科学发展的过程中,"内史"(科学发展的内在要素)与"外史"(科学发展的外部原因)哪个更为重要?粗略地说,如果认同"李约瑟问题",很自然地认为"外史"比"内史"更重要,甚至把近代科学何以不能在中国古代产生,与资本主义何以在中国始终得不到发展,两者紧密地联系在一起。如果并不认同"李约瑟问题",很自然地认为"内史"比"外史"更重要,顺理成章地着重于揭示中国古代科学技术所依据的科学传统与中国古代的文化背景、哲学思维之间的相关性与不可分割性。

从世界范围来看,哲学思维模式存在"天人合一"与"主客二分"两种。中国古代是以"天人合一"模式为主导,西方从柏拉图以来,就开了"主客二分"模式的先河,到了近代哲学,更是以这种模式为统领,涵盖哲学领域的各个方面。它是和西方的科学传统紧密地联系在一起的。没有西方哲学"主客二分"的思维方式,就不可能有西方的科学传统,更不可能出现西方历史上所发生的科学革命。在"天人合一"的哲学思想框架下,以"整体思维"为特征的中国古代科学,与以"形式思维"为特征的西方科学,走的是完全不同的思维道路。

中国在走向现代化的征途中,为了发展现代科学技术事业,非常需要学习西方的科学技术,而要达到这个目的,就要学习西方的"主客二分"的思维模式,以及由此而来的现代科学知识、科学方法和科学精神!充分认识中西方在文化、哲学、科学方面的差异,取其所长,避其所短,既要反对民族虚无主义,又要摒弃盲目自大的国粹主义,正是我们在重新审视"李约瑟问题"时所得到的应有的启示。

原载《自然辩证法研究》(北京),2013年第11期

辩证自然观·生态伦理·生态文明

——兼论《自然辩证法》的理论价值和现实意义

恩格斯的《自然辩证法》手稿涉及的问题很多,包括自然界、自然科学以及科学研究的方法论、科学与社会关系等。由于相关问题书中已经有所阐明,不必全面论列。这里,仅就有关生态系统、生态伦理和生态文明的问题,做出必要的阐述,并由此论及《自然辩证法》一书的理论价值和现实意义。

为了阐述生态系统、生态伦理和生态文明的有关问题,不妨先回顾一下环境问题的历史发展。

人类环境问题在古代就有人提出来了,一些有远见的思想家早就强调对可再生资源的永续利用问题。管子曾说:"江海虽广,池泽虽博,鱼鳖虽多,网罟必有正,船网不可一财而成也。"[①]《吕氏春秋》讲得更明确:"竭泽而渔,岂不获得?而明年无鱼;焚薮而田,岂不获得,而明年无兽。"这说明对自然资源要取之有度,否则就会灭绝种群。当然,由于古代的生产力的发展水平低下,科技并不发达,对环境的影响和破坏毕竟是局部的、有限的。

自从工业革命以来,随着西方工业经济迅速发展,人类改造利用环境的能力极大地增强了。这就在给人类带来空前的物质文明的同时,也极大地恶化了人类的生存环境。全球性的环境问题,直接严重地威胁着人类的生存与发展。环境污染,酸雨毒雾的出现,温室效应,臭氧层破坏,森林资源锐减,水资源枯竭,土地资源和海洋受到破坏,能源危机,生物物种濒危与灭绝,等等。问题越来越多,越来越严重。

---

① 《管子·八观》。

其实，早在19世纪，恩格斯在《自然辩证法》中，根据当时已经出现的问题，对人类的生态环境危机提出了严重的警告。他说：

> 我们不要过分陶醉于我们人类对自然界的胜利。对于每一次这样的胜利，自然界都对我们进行报复。
>
> 我们必须在每一步都记住：我们统治自然界，决不像征服者统治异民族那样，决不同于站在自然界以外的某一个人，——相反，我们连同肉、血和脑都是属于自然界并存在于其中的；我们对自然界的全部支配力量就是我们比其他一切生物强，能够认识和正确运用自然规律。[①]

但是，实际情况的发展并不因此而向良性方面发展。20世纪以来，人类环境恶化，生态系统遭受破坏更为加剧的严酷事实，引起了更多有识之士的关注。20世纪60年代初，美国女科学家蕾切卡·卡逊出版《寂静的春天》一书，引发了一场环境意识的革命。曾任美国副总统的阿尔·戈尔说："1962年，当《寂静的春天》第一次出版时，公众政策中还没有'环境'这一条款……《寂静的春天》犹如旷野中的一声呐喊，用它深切的感受、全面的研究和雄辩的论点改变了历史的进程。"[②] 从那时起，公众对滥用自然资源，对工业生产污染所造成的公害，表现出极大的愤慨。环境问题，生态系统的维护，已经不是单纯的自然科学与工业生产问题，而是一种社会公德，一种为了人类生存而必须肩负的道德责任，它已经进入了伦理道德的范畴了。

从20世纪70年代开始，欧美国家环境保护运动，方兴未艾，高潮迭起。较早地将环境权作为基本人权见之于正式文件的是1970年美国总统尼克松的演说，以及1972年联合国通过的《人类环境宣言》。尼克松把"拥有清新的空气、干净的水源和开放的大地"，作为每一个美国人的"与生俱来的权利（birth right）"。而1972年6月5日至16日，其在瑞典斯德哥尔摩召开的"人类环境会议"所通过的《人类环境宣言》中，就环境权利问题明确地向全世界宣布："保护和改善人类环境是关系到全世界各国人民的幸福和经济发展的重要问题，也是全世界各国人民的迫切希望和各国政府的责

[①] 恩格斯：《自然辩证法》，人民出版社，1984，第304～305页。
[②] 蕾切卡·卡逊：《寂静的春天》，吉林人民出版社，1997年该书中译本。

任。""为了这一代和将来世世代代的利益,地球上的自然资源,必须通过周密计划和适当管理加以保护。"这个宣言实际上为"可持续发展"的思想和战略,奠定了初步的基础,提供了雏形。因为它指出了环境问题,不仅是当代人之间的相互关系问题,而且是当代人与子孙后代的关系问题。

也是在 1972 年,罗马俱乐部发表了研究报告《增长的极限》,第一次提出了地球的极限和人类社会发展极限的观点,警示人们在有限的地球上无止境地追求增长所带来的必然的悲惨后果。D. H. 米都斯在书中还对不可再生资源枯竭的前景做了若干预测。

20 世纪 80 年代,人们就开始对工业文明社会进行了初步的反思,各国政府开始将生态保护作为一项重要的施政内容。1981 年,美国经济学家莱斯特·R. 布朗在他所写的《建立一个可持续发展的社会》一书中,首先正式提出了"可持续发展"的问题。1987 年,联合国环境与发展委员会以《我们共同的未来》为题,发表了研究报告。这个报告对可持续发展作了理论表述,从而形成了人类建构生态文明漫长征途中的另一个纲领性文件。

1992 年 6 月,"联合国环境与发展大会"在巴西的里约热内卢召开了。这时,全球的环境继续恶化了,如果仅仅就事论事,单纯地重视环境保护,那已经远远不够了,必须把环境问题与发展问题联系起来统一考虑,才能找到环境问题的根源。这已经是国际越来越多有识之士的共识。这次会议共有 183 个国家的代表团和联合国及其下属机构等 70 个国际组织的代表出席了会议,102 位国家元首或政府首脑到会讲话。会议通过和签署了《里约热内卢环境与发展宣言》《21 世纪议程》《关于森林问题的原则声明》《联合国气候变化框架公约》和《生物多样性公约》等重要文件。随后,我国也制定了《中国 21 世纪议程》的文件,做出了庄严的承诺。这次会议提出了全球性的"可持续发展"战略,真正拉开了人类自觉改变生产和生活方式,建设生态文明的序幕。

众所周知,人类社会曾经长期处在农业社会,形成了农业文明。近代以来,许多发达国家由于科学技术的发展,促进了生产力的提高,逐步从原来的农业社会转变为工业社会,形成了工业文明。工业生产在给社会带来大量物质财富的同时,也产生了许多矛盾,特别是环境污染和生态平衡的严重破坏。这种情况引起了人们的越来越多的关注与警觉。在这种形势下,许多社会学、未来学的学者纷纷提出工业社会将向何处去的问题。于是,各种关于"后工业社会""信息社会"的理论应运而生。但是,无论是后工业社会,还是信息社会，对这些未来社会形态的分析，不能光从科技和生产力的本身来着眼，必须把科技、生产力与生产关系，与整个经济社会的发展联系起来考察，才能抓住问题的症结所在。

1995年，美国著名作家、评论家罗伊·莫里森在《生态民主》一书中明确地提出了"生态文明"（ecological civilization）的概念，并把"生态文明"作为"工业文明"之后的一种新的文明形式。这就意味着工业文明因面临多重全球性问题而必将发生转型，从而走向新的文明形态。

在此之后，许多国家的学者，包括我国的生态学家们对"生态文明"的界定及其在人类文明中的地位问题，各抒己见，形成了各种不同的观点、理论和主义。在此，我们不必一一详列。从总体上看，"生态文明"概念的核心思想都离不开人类在改造利用自然的同时，要积极改善和优化人与自然的关系，建立良好的生态环境。如果我们以生产方式作为划分人类文明形态的坐标尺，那么，人类文明形态的发展，迄今为止，已经经历过前文明—农业文明—工业文明几种形态。"工业文明"是人类历史上已经经历或正在经历的文明形态，而"生态文明"则是工业文明之后新的人类文明形态。生态文明将是一种科学的、自觉的、可持续发展的文明形态，它应当包括先进的生态伦理观念、发达的生态经济、完善的生态环境管理制度和良好的生态环境，等等。

生态文明是工业文明之后的新的文明形态，从历时性的维度看，它和以往的农业文明、工业文明既有连接之点，更有超越之处。它应当是运用现代生态学的概念来应对工业文明所带来的人与自然关系的紧张局面，强调人与自然、人与人、人与社会关系的和谐，在不断创造文明成果的同时，还要致力于对自然生态的人文关怀。

以往我们常常把"生态"概念与"环境"概念等同使用，但严格说来，两者是不同的。当我们使用"环境"一词时，那就表明是以"人"为中心，人之外的各种自然条件，构成了"环境"。这种说法带有明显的"人类中心主义"的色彩。如果我们使用"生态"这个概念，那就表明人只是生态系统中的一个部分，是生态这个系统中的要素，人是在自然大系统之内的。从这个意义上说，"生态文明"所指的含义应该是：人类在利用自然过程中，维护生态环境整体文明的一种状态。

这就意味着，我们不仅要从"历时性"的维度来考察生态文明在文明系统结构中的地位，还要从"共时性"的维度来进行这种考察，把人与自然的关系，同社会诸要素的经济、政治、伦理，以及人的消费观念、价值观念等方方面面进行综合，全面地加以把握。于是，就有经济文明、政治文明、精神文明、社会文明以及生态文明概念的出现。它们之间相互联系、相互渗透，紧密结合在一起而不可分离。由此可见，生态文明的概念就不再仅仅是一个局部的、技术性的问题，而是一个关于全局的、战略性的问题。生态文明概念的确立，必然会带来价值观和伦理观的巨大转换，意味着人们在观念上要从"人类中心主义"走向"生态中心主义"。

传统的"人类中心主义"的伦理观认为，人类影响自然环境的行为是正当的。之所以说是"正当"的，是因为它有利于人类的福利，或有利于保护与高扬人类的正义与人权。在这种理念的指引下，人类关心动物、关心生命、关心自然界，其目的是为了人类的利益，而不是为了其他生物的利益。而"非人类中心主义"的伦理观认为，只有在行为的后果有利于生态系统或生命共同体的稳定、繁荣与发展的前提下，人类影响自然环境的行为才有可能是正当的。人类有责任维护生物世界的利益，维护生态系统的完整性，保护野生物种免受人类的干扰而灭绝，保证地球生命尽可能免受人类造成的环境污染的危害。

人类中心主义的思想早在古希腊时就已萌生，在基督教的教义中也有明确的反映。亚里士多德认为，自然界是有等级结构的，一个等级层次是为了另一个等级层次的目的而存在，例如，植物是为了动物而存在，家畜是为了人们的役使和供人作食物，野生动物也是供人作食物，等等。基督教的教义也宣传人类要统治自然的观点。《圣经·旧约全书·创世纪》讲得十分直白：上帝创造了人类，要"使他们支配统治（dominion over）海里的鱼、空中的鸟、地上的牲畜和地球，以及地上所爬的一切昆虫"。近代工业社会继承了西方的人类中心主义的传统，并发展到登峰造极。培根的著名口号"知识就是力量"，这个"力量"也是"权力"，要人们运用科技的手段来"征服自然"。而为了探求自然界的奥秘，"对待自然要像审讯女巫一样，在实验中用技术发明装置折磨她，严刑拷打她，审讯她，以便发现她的阴谋秘密"。①

正如我们前面已经指出的，在现代社会中，人与自然的关系处于十分对立、非常紧张的状态。人类以征服者的姿态出现，繁殖人口，砍伐原始森

---

① 转引自吴国盛主编《自然哲学》（第2辑），1996，第501~502页。

林，导致水土流失，土地植被破坏，并逐渐退化为沙漠。人类更以发展现代化技术，使自然资源、石油、煤矿、金属矿藏渐渐消耗殆尽，而建立起来的大工业，又污染了大地、河水、海洋，使地球上许多物种濒于绝种。而生物物种的递减，破坏了地球生物圈的基因库，破坏了生态系统的平衡；污染的结果又导致整个地球气候的恶化。

这种严酷的现实一再警示我们，必须清醒地认识到：人不是自然环境的征服者，人类只不过是地球生态系统的一个组成部分，是众多物种中的一个物种。人类不仅与地球上的其他生命是相互依赖、协调发展的，而且与整个自然环境也是相互依赖、协调发展的。因此，人类不但要关心自己的利益，而且关心其他物种、所有生命形式的利益，关心整个生态系统的稳定性和完整性。尊重生命、尊重生命共同体、尊重整个自然界，这样，才能从人类中心主义，走向生态中心主义，进而在实践中推进生态文明的建设。

当代的生态运动中存在着两种伦理思潮：一种是强调保护生态环境、控制人口增长、反对工业污染、保护野生动物，特别是提出了"环境人权"和"代际伦理"的观念，它虽然对人类生态意识的觉醒起了很大的作用，但因其仍然着眼于人类的利益，未能超越人类中心主义，因而具有明显的局限性。因此，这种思潮被称为"浅层的生态运动"。相对而言，还有被称为"深层生态运动"的另一种思潮，这种思潮的特征是以超越人类中心主义作为立论的出发点。它不仅考虑到人的自身内在价值，而且承认人类以外的动物、生命的共同体，以及整个生态系统都有其内在的价值，并不仅仅是人类的工具与手段。这种思潮提出了"动物权利"的概念，甚至还提出了"大地伦理"或"生态系统伦理"的构想。这里的"大地"包括土壤、水、植物和动物等，实际上就是"生态系统"的另一种表述。

"大地伦理"是以美国生态学家 A. 莱奥波尔德为代表，他的基本思想反映在 1949 年出版的《沙乡年鉴》中。在这种思潮的基础上，挪威哲学家 A. 纳西提出了以生态系统为中心的伦理思想，也就是"深层生态伦理思想"。纳西在《深层生态运动：几个哲学的方面》一文中，具体地从八个方面阐述了他的深层伦理思想原则。其中最基本的是：维护生命世界的内在价值、维护生命世界多样性的价值，以及维护生命世界的丰富性和多样性等三条基本的原则。此外，还有大幅度降低人类的人口、反对过分干预自然、实行生态政策的根本转变、转变生活目标和生活方式（从更多追求物质享受转变为提高文化以及人性的自我实现)、不断试探新政策,等等。① 以上所述的两种伦理思潮实际上代表着眼前与长远、近期与远期两个视角,两者都有其合理性,正确的态度应该将两者相互结合起来,使之相互补充。

人类需要经过几千年的劳动包括自然科学的不断进展,才能逐步学会估计自己的生产行动的较远的自然影响,逐步从自然界的盲目状态之下解放出来。在这个过程中,如果人类能愈来愈多地认识和掌握自然的规律,在改造自然界的同时改造自己的认识,那么,也就能愈来愈深刻地认识正确处理人与自然的矛盾的重要性和迫切性。现在,人类终于认识到生态问题的极端重要性,并把生态文明作为推进社会主义建设的战略目标之一,这是来之不易的认识成果。

生态文明建设可以分为理论与实践两个层面。以上所说,侧重于理论层面。从理论层面来说,生态系统概念本身就是整体主义、系统主义。我们说从人类中心主义走向生态中心主义,实际上就是返回整体主义、系统主义。而整体主义、系统主义从哲学高度来看,是辩证思维的具体体现。在恩格斯撰写关于自然辩证法的一系列论文和札记时,他正是从辩证思维的高度来审视近代以来,由于工业化而带来的人与自然关系的诸多矛盾。虽然当时还没有出现并使用当今我们所运用的这些概念,当时所产生的工业化与生态系统的循环运作之间的矛盾,也没有今天这么尖锐。但是,如前面所引述的,恩格斯对人们所发出的关于"自然界报复"的严重警告,实际上为我们批判人类中心主义、建立生态主义伦理观,奠定了哲学理论的基础。从这个意义来说,恩格斯关于自然界各种事物相互联系辩证发展的思想,关于人与自然和谐相处的思想,至今并没有过时。联系到当今的现实,愈加证明其理论上的预见。由于生态文明建设是长期渐进的,其中人的观念的转变起着关键的作用。因此,生态文明理念需要通过学习得以不断强化,也就是说,应当而且可以从建设生态文明的行为主体着手,促进生态文明的实践和发展。

从实践的层面来看,20世纪下半叶以来各国政府和有识之士提出的有关"可持续发展"的战略方针和一系列具体政策,表明人类在这个问题上的觉醒,这是一个非常大的进步。但是,必须看到,这个"可持续发展"只是相对于人类当代与后代而言,并没有考虑到整个生命世界和各种生物物种的可持续发展,以及整个自然界生态系统的动态平衡,所以,还没有达到

---

① 张华夏:《现代科学与伦理世界》,中国人民大学出版社,2010,第268~271页。

对人类中心主义的超越。现在我们在工业中盛行的还是"直线式"的生产方式,根据生态文明的总体要求,必须将它们改造成"循环式"的。在这样循环式的生产系统中,一切工业剩余品都应对生物无害,并能为自然界所吸收。

正因为这样,进入21世纪以来,特别是2012年中共十八大,把生态文明建设作为我国当前战略性的任务,提到了全党和全国人民面前;把生态文明建设提高到与经济建设、政治建设、文化建设、社会建设并列的地位,使之成为建设现代化国家的五大战略之一,形成"五位一体"的总布局。这更是表明了我们在生态问题认识上的新进展、新突破。众所周知,人类在不同历史时期所形成的文化,它对于人的认识和实践活动,以及思维方式都会产生深远持久的影响。建设生态文明就是要改变在工业文明阶段所形成的价值观、发展和消费方式,以及利益分配的模式,平衡人、自然、社会三者之间的关系,将人类从已经被扭曲了的价值观和消费观中解放出来,促使人充分而全面地发展。

总之,从历史与现实、理论与实践相统一的高度来看,我们都"一定要更加自觉地珍爱自然,更加积极地保护生态,努力走向社会主义生态文明新时代"。实现这一战略目标,在当前来说,就是要加快经济发展方式的转变,走生产发展、生活富裕、生态良好的文明发展道路,形成节约资源和保护环境的空间格局、产业结构、生产方式、生活方式,建设资源节约型、环境友好型社会,努力建设美丽中国,实现中华民族的永续发展。

如上所述,生态文明是相对于工业文明与农业文明而言的,如果从人类社会历史上曾经存在的生产方式的类型而言,那就是马克思所划分的五种形态。此外,马克思在《政治经济学批判(1857~1858年草稿)》中,又以人的发展为特征,把社会发展分为三种形态。他说:

> 人的依赖关系(起初完全是自然发生的),是最初的社会形态,在这种形态下,人的生产能力只是在狭窄的范围内和孤立的地点上发展着。以物的依赖性为基础的人的独立性是第二大形态,在这种形态下,才形成普遍的社会物质变换,全面的关系,多方面的需求以及全面的能力的体系。建立在个人全面发展和他们共同的生产能力成为他们的社会财富这一基础上的自由个性,是第三阶段,第二个阶段为第三个阶段创

造条件。①

这里所说的第一种形态是"人的依赖关系",这种关系"起初完全是自然发生的,是最初的社会形态,在这种形态下,人的生产能力只是在狭窄的范围内和孤立的地点上发展着"。与这种社会形态相对应的,实际上就是"农业文明"。第二种形态是"以物的依赖性为基础的人的独立性","在这种形态下,才形成普遍的社会物质变换,全面的关系,多方面的需求以及全面的能力的体系。"与这种社会形态相对应的,实际上就是"工业文明"。第三种形态是"建立在个人全面发展和他们共同的生产能力成为他们的社会财富这一基础上的自由个性"。按照马克思的看法,"第二个阶段为第三个阶段创造条件",我国当前的社会,又正好处于第二个阶段向第三个阶段发展的过程中,因此,正确处理"物的依赖性"与"人的独立性"的关系极为重要。工业化文明的时代,人们在向自然的索取中,看起来似乎人类可以不顾自然界的生态平衡,为所欲为。其结果是:在生产发展的同时,也遭受自然界的报复与惩罚。以人类为中心,到头来还是受制于物,摆脱不了"物的依赖性",更谈不上"人的独立性"!只有从人类中心主义走向生态中心主义,人与自然、社会三者和谐相处了,进入生态文明的阶段,才能真正实现"人的独立性"!

1848年,马克思和恩格斯在他们合著的《共产党宣言》这一纲领性的文件中,提出了关于人类发展的前景及其价值理想:"代替那存在着阶级和阶级对立的资产阶级旧社会的,将是这样一个联合体,在那里,每个人的自由发展是一切人的自由发展的联合体"。在《资本论》这部经典著作中,马克思进而指出,社会主义——共产主义社会是"以每个人的全面而自由的发展为基本原则的社会形式"。这些都是人所共知、耳熟能详的。这种"一切人的自由发展的联合体",这种"人的全面而自由的发展为基本原则的社会形式",它的实现是和上述从工业文明提升到生态文明的进程分不开的。

在人类发展的历史中,人与自然的关系经历了原始的和谐→工业化以来的尖锐矛盾→现在又要向着实现人与自然新的和谐共处的目标迈进。这是一个否定之否定的发展进程。其中既有人与自然之间的矛盾,又有人与人之间的矛盾。而人与自然的矛盾的最终解决,是与人与人的矛盾的解决紧密相

---

① 《马克思恩格斯全集》(第46卷上),人民出版社,1985,第104页。

关，而且前者是有赖于后者的。

人与动物的本质区别在于人有主观能动性，而人之所以会有主观能动作用则是由于人的社会劳动。但是，人类的劳动是社会性的实践，只有通过人与人之间的社会联系，才会有人和自然的关系，才能从事生产劳动。所以，要真正做自然的主人，首先要做社会的主人。恩格斯说，我们要认识和掌握自然的规律已经是非常不容易的事情，而要认识和掌握社会的规律就更加困难得多了。即使是认识了社会发展的规律，也还不等于已经能够调节和统治社会生活。因为在剥削阶级占统治地位的社会里，统治阶级为了自己的利益，他们自己既不可能按社会利益去调节社会生活，也不可能让被统治阶级去行使这种调节和统治的权利。这正如恩格斯所说：

> 要实行这种调节，仅仅认识是不够的。这还需要对我们迄今存在过的生产方式和这种生产方式在一起的我们今天整个社会制度的完全的变革。①

只有通过变革，建立起"一个在其中有计划地进行生产和分配的自觉的社会生产组织"时，人类才能不仅在"物种关系"方面，而且在"社会关系"方面，使自己从动物中提升出来，人类的主观能动性才能得到充分的、有成效的发挥。② 也只有这样，人类才有可能支配和调节生产活动较远的社会影响，成为自然界和社会的自觉的和真正的主人，从而实现从必然王国向自由王国的飞跃。

恩格斯关于人与自然协调发展的论断，是恩格斯自然哲学思想的精髓。人类的历史发展到今天，在人与自然的关系的认识上，已经从对立走向协调，这是人类在自然观、自然哲学方面的深刻革命，而恩格斯则是这场革命的奠基人和先驱。这也充分表明了：包括恩格斯《自然辩证法》在内的、马克思主义关于人与自然相互关系，人与自然、社会三者和谐发展的思想，至今仍然具有深远的理论价值和重大的现实意义。

本文是笔者的学术专著《〈自然辩证法〉研究》再版跋，该书已由社会科学文献出版社于2013年6月出版

---

① 恩格斯：《自然辩证法》，人民出版社，1984，第306页。
② 恩格斯：《自然辩证法》，人民出版社，1984，第19页。

现代科学发展与中国古代哲学思维
—— 从《希格斯玻色子、格物致知与四大皆空》一文说起

一

科学与哲学的关系问题,在20世纪20~30年代发生的"科学与人生观"(又称"科学与玄学")的论争之后,一直是人们关注的问题。2012年世界科学界发现并证明了"希格斯玻色子"(higgs boson)的存在之后,科学与哲学的关系的话题,再次引起了人们的注意,从而出现了2013年北京大学黄铁军教授与汤一介教授之间的一场对话。

黄铁军先生是北京大学信息科学技术学院的教授和数字媒体研究所的所长,汤一介先生是北京大学哲学系的资深教授、知名的研究中国哲学史的专家。黄教授写了《希格斯玻色子、格物致知与四大皆空》[①]一文,向汤教授请教。汤教授写了回信。两者均发表在《中华读书报》(2013年1月16日)。接着,黄教授又写了《科学与儒学——答汤一介先生复函》[②],又发表于《中华读书报》(2013年1月23日)。这场中年科学家与老年哲学家之间关于"科学与哲学"的对话,一时引起学术界的广泛关注,认为它是一个颇有深意的"文化事件"。20世纪50年代,笔者在北京大学哲学系读书时,就认识了汤先生,与黄先生却未谋面。去年拜读了他们的文章后,颇有所感。后来由于其他事情的干扰而未能及时执笔为文,见诸文字。2014年9月9日汤先生离我们而去,闻讯之后,重新想起一年多前他们的对话,特写此文,略抒拙见,并以此纪念汤一介先生。

---

① 黄铁军:《希格斯玻色子、格物致知与四大皆空》,《中华读书报》2013年1月16日。
② 黄铁军:《科学与儒学——答汤一介先生复函》,《中华读书报》2013年1月23日。

《希格斯玻色子、格物致知与四大皆空》（以下简称《希》文）涉及的问题很多，基本的内容则是阐述希格斯玻色子（现代物理学的最新发现）与格物致知（中国古代儒家学说，特别是朱熹和王阳明的哲学思想）、四大皆空（佛教以及老子关于"空"和"无"的学说）之间的关系。本文限于篇幅。暂时不说朱熹的"格物致知"与王阳明"致良知"学说两者之间的同异与优劣，也不论及宋明理学家的认识论，乃至整个儒家学说，对现代科学发现究竟起着什么样的作用，更不想讨论作为"四书"之一的《大学》，是否如黄教授所说，是"把儒学的根基设定在自然科学上"。

本文仅就希格斯玻色子与佛家、道家的"空""无"概念之间，究竟是个什么样的关系，谈谈笔者个人的看法。

二

"希格斯玻色子"是一种微观粒子，由英国物理学家希格斯提出而被命名。《希》文对此有这样的描述：

> 希格斯玻色子是粒子物理标准模型成立的最后一环，是人类认识世界历程中的一座丰碑。标准模型描述了强力、弱力及电磁力这三种基本力及组成所有物质的基本粒子的统一机制，标准模型预言存在61种基本粒子，希格斯玻色子是待发现的最后一种，源自英国物理学家希格斯1964年的预言：物质原本无所谓质量，质量是物质与希格斯粒子相互作用的结果。[1]

这是《希》文对希格斯玻色子的说明，对我们来说，更感兴趣的是：黄教授是怎样阐明它的被发现与佛、老关于空、无学说的关系。文章写道：

> 佛学的根基是关于物质世界的"四大皆空"论。……今天我们当然不能苛求佛祖用原子乃至粒子物理标准模型来解释物质世界，能在"地、火、水、风"这种认识水平上"悟"出"四大皆空"，提出自然本质上是"空"这种假说，是划时代的贡献。同一时代，老子提出

---

[1] 黄铁军：《希格斯玻色子、格物致知与四大皆空》，《中华读书报》2013年1月16日。

现代科学发展与中国古代哲学思维

"万物生于有,有生于无",也是对自然的一种深刻洞察。①

《希》文还提出了"有生于无""四大皆空"的学说是否能够得到科学证明的问题。该文作者说,目前自然科学研究已经达到的基本思想是"认为物质粒子和力粒子都是振动的多维能量团,是存在于多维空间的具有复杂几何结构的能量体"。"物质世界在最基本层次上是能量振荡而不是某种实体的理论模型,已经越来越接近'四大皆空''有生于无'的古老学说。"

为什么能够这样说呢?黄教授在稍后写的、给汤先生复函的回答中,做出进一步说明。他说:

> "天地大道"之真面目到底如何?一个字——"空"。佛说"四大皆空",老子说"万物生于无",而现代科学则追寻到大爆炸。大爆炸留下来的是我们称为基本粒子的"能量团",希格斯玻色子是把"能量团"转换成有质量的物质基元的关键,希格斯玻色子的发现,意味着长期以来源自物质的"实在"观念可以放弃了。②

在这段论述中的"大爆炸""能量团"等,都是属于物理学的概念。"大爆炸宇宙论"是现代宇宙学中影响最大的一种学说,由美国科学家伽莫夫(1904~1968)等人于20世纪40年代提出。它认为,宇宙曾经历过一次大规模爆炸,宇宙体系不断膨胀,物质从热到冷、从密到稀地演化。与质量这个物理量相联系的"能量"概念,是物理学中用以表征物质运动的一种量度。能量与质量的相互联系,可以从爱因斯坦的质能联系关系式($E = MC^2$,其中 E 是能量,M 是质量,C 是光速)中得到揭示。它是爱因斯坦"狭义相对论"中的一个重要结论,表明质量与能量之间可以相互转化:当一物体的能量发生改变时,它的质量就会相应地发生变化。反之,亦然。

笔者在阅读《希》文时,感觉到该文作者在论述中,把哲学概念与物理学概念,以及宇宙学的假说,这两种不同的语言系统所表达的概念简单地

---

① 黄铁军:《希格斯玻色子、格物致知与四大皆空》,《中华读书报》2013年1月16日。
② 黄铁军:《科学与儒学——答汤一介先生复函》,《中华读书报》2013年1月23日。

对接起来了。对于两者之间的转换，缺乏必要的过渡与理论上的论证。这就不能不影响乃至削弱了上述论断的说服力。

三

其实，西方的一些学者也曾经有过若干关于万物起源于"空"的论著。远的不说，近的可举美国理论物理学家、评论家劳伦斯·M.克劳斯 (Lawrence M. Krauss) 在 2012 年出版的《无中生有的宇宙》一书为例（该书的中译本于 2012 年 9 月由江苏人民出版社出版，刘仲敬译）。这是一本很畅销的书，全书共 11 章，其中的第 4 章专门讲到"无中生有"。有许多学者推荐它，例如，《空间编年史》(Space Chronicles) 的作者尼尔·德格拉斯·泰森 (Neil de Grasse Tyson) 说，"无不是虚无，无中自有物。宇宙正是这样，出自虚空。《无中生有的宇宙》思想深刻，足以给其他人提供启示"。

该书这样写道：

100 年前，"无"（nothing）指纯粹的真空、没有真正的物质实体，这大概没有多少争议。不过，我们在过去 100 年内已经弄清楚：以前我们对自然的运作了解有限，原先设想的真空远不是一片虚无。①

坦率地说，该书虽然是一本通俗的科学普及读物，但对于缺乏足够专业知识的读者来说，未必都能读懂。但有一点是非常明确的，作者的论述是立足于自然科学，而不是哲学，更不是神学。这是作者在书中一再提醒读者的。书中所讲的"虚空"，在很多场合是与"真空"并用的，而"真空"这个概念本身，就是自然科学发展中的一个重要的概念。

在说明宇宙如何生成的问题上，显然有两种解答："科学解"和"哲学解"。《无中生有的宇宙》一书，作者提供的是科学解，而不是哲学解；而上述《希》文给出的虽说也有科学解的一面，但作者更想给出的是哲学解。这样，我们就有必要去考察一下，佛所说的"四大皆空"，老子所说的"有生于无"这些命题各自本来的真实含义是什么？

---

① 劳伦斯·M.克劳斯 (Lawrence M. Krauss)：《无中生有的宇宙》，江苏人民出版社，2012，第 3 页。

四

佛学的"空论",与"缘起论"是密切联系的,都是释迦牟尼基于对人生问题的思考而提出的基本看法。它认为,万事万物处于普遍联系之中,又时刻处于生灭变化之中,都因缘和会而生,本无自性,更无常恒坚实的主体。因此,我们所面对的纷繁复杂、变幻无常的具体事物,就其本性而言,都是"空"。可见佛教所讲的"空",是对现象界,包括世界与人生的一种领悟,并非对宇宙生成客观过程的预言。它与现代宇宙学和粒子物理学所关注的物质演化问题,显然不是一回事。

老子所讲的"万物生于有,有生于无",属于哲学本体论与认识论。"无"与"有"是对应的,"有"是指具体的万事万物,"无"则是一种对具体事物的抽象。任何具体的事物都有其自身的规定性(或属性),"无"实际上是关于没有任何规定(或属性)的描述。老子所讲的"无",与《庄子》中的"混沌"的意思相通,也是对老庄哲学的最高范畴"道"的一种界定。当印度佛教传入中国,在翻译佛经时,曾经用"无"来比附"空"。其实,如上所述,老子的"无"与佛教的"空",其本来的意义是不一样的。而老庄所说的"无"和魏晋时期作为儒与道融合的玄学所说的"无",倒是一脉相承的。

中国哲学史家冯友兰先生在《中国哲学史新编》第44章论及佛学在中国的发展时,曾经明确指出:

> "有""无"是玄学的两个基本范畴或根本概念。佛学来到中国,首先和这个概念进行格义,这就同玄学连类起来。其实,佛学所谓无和玄学所谓无,并不是一回事。[①]

冯先生又进一步解释说:

> 玄学所谓无是抽象的有,因为抽象,有就变成无了。
> (佛学所说)一切事物都是缘合而生,缘离而灭。缘就是条件,是事

[①] 冯友兰:《中国哲学史新编》(中),人民出版社,2007,第516~517页。

物生成需要的各种条件。需要的条件都完备了,那个事物才生出来;如果条件不完备,那个东西就灭了。所以,一切事物都不是长住的,而是无常的。就这个意义说,一切事物都是虚幻不实,所以是空,这里说的无,就是空,这是就具体事物说的,所以同玄学说的无,根本不是一回事。①

总之,佛家所说的"空",是就具体事物变化无常、虚幻不定而言。佛经是从"性空幻有"的视角来讲"空"的,讲"空"却并不否定"有",而是承认现象的"幻有"这个前提的。老庄及玄学所说的"无",作为一切万物之源的"无",是在抽象的意义上相对于具体事物而说的。这是两者的差异之处。但是,无论佛教所说的"空",还是道家所说的"无",都不是空无一物之意,他们都没有说过,我们所面对的宇宙,我们身处其中的世界,是空无一物,是纯粹的"无",或者纯粹的"空"。这是佛老两家的共同之点。由此可见,通常人们简单地把佛教的"空"("四大皆空")或道家的"无"("有生于无")等同于空无一物,这完全是一种望文生义,是一种误解。

冯先生还从逻辑学关于概念的内涵与外延相互关系的原理,解释有与无的相互转化。从逻辑上说,一个概念的外延越大,它的内涵就越少。两者是成反比的。中国哲学称天地万物为"群有"或"众有",如果用一个类的名称,那就是"有"。这个称之为"有"的概念,外延最大,可以说是"至大无外",这样,它的内涵就最小,也就是没有任何的规定性。或者干脆一点说,它的内涵等于零。因为实际上没有,也不可能有"没有任何规定性(或不是任何东西)"的东西。那么,怎么称呼这个"不是任何东西"的东西呢? 只能直截了当地说,"抽象的有就是无"。换句话说,这个内涵等于零的所谓"有","它的外延也就等于零,这也就是无"。② 就此而言,"有"与"无"实际上是"异名同谓"。

这是用逻辑方法,是从认识过程来分析的,公式是:天地万物("群有")→"有"(外延最大、内涵最小)→"无"(既然内涵等于零,外延也就不可能不等于零)。冯先生认为,这个"无"是在讲本体论的认识过程所得的最后的概念。可是,有些研究《老子》的人"把这个过程了解为宇

---

① 冯友兰:《中国哲学史新编》(中),人民出版社,2007,第517页。
② 冯友兰:《中国哲学史新编》(中),人民出版社,2007,第343页。

宙形成的过程",把"无"了解为"宇宙形成的最初的实体",或"宇宙发生的最高实体"。这样一来,就把本体论与宇宙生成论两者混为一谈,也把认识过程弄颠倒了,形成了这样的公式:"无"→"有"→天地万物。"经过这样一颠倒,这个无就成为一种实体,称之为'道'"。① 换句话说,"无"是抽象,"有"是具体,"无"与"有"的关系,就是抽象与具体、普遍与特殊、一般与个别的关系。《老子》成书于中国古代,当时的哲学无论是抽象思维的水平,还是逻辑推理的缜密,都无法与现代相比。《老子》中出现自相矛盾之处,没有严格把本体论与宇宙生成论区分开来,而且对"无"与"有"的关系也不可能像我们现在讲得这么清楚,这也是可以理解的。

从前面的阐述中不难看出,老子讲的"无",佛家讲的"空"各有所指,但都是从哲学的层面来说的,都是一种哲学的见解,绝对不是自然科学理论发展意义上所指的"假说",因此,我们很难从中找到它与现代宇宙学或粒子理论学新发现之间内在的必然联系和两者之间的契合之点。

笔者赞同汤一介教授在《复黄铁军教授的函》中的一段话。汤教授认为,佛教的"四大皆空"和老子的"有生于无",

> 是否可与"希格斯玻色子"——作为现代粒子物理学的科学假定相提并论,则有待商榷。在这一点上,我们认为王阳明所言"仙家说虚,从养生上来;佛氏说无,从出离生死苦海上来"更有道理。也就是说佛老所谈论的"空"和"无",同儒家一样,主要针对的也还是人生和社会问题,而没能像西方文明、尤其是西方自然科学那样自觉地将人生、社会与自然剥离、分疏开来,实现主客二分,这也可以说是整个东方文明在其以往的发展过程中所普遍存在的偏差、局限与不足,需要向西方文化学习。②

汤教授说的"有待商榷",恰恰是指佛、老学说与"希格斯玻色子"之间的关系,但他在信中未及充分展开。笔者上述看法,作为初步的商榷意见,也尚有待进一步的研究。

---

① 冯友兰:《中国哲学史新编》(中),人民出版社,2007,第351~352页、362页。
② 汤一介:《复黄铁军教授的函》,《中华读书报》2013年1月16日。

五

佛学的"空"和老子的"无"对于"希格斯玻色子"的发现,两者之间未必存在思想渊源方面的必然联系。当然,我们这样说,并不等于哲学与科学之间无法产生相互作用。从科学史上看,不少哲学上关于自然现象的猜测和哲学新思维方法的产生,对于自然科学的观念更新和科学假说的萌发,有着直接或间接的启发作用。

以西方古代希腊哲学为例,当时自然哲学家德谟克利特等人提出的原子论,作为一种直观的猜测,曾经对近代科学家道尔顿提出近代化学原子论产生了有益的启示。西方近代天文学上的"日心说"之所以能够取代古代托勒密的"地心说",实现了天文学上的伟大变革,实际上也与哥白尼本人通晓古希腊的自然哲学有关。因为在古希腊的文献中有过这样的记载:"毕达哥拉斯派把火放在中央,而把地球看作一颗沿轨道环绕这个中心体运行的星。"正如恩格斯所说:虽然"这火不是太阳;这毕竟是关于地球自行运动的第一个推测"[①](恩格斯:《自然辩证法》,人民出版社,1984年,第37页)。这个"地球自行运动"的推测,对于哥白尼的地球绕日运动的"日心说"的提出,其中的启发作用也是毋庸置疑的。

哲学与科学的良性互动作用,既表现于哲学思想对科学发展的指导与启发,还表现为科学发现对哲学思维的检验与支持。正因为这样,哲学与科学之间的对话是非常必要的。《希》文发表这件事本身,充分显示了这一点。作为一位科学技术方面的专家,在打通哲学与科学之间的关系方面,黄教授所做出的努力是难能可贵的。

黄、汤两位教授的文章在《中华读书报》发表之后,北京大学相关方面给予高度重视。作为北大的校友,笔者收到北大校友会主办的主要面向校友的内部刊物:《北大人》。该刊 2013 年第 1 期就把黄、汤对话作为封面故事,推荐给大家。除了转载已经在《中华读书报》发表的文章外,该刊主编李宇宁还撰写了《刊首语》,回顾了北大老校长蔡元培先生当年力主"融通文理"的治学主张和办学举措,指出黄、汤两教授的对话,"是科学与人文之间的对话",把这种对话"放在建设创新型国家和文化大繁荣的背景下

---

① 恩格斯:《自然辩证法》,人民出版社,1984,第 37 页。

来解读，颇有些象征性意义值得挖掘"。专治科学哲学史的北大哲学系吴国盛教授，在接受该刊记者的采访时，还从西方文明发展演变的视角，说明了西方文明中的科学和人文精神之关系、中西人文精神之不同，以及中国文化应当如何应对现代科学主义的危机等问题。他认为，黄、汤两教授的对话，"仅仅打开了当下对科学与人文精神之探讨的冰山一角，对这一问题的认识还有待我们扩宽视域，向纵深挖掘"。

就此而言，本文的写作就是在肯定黄、汤两教授对话的积极意义的前提下，对《希》文的一点质疑，以期推进科学与人文精神之间相关问题的进一步探讨。

载《中华读书报》，2014年11月19日

六 审美观研究与"人生境界"说

庄子美学精神与古代山水画

先秦的道家中,老庄都推崇"道",把它作为哲学的最高范畴。老子哲学注重的是对宇宙、社会、人生的观察,立足于社会批判,它与自然哲学、政治哲学有更多的关联;其政治哲学甚至也可以被法家思想所吸收。庄子将老子对外部世界"道"的关注,转移到对个体内在自由的要求,从而改变了道家思想的发展方向,他的思想对后世中国知识分子人格心理与文化精神的影响极大至深。本文不拟全面论述庄子的哲学思想,仅就他哲学的美学实质,及其对中国古代山水画的影响做一些探讨。

庄子哲学的美学实质

庄子继承并发挥了老子的思想,他肯定"道"在宇宙、人生与社会的终极意义,并强调它的超越性与真实性。他说:"夫道有情有信,无为无形,可传而不可受,可得而不可见。自本自根,未有天地,自古以固存,神鬼神帝,生天生地。在太极之先而不为高,在六极之下而不为深,先天地生而不为久,长于上古而不为老。"①

庄子所追求的最高人生境界是超越主客对立、实现心灵自由的"逍遥"之境。这是一种"道通为一"的、多样性统一的境界:"天地与我并生,而万物与我为一"。② 于是,他提倡"心斋""坐忘":"鱼相忘乎江湖,人相忘乎道术"。既要忘掉身外之物,又要忘掉自我,做一个"游于方内",一切顺乎自然的人。

"逍遥游"是庄子的自由观的灵魂,也是他人生哲学的最高境界。它是

---

① 《庄子·大宗师》。
② 《庄子·齐物》。

建立在"超世"与"顺世"深刻矛盾基础之上的:他在"超世"的精神世界中,领悟"天道"的永恒性与必然性;又在"顺世"的命定哲学中,执着地表现出对于主观意志的追求。超世的最高实现,必须由顺世来完成;顺世所表现出来的因任自然的精神,又正是超世的本质和内涵。而作为两者统一最好概括的,则是以"逍遥游"为核心内容的"游世主义"。①

既然庄子哲学的重点是对个体内在自由的要求,那么,我们对庄子哲学的考察,似应以他的审美意识为主。老庄的审美意识的共同之点在于,它们都崇尚素朴自然之美,反对世俗之美,主张"还纯返朴"的"大美"。它们把真、善、美都包含在"道"之中,并以是否符合"道"作为衡量的标准。

庄子哲学思想的重心,是放在体"道"以后的心灵状态、人生境界上,他着力追求的是个体的内在自由。既然如此,他本无心于艺术,却不期然而然会归于"美"。所谓"道",实际上就是一种最高的艺术精神;而所谓人生,实际上就是审美的人生。《庄子》中所说的"神人""真人""至人""圣人"都可以由此而得以理解。庄子要在乱世时代的痛苦人生中,寻求精神的自由解放。但这种自由解放,既不能求之于现世,也不可能求之于来世。这样,他的哲学指向既不是道德的,也不是宗教的,毋宁说,是审美的。他所寻求的自由解放,也就是他所说的"闻道""体道";也就是以"游"为象征的、"乘云气,御飞龙,而游乎四海之外"的大超脱的"逍遥游"。而他所谓的"心斋""坐忘"的主体,正是美的"观照"得以成立的主体,也是艺术得以成立的最后根据。因此,从美学的视角来审视、把握并探讨他的哲学思想,是最恰当不过的了。正如李泽厚所说:"从所谓宇宙观、认识论去说明理解庄子,似不如从美学上才能真正把握庄子哲学的整体实质。"②

庄子虽然持避弃现世的态度,但他并不否定生命。毋宁说,他对自然生命是抱着珍贵爱惜的态度,这就使他对待自然、对待人生,都持审美的态度并充满了感情。他说:"天地有大美而不言。"③ 在他看来,大自然中的一切,包括理想的人生境界都是美的。当他以审美的眼光来看待周围的一切事物时,它们就呈现出诗意的光辉。他还认为,美是天生的、自然的、朴素无

---

① 周勤:《论庄子的自由观与人生哲学》,载《中国社会科学》1985年第1期。
② 李泽厚:《漫述庄禅》,载《中国社会科学》1985年第1期。
③ 《庄子·知北游》。

华的，反对人为的雕琢。《庄子》中关于"中央之帝"混沌，因被凿七窍而死的故事①，充分说明违反自然，就会走向美的反面。

庄子说："可以言论者，物之粗也；可以意致者，物之精也；言之所不能论，意之所不能察致者，不期精粗焉。"②"世之所贵道者，书也；书不过语，语有贵也。语之所贵者，意也；意有所随，意之所随者，不可言传也。而世因贵言传书。世虽贵之，我犹不足贵也，为其贵非其贵也。"③ 这些看似很费解的说法，却深刻地说明了言与意的关系，指出了意有"不可言传"的道理，它比儒家以及其他任何派别更抓住了艺术之美和审美意识以及创作的基本特征：形象大于思想；想象重于概念；大巧若拙，言不尽意；用志不纷，仍凝于神。对于审美，儒家强调的是官能、感情的正常满足和抒发，强调艺术为社会政治服务的实用功利；而道家强调的是人与外界对象的超功利的"无为"关系，即"审美"关系。这是内在的、精神的、实质的美，是艺术创造的非认识性的规律。"如果说，前者（儒家）对后世文艺的影响主要在主题内容方面；那么，后者（道家）则更多在创作规律方面，亦即审美方面。而艺术作为独特的意识形态，重要性恰恰是其审美规律。"④

最能说明庄子的审美思想的，莫过于他与惠子关于鱼乐的辩论了。"庄子与惠子游于濠梁之上。庄子曰：鯈鱼出游从容，是鱼之乐也。惠子曰：子非鱼，安知鱼之乐？庄子曰：子非我，安知我不知鱼之乐？"从辩论的双方来看，惠子强调的是理智精神，以认识判断来衡量庄子的趣味（审美）判断，要求从审美趣味中为认识判断寻找根据。所以他又说："我非子，固不知子矣。子固非鱼也，子之不知鱼之乐，全矣。"从形式逻辑的角度来看，庄子是很难说服惠子接受他的观点的。所以，"庄子曰：请循其本。子曰：汝安知鱼乐云者，既已知吾知之而问我？我知之濠上也"。⑤ 在这里，有两种"知"：一种是"安知鱼之乐"的知，是认识之知，理智之知；另一种是"我知之濠上也"的知，是把鱼作为审美对象，是"虚静之心"与物相接后，当下全面而具象的美的观照。"这里安设不下理智、思辨的活动，所以

---

① 《庄子·应帝王》："南海之帝为倏，北海之帝为忽，中央之帝为混沌。倏与忽时与遇于混沌之地，混沌待之甚善。倏与忽谋报混沌之德，曰：'人皆有七窍以视听食息，此独无有，尝试凿之。'一凿一窍，七日而混沌死。"
② 《庄子·秋水》。
③ 《庄子·天道》。
④ 李泽厚：《美的历程》，天津社会科学院出版社，2001，第89页。
⑤ 《庄子·秋水》。

也不能作因果性的追问。庄子的艺术精神发展而为美的观照,得此一故事中的对比,而愈为明显。"①

在《庄子》中,有许多关于"道"与"技"相互关系的故事。"庖丁解牛"②、"梓庆削木"③都是人们熟知的。庖丁之所以能把劳动艺术化,并达到"目无全牛","神遇而不以目视",是因为他"依乎天理","好者道也,进乎技矣"。梓庆削木为鐻,"鐻成见者惊犹鬼神"。之所以能如此,是因为他的"齐以静心",达到忘我的境界,"以天合天"。

《庄子》中还有一则专门讲如何评价画史(画家)的,也常为人们所引用:"宋元君将画图,众史皆至,受揖而立;舐笔和墨,在外者半。有一史后至者,儃儃然不趋,受揖不立,因之舍。公使人视之,则解衣般礴,臝。君曰:'可矣,是真画者也。'"④ 这则故事说明的是,一个大画家所应具有什么样的精神境界。你看,他"儃儃然不趋,受揖不立",他"解衣般礴,臝",完全进入了庄子所谓的"心斋""坐忘""主客一体"的境界!这与上述的庖丁、梓庆的"依乎天理""以天合天",完全是一致的。

庄、玄、禅的三重奏与古代山水画的发轫

魏晋时代,既是社会大动乱,又是思想大解放的时期。人格独立、个性自由的追求,得到了空前的张扬。这时"玄学"盛行,以何晏、王弼、阮籍、嵇康、向秀、郭象为主要代表。玄学家们以"三玄"(《老子》《庄子》《周易》)为主要研究对象,他们继承老庄之学,醉心于其中的名言哲理。同时,他们还用老庄思想来解释《周易》与儒家学说,呈现了以道为主、"儒道会通"的趋向。但从艺术的层面来看,我们未尝不可以说,"玄学"实质上是以道家学说,特别是以庄学为中心的。

秦汉时期的哲学,注重的是宇宙生成问题,魏晋玄学则主要讨论宇宙本体问题。"有无之辩"是其中心问题。在老子那里,"道"是有与无的统一;何晏与王弼认为,整个世界"以无为本""以有为末"。王弼将老子学说中的"道"改造为"无"。与"崇无论"相反,裴頠、郭象提出了"崇有

---

① 徐复观:《中国艺术精神》,华东师范大学出版社,2001,第60页。
② "庖丁解牛"故事见《庄子·养生主》。
③ "梓庆削木"故事见《庄子·达生》。
④ 《庄子·田子方》。

论",他们要消除"无"与"有"的对立,将"无"的境界化为"有"的实践。

"竹林七贤"代表人物嵇康等人,提出"越名教而任自然"的主张,表现了明显的"反儒"性质。阮籍说:"夫大人者,乃与造物同体,天地并生,逍遥浮世,与道俱成,变化聚散,不常其形。"① 这种"逍遥浮世,与道俱成"的自由境界,也就是美的境界。庄学对他们的影响,昭然可见。王弼则强调"名教本于自然",认为,作为"本"或"体"的"自然",与作为"末"或"用"的"名教",两者是本与末、体与用的关系,是可以统一的。只有将"名教"置于"自然"之上,社会纲常才能维系。郭象提出的是"名教即自然"的理论,他把庄子纯粹出乎天然的"自然",改造成是否合乎人性的"自然",从而把儒家的"名教"(人道)原则,与道家的"自然"(天道)原则统一了起来。

佛教早在汉朝就传入了中国,但作为外来的宗教,要在中国本土扎根也并非易事。而老庄哲学所开启,并为玄学所继承且发展了的自然、自由和无限的文化精神,恰好是佛教得以生存的和流传的人文水土。道家讲"无",佛家讲"空",两者品味相同,声气相投,有其不少相通之处。"于是,道家之'天地与万物''圣人与百姓'等说法,也就不断地输入佛典之中;'独照''无念'之类的佛语,也就成为道家之'见独''无为'的同义语。"② 于是,佛之禅学与道之玄学,密切地联系起来,出现了"谈玄"与"悟空"相通、名士与高僧合流。

当然,两者还是有差异的。老庄(特别是庄子)所树立并张扬的是某种理想人格,他破对付、齐生死、泯主客,等等,主要仍是相对主义的理性论证与思辨探讨;而禅学所强调的是某种经验性质的心灵体验,对所要论证的事情,更多的是直观领悟与直觉灵感。

由于庄与禅有上述的共通之处,当我们讲庄学对绘画的影响时,不可能把禅学的影响排除在外。但是,就绘画本身而言,庄学的作用还是主要的、基本的。徐复观对此有独到的见解。他认为,庄学与禅学在绘画方面,其起始之点,既相同又不同。"庄学起始的要求无知无欲,这和禅宗的要求解粘去缚,有相同之点。"但是,庄学要求无知无欲的目的,只是想得到精神上

---

① 阮籍:《大人先生传》。
② 李哲良:《中国佛文化漫笔》,东方出版中心,1999,第43页。

的自由解放，从成见与私欲中求解脱，并非否定生命；这与以人生为苦谛，要否定生命、从生命中求解脱的禅宗，完全不同。因此，庄学"是艺术的根源，尤其是山水画的根源"。而"禅境虚空，既不能画，又何从由此而识画"？他指出，唐代是禅宗的鼎盛时期，但唐人未曾援禅以论画。北宋以来，禅学虽然在僧侣中开始衰微，但在士大夫中却流行起来。再加上，名刹常常即是名山，禅宗在山林生活上夺了庄学之席。于是，一般人多把庄与禅的界限混淆了："本是由庄学流向艺术，流向山水画；却以为是由禅流向艺术，流向山水画。"① 他的这个见解很有道理，值得重视。正因为如此，本文着重探讨的是庄学对山水画的影响；而对禅学，则未过多地论及。

刘义庆所撰的《世说新语》中，记载了当时的名人、逸士，多醉心山水、潇洒人生的有趣故事，从中折射出魏晋时期人们志气宏放、任性不羁、傲然独得、神情超迈的精神风貌。宗白华说："晋人的美感和艺术观，就大体而言，是以老庄哲学的宇宙观为基础，富于简淡、玄远的意味，因而奠定了一千五百年来中国美感——尤以表现于山水画、山水诗的基本趋向。"②这是很中肯的。

在道家"天人合一"的思维模式中，自然与人本为一体。魏晋时代重在以人为本体生命、内在气质之美，与大自然之美的和谐统一。人的生命之光照亮了宇宙，而自然界则是人的故乡。人们对大自然的亲近和热爱，表现得十分突出。阮籍登临山水，尽日忘归。王羲之既去官，游名山，泛沧海，叹曰："我卒当以乐死！"

根据《世说新语》载："顾长康（顾恺之）从会稽还。人问山川之美，顾云：千岩竞秀，万壑争流，草木蒙笼其上，若云兴霞蔚。"王子敬云："从山阴道上行，山川自相映发，使人应接不暇。若春秋之际，尤难为怀！"王羲之曰："从山阴道上行，如在镜中游！""简文帝（东晋）入华林园，顾谓左右曰：'会心处不必在远，翳然林水，便自有濠、濮间想也，觉鸟兽禽鱼，自来亲人！'"③ 从这些记载中，可以看出魏晋人对大自然的亲切感情，以及对大自然之美的由衷的赞叹！

《世说新语》还收录了不少潇洒人生的故事，其中有这样一则："王子

---

① 徐复观：《中国艺术精神》，华东师范大学出版社，2001，第228~229页。
② 宗白华：《美学散步》，上海人民出版社，1981，第220页。
③ 《世说新语·言语第二》。

猷①居山阴,夜大雪,眠觉,开室命酌酒,四望皎然。因起彷徨,咏左思《招隐》诗,忽忆戴安道。时戴在剡,即便夜乘小船就之。经宿方至,造门不前而返。人问其故,王曰:'吾本乘兴而来,兴尽而返,何必见戴!'"②王子猷这种完全不拘泥于目的、只寄兴于生活过程本身价值的行为,确实别具一格,充分显示了晋人唯美的生活态度,是庄子美学精神的极好注释。

在庄学、玄学、禅学的影响下,魏晋南北朝时期出现的一大批著名的画家,无论他们的作品还是画论,都洋溢着庄学的艺术精神。中国山水画在秦汉时代,是当作背景来陪衬人物的,有所谓"人大于山、水不容泛"的现象,显得简略粗糙;到了魏晋南北朝,山水画渐多,但还处于稚拙阶段。尽管如此,山水画的专业艺术家和创作理论,却发轫于魏晋南北朝。东晋时杰出画家顾恺之,南朝的陆探微、张僧繇,在当时和后代画界都有极高声誉,被后人并称为"六朝三大家"③。后来又加上唐朝的吴道子,并称"画家四祖"。顾恺之的画论提出"以形写神"为中心,辅之以"迁想妙得"等,认为画家必须通过对客观事物的认识,了解人的内心世界,然后才能达到"以形写神"的艺术效果。他和宗炳、王微的画论,以能表现物象的内在精神气质为艺术要旨,表现的是文人士大夫的思想和情怀,成为后世"文人画"的远祖。

山水画出现后,中国画的观念发生了变化。人一旦在审美中将自己的情感投射到山水上去,山水就拟人化了。从泛神论的观点来看,山水不再是单纯的自然物了,而成为人与自然的交会点,从而与人的主观审美意识密切相关了。东晋末年的大画家王微认为,只有反映自然景观的作品,才有可能属于符合天人之道的上乘之作。他说:"望秋云神飞扬,临春风思浩荡,虽有金石之乐,珪璋之琛,岂能仿佛之哉!"④ 他认为,"秋云""春风"等自然景观给人们带来的审美愉悦感受,远远胜于"金石之乐"和"珪璋之琛"。南朝的宗炳也指出,画山水是"峰岫峣嶷,云林森渺","圣人含道映物,贤者澄怀味像","圣人以神法道而贤者通,山水以形媚道而仁者乐"。⑤ 宗炳本人一生热爱自然山水,"眷恋庐、衡,契阔荆、巫,不知老之将至"。

---

① 王徽之,字子猷,是王羲之的第五子。
② 《世说新语·任诞第二十三》。
③ 所谓"六朝"是指建都于建康的东吴、东晋以及南朝的宋、齐、梁、陈等六个朝代。
④ 《叙画》。
⑤ 《画山水序》。

他绘所游山川于壁上,对着弹琴者说:"抚琴动操,欲令众山皆响!"又曰:"老病俱至,名山恐难遍游,唯当澄怀观道,卧以游之!"他认为,画山水是"心所盘桓,目所绸缪,以形写形,以色貌色",必须"万趣融其神思",然后就会觉得无比的"畅神"。宗炳的这种思想对后人影响深远。①

活动于南朝的齐、梁间的谢赫,他在《古画品录》中提出著名的绘画"六法"②,把"气韵生动"摆在首位,千百年来一直是绘画批评和创作的最高法则。此外,陈朝时的姚最在顺应潮流的同时,又有玄赏迂想、澄怀味象、得意妄言的玄学思想的回溯。他重视"幼禀生知"和"心师造化"的思想,推崇"心敏手运、不加点治"的创作,也是庄学的艺术精神在绘画领域中的具体表现。

庄子的审美精神对古代山水画的影响

道家思想,尤其是庄子(庄与禅又有相通之处)的审美意识,对后来的文学艺术许多领域的发展,特别对古代绘画的产生与发展,有着深远的影响。

中国古代绘画历史悠久,画种众多,人物、山水、花鸟,不一而足。由魏晋开始的人物画,固然以其对传神(气韵生动)的自觉,反映了庄学对之所产生的影响;花鸟画"虽至精妙,一览易尽";但最适宜于安顿自己的生命的,莫过于自然的山山水水,这才是庄子的美学精神所不期然而然的归结之地。因此,山水画的成立,使绘画向庄学精神得到了进一步的迫近;而

---

① 例如,王维说:"山籍树为衣,树籍山以为骨,树不可繁,要见山之秀丽;山不可乱,须显树之精神。"(《山水论》)在讲到山水的四季景色时,他还说:"春景则雾锁烟笼,长烟引素,水如蓝染,山色渐青;夏景则古木蔽天,绿水无波,穿云瀑布,近水幽亭;秋景则天如水色,簇簇幽林,雁鸿秋水,芦岛沙汀;冬景则借地为雪,樵者负薪,渔舟倚岸,水浅沙平。"如果说,这种讲法还只是四时之景色变化,在画家心目中的主观反映的话;那么,在郭熙的讲法中,拟人化的色彩更为浓厚了:"真山水之烟岚,四时不同,春山淡冶而如笑,夏山苍翠而如滴,秋山明净而如妆;冬山惨淡而如睡。"这就把"景"与"情"完全融一体了。又说:"山水有可行者,有可望者,有可游者,有可居者。"(《林泉高致》)按照这种观念,回过头来看张璪早先所说的"外师造化,中得心源"八字,就会有新的理解了。所谓"外师造化",实际上可以看作人与自然相交融的"造化";所谓"心源",也就是人与自然相交融的"心源"。既然人与自然是融为一体的,画家们当然可以说:"山性即我性,山情即我情","水性即我性,水情即我情"了(唐志契《绘事微言》)。

② "六法"指:气韵生动、骨法用笔、应物象形、随类赋彩、经营位置、传移模写。

庄子美学精神与古代山水画

画家在空灵意境上的追求，以及画面上大块的留白、颜色上以水墨代替五彩，使庄学的审美精神的表达，得到更加淋漓尽致的发挥。

为了具体地说明上述观点，我们不妨回顾一下历史。看一看古代的山水画是怎样发展的，在这个发展过程中，水墨画又是怎样受到文人、逸士的喜爱的？这样，我们对庄子美学精神对古代山水画的影响，就会有更具体的理解了。

前面已经讲过，山水画的专业艺术家和创作理论，已发轫于魏晋南北朝。但只是到了中唐前后，山水画才取得了真正的独立。当时有一批诗画兼长的士大夫文人，政治上一度失意而退隐山水田园，亦禅亦道。其中最有代表性的当推将"诗"的意境与"画"的意境给以融化（诗中有画，画中有诗）的王维，和以"外师造化，中得心源"为绘画秘诀的张璪。唐以后的五代时期的画作中，也体现出一种浓厚的自然主义的韵味。

宋代统一后，绘画艺术空前繁荣。以苏轼、黄庭坚、米芾、文同为代表的一批文人，竭力推动了水墨画的发展；并为后来出现的"文人画"的产生，做了一定的准备。苏轼鼓吹庄子和禅宗关于人与宇宙合一的精神，提倡平淡天然的美，高度赞赏"寄至味于澹泊"；而在这"澹泊之美"中，渗入了他对整个宇宙与人生的意义和价值的一种无法解脱的怀疑与感伤。山水画在北宋日趋成熟，最为突出的是郭熙，他把人与自然融为一体。

南宋的李唐与其后的马远、夏圭、刘松年并称"南宋四大家"。马远在构图上大胆取舍，以山一角或水一涯的局部特写，突出大量空白的深远景观，给人留下想象的空间和浓郁的诗意，人称"马一角"。夏圭构图常取半边，中空旷大，近景突兀，远景清淡，自成一格，人称"夏半边"。这种边角构图，为传统山水画的发展提供了更广阔的空间。这是庄与禅的美学思想在绘画中的表现。

水墨画在晚唐的兴起，是古代绘画发展中的一个重要转变。此后，水墨画和水墨兼淡彩，成为古代山水画的主干，这完全符合山水画的基本性格。正如唐朝张彦远所说："夫阴阳陶蒸，万象错布。玄化无言，神工独运。草木敷荣，不待丹绿之采。云雪飘飏，不待铅粉而白。山不待空青而翠，凤不待五色而绛。是故运墨而五色具，谓之得意。意在五色，则物象乖矣。"[①] 张彦远此说，很有见地。青黑色是五色得以成立的母色。水墨之色不加修

[①] 《历代名画记》（卷二）。

饰，即可近于母色。这就是"运墨而五色具"之意。也正因为如此，王维在唐代彩色绚烂的风气中高唱"画道之中，水墨为上；肇自然之性，成造化之功"①。当时中国画受西域影响，壁画色彩，浓丽非常。而中国画家却舍形而悦影，走上水墨的道路。王维以后，水墨渲淡一派兴起，以墨气表达骨气，以墨彩暗示色彩。

徐复观说得好："中国山水画之所以以水墨为统宗，这是和山水画得以成立的玄学思想背景，及由此种背景所形成的性格，密切关联在一起，并不是说青绿色不美。"② 更不能把两者对立起来，任何画家完全可以自由选择。这里只是说明：以水墨代替五彩来画山水，正是力主清静朴素、虚淡玄无的道家思想之体现。

元朝建立以后，中国绘画发展中的最显著的特点是"文人画"的兴起。众多文人因为怀才不遇，以绘画寄景抒情，为漂泊的心灵寻觅精神的家园，从而使这一时期的水墨画压倒青绿山水，居于画坛统治地位，"文人画"成为主流。梅、兰、竹、菊成为主要创作对象。人物画相对减少，绘画的画法也强调古意，提倡"以书入画"③，使书与画相结合。元初，文人山水画以钱选和赵孟頫为代表。赵孟頫书画兼优，学养精深，重视从大自然中吸取艺术营养，说："久知图画非儿戏，到处云山是我师。"元代中后期的黄公望、王蒙、吴镇、倪瓒被称为"元四家"。倪瓒提出的所谓"聊以为写胸中之逸气耳，岂复较其似与非"，"所谓画者，不过逸笔草草，不求形似，聊以自娱耳"的说法，把文人山水画推向高峰。在"文人画"中，形似、写实被放到了次要的地位，突出强调了主体的情感与心灵在艺术中的直接表露，是

---

① 王维：《画山水诀》。
② 徐复观：《中国艺术精神》，华东师范大学出版社，2001，第155页。
③ "以书入画"是中国绘画史上的重要理念，这不仅是从发展的史实而言，就中国艺术精神来讲，书与画也存在着"同源"的关系。这里所谓的"源"，既是"心源"，亦是"自然造化"之源。从哲学思想而言，书为心画，画又何尝不是心画？从具体的技巧上说，书与画的用笔方法，也是相同的。特别是随着绘画的发展，"以书入画"之后，正如郭熙所说："世之人，多谓善书者往往善画，盖由其转腕用笔之不滞也。"（《林泉高致》）赵孟頫曰："石如飞白木如籀，写竹还应八法通。若也有人能会此，须知书画本来同。"（《郁逢庆书画题跋记》）柯九思善画竹，尝自谓"写竹竿用篆法，枝用草书法，写叶用八分法，或用鲁公撇笔法，木石用金钗股、屋漏痕之遗意"（《论画竹石》）。此后，郑板桥、徐渭等人的画，其中所充满的浓郁的书法味，更是人所共知了。由于书、画用笔之同一，"画画"也可以称之为"写画"。中国画从此获得了表达心意的最便捷的语言，画家们可以畅快淋漓、自由自在地表达自己的感情了。作为中国中晚期成熟绘画的主流的"文人画"，就是以此为基点，从而取得了中国古代绘画艺术的高度成就。

庄与禅的美学思想在艺术实践中的进一步发挥。

元代盛行文人画的这种以通过自然界山水来表达主观心境的趋势，发展至明清，便形成了一股巨大的浪漫主义洪流。如果说在元代倪云林等人那里，形似还基本上存在的话；那么，到了"四位画僧"（石涛、朱耷、髡残、弘仁）以及"扬州八怪"（李鱓、汪士慎、金农、黄慎、李方膺、郑燮、高翔、罗聘）那里，"形似"便进一步被抛弃，主观的意兴心情压倒了一切，艺术家的个性特征，更有了充分的发展，空前地突出起来了。

老、庄认为道是有与无的统一。老子说："有无相生"，"虚而不屈，动而愈出"。庄子说："瞻彼阕者，虚室生白"，又说"唯道集虚"。中国人对"道"的体验，是"于空寂处见流行，于流行处见空寂"，这正是中国人的生命情调和艺术意境的实相。老、庄认为"虚"比"实"更真实，是一切真实的原因，没有虚空存在，万物就不能生长，就没有生命的活跃。宗白华说得好："化景物为情思，这是艺术中虚实结合的正确定义。以虚为虚，就是完全的虚无；以实为实，景物就是死的，不能动人；唯有以实为虚，化实为虚，才能有无穷的意味，幽远的境界。"① 中国画是线条，线条之间就是空白。画家依据上述这种意识追求空灵的意境，构造他的空间境界，大胆留白。所有这些，都和西方传统的依据科学精神的空间表现，有着极大的不同。

文学艺术家创造的形象是"实"，但是，引起我们的想象却是"虚"，而由形象产生的"意象""境界"就是虚与实的结合。一个文学艺术作品，没有欣赏者的想象力的活跃，那就是死的、没有生命的。一张画好的画，可以使你神游；而之所以能够让人神游，就有赖于"虚静之心"。

正因为如此，精神的淡泊，就成为艺术空灵化的基本条件。萧条淡泊，闲和宁静，是艺术人格的心襟气象。这心襟，这气象，能令人"事外有远致"，艺术上的神韵也就油然而生。欧阳修说得最好："萧条淡泊，此难画之意，画家得之，览者未必识也。故飞动迟速，意浅之物易见，而闲和严静，趣远之心难形。"所以，中国山水画趋向简淡，然而在简淡中却包含着无穷的境界。在这方面，历史上的许多画家有非常深刻的论述。例如，清人笪重光说："空本难图，实景清而空景现。神无可绘，真景逼而神境生。位

---

① 宗白华：《美学散步》，上海人民出版社，1981，第41页。

置相戾，有画处多属赘疣。虚实相生，无画处皆成妙境。"① 清人邹一桂说："实者逼肖，则虚者自出。"② 这些话也是对于虚实结合的很好说明。清代画家方士庶说："山川草木，造化自然，此实境也；画家因心造境，以手运心，此虚境也。虚而为实，在笔墨有无间，——故古人笔墨具此山苍木秀、水活石润，于天地之外，别构一种灵奇。"③ 这就是说，艺术家创造的境界尽管也取之于自然界，但他在笔墨之间所表现的"山苍木秀、水活石润"，是世界上所没有的新的美景、新的境界，也是庄学的审美精神的艺术体现。

载《福建师大学报》，2007年第6期

---

① 《画筌》。
② 《小山画谱》。
③ 《天慵庵随笔》。

蔡元培的美学思想及其现实意义

蔡元培先生是中国现代著名的教育家、思想家，是中国现代第一个强调美育的人。他的美学思想和美育观，作为培养全面发展人才的重要思路，对今天我们建设社会主义精神文明有着重大的现实意义，仍然值得我们很好地借鉴。

蔡元培的人生道路及其在中国近现代知识分子中具有的典型意义

蔡元培（1868~1940年），字鹤卿，号孑民，浙江绍兴人。他少年习科举，16岁中秀才，22岁中举人，25岁中进士，入翰林院点为庶吉士，1894年授官翰林院编修。同年开始涉猎新学，以后又不断学习西方文化，研读哲学、心理学、美学等。因此，他不仅国学根底雄厚，新学造诣亦深。

从现实的社会中，他逐步认识到清王朝的腐败，倾向于维新，同情并支持"戊戌变法"运动。变法失败后，他就毅然辞官，想走"教育救国"的道路，到上海去办教育。他还创建中国教育会，加入同盟会，积极从事革命活动。

鸦片战争后，当时的进步人士纷纷提出"以夷为师"的主张，要学习西方的长处，以抵制西方。但是，究竟什么是西方的长处？在这个问题上，却有深浅不同的认识：有人要学习西方的兵器，有人要学习西方的工业，有人要学习西方的宗教，有人要学习西方的政治。旧民主主义革命家提出要更全面地向西方学习，但没有成功。新文化运动提出西方的长处是文化，要废除中国传统的旧文化，代之以西方的新文化，要提倡"民主"与"科学"。民主，并不专指一种社会制度，而是一种人生态度和人与人的关系；科学，也并不专指一种学问，而是一种思想方法。这在认识上就比以前更深刻，革命也更彻底了。

1907年，他游学德国。1911年10月辛亥革命爆发，他闻讯后，于11月回国。1912年他就任"中华民国"政府的教育总长，发表《对教育方针之意见》，批判清朝封建主义教育，以教育救国、教育立国为基点，反对忠君、尊孔、读经，提出一系列近代资产阶级民主主义的教育原则；第一次提出"美育"的概念，把美育确立为教育方针之一，并从美学理论上加以发挥。不久，因不满袁世凯的专制，再赴西欧游学、考察。1916年回国，次年，他担任北京大学校长，任职10年多，采取"思想自由"原则，实行"兼容并包"主张，提倡科学民主，聘请陈独秀为文科学长，引进了许多进步教授，把北京大学办成一所新型的、富有朝气的大学，使之成为新文化运动的堡垒。

1940年，蔡元培先生走完了人生之路。从思想发展史而言，他既是中国最后的封建士大夫，也是最早的现代知识分子。作为新文化运动的一位杰出的创始人和英勇的战士，他为中国的思想启蒙运动、新民主主义革命和现代教育事业做出了卓越的贡献。在新旧时代的转折过程中，他所走的路是当时许多爱国的、先进的志士仁人走的共同道路。因此，他的人生道路在中国近现代知识分子中，具有相当的典型意义。毛泽东在发出的唁电中称赞他为"学界泰斗，人世楷模"，他是当之无愧的。

蔡元培美学思想的哲学基础

蔡元培把世界划分为二，一为现象世界，一为实体世界。他指出："盖世界有二方面，如一纸之有表里：一为现象，一为实体。现象世界之事为政治，故以造成现世幸福为鹄的；实体世界之事为宗教，故以摆脱现世幸福为作用。"现象世界与实体世界的区别在于："前者相对而后者绝对；前者范围于因果律，而后者超轶乎因果律；前者与空间时间有不可离之关系，而后者无空间时间之可言；前者可以经验，而后者全恃直观。故实体世界者，不可名言者也。然而既以是观念之一种矣，则不得不强为之名，是以或谓之道，或谓之太极，或谓之神，或谓之黑暗之意识，或谓之无识之意志。其名可以万殊而观念则一。"①

---

① 蔡元培：《蔡孑民先生言行录》，山东人民出版社，1998，第109~110页。

从他关于两个世界的划分及其区别的论述可以看出，那个相对的、受因果律制约的、有空间的广延性与时间的持续性，并为人们通过经验加以认识的"现象世界"，实际上就是通常所谓的现实的物质世界。而他所说的实体世界，则是绝对的、不受因果律制约、不存在于空间与时间之中，人们只能凭直观来体验它。他用了许多名词（道、太极、神，等等）来说明它，而这个无目的、无意识的、超物质的"实体"，其实就是"观念"，而他所谓的"实体世界"，其实就是观念的世界。在他看来，观念世界是超轶乎政治，并以摆脱现世幸福为作用的。

近代中国的哲学，除了继承古代传统哲学之外，也接受着西方近代哲学的各个流派的影响。严复是引入英国经验学派的主要哲学家，而王国维是引入欧洲大陆理性学派的主要哲学家。蔡元培的思想和王国维比较接近。从他关于"实体世界"的说法中，不难看到中国古代和西方近代客观唯心主义思想对他的影响。当然，正如许多研究者所指出的那样，他的哲学思想是复杂的、存在着不少的矛盾。例如，他在论及美感时说，美感是人们由现象世界"到达于"实体世界的"津梁"。这就表明实体世界不是不可以感知的，而现象世界与实体世界也"非截然为互相冲突的两个世界"。

中国的美学思想虽然源远流长，但作为一门学科，却是在近代随着东西方交流，而从西方传入的。蔡先生游学德国，深受德国古典美学的影响，酷爱康德哲学，对席勒、叔本华的美学，也表现出浓厚的兴趣。德国古典哲学兼有革命与保守的两重性，它具有资产阶级反对封建阶级的革命的一面，并在理论上综合了英国经验派和大陆理性派的优点，体系上更加严谨。蔡先生还认真地学习过风行于当时欧洲的心理学美学，特别是立普斯的"移情说"的美学思想。从总体上看，他对各种学说采取"兼容并包"的态度，而以康德美学为基干。同时，他还融合了中国古代"礼乐相济"的思想，以建立自己的美学学说。

蔡元培美学思想的基本观点

蔡元培博览群书，学问渊博，贯通古今中外，在许多学科领域都做出了重要的贡献。其中对美学的贡献尤为突出。而这正是他最喜欢的学科之一。1935年，他在《假如我的年纪回到二十岁》一文中说："我若能回到二十岁，我一定多学几种外国语，自英语、意大利语而外，希腊文与梵文，也要学的；然后专治我所心爱的美学及世界艺术史。"①

蔡先生同梁启超、王国维一样，都是中国现代美学的奠基者。他们在美学体系的建构上，所走的路子也大体上相似。他们虽在不同程度上混淆了美与美感，但在论及审美活动时，却又能把美的对象与美感加以区别。在蔡先生看来，审美是主客观相统一的活动。

(1) 美的社会作用与对人生的价值

蔡先生在1915年编译的《哲学大纲》中，用价值论的观点，明确地说明美的社会作用及其对人生的意义。这和他"教育救国"的宗旨正相吻合。他说："哲学之理想，概念也，理想也，皆毗于抽象者也。而美学观念，以具体者济之，使吾人意识中，有所谓宁静之人生观。而不至疲于奔命，是谓美学观念唯一之价值。而所由与道德宗教，而为价值论中重要之问题也。"② 价值论是人生观的重要组成部分，因此，美学也应是人生观的重要组成部分。

第一，美能沟通现实世界与理想世界，起着陶冶性情、完善人格的作用。如前所述，蔡先生早就指出，世界可划分为二个：一为现象世界，一为实体世界。虽然现象世界与实体世界很不相同，但由于美感是"介于现实世界与实体世界之间，而为津梁"，所以，"教育家欲由现实世界而引以到达于实体世界之观念，不可不用美感之教育"。③

第二，美还能强化人性的亲和力。蔡先生指出："吾国古代礼、乐并重，当知乐与道德大有关系。盖乐者，所谓美的教育也。古人每称乐以和众，今学校唱歌，全班学生合和，亲爱和乐之意，油然而生。"④ 这种审美的效果，和接受知识不同，它不是人们本来没有的，而是人自身具有的，只是由于审美对象的激发，实现从"潜"到"显"的转化而已。

第三，美还可以进而教育民众、改造社会。爱美之心，人皆有之，它是人类性能中固有的要求。"如其能够将这种爱美之心因势而利导之，小之可以怡性悦情，进德养身，大之可以治国平天下。"⑤

(2) 美的特性

美之所以有如此重大的社会功能，是由它的特性决定的。他认为，美

---

① 蔡元培：《蔡元培美学论集》，湖南教育出版社，1987，第298页。
② 蔡元培：《蔡元培全集》（第二卷），中华书局，1984，第381页。
③ 蔡元培：《蔡孑民先生言行录》，山东人民出版社，1998，第111页。
④ 蔡元培：《蔡元培全集》（第三卷），中华书局，1984，第59页。
⑤ 蔡元培：《蔡元培美学论集》，湖南教育出版社，1987，第291页。

(包括艺术)有两个特性:一是普遍性,二是超脱性。

对于普遍性,他强调了它的非概念性和共享性。所谓非概念性,是指美不涉及科学知识,是纯形式的。美的内容不等于实物本身,它是直观与理解的产物。论及美的共享性时,他指出:"美的发动,乃以摄影及音波辗转传达之视觉与听觉为限,所以纯然有'天下为公'之概。"举例来说,"北京左近之西山,我游之,人亦游之;我无损于人,人亦无损于我也。隔千里兮共明月,我与人均不得而私之。中央公园之花石,农事试验场之草木,人人得而赏之。埃及之金字塔,希腊之神祠,罗马之剧场,瞻望赏叹者若干人,且历若干年而价值如故。各国之博物馆,无不公开者,即私人收藏之珍品,亦时供同志之赏览"。①

既然人人都可以欣赏,足以打破"人我成见",这就是美的普遍性与共享性。

美的超脱性与美的普遍性密切相关。"美以普遍性之故,不复有人我之关系,遂亦不能有利害之关系。"这就是说,人们面对欣赏着的美的对象,仅只是因其赏心悦目,而无实际的物质利益可得,所以,也就有可能超脱于利害关系之外。例如,"牛马,人所利用者;而戴嵩所画之牛,韩干所画之马,决无对之而作服乘之想者。狮虎,人之所畏也;而芦沟桥之石狮,神虎桥之石虎,决无对之而生抟噬之恐者。植物之花,所以成实也;而吾人赏花,决非作果实可食之想。善歌之鸟,恒非食品。灿烂之蛇,多含毒液。而以审美之观念之,其价值自若"。② 这种无功利性的美感的超脱性,是建立在美和美感普遍性的基础之上的。

正因为美具有超脱性,所以,它能使人在现实生活中,"破人我之见,去利害之计较","陶冶性灵,使之日进于高尚"。这样,"当着重要关头,有'富贵不能淫,贫贱不能移,威武不能屈'的气概,甚至有'杀生以成仁'而不'求生以害人'的高尚勇敢"。③

总之,艺术以美的"普遍性"和"超脱性"为主核,陶冶人的精神,使人性中固有的善良情感"转弱而为强,转薄而为厚",从而引导人们去进行"伟大而高尚"的行为。这种做人的崇高境界,既不是一般的智育所能

---

① 蔡元培:《蔡孑民先生言行录》,山东人民出版社,1998,第117页。
② 蔡元培:《蔡孑民先生言行录》,山东人民出版社,1998,第117页。
③ 蔡元培:《蔡元培美学文选》,北京大学出版社,1983,第221页。

达到,更不是宗教能够达到的。

(3) 艺术美的起源和美的分类

在艺术美的起源问题上,他说:"动物已有美感,是无可怀疑的。"虽然如此,但还无从证明动物有"自己制造美术的能力"。例如,有些鸟类也能造出很好的巢来,"虽很合美的形式,未必不是为便于出入回旋起见",完全是生存上的需要。"要是动物果有创造美术的能力,必能一代一代的进步;今既绝对不然,所以说到艺术,不能不说是人类独占的了。"① 只有人类,才有审美意识和创造艺术美的能力。

那么,艺术美是怎样产生的呢?他说:"初民美术的开始,差不多都含有一种实际的目的,例如图案是应用的便利;装饰与舞蹈,是两性的媒介;诗歌、舞蹈与音乐,是激起奋斗精神的作用;犹如家族的徽志,平和会的歌舞,与社会结合,有重要的关系。"② 从早期图画内容的变化,人们不难看出人类社会发展的痕迹:"图画之中,图案先起,而绘画继之。图案之中,又先有几何形体,次有动物,次有植物,其后遂发展而为绘画。"③ 为什么这样?因为人类最先经历的狩猎社会中,把动物作为膜拜或祈祷的对象,所以几何形体与动物的图案最早出现。后来,人类进入了农业社会,植物成为膜拜或祈祷的对象,于是在图案中就有了相应的反映。随着人类社会的不断进步,绘画产生了,它的内容也不断地、相应地丰富、复杂起来了。

对美的分类的看法,蔡先生明显地受到康德的影响。康德把美分为"优美"与"崇高"两类,认为前者表现为审美过程中客体与主体的和谐统一,后者则有一个从不和谐到和谐的过程。蔡先生说:"美感本有两种,一为优雅之美,一为崇高之美。"④ 优雅之美"从容恬淡,超利害之计较,泯人我之界限"⑤,它无目的而合目的性。崇高之美有至大、至刚两种。"至大者,如吾人在大海中,惟见天水相连,茫无涯涘。又如夜中仰数恒星,知一星为一世界,而不能得其止境,顿觉吾身之小虽微尘不足以喻,而不知何者为所有。其至刚者,如疾风震霆,覆舟倾屋,洪水喷薄,虽拔山盖世之气

---

① 蔡元培:《蔡元培美学文选》,北京大学出版社,1983,第86~87页。
② 蔡元培:《蔡元培美学文选》,北京大学出版社,1983,第104页。
③ 蔡元培:《蔡元培美学文选》,北京大学出版社,1983,第77页。
④ 蔡元培:《蔡元培美学文选》,北京大学出版社,1983,第18页。
⑤ 蔡元培:《蔡元培美学文选》,北京大学出版社,1983,第18页。

力,亦无所施,而不知何者为好胜。"① 人的这种感受,"一经美感的诱导"情况就不一样了,"于是乎对象之伟大,就是我的伟大;对象之坚强,就是我的坚强了"。② 优雅之美和崇高之美都能引导人们在精神上到达道德的"彼岸世界",但两者的途径不同:优雅之美是美的"纯粹相",它凭借的是美的普遍性与超脱性;崇高之美是美与善的"复杂相",它必须与道德之善密切依存才行。

"以美育代宗教"主张的丰富内涵

1917年4月8日,蔡先生在"北京神州学会"发表的讲演里,正式提出"以美育代宗教"的主张。这个强烈地体现他"济世情怀"的主张,是他的美学思想的核心,是应用美学理论于教育实践的具体表现。1921年,他在北京大学开设并讲授美学课程。几十年中,他热心传播美学思想,普及美学知识,积极倡导、组织美育研究和美育实施,堪称中国现代美学的奠基人,有人把他称为"中国美育之父"。当然,提出"以美育代宗教",并非用一个学科去代替另一个学科,而是涉及人的世界观的培养和教育问题。当时,中国政治腐败,社会黑暗,广大民众对生活感到绝望,想从宗教中寻求精神上的安慰;而统治者为了从精神上奴役人民,也大力提倡宗教。"以美育代宗教"就是在这样的背景下提出来的。它是现代新文化运动的组成部分,并作为思想启蒙的有效手段而载入史册。

"以美育代宗教"作为中国近代美育思想史上的一个著名命题,如果从世界美学史和艺术史来看,也有其深刻的思想渊源。马克思在《1857~1859年经济学手稿》中,曾经论及人类用以把握世界的两种不同方式:一种是理论思维方式,包括科学、哲学等;另一种是实践精神方式,包括艺术、宗教等。列宁在1917年俄国十月革命后,曾经提出以戏剧代替宗教的想法。我们指出这些,并不意味着蔡先生提出的命题是直接来源于马克思和列宁,而只是想说明,这个命题并不是孤立的,是和当时世界范围内的先进思潮相吻合的。

---

① 蔡元培:《蔡孑民先生言行录》,山东人民出版社,1998,第117页。
② 蔡元培:《蔡元培美学文选》,北京大学出版社,1983,第218页。

美育为什么能够代替宗教呢？

由于艺术与宗教它们都作用于人的感情，对人的生活发生某种补偿作用，故有其共同性，这就为美育代替宗教提供了可能性。当然，两者也有不同之处：艺术从精神上补充、充实当前的现实世界，以弥补人的有限生活的不足；而宗教则只能以非现实的、死后的回报来安慰人。为了更有效地对人发生影响，宗教很懂得利用人的审美需要。蔡先生指出，无论是外国的基督教，还是中国的佛教，都广泛地采用艺术的形式来宣传它们的教义；而且教堂和寺庙，大都是建筑在风景优美的地方，以至"天下名山僧占多"。尽管宗教通过艺术形式进行表达是为了肯定超自然的神的存在，这一点和美育是为了肯定人的价值完全不同，但也从一个侧面说明了宗教与艺术、宗教意识与审美意识之间，是可以相互交织的。

蔡先生不仅从美的特性说明美育代替宗教的依据，而且还进一步从宗教的产生及与科学、艺术由合而分的历史，阐明了美育能够代替宗教的理由。他说："宗教本旧时代教育，各种民族，都有一个时代，教育权完全委于宗教家；所以宗教中兼含着智育、德育、美育的元素。"[①] 这是人类发展初期处于愚昧状态的情况。但是，随着社会的发展，宗教的垄断地位逐步被打破了。自然科学的独立和长足的进步，使"宗教上所有的解说，在现代多不能成立，所以智育与宗教无关"。[②] 而伦理学、历史学、社会学、民族学等学科的出现，使得德育"也与宗教无关"了。换句话说，由于人类知识的进步，宗教的影响越来越小，艺术的影响越来越大。诚然，宗教艺术给世界艺术宝库增添过光彩，宗教精神也曾经为艺术的发展，提供一定的刺激。但是，自从文艺复兴后，艺术内容由宗教转向了人文。从此，美学便开始了摆脱宗教的过程，而只有舍弃了宗教的纯粹美学，才具有陶冶人的感情的作用。

他认为，美育之所以能够代替宗教，还因为宗教与美育有以下三个方面的本质区别。

第一，美育是自由的，而宗教是强制的。蔡先生指出，"宗教上的美育材料有限制，而美育无限制，美育应该绝对的自由，以调养人的感情"。[③]

[①] 蔡元培：《蔡元培美学文选》，北京大学出版社，1983，第179页。
[②] 蔡元培：《蔡元培美学文选》，北京大学出版社，1983，第180页。
[③] 蔡元培：《蔡元培美学文选》，北京大学出版社，1983，第163~164页。

而宗教却无法做到，因为"在宗教专制之下，审美总不很自由"。①

第二，美育是进步的，而宗教是保守的。每一个时代的美学，总是随着历史的潮流而向前发展，不断进步的。但宗教却不然，"一部圣经，哪一个敢修改？"②

第三，美育是普及的，而宗教是"有界"的。这种"有界"性，表现在不同宗教之间，有很深的门户之见，它们是相互排斥的。

根据以上几点我们可以看出，提出"以美育代宗教"并非要取消宗教，而是以自由反对强制、以进步反对保守、以普及反对局限的一种文化变革。蔡先生的结论是："不能以宗教充美育，而只能以美育代宗教"。③ 即使如此，他一向是主张宗教信仰自由的，只是不赞成那种认为宗教仪式和信条可以涵养德性的看法。他以第一次世界大战中，俄、德、法三个国家军队的各自表现来说明：道德素养的提高，不是由宗教信仰得来的，却是可以通过倡导美育而实现的。在重视宗教方面，德国不如俄国，法国更次之，俄国最重视宗教。但德、法两国军队却都能英勇奋进。德、法两个国家的美术和音乐都很发达，德国人追求博大阳刚之美，故能抱定目标，虽历千难万险而矢志不移；法国人追求和谐阴柔之美，故能从容洒脱，虽经颠沛流离而不改常态。可见，道德力量的源泉并非由宗教而来，却是由美育而来。

蔡先生接受西方学者关于把人的心理能力划分为知、情、意三个部分的观点，认为在教育领域中，它们是同智育、美育、德育三者相对应的。

他认为，道德的培养与提高，并不能脱离知识和情感的作用而单独进行。他说："凡道德之关系功利者，伴乎知识，恃有科学之作用；而道德之超越功利者，伴乎情感，恃有美术之作用。"④

美育和智育也是相互联系的。虽然两者有明显的区别：前者是感情的、形象的；后者是理性的、概念的。但是，两者的联系也是明显的；在现实生活中，表现为艺术与科学的不可偏废。蔡先生说：虽然"科学与美学有不同的特点；科学是用概念的，美术是用直观的"。但是，"科学虽然与美术不同，在各种科学上，都有可以应用美学眼光的地方"。"专治科学的人，不兼美术的人，难免有萧索无聊的状态。……有了美术的兴趣，不但觉得人

---

① 蔡元培：《蔡元培美学文选》，北京大学出版社，1983，第180页。
② 蔡元培：《蔡元培美学文选》，北京大学出版社，1983，第137页。
③ 蔡元培：《蔡元培美学文选》，北京大学出版社，1983，第180页。
④ 蔡元培：《蔡元培全集》（第三卷），中华书局，1984，第3页。

生很有意义，很有价值，就是治科学的时候，也一定添了勇敢活泼的精神。"①

总之，智育促进认识，德育促进道德，美育促进鉴赏力和审美情感；而智育和德育中的美育因素，能够促进受教育者更好地接受智育和德育。智育、德育、美育三者的结合，即知识、意志、情感的结合，使人达到真、善、美的境界，从而实现传统思想中天人合一、知行合一、情境合一的理想。蔡先生又把这种追求，同西方的自由、平等、博爱的社会理想联系了起来，并以美育而统摄之。这就为传统的追求赋予了新的内容，从而体现了思想启蒙的意义，充满了"济世育人"的人文主义精神。从这个意义上说，有人把他的美学称为教育美学或人生美学，这也许是恰当的。

蔡元培美学思想的现实意义

党的十六大的政治报告，明确把"培养德智体美全面发展的社会主义建设者和接班人"，作为文化建设的战略任务，摆在全党和全国人民面前。过去，我们始终强调德、智、体三者的发展，但对美育重视不够，讲得也很少。蔡元培先生的美学思想和"以美育代宗教"的主张，作为改造中国旧有文化、进行思想启蒙的有效手段，不仅为当时的新文化运动指出了一条正确的道路，在今天也具有重大的现实意义。

社会主义的新中国，当然要奉行宗教信仰自由的政策。但是，我国又是以马克思主义作为精神文明建设的指导思想。我们要在马克思主义理论的指导下，培养全面发展的社会主义新人。这就决定了培养美学素质，进行美育的普及工作，在整个文化建设和教育工作中，具有不可替代的重要作用。以美育代宗教，并不意味着要改变我国的宗教政策，而是要充分发挥美学（文学艺术）在陶冶性情、完善人格、净化灵魂、改造社会方面的巨大社会功能。今天，在市场经济条件下，尤其要强调这一点。

从近代以来的世界历史进程看，当一个国家进入现代经济快速增长、致力于经济与科技发展的时候，加强美育和整个人文学科的建设，更多地关注人们的心灵世界，对于防止在经济急速增长的同时，普遍出现的精神文化危机和心灵世界混乱（如拜金主义泛滥，物质欲望膨胀，精神追求和道德理

---

① 蔡元培：《蔡元培美学文选》，北京大学出版社，1983，第137页。

想出现滑坡，一些人受邪教俘虏，等等），具有十分重要的意义。

因为人生活在世界上，既要有物质方面的需要，还要有精神方面的追求；既要有现实的行动，又要有浪漫的情怀。而心灵的充实与超越，才是人生最大的幸福与快乐。人类为了实现这个希望，曾经把目光投向宗教，但未能如愿以偿。包括美学在内的人文学科，不同于宗教信仰：它既是良知的、感情的，又是知识的、理性的。它以深刻理性与美好情感相统一的真善美的作品，给人的心灵以启示、感化和熏陶。它如和煦的春风、滋润的细雨，在潜移默化中，引导人们正确地理解人生意义，选择价值取向，为人类筑造一个可供心灵"诗意地栖息"的精神家园。

有鉴于此，许多有识之士提出：要用"美感教育"，冲淡以至洗刷低级的物质追求，树立高尚的理想和信念。在这种情况下，蔡先生的美学思想和"以美育代宗教"的主张所具有的强烈的现实意义，应该是不言而喻的了。

现在，我们比以往任何时候都强调科学的重大作用。提倡科学精神，这是完全正确的，十分必要的。那么，能不能以科学代宗教呢？诚然，科学同宗教是对立的。科学固然可以攻克宗教所盘踞的一个又一个堡垒，但是，即使在经验的范围内，也还存在暂时没有认识到或科学的认识能力达不到的问题；何况，超经验的领域中的问题，更是科学难以达到的。这就不难理解：为什么有的科学家还会相信宗教，为什么有些具备相当文化水平的人，也会受到诸如"法轮功"之类邪教的欺骗了。正因为科学不能完全消除宗教的影响，而美育却有可能做到；所以，美育的作用并不会因科学的进步而削弱，只会因科学的进步而更好地相互促进，相得益彰。

必须指出，艺术当然不能取代逻辑思维和科学实验，但它能培养想象力和直观洞察力。许多伟大的科学家都追求美的感受，并善于从美学中获得科学发现所需要的科学灵感。20世纪一位最伟大的科学家爱因斯坦说："物理学家的最高使命是要得到那些普遍的基本规律，由此世界体系就能用单纯的演绎法建立起来。要通向这些定律，并没有逻辑的道路；只有通过那种以对经验的共鸣的理解为依据的直觉，才能得到这些定律。"[①] 因此，他认为直觉和"想象力比知识更重要"，并明确宣称："我相信直觉和灵感。"[②]《艺术与科学思维》的作者马丁·约翰逊认为，"科学与艺术的未来综合将是人

[①] 爱因斯坦：《爱因斯坦文集》（第一卷），商务印书馆，1976，第102页。
[②] 爱因斯坦：《爱因斯坦文集》（第一卷），商务印书馆，1976，第284页。

类对自我的综合、完善和把握的过程。或通过科学和艺术的自然熏陶，同时具备对科学符号和艺术形象的综合理解力，将是未来人类的最基本素质"。[①] 在以创新为灵魂的知识经济的时代里，科学家更应该具有良好的艺术修养、高尚的审美力、敏锐的洞察力、丰富的想象力，才能充分地发挥他们的创新能力。而直觉和想象力的培养，固然与科学知识有关，但更重要的是靠美育。从这个意义上说，提倡美育对于促进科学的进步，也具有不可低估作用。

蔡元培先生的美学思想，特别是他提出的"以美育代宗教"的主张，它们的意义是不可低估的。20世纪初，是中国走向现代社会的重要转折时期，西方的民主与科学被引进了，原来作为信仰的中国儒家道统固然不行，而西方的功利主义和个人主义也得不到中国人民的认同，把宗教（无论哪一种）作为旗帜来号召群众更是行不通的。在这种情况下，正如有的研究者所指出的，"在诸多的学说中，似乎只有美学能够沟通古今两个时代，沟通中西两个世界。中国本来就是个很富有美学传统的国家，西方的美学虽然与中国美学在体系上有很大不同，但所要研究所要解决的问题是共同的，都试图构建一个包含真善而又超过真善，包含功利而又超过功利的人生境界"。[②] 而提倡美学、加强美育，正好成为提高国民素质进而缔造理想社会的恰当的途径。

如果说，由于当时社会条件的局限，蔡先生的愿望以及他提出的关于家庭美育、学校美育、社会美育方面的许多具体实施，在当时难以实现；那么，今天时代不同了，它们完全应当而且可能在更广的范围内、更高的层次上、更新的目标中得到实现。并且，随着社会的进步，蔡先生的美学思想将越来越显示出：它们在培养德、智、体、美全面发展的社会主义一代新人中所具有的重大意义，发挥出越来越大的推动实践的指导作用。

载《福建师范大学学报》，2005 年第 1 期

[作者附记]

本文由笔者与江琼两人合作写成。第二作者江琼现在是福建农林大学人文社会科学学院副教授。

[①] 吴全德：《科学与艺术的交融》，北京大学出版社，2001，第 61 页。
[②] 陈望衡：《20 世界中国美学本体论问题》，湖南教育出版社，2001，第 44 页。

漫步在美学和艺术的林间花径

——宗白华先生的《流云》《美学散步》《艺境》及其他

宗白华先生（1897~1986），原名之櫆，字白华，江苏常熟人，是我国现代著名的美学家、哲学家和诗人。1918年他毕业于上海同济大学语言科，1920~1925年留学德国，先后在法兰克福大学和柏林大学攻读哲学和美学。回国后，曾经在东南大学、中央大学、南京大学任教授。1952年以后的30多年间，一直在北京大学哲学系任教授。早在五四时期，他痛感于当时中国之受列强欺凌、国弱民贫，大声疾呼要创造"新国魂"，提倡适应新世界、新文化的"少年中国精神"。他参加"少年中国学会"，主编《时事新报》的副刊《学灯》，1920年5月出版了由他和田汉、郭沫若三人共同署名的《三叶集》。那时的他，就已经是一位披荆斩棘、勇往直前的年轻文学活动家了。从那以后，他的文学和学术的活动，历经风雨，走过了近70年的漫长道路，他终于成为一位饮誉海内外的著名学者、教授。

《流云》的出版及其蕴含的审美意境

宗先生在五四时期就是一位著名诗人了，他的小诗和谢冰心等人的诗作齐名，备受赞誉。1920年1月3日他给远在日本的郭沫若的信中说："我们心中不可无诗意诗境，却不一定要做诗。"但正是这位本来"不一定要做诗"的人，由于他心中蕴藏着无穷的"诗意诗境"，最后却创作了大量诗作并广为流传，成为真正的诗人。

1924年1月，上海亚东图书馆曾经把宗先生在《时事新报·学灯》上发表过的一部分诗作，加上一些还没有发表过的诗作，共49首，编成诗集正式出版，题为《流云》。《流云》的诗句玲珑剔透，宁静独特，意趣深远，引人入胜。它和谢冰心的《繁星》《春水》,康白情的《草儿》,同是20世纪初期中国新诗发展史上最早的几部诗集,它的出版奠定了宗先生在中国新诗诗坛上的地位。

1929年9月,上海亚东图书馆再版印行前,宗先生将它重新编过,为每首诗增加了标题,并改名为《流云小诗》。1947年11月,上海正风出版社又将它重新编排出版,书后收录了宗先生写的《我和诗》(1937年)一文。这篇文章为我们欣赏他的诗作,提供了指导性的思路。

在《我和诗》中,宗先生重提上述关于"心中不可无诗意诗境,却不一定要做诗"的旧话,说他因为"不愿受诗的形式推敲的束缚,所以说不必定要做诗"。他还着重讲了他后来之所以写起诗来的个中缘由。他从小就酷爱自然山水风光,爱流动变幻莫测的云,爱各种气候条件下形态各异的海。他既是"夜"的爱好者,也赞颂红日的初升。他说:"我爱光,我爱海,我爱人间的温暖,我爱群众里千万心灵一致紧张而有力的热情。我不是诗人,我却主张诗人是人类的光和爱和热的鼓吹者。"①

宗先生并不仅仅是诗人,而是诗人哲学家,或哲学家诗人。他说,"庄子、康德、叔本华、歌德相继地在我的心灵的天空中出现,每一个都在我的精神人格上留下不可磨灭的印痕"。"唐人的绝句,像王、孟、韦、柳等人的,境界闲和静穆,态度天真自然,寓秾丽于冲淡之中,我顶喜欢。"② 但他毕竟生活在现代都市之中,人生的悲壮剧以及城市的喧嚣却是无法回避的。他说,当夜里躺在床上熄了灯,一轮冷月俯临这动极而静的世界时,他感受到"无限凄凉之感里,夹着无限热爱之感。似乎这微渺的心和那遥远的自然,和那茫茫的广大的人类,打通了一道地下的深沉的神秘的暗道,在绝对的静寂里获得自然人生最亲密的接触。我的《流云小诗》,多半是在这样的心情中写出的"。③ 这也许就是他所说的"诗意诗境",是他这个本来"不一定要做诗"的人,不由自主地写出了许多活泼灵动、玲珑剔透的好诗来的奥秘所在吧!

宗先生深受中国古代哲学和艺术的熏陶,中国人不像西方思想家那样"追求"着彼岸的"无限"世界,而是在一丘一壑、一花一草中去发现无

---

① 宗白华:《美学散步》,上海人民出版社,1981,第286页。
② 宗白华:《美学散步》,上海人民出版社,1981,第281页。
③ 宗白华:《美学散步》,上海人民出版社,1981,第285页。

限、表现无限的。由于人的心灵与世界是彼此相通的,因此,作为心灵之声的诗的创作,无须"受诗的形式推敲的束缚"而刻意为之。用他自己的话来说,在心与物的交融互渗中,"空明的觉心,容纳着万境,万境浸入人的生命,染上了人的性灵"。[①] 心物化合为一,泯灭物我之别,它不拘泥于一己之心的喜怒哀乐,而是在意象运动中演奏着宇宙生命的天籁之声,它既空灵又充实。这是艺术心灵所能达到的最高境界,也是宗先生的《流云小诗》里所蕴含的审美境界。

20世纪80年代相继问世的《美学散步》和《艺境》

20世纪20年代中期以后,宗先生学术工作的重点有所转移,专心于美学和艺术的理论研究,除了在1933年写了《生命之窗的内外》这首诗,便很少再有新的诗作问世。在理论著述方面,他与同时代的其他学者相比,著作的数量并不多,谈不上什么鸿篇巨制,但人们从他的那些独具个人风格的传世美文中,却可以非常强烈地感受到他开阔的文化视野和深邃的洞察力。他对中国古代哲学和美学神韵的深切理解,以及对中西学术思想的融会贯通,无不使人赞叹与钦佩。

1981年,上海人民出版社推出了宗先生生前出版的唯一的美学著作。此书几乎汇集了他一生中最精要的美学研究的篇章,书名为《美学散步》,与首篇文章之标题相同。宗先生在开头的"小言"中写道:"散步是自由自在、无拘无束的行动,它的弱点是没有什么计划,没有系统。看重逻辑统一性的人会轻视它,讨厌它,但是西方建立逻辑学的大师亚里士多德的学派却唤做'散步学派',可见散步和逻辑并不是绝对不相容的。"他还举庄子和达·芬奇为例:达·芬奇在米兰街头散步时速写下来的一些"戏画",现在竟成为"画院的奇葩"。庄子好像整天在山野里散步,观看着鹏鸟、小虫、蝴蝶、游鱼,又在"人间世"里凝视一些奇形怪状的人并写进文章中,这些奇特人物成为后来唐、宋画家画罗汉时心目中的范本。宗先生说:"散步的时候可以偶尔在路旁折到一枝鲜花,也可以在路上拾起别人弃之不顾而自己感到兴趣的燕石。无论鲜花或燕石,不必珍视,也不必丢掉,放在桌上可

[①] 宗白华:《美学散步》,上海人民出版社,1981,第25页。

以做散步后的回念。"①

但凡读过《美学散步》这本书的人，都会惊喜地发现：宗先生在散步时所折到的"鲜花"和拾起的"燕石"，竟是那样的美不胜收啊！这里有他对人生艺术化的感悟、对诗美的寻求和对文艺的空灵与充实辩证关系的准确把握；还有对希腊哲学家艺术理论的深入分析，有对康德美学思想的独到评述，有看了罗丹雕刻以后对罗丹的理解和欣赏……。对于中国古代美学和艺术，宗先生更是情有独钟：他在挖掘中国文化的宝藏时，还致力于中西文化的比较研究；他既从整体上探索中国美学史中若干一般性的重要问题，又对不同的艺术门类（音乐、绘画、建筑、书法，等等）的特殊规律和具体内容做深入的剖析。所有这些文章，无不文笔灵动、创见迭出、妙趣横生、韵味无穷。

在这些文章中，人们还可以窥见他人生理想、人格操守的高洁与旷达。笔者十分欣赏《论〈世说新语〉和晋人的美》一文，这篇文章中所说的"晋人的美"，几乎是宗先生平生为人的生动写照。我国哲学界的著名学者对此多有评说。例如，冯友兰先生曾经十分欣慕地说："旷达是晋人风度的要点，达到这种境界自然就是晋人风度，'是真名士自风流'"，"白华的为人就是晋人风度"。熊伟先生说得更具体：宗白华"一生很可爱，陶渊明的风格是他一生的特点"，"他很洒脱，对身外之物看得很轻，有哲学家的韵味"；"旧社会许多坏的作风他都没有，他从不与人争得面红耳赤，他自得其乐"。②

《艺境》一书虽然出版于宗先生已经逝世后的1987年6月，但他生前的1986年9月，已经为此书撰写了"前言"。其实，他在1948年就曾经汇集部分论文，编了一本名为《艺境》的文集，只是由于种种原因未能公开问世。《美学散步》一书出版后，学术界的同人希望能够出版一本更全面地反映宗先生美学和哲学思想的文集，把《美学散步》未能收集进去的重要文章收入其中，以应学术界研究之急需。这就是《艺境》出版的历史背景与出版经过。宗先生在"前言"中写道："闻笛、江溶等同志，受文艺美学丛书编辑委员会委托，继我的《译文选》之后，又编辑此书，这使我甚感欣慰。我虽终生情笃于艺境之追求，所成文字却历来不多，且不思集存，

---

① 宗白华：《美学散步》，上海人民出版社，1981，第1~2页。
② 王德胜：《宗白华评传》，商务印书馆，2002，第80~81页。

故多有散失。四十年前，偶欲将部分论艺之文，集为《艺境》刊布，亦未能如愿。不想编者此次所集竟数倍于当年之《艺境》，费力之巨，可想而知。尤当致谢的是，编者同时钩沉了吾早年所作之小诗，致使飘逝的'流云'得以复归。诗文虽不同体，其实当是相通的。一为理论之探究，一为实践之体验。不知读者以为然否？人生有限，而艺境之求索与创造无涯。本书或可为问路石一枚，对后来者有所启迪，则此生无憾矣！"[①] 北京大学出版社正式出版此书，了却他40年来未了之心愿。

从《艺境》原序（1948年）中可知，宗先生非常欣赏唐朝画家张璪的绘画成就和人格风度。张璪曾有"外师造化，中得心源"之名句，并自撰《绘境》一书。宗先生之所以把自己的论文集取名为《艺境》，是为了表达他对张璪的"追怀与仰慕"。[②] 该书约36万字，分两大部分，第一部分为"艺境"，收录论文55篇，再加上信札、题记、序言等，共60篇，有许多是《美学散步》未曾收录的重要之作。

第二部分为"流云"，收录诗歌60首。他的诗作多数是新诗，也有少量的旧体诗。其中题为《柏溪夏晚归棹》的五言律诗写道："飙风天际来，绿压群峰暝。云罅漏夕晖，光写一川冷。悠悠白鹭飞，淡淡孤霞迥。系缆月华生，万象浴清影。"[③] 柏溪是嘉陵江上的一村，老友恽君向宗先生索写旧作，宗先生用毛笔亲笔书写赠送。这是我们从公开的出版物中所仅见的宗先生的书法手迹。

中国当代美学发展史上的"双峰"

宗先生是中国当代的著名美学家和哲学家，与著名美学家邓以蛰先生（1892~1973）、朱光潜先生（1897~1986）一起，以不同的特点活跃于美学界。早在20世纪30年代，中国学术界就流传着"南宗北邓"之说，将宗先生与邓先生并举称道。邓先生当时曾在北京大学工作，而宗先生当时还在东南大学、中央大学工作。宗先生于1952年调到北京大学后，邓以蛰、朱光潜和宗白华三位著名美学教授都集中到北大来了。1973年邓以蛰先生

---

① 宗白华：《艺境》，北京大学出版社，1987，第1页。
② 宗白华：《艺境》，北京大学出版社，1987，第3页。
③ 宗白华：《艺境》，北京大学出版社，1987，第405页。

先于朱、宗两位先生而去。朱、宗两人的生卒年度刚巧都是（1897～1986），这样，有的学者很自然地在评价宗先生时，把他与朱先生做了比较。例如，当代著名美学家李泽厚曾经把宗先生与朱先生做了这样的比较："朱先生的文章和思维方式是推理的，宗先生却是抒情的；朱先生偏于文学，宗先生偏于艺术；朱先生更是近代的，西方的，科学的，宗先生更是古典的，中国的，艺术的；朱先生是学者，宗先生是诗人……"李泽厚还指出，宗先生"相当准确地把握住了那属于艺术本质的东西，特别是有关中国艺术的特征。例如，关于充满人情味的中国艺术中的空间意识，关于音乐、书法是中国艺术的灵魂，关于中西艺术的多次对比等等"。①

宗先生逝世后，学术界对他的学术研究成果越加重视，他的学术著作的新版本也不断面世。例如，人民出版社于1987年4月推出《美学与意境》，收录宗先生在各个时期写的文章60篇，约37万字。2005年1月，北京大学出版社以"美学散步丛书"的形式，出版了宗先生的论文集，名为《天光云影》；2009年4月，南京大学出版社以"南雍学术经典丛书"的形式，出版了《宗白华中西美学论集》；等等。

特别要指出的是，1994年12月，安徽教育出版社出版了《宗白华全集》，共4卷，约200万字，包括许多未发表的论文、讲稿、信札等。其中题为《形上学》的、未完成的文字，尤为珍贵。这篇文稿是宗先生1928～1930年在中央大学讲课时所写，包括笔记和提纲两个部分。在这里，宗先生从多层面、多角度阐发了中西的形上学由于对心与物、主体与客体的认识不同，从而分属于两大不同的体系。西方是"唯理"的体系，是要了解世界的基本结构、秩序理数，是"以数代乐"，是化"命运"为命定的自然律，所以重点是宇宙论、认识论、范畴论；中国是生命的体系，是要了解、体验世界的意趣、价值，是"以水喻道"，是推"天人合一"于"保合太和，各正性命"之形上境，所以重点是本体论、价值论。正因为这样，宗先生特别强调：审美活动是人的心灵与世界的沟通。在中国传统文化领域中，他贯通儒、道、玄、禅，横跨诗、书、画、乐、舞，皆能深得其中之真谛。

宗先生一贯倡导和追求中西美学的会通与融合。早在五四时期他在《中国青年的奋斗生活与创造生活》（1919年）中，就指出，"将来世界新

---

① 王德胜：《宗白华评传》，商务印书馆，2002，第76～77页。

文化，一定是融合两种文化的优点而加之以新创造的。这融合中西文化的事业，以中国人最相宜，因为中国人吸取西方新文化，以融合东方，比欧洲人采撷东方旧文化，以融合西方，较为容易，以中国文字语言艰难的缘故。中国人天资本极聪颖，中国学者，心胸思想，本极宏大，若再养成积极创造的精神，不流入消极悲观，一定有伟大的将来，于世界文化上一定有绝大的贡献"。① 宗先生在 90 年前说的这番话，至今仍有着重大的现实意义。

1997 年 9 月，北京大学哲学系、德国波恩大学汉学系等几个单位为纪念朱光潜、宗白华两位先生诞辰 100 周年，在安徽黄山召开了朱、宗两位先生美学思想的国际讨论会。曾经是宗先生助手的北京大学教授叶朗在向大会提交的论文中，对宗先生美学思想在中国现代美学史上的独特地位，做了高度的评价。他认为，和朱先生一样，"在宗白华的身上，同样也反映了西方美学从传统走向现代的趋势，反映了中国近代以来寻求中西美学融合的趋势。""西方现代美学扬弃了主客二分的思维模式，而走向了'天人合一'的思维模式。宗先生对西方现代美学谈论得不很多。但是，宗先生本人的立足于中国古代'天人合一'思维模式的美学思想，与西方现代美学是相通的。"② 因此，他认为，当代中国美学的研究应当从朱光潜、宗白华那里"接着讲"。会议部分论文由他编为《美学双峰》，由安徽教育出版社出版。

宗先生不仅是学者、诗人，而且是教育家和翻译家。他生前曾有康德《判断力批评》《欧洲现代画派画论选》《宗白华美学文学译文选》等译著问世。在他逝世后，安徽教育出版社于 2000 年 10 月还出版了《宗白华著译精品选》（七册）。他毕生从事教育工作，为美学、哲学的发展繁荣，培育了无数新人。1954～1958 年，笔者在北京大学哲学系读书时，曾经有幸聆听过宗先生有关美学方面的讲座。宗先生讲课内容丰富，熔中西文化、中西艺术和美学于一炉，议论精到，深入浅出，诗意盎然，妙趣横生，牢牢地把握了中国美学的灵魂；而且讲课的神态达到全神贯注、自我陶醉的境地。由于他讲课的内容发自肺腑，因而有极强的感染力，直到 50 多年的今天，笔者对此依然印象深刻，宛如昨天。

---

① 转引自叶朗《胸中之竹·走向现代之中国美学》，安徽教育出版社，1998，第 271 页。
② 叶朗：《胸中之竹·走向现代之中国美学》，安徽教育出版社，1998，第 270、275 页。

宗先生作为一位从哲学高度研究中西美学比较、研究中国美学艺术而饮誉海内外的著名学者、教授，他那幽深的生命情调和空明的觉心，将不断地浸染着艺术，启迪着人生；他的美学散步时的富有生命韵律和悠远境界的脚步声，将永远驻留在以追求真善美为人生旨意的人们的心中！

载《中华读书报》，2009年7月22日

信仰的多维性及其与真善美的关系

当今社会,"科技是第一生产力"的道理,已成为越来越多人的共识。因此,在探讨"科学与信仰"的关系时,对于科学,不必专门论述;但与"科学"相对应的"信仰",由于它本身的多义性,却有待人们从多维的视角,对它作进一步的辨析。

一

通常人们很容易把宗教与信仰联系在一起,称之为"宗教信仰"。传统的宗教,当然是一种信仰,它是"有神论"的信仰。这种"有神论"的信仰,又与迷信有着内在的联系,所以,又有"宗教迷信"之说。而"迷信"又与愚昧、落后,结下了不解之缘。

但是,我们要强调的是,信仰是多层次的,不能限于从"有神论"宗教的意义上来理解。它应当包括人生的理想、信念、处世原则以及人生境界之类。它与真、善、美三者都有联系。如果这个观点能够成立,那么,我们至少可以提出下列三个问题。

(1)"信仰"是贬义词,还是褒义词?对于这个问题,答案似乎是现成的。现在,我们不是批评某些人对马克思主义、对社会主义,产生认识上的偏离和动摇,并把这种现象说成"信仰危机"吗?可见,"信仰"一词,既可以是贬义词,也可以是褒义词。在不同的语境中,它的含义各异。

(2)"信仰"何以与真、善、美都有联系?我们知道,求"真",属于认识论;求"善",属于伦理观;求"美",属于审美观。为着厘清"信仰"与它们之间的相互关系,有必要从世界观本体论的高度,从人与世界的关系的总体上加以审视。

关于人与世界的相互关系，有两种基本的看法。一种看法认为，人与世界万物不是征服与被征服的关系，而是存在着相通、相融的内在关系。借用中国传统哲学的用语，就是"天人合一"，或"万物一体"。另一种看法是，把世界万物与人看成处于彼此外在的关系之中，主体通过认识客体的本质、规律性以征服客体，使客体为我所用，从而达到主体与客体的统一。① 传统的有神论宗教所追求的，只是一个虚幻的彼岸世界；而我们所致力的，是在真实的世界中，既要有理性的科学思维，又要有人文的道德关怀，"诗意地"栖息着，追求"思"与"诗"的结合，追求真与善、与美的完美统一。这既是人生的最高境界，也是我们所说的最高的"信仰"。

（3）宗教信仰是否一定是"有神论"的，是否存在"无神论"的宗教信仰？要弄清楚这个问题，就先要问：什么是宗教？宗教最基本的特征与含义应该是：能意识到自身的有限性的人，对于最高、最完满的无限性的一种敬畏、仰望和崇拜之情。人类在不断发展科学的同时，又总是伴随着对宗教的需要。当然，随着社会的发展和科学的进步，人们对宗教的理解也不断地发生着变化。但是，无论科学如何发达，科学的追问总有其极限之处，因而总是存在着由宗教来回答问题的空间。这也是无法否认的。

西方传统的宗教信仰对象，是那种主宰人类命运的人格神——"上帝"。而西方现代的宗教与传统宗教的不同之处恰恰在于：它们大都否认或基本否认传统宗教那种主宰人类命运的人格神"上帝"；而且它们大都意识到：现代的宗教信仰不要去违背科学。面对这种宗教发展的世界潮流，有的学者（例如张世英先生）就提出了"无神论"的宗教信仰的新概念，以示与本来意义上"有神论"宗教信仰的原则区别。张先生明确指出，有了对中国传统哲学所讲的"万物一体"的领悟，发扬"民胞物与"的思想传统，再加上对它的敬畏、仰望和崇拜之情，"就足以构成一种宗教"。他把这种宗教叫作"无神论的宗教"，认为它类似于爱因斯坦所说的"宇宙宗教"。②

爱因斯坦的"宇宙宗教"，实际上是他对宇宙的最后秘密沉思的产物。他明确地说："我信仰斯宾诺莎的那个在存在事物的有秩序的和谐中显示出

---

① 张世英：《新哲学讲演录》，广西师范大学出版社，2004，第23～29页。
② 张世英：《科学与宗教》，《社会科学战线》2005年第1期。

来的上帝，而不是信仰那个同人类的命运和行为有牵累的上帝。"① 在斯宾诺莎那里，神（上帝）、自然、实体这三个概念是同一个术语。它们相互补充、相互限定，从而达到完美的统一。他一方面把神化为自然，另一方面又把自然加以神化。神作为自然，它是科学求真的对象；作为道德信仰的对象，是最高伦理的善；作为欣赏崇敬的对象，又是无限完美的整体存在。一句话，它是真、善、美的统一。爱因斯坦就像斯宾诺莎那样，不是传统意义上崇拜人格化上帝的宗教徒。他的"宗教感情"既是对大自然的热爱和迷恋，又表现为对宇宙的永恒秘密和世界神奇结构的好奇和惊奇感。对于大自然所显示的秩序和合理性，他始终持有"深挚的崇敬"和"赞赏心情"。他的宗教感情不仅是追求真知所必需的，而且还是他理想的人生境界。这样，他就把宗教、知识、道德、审美诸多方面有机地融合在一起了。

在科学研究中，求真精神、道德情操、审美能力三者各有其作用。审美固然不能取代逻辑思维和科学实验，但它能培养想象力和直观洞察力。所以，许多伟大的科学家都追求美的感受，并善于从美学中获得科学发现所需要的科学灵感。爱因斯坦说过："物理学家的最高使命是要得到那些普遍的基本规律，由此世界体系就能用单纯的演绎法建立起来。要通向这些定律，并没有逻辑的道路；只有通过那种以对经验的共鸣的理解为依据的直觉，才能得到这些定律。"② 因此，他认为直觉和"想象力比知识更重要"，并明确宣称："我相信直觉和灵感。"③《艺术与科学思维》的作者马丁·约翰逊也认为，"科学与艺术的未来综合，将是人类对自我的综合、完善和把握的过程。或者通过科学和艺术的自然熏陶，同时具备对科学符号和艺术形象的综合理解力，将是未来人类的最基本素质"。④ 在以创新为灵魂的知识经济的时代里，科学家只有具备良好的艺术修养、高尚的审美力、敏锐的洞察力、丰富的想象力，才能充分地发挥他们的创新能力。而直觉和想象力的培养，固然是与科学知识有关，但更重要的是靠审美能力的不断提高。这就是真与美的相互联系。

爱因斯坦还说："在为美德而斗争中，宗教导师们应当有魄力放弃那个人格化的上帝的教义，也就是放弃过去曾把那么大的权力交给教士手里的那

---

① 爱因斯坦：《爱因斯坦文集》（第一卷），商务印书馆，1977，第243页。
② 爱因斯坦：《爱因斯坦文集》（第一卷），商务印书馆，1977，第102页。
③ 爱因斯坦：《爱因斯坦文集》（第一卷），商务印书馆，1977，第284页。
④ 吴全德：《科学与艺术的交融》，北京大学出版社，2001，第61页。

个恐惧和希望的源泉。在他们的劳动中,他们应当利用那些能够在人类自己身上培养出来的善、真和美的力量。……真正的宗教已被科学知识提高了境界,而且意义也更加深远了。"① "在我们这个物欲主义的时代,只有严肃的科学工作者才是深信宗教的人。"② 事实上,真正的科学家的必然归宿应该是道德家和审美家。以爱因斯坦而论,他既是一位伟大的科学家,又是一位人格完美、人品高尚、心地善良的社会活动家,还是一位在科学工作中有着"臻美情结"并极其爱好音乐的艺术家。他"真诚地相信,一个人为人民最好的服务,是让他们去做某种提高思想境界的工作,并且由此间接地提高他们自己的思想境界"。③

从爱因斯坦以上所说"宇宙宗教"的内涵中,我们难道不是可以大体上窥见"信仰"与真、善、美的相互关系了吗?

二

从古至今,哲学家们几乎都肯定地认为,真、善、美三者是统一的,但如何统一,三者主从关系又如何,则众说不一;而且中国与西方,又各有差异。回顾三者相互关系的发展历史,将有助于我们加深对"信仰"概念的丰富、多维的内涵的理解。

在西方哲学史上,前苏格拉底的毕达哥拉斯明确地把科学的沉思,与道德上的"善"结合在一起,认为数学就是善。当时的哲学家爱把宇宙看作一种有秩序的、合乎理性的、完善的整体。这样,求知就是向善,或者如苏格拉底所说:"道德即知识"。而柏拉图的"理念论"中的最高理念就是"善"。以"模仿说"为特征的希腊时期的审美观,也把艺术看作对大自然的多样性的统一与和谐的一种模仿。柏拉图之后,特别是近代以来,科学的地位越来越高,随着"主客二分"思维模式的进一步强化,科学与伦理、真理与价值也随之分离、割裂起来了。审美观方面,则以"典型说"为标志。康德虽然力图改变美从属于真、从属于善的格局,极力凸显美的首要地位,但在黑格尔那里,美虽高于善,却又低于真。现当代以来,在以海德格

---

① 爱因斯坦:《爱因斯坦文集》(第三卷),商务印书馆,1979,第 183~185 页。
② 爱因斯坦:《爱因斯坦文集》(第一卷),商务印书馆,1977,第 282 页。
③ 爱因斯坦:《爱因斯坦文集》(第一卷),商务印书馆,1977,第 36 页。

尔为代表的"显隐说"的美学看来，美显然高于真和善，又包含真和善，从而在现代水平上实现了真、善、美三者的有机统一。

中国古代哲学的发展有其自身的特点。在儒、道、佛三家中，儒家侧重道德，以道德为人生的最高境界；佛家侧重宗教，以宗教为人生的最高境界；道家虽然远比儒、佛两家更重视科学，但并不以科学作为人生追求的最高目标，而是要求"与道为一"，以超越科学、超越道德的"审美的境界"，作为人生的最高境界。

孔子创立儒家学说的根本目的，是追求理想的社会秩序和美好的人生境界；他关于道德的一系列教诲，实质上成为人生哲学与生活原理。他赋予生命以道德本体的意义，认为个体生命存在的意义与价值，就在于"践仁"。他把"仁"作为哲学思想的最高范畴，要求志士仁人"无求生以害仁，有杀身以成仁"。从终极意义上说，人生的终极目标与生命的意义，是从学习经验知识，践行伦理道德开始，最后上升到人生的最高境界，去"知天"与"知命"。孟子继承并发展了孔子的学说，不仅讲"仁"，而且讲"义"。他将"仁"与"义"并举，以之作为对个人行为与社会行为进行道德评价的标准。他还把道德修养与"知天""事天"挂起钩来："尽其心者，知其性也；知其性，则知天矣。"他认为，这种"天人合一"是人的道德修养的最高境界。

老子不仅反对从天道中去寻找"仁义"的根据，而且从根本上反对仁义这样的提法。他认为，"道"的二重性，表现于"无"与"有"的对立统一，不可见、不可道的"超验世界"与可见、可道的"现象世界"的统一。这种"无"与"有"的对立统一，也是人生境界的写照：人生追求理想的无限性与具体实现的有限性。庄子发展了老子的思想，他所追求的最高人生境界，是超越主客对立、实现心灵自由的"逍遥"之境。这是一种"道通为一"的、多样性统一的境界："天地与我并生，而万物与我为一"。在他看来，大自然中的一切，包括理想的人生境界都是美的。当人们以审美的眼光来看待周围的一切事物时，它们就呈现出诗意的光辉。道家（包括佛家）的审美观，对于中国古代的文学艺术，特别是诗词、绘画、书法的影响极为深远。

总之，儒家要求通过道德修养，使人成为"圣人"，道家要求通过对道的领悟，达到"物我两忘"，成为"真人"。与西方传统哲学以追问宇宙最高存在的"本体论"问题为主不同，中国古代哲学儒道两家的共同之点是：

把对宇宙终极实在（天道）的追问，同对人生终极意义或最高境界（人道）问题的追问联系在一起，并且以后者为主，从而使真、善、美三者的关系，呈现出与西方不同的特点，使"信仰"的内涵更加绚丽多彩。

三

在剖析爱因斯坦所说无神论的"宇宙宗教"的内涵时，我们已经阐明了信仰与真、善、美的关系；现在，我们可以回过头来再考察一下"有神论宗教"的若干历史遭遇，以进一步解读"信仰"的多维性。

在西方文化史中，特别在中世纪时期，宗教势力曾经盛极一时，无论是科学还是哲学，都成为"神学的婢女"。近代以来，科学受到空前的重视，人类的主体力量得到了高度的体现。科学与宗教，看起来似乎是水火不相容，实际上却有其相通之处。由于宗教与科学两者都在主体与客体二分式思维方式中，有着共同的思想根源；因此，西方科学的发达与基督教的"超验性"的宗教信仰，并不是绝对对立的。它们除了矛盾尖锐、相互对立的一面之外，还有互相妥协、互相融合的一面。在宗教与道德的相互关系上，西方中世纪的某些哲学家和神学家认为，人的灵魂不具有神性，人的本性是有"原罪"的，人要依靠对上帝的信仰，才能得到"救赎"而变得有道德。他们往往从神学中寻找道德起源的根据，以上帝的权威来论证道德的合理性，并征服人心。近代以来，科学的飞快发展，不断地削弱着宗教的影响，传统宗教的日子越来越不好过了。这是尽人皆知的事实。于是，现当代西方的不少哲学家和科学家，他们对宗教在看法上就有了新变化。这里，我们不去说坚持科学理性观，把科学与宗教对立起来的观点；也不必批评通过对科学发展的成果作唯心主义解释，以便维持有神论的宗教的种种做法。值得注意的是，有的神学家（例如海姆）他们在承认现代科学已经把世界世俗化了的事实基础上，不是在科学领域之内，而是在科学领域之外，为上帝的存在寻找地盘。海姆认为，人除了需要科学这种"认识性"的存在以外，还需要有更高层次的"宗教意识"的存在。显而易见，这反映了一种把宗教与科学加以调和的趋向，也是信仰的含义多维化的表现。

包括中国宗教、印度宗教和佛教在内的东方宗教，由于处于缺乏或较少"主客二分"的思想，因而与西方那种具有"超验性"的宗教信仰，不可同日而语。中国哲学从不以证明神的存在为要务。虽然中国古代有"以德配天""天降德于人"的说法,把人的道德意识说成"天理"。但中国人讲的"天",在多数情况下,并非指有意志的主宰,也不是外在于人的彼岸力量,毕竟不同于基督教的"上帝"。儒家认为,人的道德并不是由外在的力量来赐予,而是靠内心的修养来自觉地加以完成。这说明了"人性"与"天性"是合二为一的。中国古代的长期历史中,儒家思想及其伦理道德占主导地位,就是最高的政治统治者皇帝,也不允许过分沉湎于有神论的宗教之中。否则,就会遭受来自社会的各种谴责。唐朝的韩愈不惜冒犯龙颜,以脍炙人口的《谏迎佛骨表》来捍卫、恢复儒家的"道统",就是一个突出的例子。

近现代以来,随着西方思想的输入,一些有觉悟的先进知识分子,更是以批评宗教为己任,提出了要不断地淡化,甚至要取代宗教作用的种种主张。蔡元培先生就是其中的著名代表。1917年4月8日他在北京神州学会发表的讲演里,正式提出"以美育代宗教"的著名主张。他说,"宗教本旧时代教育,各种民族,都有一个时代,教育权完全委于宗教家;所以宗教中兼含着智育、德育、美育的元素"。[①] 这是人类发展初期处于愚昧状态的情况。但是,随着社会的发展,宗教的垄断地位逐步被打破了。自然科学的独立和长足的进步,使"宗教上所有的解说,在现代多不能成立,所以智育与宗教无关";[②] 而伦理学、历史学、社会学、民族学等学科的出现,使得德育"也与宗教无关"了。换句话说,由于人类知识的进步,宗教的影响越来越小,艺术的影响越来越大。诚然,宗教艺术给世界艺术宝库增添过光彩,宗教精神也曾经为艺术的发展,提供一定的刺激。但是,自从"文艺复兴"后,艺术内容由宗教转向了人文。从此美学便开始了摆脱宗教的过程,而只有舍弃了宗教的纯粹美学,才具有陶冶人的感情的作用。因此,他的结论是:"不能以宗教充美育,而只能以美育代宗教"。[③]

蔡先生认为,不仅道德的培养与提高,不能脱离知识和情感的作用而单独进行,而且美育和智育也是相互联系的。科学与美学虽然有不同的特点,如果"专治科学的人,不兼美术的人,难免有萧索无聊的状态。……有了美术的兴趣,不但觉得人生很有意义,很有价值,就是治科学的时候,也一

---

① 蔡元培:《蔡元培美学文选》,北京大学出版社,1983,第179页。
② 蔡元培:《蔡元培美学文选》,北京大学出版社,1983,第180页。
③ 蔡元培:《蔡元培美学文选》,北京大学出版社,1983,第180页。

定添了勇敢活泼的精神"。[①] 总之,智育促进认识,德育促进道德,美育促进鉴赏力和审美情感;而智育和德育中的美育因素,能够促进受教育者更好地接受智育和德育。智育、德育、美育三者的结合,即知识、意志、情感的结合,使人达到真、善、美的境界,从而实现传统思想中的"天人合一""知行合一""情境合一"的理想,这是最高境界的"信仰"。

今天,我们重提"以美育代宗教",当然不意味着要改变我国的宗教政策,而是要充分发挥文学艺术在陶冶性情、完善人格、净化灵魂、改造社会方面的巨大社会功能。因为人生活在世界上,既要有物质方面的需要,还要有精神方面的追求;既要有现实的行动,又要有浪漫的情怀。而心灵的充实与超越,才是人生最大的幸福与快乐。人类为了实现这个希望,曾经把目光投向宗教,但未能如愿以偿。包括美学在内的人文学科,不同于宗教信仰:它既是良知的、感情的,又是知识的、理性的。它以深刻理性与美好情感相统一的真、善、美的作品,对人的心灵以启示、感化和熏陶。它如和煦的春风、滋润的细雨,在潜移默化中,引导人们正确地理解人生意义,选择价值取向,为人类筑造一个可供心灵"诗意地栖息"的精神家园。有鉴于此,许多有识之士提出:要用道德与审美的教育,冲淡以至洗刷低级的物质追求,树立高尚的理想和信念。

四

科学的核心是科学精神,而信仰如上所述,更多涉及人文精神。因此,考察"科学与信仰"的问题,从一定意义上说,是在探讨自然科学与人文社会科学、科学精神与人文精神的相互关系问题。近年以来,在市场经济条件下,在经济急速增长的同时,普遍出现了精神文化危机和心灵世界混乱(如拜金主义泛滥,物质欲望膨胀,精神追求和道德理想出现滑坡,一些人受邪教俘虏,等等);再加上长期以来,人文社会科学不够受重视,甚至被冷落、受歧视。针对这种情况,许多有识之士发出了注重人文素质教育、高扬人文精神的呼吁,并得到了广泛的响应。

历史的经验值得注意。20世纪20年代发生的"科玄论战"中,"玄学派"在物质世界与精神世界之间划了一条不可逾越的界限,不许科学来干

---

① 蔡元培:《蔡元培美学文选》,北京大学出版社,1983,第137页。

预人生观；而"科学派"则反其道而行之，为了驳斥将两者对立起来的观点，结果其自身却陷入了取消自然现象与人文现象界限的错误。这两种观点看来似乎对立，但是在否认人文社会科学具有相对独立性和特殊性方面，却是有其相通之处的。

自然科学与人文社会科学虽然在内容与形式上，都有着很大的差别。前者是关于自然物质客观世界的知识体系，并表现为建立在客观理性基础上的逻辑推导与实证分析；后者是关于社会和人的主体性精神和价值观念世界的知识体系，并更多地表现为对社会各个方面的研究，以及对人的主体性观念阐释与情感体验。但是，两者又是统一的，都是人类认识活动和实践活动所积累起来的系统化的知识与理论，又都要以人的全面发展为目标。因此，它们之间在本质上是相通的。因为自然科学的真正内核，不仅在于它的科学精神与科学理性，而且在于它的深邃的哲学思维与艺术灵感。因此，真正意义上的自然科学，不但不排斥人文价值的理想与人文情感的关怀，相反，许多优秀的自然科学家，都很强调自然科学在构造人类精神世界方面所具有的真善美的内涵。同样，现代人文社会科学也必须以自然科学为基础，否则就会因为违背科学精神而陷入主观的臆想和神秘的狂想。只有科学的发达、物质的昌盛、理性的传播，才能带来人的精神解放，才能奠定人的精神自由与情感完善的现实基础。在中国这个科学理性精神尚未真正获得确立的社会里，我们不能简单地用所谓"后现代"精神来消解科学理性精神，更不能把人文精神与科学精神对立起来，在所谓反对"科学主义"的借口下，动摇人们对科学精神与科学理性的信念。

今天，我们比以往任何时候都强调科学的重大作用，大力提倡科学精神，这是完全正确、十分必要的。但我们不能说有了科学，一切问题就能迎刃而解。因为科学固然可以战胜愚昧无知，并攻克有神论宗教所盘踞的一个又一个堡垒。但是，即使在经验的范围之内，也还存在暂时没有认识到或科学的认识能力达不到的问题；何况，"超经验"的领域中的问题，更是科学难以达到的。这就不难理解：为什么有的科学家还会相信有神论的宗教，为什么有些具备相当文化水平的人，也会受到诸如"法轮功"之类邪教的欺骗了。看来，要解决这类问题，除了要依靠自然科学，还必须重视人文社会科学，特别要加强道德教育和审美方面的教育，以全面地提高人的综合素质。

总之，现代科学技术的发展，在越来越广泛而深刻的领域和层次上提出了严重的人类精神文化与伦理问题，科学与道德、与审美的关系越来越复杂，科学与文化的各个领域的联系越来越密切了。只有自然科学家与人文社会科学家的广泛沟通与通力合作，才能有效地解决人类所共同面临的种种全新而复杂的科学与文化问题。这就是我们在重视自然科学的同时，也要同样重视人文社会科学，在弘扬科学精神的同时，也要大力培育人文精神并使两者实现完美结合的原因。这也是我们在讨论"科学与信仰"关系时的题中应有之义。

载《中共福建省委党校学报》，2006年第8期

提高人生境界 实现真善美的统一

——冯友兰"人生境界"学说述评

冯友兰（1895~1990），字芝生，河南唐河人。他是我国20世纪最重要、最有影响，也最有争议的一位哲学家和哲学史家。1952年后，一直为北京大学哲学系中国哲学史教授，还是中国科学院哲学社会科学学部委员、常务委员。我在北京大学哲学系读书时，时常有机会听他的讲座或会议发言。关于他的学术思想，无论在生前或者在身后，都褒贬不一。随着时代的发展、社会的进步以及人们认识的不断深入，对他的评价也就越来越全面、越来越客观、越来越公允。这是一件令人欣慰的事情。

冯先生在晚年曾经亲笔书写一副对联用以自勉，联曰："阐旧邦以辅新命，极高明而道中庸"。他说，此联的意思出自《诗经》："周虽旧邦，其命维新。"所谓"旧邦"指源远流长的中国文化传统，"新命"指现代化和建设社会主义。"阐旧邦以辅新命"就是要把这个特点发扬起来，"把中国古典哲学中的有永久价值的东西，阐发出来，以作为中国哲学发展的养料"，"马克思主义在中国也要接上中国古典哲学，作为来源之一，才会成为中国的马克思主义"。[①] 他一生的著述，可用"三史释今古，六书纪贞元"加以概括。"三史"是指《中国哲学史》（两卷）、《中国哲学简史》和《中国哲学史新编》（七卷）；"贞元六书"指他抗日战争期间所著的六本书：《新理学》《新事论》《新世训》《新原人》《新原道》《新知言》。在新中国成立前夕，他不顾友人的劝阻，毅然决然地放弃在美国优越的物质生活回到祖国，后又拒绝去南京，坚决留在北平，以迎接新中国的诞生。从那时起，他就给自己立下了"以新的思想重新改写中国哲学史"的宏愿。在包括"十

---

① 冯友兰：《三松堂自序》，人民出版社，1998，第372、404页。

年动乱"在内的40年的漫长岁月中,他历尽艰辛、备受磨难,用他的全部心血,在去世前的几个月,终于写完了长达150余万言的七卷本巨著《中国哲学史新编》,给后人留下了丰硕的精神财富。

本文所说的关于"人生境界"的学说是他所构建的"新理学"哲学体系的重要组成部分,在上述《新原人》(1943年)一书中有详尽的阐明。为了阐述这个学说,不妨先解释一下他对"觉解"以及"人生境界"的理解。

"觉解"和"人生境界"的含义

冯先生说,"觉"是自觉,"解"是了解。宇宙间的事物,本来无所谓"意义",但有了人对它的"觉解",就有了意义了。因此,宇宙间是"有人"还是"无人",是有着重大的不同的。儒家学者有这样的说法:"天不生仲尼,万古常如夜"。我们也可以说:"天若不生人,万古常如夜"。如果用佛家的名词来比较,觉解是"明",而不觉解是"无明"。宇宙间只有人才有"觉解",只有宇宙间有了人,宇宙才有了"明",有了"始觉"。就此而言,是否有觉解,"不仅是人生最显著的性质",而且是"人生最重要的性质"。[①]

宇宙及其间的事物,对于每个人固然相同,但随着各个人的"觉解"的程度不同,对于各个人的意义也就随之不同。这种意义的不同,也就是境界的不同。世界是相同的,但由于这个世界对不同的人具有不同的意义,因而也就有了各自不同的人生境界:"仁者见之谓之仁,智者见之谓之智"。

冯先生认为,人生的境界大致可以有四种,即自然境界、功利境界、道德境界和天地境界。他说:

> 一个人,因其所处底境界不同,其举止态度,表现于外者,亦不同。此不同底表现,即道学家所谓气象,如说圣人气象、贤人气象等。一个人其所处底境界不同,其心理底状态亦不同。此不同底心理状态,即普通所谓怀抱、胸襟或胸怀。[②]

境界有高低之分、久暂之别,是可以变化的。现在分别阐述如下。

---

① 冯友兰:《新原人》,生活・读书・新知三联书店,2007,第14页。
② 冯友兰:《新原人》,生活・读书・新知三联书店,2007,第51页。

自然境界：人生最低的、天然的境界

在此境界中的人，宇宙及其万物对于他来说，没有清楚的"觉解"，似乎只是一个"混沌"。虽然不能说是"不识不知"，亦可以说是"不著不察"，只能"率性而行""顺习而行"或"照例行事"。例如，过原始生活的人，或者小孩，或者愚人，其境界就是属于自然境界。他们虽然生活在天地之间、社会之内，但并不觉解其是生活在天地和社会间。

应该指出，处在这个境界中的人，并不限于那些尚未开化的原始的人，也不限于从事简单工作的人。有的人，虽然在学术艺术方面能有所创作，或在道德事功方面能做"惊天地，泣鬼神"的事情，但是，如果他们"行乎其所不得不行，止乎其所不得不止"，"莫知其然而然"，那么，就其不自觉其创造而言，这等人的生活境界，也还是属于自然境界。①

先秦时期的道家赞美自然境界，推崇纯朴或素朴，赞美混沌。这是为什么呢？可能的回答是：因为自然境界是可欲的，或者是可乐的。冯先生不同意这样的回答，他说，真正处于自然境界中的人，由于其没有上面我们所说"觉解"，他们并不以这样境界为可欲，也不知其是乐。因为在自然境界中的人，"如有其乐，其乐决不是以自然境界为可欲者所想象底那一种乐"。庄子在濠梁上见"儵鱼从容"，以为是"鱼之乐"，其实，对于鱼来说，即使有其乐，也绝不是庄子所想象的那一种乐。但凡赞美自然界及自然境界的人，他们都不是处于自然境界中的人，正如如果有人说自己是"天真烂漫"，表明他已经对"天真烂漫"有了觉解，那就绝不是天真烂漫一样。②

讲求实际利害的"功利境界"

生活在这个境界中的人，对于自己的行为已经有了清楚的"觉解"，能通过自觉的行为来谋求自身的利益。动物的"为利"仅是一种本能，而人却可以是一种自觉的行为。处在自然境界中的人，虽然也可以"为利"，但并不自觉。这就是"功利境界"和"自然境界"两者的区别之处。所以，

---

① 冯友兰：《新原人》，生活·读书·新知三联书店，2007，第46页。
② 冯友兰：《新原人》，生活·读书·新知三联书店，2007，第64~67页。

"功利境界"高于"自然境界"。

冯先生指出,在功利境界中的人,"求名于朝,求利于市",这个名,这个利,都是求他自己的名和利。所以说,"为名""为利"也可以说都是"为我",都是自私的。大多数普通人的行为,都是为其自己的利着想,其境界都属于功利境界。有的人积极地"为我",其结果也可能使社会得利,他们的行为可能是"功在天下,利在万世",他们自己也可能是历史上的英雄人物,但就其人生境界而言,仍然属于"功利境界"。

冯先生认为,人常是有错误的,但错不在于求自己的利,而在于往往不知什么是自己的利。他分析了道家、墨家对"利"的看法。道家认为,"凫胫虽短,续之则忧。鹤胫虽长,短之则悲";"鱼处水而生,人处水而死"。万物都自会自顺其才,以求其自己的利,用不着别人越俎代谋。那种越俎代谋式的加利于天下,完全是不必要的,甚至是有害的。因此,部分道家有"不拔一毛,不利天下,而天下自治"之说。墨家看似相反,认为人应该"兼相爱,交相利",这样能使社会安宁,对人人都有利。"他们虽都是教人利人,但其实教人利己"。因此,"兼爱仍是为我,其境界是功利境界"。①

古人说,人有三不朽:立德,立言,立功。立德的人,谓之圣贤,他们有很高的境界,但未必会有很大的学问和事功;立言的人,谓之才人,他们虽有很多的知识,或有伟大的创作,但并不等于有很高的境界;立功的人,谓之英雄,他们在事业上有很大的成就,但也不等于有很高的境界。英雄与奸雄是不同的。奸雄的行事,损人利己;英雄的行事,利己而不损人,或且有益于人。

> 就其有益于人说,其人其事,都值得后人崇拜。但就其利己说,其成就不是出于道德底行为,其人的境界,是功利境界。②

当然,我们还可以补充一句,如果其人其事是出于道德的考虑,其人的境界,是可以超出功利境界的。

由于衡量学问或事功的大小的标准与衡量境界高低的标准并不是一回事,所以,冯先生说,一个人的学问或事功的大小,与其所处的境界的高

---

① 冯友兰:《新原人》,生活·读书·新知三联书店,2007,第97页。
② 冯友兰:《新原人》,生活·读书·新知三联书店,2007,第99页。

低,"并没有必然地相干底关系"。我们既然明确了才人或英雄的成就与他们的境界之间的未必一致的关系,就不至于也不应该把两者混为一谈了。这一点需要强调。

行义、为公的"道德境界"

生活在这个境界中的人,其行为的特征是"行义"。而"义"与"利"是相反相成的。

冯先生指出,儒家所谓义利的分别,是公私的分别。"为利"可以说是"为私","行义"可以说是"为公"。为义者,不是不为利,不过其所为的利,是公利而不是私利。求自己的利的行为,是"为利"的行为;求社会的利的行为,是"行义"的行为。这里所谓的公与私的分别,也可以说是"为我"与"为人"的分别。如果是"为我"的行为,求自己的利,那属于"为利"的行为;如果是"为人"的行为,求他人的利,那属于"为义"的行为。前者属于功利境界,后者属于道德境界。

需要说明的是,这里所说的"为人""为我"和《论语》中那句话所说的"为人""为己"的意思不一样。《论语》说:"古之学者为己,今之学者为人。"这里所说的"为人"是指这种人当他在做应该做的事情时,"常恐别人知之与否";这里所说的"为己"是指,这种人当他努力地在做应该做的事情时,"不计较别人知之与否"。依此说,"为人"者是属于功利境界,"为己"者反倒是属于道德境界。①

处于道德境界中的人,了解到人的社会性,并不把个人与社会加以对立,能够做到"尽人伦、尽职分"。如果一个人的行为的目的是"为公",而不是"为私",是"奉献"而不是"占有"。在这种前提下,他的行为有时即使是"取",但最终的目的也还是在于"与"。例如,孟子在讲利的时候,是讲如何使人民得利,这种行为实际上就是在行仁义。反之,如果做的是"道德"之事,目的却是私利,那他仍然是处于功利境界之中。

冯先生进而指出,行义的人,不但求别人的利,而且对于别人有一种"痛痒相关"的情感。这等人就是所谓的"仁人"。这里就涉及"义"与

---

① 冯友兰:《新原人》,生活·读书·新知三联书店,2007,第130页。

"仁"的关系了。如果说,义与不义的分别,只是公与私的分别;那么,仁与不仁的分别,就不只是公与私的分别了。这里所谓的"痛痒相关"的情感,可以说是道德行为中的"人的成分"。① 在"义"与"仁"的关系上可以说,仁的行为必然兼有义的行为,反之,义的行为不必兼有仁的行为。所以,道学家把"仁"作为最大的德。就"仁"的广义的意义而言,包括"四德"(仁义礼智)、"五常"(仁义礼智信)。

再回过头来讲"我"。冯先生认为,"我"有两个意思:其一是指"自私",其二是指"主宰"。就我的"自私"的意思说,在自然境界中的人,不知有"我",在功利境界中的人,有"我",在道德境界中的人,是无"我"的;就我的"主宰"的意思说,在自然境界中的人,无"我",在功利境界中的人,有"我",在道德境界中的人,是真正有"我"的。所谓真正有"我"是指他能够"自作主宰",是个大丈夫。即孟子所谓"富贵不能淫,贫贱不能移,威武不能屈"那样的人。②

超越世俗、自觉与天地合为一体的"天地境界"

这是人生的最高境界。在此境界中的人,要自觉到自己不仅是社会的一分子,而且是宇宙的一分子,是与整个宇宙合为一体。这里所讲的"宇宙",与物理学所讲的宇宙,不是一回事。一位天文学家研究宇宙,如果他仅仅是为了个人的功利,那么,他的境界只是功利境界,而不是天地境界。因为并非每一个人都能够完全觉解他是宇宙中的一分子,要觉解到这一点,是极不容易的。③ 冯先生说:

> 人能从这种新的观点以看事物,则一切事物对于他皆有一种新底意义。此种新意义,使人有一种新境界,此种新境界,即我们所谓天地境界。④

具有这种境界的人,不仅要"尽伦尽职",要"行义",而且要"事

---

① 冯友兰:《新原人》,生活·读书·新知三联书店,2007,第118页。
② 冯友兰:《新原人》,生活·读书·新知三联书店,2007,第122页。
③ 冯友兰:《新原人》,生活·读书·新知三联书店,2007,第132页。
④ 冯友兰:《新原人》,生活·读书·新知三联书店,2007,第134页。

天""乐天",最后至于"同天"。这个"同天"也就是"天人合一"。"事天"是以"知天"为前提,要对宇宙和人生有最终的"觉解"。"尽伦尽职"本来是尽人伦,尽人职,做的是道德之事,但处这种境界中的人,却又是在尽天伦,尽天职,这就是"事天",具有超道德的意义了。

冯先生引用张载的一段话,进一步说明这个观点。张载在《西铭》中这样说:

> 乾称父,坤称母。余兹藐焉,乃浑然中处。故天地之塞,吾其体;天地之帅,吾其性。民,吾同胞;物,吾与也。……尊高年,所以长其长,慈孤弱,所以幼其幼。圣,其合德;贤,其秀也。……富贵福泽,将厚吾之生也;贫贱忧戚,庸玉汝于成也。存,吾顺事;没,吾宁也。[1]

这篇文字深受后人推崇,但好处究竟在哪里,不得其详。冯先生认为,"此篇的真正底好处,在其从事天的观点,以看道德底事"。[2] 因此,看似道德的事,就具有超道德的意义了。在这篇文字中,"吾"和"其"是两个关键性的代名词,"吾"指作为人类一员的张载自己,"其"是指乾坤、天地。这篇文字的头几句是全文的前提,代表一种宇宙观。由此出发,"吾"所做的道德或不道德之事,"吾"的遭遇的顺或逆,包括存或没,都与"其"有关,从而具有超社会的意义。这就是人的"安身立命之地"。[3] 我们学习哲学,并不仅仅是为了单纯地获取知识,主要是为了加深对事物的觉解,以增长智慧,陶冶情趣,提高人生的境界,达到"安身立命"。所以,冯先生又把天地境界称为"哲学境界"。

在天地境界中生活的人,虽然和其他人一样,只有七尺之躯,但可以"与天地参";虽上寿不过百年,而可以"与天地比寿,与日月齐光"。这似乎又是一种"混沌",但有别于自然境界,它是在高级基础上的回复。一个有天地境界的人,对于自己的行为和外界的事物,都自觉有一种新的意义和精神之乐。此谓之乐天。

在天地境界中生活的人,不仅知天、事天、乐天,而且"自同于大全"。

---

[1] 张载:《西铭》。
[2] 冯友兰:《新原人》,生活·读书·新知三联书店,2007,第139页。
[3] 冯友兰:《三松堂自序》,人民出版社,1998,第253页。

"大全"是冯先生哲学的重要范畴,是指"万物之全体"。在此境界中的人,他们所做的事情,虽然也和一般人所做的一样,但由于觉解不同,意义也就不同。如果达到了同天的地步,也就如儒家所说的"万物皆备于我"了。既然觉解到"万物皆备于我",则对于万物会有一种"痛痒相关"的感觉,儒家把同天境界也称为"仁"。得此境界的人,不仅是与"天地参",而且是与"天地一"。这是天地境界中的最高造诣,"人惟得到此境界,方是真得到天地境界"。①

冯先生所说的这个"天地境界",许多人都认为,它不像前面所讲的三种境界那样具体,显得很抽象、很难理解,甚至很神秘,包含神秘主义的色彩。对此,冯先生并不讳言。他认为,如果把"神秘"理解为"不可思议",那么,由于"大全"本身就是不可思议的,所以,"天地境界"中的"同天"之说,也就有神秘主义了。"哲学的神秘主义是思议了解的最后底成就,不是与思议了解对立底。"②冯先生的这个说法是能够自圆其说、言之成理的。因为他所界定的"大全",就是至大无外、无所不包的整个宇宙,即万物之全体。要怎样对这种"大全"进行思议呢?如果把这个"大全"作为"思议"的对象,它理应与"思议"相对立,是不包括"思议"、外在于"思议"的。既然如此,这样被思议的"大全"就不成其为"大全"了。所以,"大全"不仅是不可思议的,而且还是不可言说的,这岂非神秘主义?但是,尽管如此,仍然还是要"思议"的,否则,又怎么认识到大全之不可思议?但这样一来,"思议"就应该是在"大全"之内了。我们的思想既在大全之外,又在大全之内,这就必然陷入逻辑上的自相矛盾。要解决这个矛盾,只能认为,我们的思想恰好等于大全,可以在思维中把握整个宇宙,从而达到"天人合一"的精神境界。所谓"天地境界"之说包含神秘主义色彩,是从这个意义上说的。

四种"人生境界"特点及差别的比较

根据上述冯先生关于四种境界的分别阐明,可以从总体上对它们之间的差异略做比较。

首先应该明确的是:四种境界是有着高低之别的,它是以达到某种境界

---

① 冯友兰:《新原人》,生活·读书·新知三联书店,2007,第143页。
② 冯友兰:《新原人》,生活·读书·新知三联书店,2007,第147页。

所需要的、人的"觉解"的多少为标准的。自然境界中的人，需要的"觉解"最少，功利境界需要较多的"觉解"，道德境界需要更多的"觉解"，而天地境界则需要最多的"觉解"。

对于这四种境界的区别，儒家认为，人与动物的区别在于人有道德观念而动物没有道德观念，所以，儒家能清楚地区分自然境界与道德境界，但他们往往看不清楚道德境界与天地境界之不同。道家对于道德境界与天地境界之不同，能够看得清楚，但是他们往往把处于最高境界中人的许多特点，与处于最低境界中人的许多特点混为一谈，所以，他们对于天地境界与自然境界的分别，却往往看不清楚。

不同境界中的人，在宇宙中的地位是不同的：生活在道德境界中的人，可以说处于"贤人"的地位；而处于天地境界中的人，如果得到了"同天"的地步，按照儒家的说法，是处于"圣人"的地位。这和佛家说的"真如"，道家说的"得道"是一个意思。

人所实际享受的那一部分世界，可以有大、有小。随着境界的提高而不断地扩大。处较低境界中的人，他们所得到的只是世界的某一部分，而处于最高境界中的人，就完全不同了。庄子说："乘云气，御飞龙，而游乎四海之外。""乘天地之正，御六气之变，以游无穷。"这是用诗的语言，形容在天地境界中的人所能有的享受。

在自然境界中，人不知有"我"；在功利境界中，人知有"我"；在道德境界和天地境界中的人，可以说是"无我"，但所无之我，并不是人的"真我"。人的"真我"，要在道德境界中进一步发展，特别要在天地境界中，得到完全的发展。从这个意义上说，在道德境界和天地境界中的人，可以说是似"无我"而"有我"；在天地境界中的人，"大无我"而"有大我"。这个大我，是"与天地同一"的我。

自然境界和功利境界是"自然的产物"，人不必努力就可以自然地得到；而道德境界和天地境界则不然，它们是"精神的创造"，必待人之努力，而后方可有之。人在婴儿时，其境界是自然境界；及至成人时，其境界是功利境界。此后若不努力，也许终身就处于此。若能努力，则可能达到道德境界，乃至于天地境界。在不同境界中的人，可以做相同的事情，哪怕是非常普通之事；虽然如此，这些相同的事情对于他们可以有不同的意义，从而显现出不同的人生境界来。

"人生境界"学说的思想渊源、研究方法及其现实意义

冯先生学贯中西,既有国学的功底,又熟悉西方哲学的研究方法。他对人生境界的论述是以中国传统哲学(主要儒家,兼有道、佛)关于心、性的学说作为立论依据的,这是毫无疑义的。但他也深知包括程朱理学和陆王心学在内的中国传统哲学之局限,于是,他又结合着运用现代理性的逻辑分析方法来思考人生境界问题,从而把人性的完善和人的本质的深化与人类所创造的文化联系起来,从而发展了传统哲学,使之具有现代文化理论的特色。

在研究方法上,他既用"正的方法",又用"负的方法"。在《新知言》(1946年)中,他对"正的方法"和"负的方法"做出精辟论述,还举一个通俗的例子:画家画月,可以有两种方法,一种方法是用线条描绘一个"月",或用颜色涂抹一个"月",这是正的方法;另一种方法是先在纸上烘云,于所烘的云中,留出一个圆形或半圆形的空白,这个"空白"就是月,这叫"烘云托月",这是负的方法,是不画之画。[①] 正的方法要正面地阐述:这是什么,而负的方法则反过来说:这不是什么。西方哲学从不证自明的"公设的概念"开始,运用逻辑分析方法,理所当然地由"正的方法"占统治地位;中国古代哲学则从"直觉的概念"开始,理所当然地由"负的方法"占统治地位。这个特点在道家思想以及禅宗思想中尤为明显。例如《老子》《庄子》中始终没有正面地说"道"到底是什么,只说了"道"不是什么。其实,如果懂得"道"不是什么,也就对"道"有所领悟了。

冯先生在提出关于"人生境界"学说时,自觉地把正负两种方法结合起来,兼而有之。他认为,一个完整的哲学体系,"应当从正的方法开始,而以负的方法告终"。没有前者,"便缺少了对哲学来说最重要的明晰思考";没有后者,"便不可能登上哲学的高峰"。冯先生在对"天地境界"的阐述中,负的方法的运用尤其明显。这是许多读者感到对它难以理解的原因,也是它被视为神秘主义的主要依据。有的学者曾以马斯洛的"高峰体验"、梭罗的"瓦尔登湖"以及王国维的艺术境界来进行比较,希望能消除

---

① 冯友兰:《新知言》,生活·读书·新知三联书店,2007,第6页。

或淡化其中的神秘主义色彩,并对"天地境界"作进一步的理解。[①] 而冯先生自己对神秘主义的评价却是:"神秘主义不是和明晰思考对立的,也不低于明晰思考,毋宁说,它是超越于明晰思考的。它不是反理性,而是超理性的。"[②] 他认为,未来哲学的发展是要把这两种方法结合起来。

"人生境界"学说所蕴含的内容相当丰富,它对于今天所进行的社会主义文化建设事业,以及人的道德培养和人格塑造,提供了不少有益的参照与借鉴。冯先生所倡导的道德境界和天地境界,知天、事天、乐天、同天,无论从认识论上的注重知识、追求真理,或从道德论上的完善自我、奉献社会,还是从人与自然关系视野中的保护环境、建设生态文明等,都有其合理的要素,能以现代的眼光进行解读,都可以从中得到启迪与教益。

原载《学术评论》(福建),2014 年第 5 期

[作者附记]

笔者曾经为中共省委统战部系统的部分机关干部作过一次学术讲座,当时只写了简单的提纲,本文是在这个提纲的基础上整理、扩充而成的。在整理中,重新核对了引文。(2014 年 4 月 30 日)

---

① 胡军主编《反思与境界》,北京大学出版社,2008,第 477~486 页。
② 冯友兰:《中国哲学简史》,天津社科院出版社,1998,第 311 页。

人生的不同境界

——从《读书偶记》想到的

读《福建师范大学》校报（2011年10月15日）"文化副刊"上刊载的穆克宏先生《读书偶记》一文，深有所感。我与穆先生相识于40年前的1972年。他研究文学造诣甚高，对古代哲学、历史也有深入的研究。这篇谈李商隐诗的《读书偶记》就把文、史、哲熔于一炉。所以，引起了我的兴趣。

《读书偶记》在讲到李商隐诗《安定城楼》中的名句"永忆江湖归白发，欲回天地入扁舟"时，引用了冯友兰先生的见解，还详细阐述了清代以来众多学者的意见，指出了两者的差异。这个差异集中在对"天地"一词的解释。冯先生认为，李商隐要"带着整个的世界进入一只小舟之中"，而这里所说的整个世界，是指"他的整个精神世界，其中包括了他对于人类精神生活的了解和体会"。清代很多学者早已有评论，诸如："本欲功成名立，归老江湖，旋乾转坤，乃始勇退"；"必俟回旋天地功成，却入扁舟耳"；等等。纪昀与当时多数学者的看法不同，是个例外。他认为，"'欲回'句言归老扁舟，舟中自为世界，欲缩于一舟然。即仙人敛日月于壶中，佛家缩山川于粟颖之意"。而且他还明确表示"注家谓欲待挽回世运，然后退休，非是"。纪昀的意见与冯友兰倒是相接近。上述两种见解，孰是孰非？我认为，完全可以见仁见智，并不一定要"非此即彼"。也许是各有其道理，两者是相容而不是对立的。穆先生既认同清代多数学者的见解，却又认为，纪、冯的说法"亦可备一说"，因为它"很新颖"，可"引人进一步思考"。我表示赞成。问题在于：我们能怎样"进一步思考"呢？

我对纪昀的见解缺乏研究，不敢妄言。冯先生是我20世纪50年代在北京大学哲学系读书时的老师，近年来有机会陆续读了一些他过去写的、近年以来才得以重新出版的书，我感到他在《中国哲学史新编》中对李商隐诗句的上述见解,其实是和他在1942年写的《新原人》一书中关于"人生境界的学说"是一脉相承的。作为"贞元六书"之一,《新原人》是专讲人生的意义与境界的。他认为,宇宙及其间的事物,对于每个人固然相同,但随着各个人的"觉解"(觉悟与理解)的程度不同,对于各个人的意义也就随之不同,因而也就有了每个人各自不同的精神世界,可称之为"人生境界"。它大致可以有四种:自然境界、功利境界、道德境界、天地境界。

冯先生认为,生活在"自然境界"中的人,宇宙及其万物对于他来说,没有清楚的"觉解",似乎只是一个"混沌"。生活在"功利境界"中的人,对于自己的行为已经有了清楚的"觉解",能通过自觉的行为来谋求自身的利益。所以,"功利境界"高于"自然境界"。生活在"道德境界"中的人,其行为的特征是"行义"。只求自己的利的行为,是"为私"的;求社会的利的行为,是"为公"的行为。从这个意义上说,"道德境界"与"功利境界"的区别在于是"为公"还是"为私"。"天地境界"是人自觉地意识到"与整个宇宙合为一体"的境界,是人生的最高境界。具有这种境界的人,不仅要"尽伦尽职",要"行义",而且要"知天""事天",并进而"乐天""同天"。人虽然只有七尺之躯,但可以"与天地参",进而"与天地万物为一";虽上寿不过百年,而可以"与天地比寿,与日月齐光"。自然境界和功利境界是自然的产物,人不必努力就可以得到;道德境界和天地境界是"精神的创造",必待人之努力,而后可以有之。人在婴儿时,其境界是自然境界;及至成人时,其境界是功利境界。此后若不努力,也许终身就处于此。若能努力,则可能达到道德境界,乃至于天地境界。人所实际享受的那一部分世界,可以有大有小,它随着境界的提高而不断地扩大。

以上是冯先生关于人生四种境界的学说,显而易见,他是用"天地境界"来解释李商隐的诗句,而清代很多学者的评论多数是从"道德境界"着眼来解释诗中的"天地"的含义。所谓"回旋天地功成""功成名立""旋乾转坤"等建功立业的抱负和行动,是利国利民的为公之举,基本上属于冯先生所说的"道德境界"。

为了说明道德境界与天地境界的区别,冯先生在书中还以杨椒山就义时所做的两首诗为例加以说明。

其一曰:浩气返太虚,丹心照千古。平生未了事,留与后人补。

其二曰:天王自圣明,制作高千古,平生未报恩,留作忠魂补。

在引述了诗句后,冯先生说:"此二诗,在椒山心目中,或亦似有同等地位。但第一首乃就人与宇宙底关系立言，其所说乃在天地境界中底人的话。第二首乃就君臣的关系立言，其所说乃在道德境界中底人的话。"① 在儒家的思想体系中，"天"具有道德的属性，人的道德乃由"天"所赋予，这是人与动物不同之处。所以，儒家能够清楚地区分自然境界与道德境界，但往往把道德境界与天地境界混为一谈。这也许是冯先生说"此二诗，在椒山心目中，或亦似有同等地位"的依据吧！

在天地境界中的人，并不需要做什么特别的、与众不同的事情，他的生活就是一般人的生活。但他对自己所做的功利的事、道德的事，如果能够从"超越"社会的视角去理解它的意义，那就进入了天地境界。天地境界是从一个比社会更高的观点来看待人生。这个更高的观点，文天祥的《正气歌》中称之为"天地"，张载的《西铭》中称之为"乾坤"，一般的可以称之为"天"。天地境界所牵涉的不仅是人与人、个人与社会的关系，而且是人与宇宙（不是就物理学意义上，而是哲学意义上而言）的关系。前面所说的"知天""事天""乐天""同天"，就是关于人与宇宙的关系所持的一种正确的态度。陶渊明、李白的诗，苏东坡的《赤壁赋》，还有张载（张横渠）的"横渠四句"（为天地立心，为生民立命，为往圣继绝学，为万世开太平）等，都包含着对什么是天地境界的形象描绘与具体阐发。古代的老子、庄子及道家学派重视自然，高扬宇宙本体，对天地境界的意蕴多有阐发，引人入胜，回味无穷。庄子说："乘云气，御飞龙，而游乎四海之外。""乘天地之正，御六气之变，以游无穷。"这是用诗的语言，形容在天地境界中的人所能有的精神享受。这些与李商隐诗中名句："永忆江湖归白发，欲回天地入扁舟"，似乎同出一辙，有异曲同工之妙。明乎此，冯先生对李诗所做那样的解释完全是顺理成章的了！

中国古代的文学艺术源远流长，气象万千。中国古代的哲学儒、道、佛鼎足而立，互相辉映。当我们在欣赏古代文学名篇、名句时，既可以从历史的、文学的视域去理解，也可以从哲学的维度去解读，互相补充、相得益彰，可获精神上的极大愉悦，实为人生一大乐事！在这一点上，我与穆先生可谓"心有灵犀一点通"。故聊以此文求教于穆先生与广大读者。

载《福建师范大学校报》，2011 年 11 月 15 日

---

① 冯友兰：《新原人》，生活·读书·新知三联书店，2007，第 57~58 页。

六十载哲学沉思的一得之见

——从《哲学：智慧与境界》的出版说起

我出生于1933年，在人生旅途中，已经走过了80多个春秋。其中可以追忆、反思之事，不可胜数，但最重要的、占时间最多的，还是我长期所从事的哲学教学与研究工作。如果从1954年夏天考入北京大学哲学系读本科算起，我在哲学这个领域，已经不知不觉地学习、讲授、研究了60多个年头了。这篇短文当然不可能就此作全面的评述，只能从一个适当的话题说起。

事情有点凑巧，最近我在社会科学文献出版社出版了一本新书，题目是《哲学：智慧与境界》，此书的写作目的主要是梳理60多年以来的哲学信仰，阐述现在的哲学认识，试图就许多重要的哲学问题，进行重新学习，认真思索，以求得有所进步。

按理说，这件事早就该做了。之所以拖到了这把年纪才来做，实属无奈，因为在年轻的时候，不仅经历太少，也没有时间，曾经不得不在数不清的政治活动之中，耽误了近20年的大好时光。当然，更主要的原因还在于，面对60多年来的风云变幻，现实生活又吊诡莫逆，加上本人悟性不足，觉解、去蔽皆需要时日，有些问题直到近年方才有所了然。

在这60多年中，我对哲学的不同分支学科着重关注之点，曾经有过几次的转移。最初的20多年，即从1954年到1978年（包括1954～1958年4年的读书，毕业后在高校从事教学工作，其间还经历了"文化大革命"），主要是讲授马克思主义哲学的基本原理以及相关的经典著作。接下来的20年，即1978年党的十一届三中全会以后，到1998年退休，主要是从事"自然辩证法"（科学技术哲学）的教学，并培养相关专业的硕士研究生。1998年以后到现在，也有15年的时间了，主要是做一些关于"中西哲学比较"方面的教学与研究。促使后面这个转变的重要原因，是因为我在退休之后的

2005年接受了为博士和硕士研究生讲授这方面课程的任务。教学的需要，带动、促进了与此相关的研究。

该书的主题是论述哲学的本性，全书各章都要围绕这个中心。而要讲清楚这个问题，当然可以从"正面"来讲，直接地回答：哲学是什么？同时，还可以从"反面"来回答：哲学不是什么？前者是"正的方法"，后者是"负的方法"。冯友兰先生在他的"贞元六书"，特别是《新知言》中，对这两种方法做出精辟的论述，还举了一个很生动、通俗的例子——"烘云托月"。画家画月，可以有两种方法，一种方法是用线条描绘一个"月"，或用颜色涂抹一个"月"，这是正的方法；另一种方法是先在纸上烘云，于所烘的云中，留出一个圆形或半圆形的空白，这个"空白"就是月，这叫"烘云托月"，这是负的方法。

论述哲学的本性，也可以同时用这两种方法，大体而言，第一章（哲学是什么）第二、三章（哲学与哲学史）、第四章（哲学中真善美的统一）、第七章（哲学与人生境界），就是用"正的方法"。第五章（哲学与科学）和第六章（哲学与宗教），是讲哲学既不等同于科学，也不是宗教，用的则是"负的方法"。

现简要概述如下。

开宗明义的第一章，讲的就是"哲学是什么？"这个问题与"马克思主义哲学是什么？"是两个不同的问题。对于"马克思主义哲学是什么？"这个问题，马克思主义的创立者已经有过明确的解答，人们早已耳熟能详。对于"哲学是什么"这个问题，有的人也许认为它不成其为问题而不屑于回答。有人说，哲学是"自然知识和社会知识的概括和总结"，甚至把哲学仅仅归结为"认识论"，这些提法曾被认为是毋庸置疑的！其实，哲学所研究的不单是最抽象、最一般的规律，它不仅是知识，它更是智慧，是提高人生境界之学。从这个视角来看，对于哲学的基本问题的传统提法，确有重新辨析、讨论的必要。

第二、三两章是讲哲学与哲学史的关系。哲学当然不等于哲学史，但哲学史是在时间中发展的哲学，而哲学则是在逻辑体系中的哲学史。哲学与哲学史相统一的思想，体现了逻辑与历史的辩证统一。从这个意义上也可以说，哲学就是哲学史。本书不可能，也不必要详细地、全面地讲哲学史，只能简单扼要地选择西方和中国历史上具有代表性哲学家的重要哲学观点来讲，从中揭示体现哲学思想发展的主要脉络与线索。在阐述哲学史时，还尽力指出中西哲学的不同之处，进行一些简要的比较。

第四章是阐述哲学中真、善、美的统一。不同时代、持不同哲学本体论倾向的哲学家对于真善美的见解是不同的，但认真严肃的哲学家他们关于真善美的思想理论，无疑的是各自哲学体系中的基本内容。所以，从一定意义上说，揭示哲学中的真善美，对于回答哲学的本性，也是一种"正的方法"。以往相关的哲学著作，"求真"的篇幅多，讲"向善"和"审美"则严重不足，本书对真善美内容及其相互关系的阐述，在一定程度上弥补了这个不足。

第五、六两章，都是用"负的方法"来回答"哲学是什么"的问题，试图从哲学不等于科学，也不同于宗教这两个侧面来说明"哲学不是什么"。第五章讲"哲学与科学"。20世纪初的五四运动高举民主、科学两面大旗，一百年来，在"科学"深入人心的同时，唯科学主义的思潮也随之出现。哲学无论在研究的内容、方法，还是社会功能上，毕竟不能等同于科学。两者之间的相异、相通和相互作用之处，都是要加以辨析的。该书在回答这些问题的同时，还对于西方当代著名科学家（普利戈金、玻尔、哈肯、卡普拉等人）如何吸收东方哲学智慧的问题做了探讨，对于著名的"李约瑟问题"进行了再思考，在对20世纪20~30年代出现的"科玄论战"的历史回顾中，说明了科学精神与人文精神的辩证统一的必要性和重大现实意义。

第六章讲"哲学与宗教"。宗教问题是当前人们（包括青年学生）关注的问题之一，却又是一个相当复杂的问题。在过去相当长的时期内，人们对它或者完全忽视，或者简单排斥，研究得很不够。须知："相信宗教"与"研究宗教"是两回事。搞哲学的人不必相信宗教，这是正常的，但不等于说就不能或者无须研究宗教。该书一方面通过对世界三大宗教和中国道教进行简要的阐述，从中揭示宗教与哲学的关系；另一方面，对自然科学家为何相信宗教、美育是否可以代替宗教、有没有无神论的宗教等几个问题，也进行了探讨。这些探讨将有助于认识哲学的本性，并以正确的态度来对待宗教问题。

第七章即最后一章，讲"哲学与人生境界"，该书简要地介绍了几位中国哲学家（王国维、冯友兰、张世英）关于人生境界的学说。冯友兰先生讲"天地境界"，涉及"有我""无我""物我合一"，张世英先生强调当前要着重向西方学习，涉及"自我""独立""个性"解放。无论从"天人合一"，还是从"主客二分"来说，"思想自由"都是至关重要的，这是繁荣学术、推动社会进步的必由之路。

  作为学术性专著，该书具有个人的风格与特点，并不遵循某个既定的框架。书中观点仅是个人管见，未必正确，是耶？非耶？应由历史检验，让读者评说。哲学是"爱智"之学，是提高人生境界之学，几千年的中西哲学发展的历史，凝聚着人类对"形而上"问题的深邃沉思，也反映不同时期人类精神之时代精华。以我愚钝之生性，面对奥秘之哲学殿堂，实难领悟深意，遑论登堂入室！但历史的机遇让我走上了这条路，只能一如既往地走下去。生命不息，求索不已，一生能通过哲学的沉思不断地增智闻道，吾愿足矣，夫复何求？

        原载《学术评论》（福建社科院），2014年第4期

七 学派研究及读书评论

现代与传统、激进与保守复杂关系的辩证思考

——重评"学衡派"和《学衡》杂志

文化保守主义是辛亥革命以来,特别是五四新文化运动以来,在思想文化领域逐渐形成的,与马克思主义、西方文化派鼎足而立的三大社会思潮。本文试图通过对"学衡派"和《学衡》杂志的简要分析,阐述近年来学术界对"学衡派"所做出的重新评价,以期从中汲取有益的历史教训。这对于当前进行的社会主义文化建设,也许会有裨益。

"学衡派"的形成与《学衡》杂志的刊行

文化保守主义思潮,在五四时期,是个很广泛的概念。除了本文所说的"学衡派"以外,还包括现代新儒家和东方文化派等派别。现代新儒家是文化保守主义思潮的主流,是在强烈的民族文化危机意识的刺激下,对五四新文化运动激烈的反传统的价值取向所作出的一种保守性的回应。这种思潮薪火相传,迄今已有四代传人,人们对此比较熟悉。对于东方文化派,近年来也已有一些论著做过评介。相对而言,长期以来对"学衡派"则少有人论及,对其研究刚刚起步,人们知之不多,且多有误解,甚至把这股思潮作为顽固、落伍,乃至反动的形象,划入敌视五四新文化运动的阵营,弃之不顾。

"学衡派"作为一种思想文化派别,因刊而得名。这个派别的形成与《学衡》杂志的创立紧密相关,是对围绕在《学衡》杂志周围的作者群的称呼,尤其指吴宓、梅光迪、胡先骕等几个批评新文化运动的主力。其中吴宓是当之无愧的核心人物。《学衡》杂志1922年1月创刊于南京,停刊于

1933年，共出79期。1922~1926年为月刊，发行了60期。1927年因战事停刊，次年改为双月刊复刊。1930年再停刊，次年1月复刊，此后时断时续，直至最后停刊。围绕这份杂志的主要成员大多是文学界和史学界的思想学术精英。撰稿人达100多人。

《学衡》的英文名是"Critical Review"，这是"通过批判再思考"的意思。毫无疑问，其批评的主要对象是当时风靡整个社会的新文化运动。《学衡》的办刊宗旨是："论究学术，阐求真理，昌明国粹，融化新知。以中正之眼光，行批评之职事。无偏无党，不激不随"。主编兼干事是吴宓（1894~1978），发起人和参与者主要有：梅光迪（1890~1945）、胡先骕（1894~1968）、刘伯明（1887~1923）、汤用彤（1893~1964）、柳诒徵（1880~1956）等，主要撰稿人还有王国维、陈寅恪、释太虚，东南大学的缪凤林和景昌极，留美学生张萌麟和郭斌和等。其中吴、梅、胡、汤等人，他们都先后留学美国哈佛大学，归国后又先后执教于当时的东南大学，可以称得上纯正的"学院派"。

事实上，在《学衡》杂志创办之前，"学衡派"的若干主要成员早就对新文化运动展开了批评。

据吴学昭所著《吴宓与陈寅恪》一书中披露，吴宓曾经说："当时在哈佛习文学诸君，学深而品粹者，均莫不痛恨胡、陈。张君鑫海表示，'羽翼未成，不可轻飞。他年学问成，同志集，定必与若辈鏖战一番'。"①

《吴宓自编年谱》也有这样的记载：梅光迪君"原为胡适之同学好友，迨胡适始创其'新文学''白话文'之说，又作'新诗'，梅君即公开步步反对，驳斥胡适无遗。今胡适在国内，与陈独秀联合，提倡并推进所谓'新文化运动'，声势煊赫，不可一世。梅君正在'招兵买马'，到处搜求人才，联合同志，拟回国对胡适作一全盘之大战"。②

吴宓所说的"梅君"即梅光迪，他实际上是学衡派最早的发起人。如果说吴宓是学衡派的精神领袖的话；那么，梅光迪应是学衡派实际的创始人。《〈梅光迪文存〉的学术价值》一文的作者周云、魏光成认为，梅光迪是最早信奉白璧德的新人文主义，也是最早对胡适倡导的新文化运动提出异

---

① 吴学昭：《吴宓与陈寅恪》，清华大学出版社，1992，第19页。
② 吴宓：《吴宓自编年谱》，生活·读书·新知三联书店，1995，第177页。

议的人。"在他的鼓动下,吴宓投入白璧德门下。"①

早在1917年,梅光迪在与胡适的争论中,就明确地说:

> 我们今天所要的是世界性观念,能够不仅与任一时代的精神相合,而且与一切时代的精神相合。我们必须理解,拥有通过时间考验的一切真善美的东西,然后才能应付当前与未来的生活,这样一来,历史便为活的东西。也只有这样,我们才有希望达到某种肯定的标准,用以衡量人类的价值标准,借以判断真伪,与辨别基本的与暂时性的事物。②

显而易见,梅光迪这种要从传统文化中寻找普遍有效的、具有世界性意义的人文精神的观点,深受白璧德的影响。欧文·白璧德(Irving Babbitt)是当年美国哈佛大学的文学教授,新人文主义者。他虽然没有到过东方,不谙中文,但十分向往中国的传统文化。他对西方近代以来的科学主义所产生的流弊深表忧虑,想提出"新人文主义"的文化主张加以匡正。他认为,他的新人文主义思想是有深远的历史渊源的,既根植于西方古典主义的文化传统之中,又与中国古代儒家孔子的"仁学"在精神上相一致。

白璧德的新人文主义不仅影响了梅光迪,也影响了吴宓。这从吴宓的如下自述中可以一目了然。吴宓说:

> 世之誉宓毁宓者,恒指宓为儒教孔子之徒以维护中国旧礼教为职志,不知宓所资感发及奋斗之力量,实来自西方。质言之,宓最爱读《柏拉图语录》及《新约圣经》。宓看明(一)希腊哲学(二)基督教,为西洋文化之二大源泉,及西洋一切理想事业之原动力。而宓新受教于白璧德师及穆尔先生,亦可云,宓持此所得之区区以归,故更能了解中国文化之优点与孔子之崇高中正。③

从上所述可知,早在《学衡》杂志出版之前,"学衡派"的主要成员在

---

① 周云、魏光成:《〈梅光迪文存〉的学术价值》,《中华读书报》2011年7月13日。
② 梅光迪:《我们这一代的任务》,转引自侯德建《从文学革命到革命文学》,台北中外文学月刊社,1974,第61页。
③ 吴宓:《空轩诗话》,见徐葆耕编选《会通派如是说:吴宓集》,上海文艺出版社,1998,第338页。

美国留学时，受白璧德新人文主义的影响，就已经形成了这个学派的基本观点。他们把批判新文化运动，作为自己的自觉信念，并且成为他们聚集起来的精神动力。而《学衡》杂志的创办，使得他们有了一个新的阵地，更加有意识，也更集中地进行这种针对新文化运动的论争。

《学衡》杂志创刊后，梅光迪即在该刊初始时期连接发表了《评提倡新文化者》《评今人提倡学术之方法》《论今日吾国学术界之需要》等文章，尖锐地批评五四新思潮的提倡者不了解历史，对中西文化源流缺少广博精深之研究而带来的偏颇，指出"新文化的建设宜从长计议，心急不得，不能为一时的功利所驱动，也不能以是否吸引群众为成功与否的标准，而应唯真理是求"。他还认为，对于古今中西的文化，皆须先有"彻底研究"和"明确之评判"的态度，以求达到"融贯中西"的目标。①

"学衡派"的主要成员胡先骕早在《学衡》创办前的1919年，就已经在《东方杂志》上发表了《中国文学改良论》，对胡适、陈独秀倡导的文学革命论所表现出来的"因噎废食"的"偏激"，给予了公开的批评。《学衡》创办后，又在该刊物上发表文章，指出，中国现代文化建设的重任当然不是国内顽固守旧的冬烘们所能担当，必须有一批既有中国传统文化修养，又有世界文化眼光的"学兼中西"的饱学之士才能胜任。只有以新的方法和新的理念来整理、淘洗旧学，广泛吸收西方价值观念，才能对中国传统文化做出符合现代世界潮流的诠释，并使中国文化摆脱困境，寻求新路。②

吴宓明确地反对新文化运动的革新派根据历史进化论所提出的"以新文化代替旧文化，以新文学代替旧文学"的主张。他认为，应该对物质科学（自然科学）与人事之学（人文社会科学）加以区别：前者以积累而进步，越是晚出的越是精妙；而后者因与社会环境与个人天赋有关，"后来者不必居上，晚出者不必胜前"③。他提出了"现代性源于传统"的发展观，指出，进步不是跳跃式的突变，而是"有机生长"。④ 旧者多含有恒久之价

---

① 梅光迪：《评提倡新文化者》，见罗岗、陈春艳编《梅光迪文录》，辽宁教育出版社，2001，第1~7页。
② 胡先骕：《说今日教育之危机》，载1922年4月《学衡》第4期。
③ 吴宓：《论新文化运动》，见徐葆耕编选《会通派如是说：吴宓集》，上海文艺出版社，1998，第5~6页。
④ 吴宓：《文学与人生》，清华大学出版社，1993，第76页。

值，新者也有真伪之辨。因此，不应拘泥于新旧，"旧者不必是，新者未必非"；何况，旧与新还是可以变化的。昨日为新，今日则旧；今日之新，正是从昨日的旧事物中经历了层层改变递嬗而来的。

总之，"学衡派"诸君既不赞成胡适、陈独秀等人全面抨击、彻底否定、破旧立新的激烈主张，也不认同顽固守旧人士对西方文化所持的盲目排斥的错误态度。他们的基本态度正如《学衡》杂志办刊宗旨所昭示的："昌明国粹，融化新知"。他们坚持现代性源自传统，认为任何不从传统出发的现代性，都是没有生命力的。

"学衡派"是这样说的，也是这样做的。清华大学国学研究院的创建，就是一个有说服力的例证。

1925年，清华大学成立了国学研究院，由《学衡》杂志的主编吴宓任主任。该院聘请的王国维、梁启超、陈寅恪、赵元任等四位导师，都是学贯中西的大学者。吴宓在《清华开办研究院之旨趣及经过》中说："值兹新旧递嬗之际，国人对于西方文化，宜有精深之研究，然后可以采择适当，融化无碍"，与此同时，还要对"中国有文化之各方面（如政治、经济、哲学），须有通彻之了解，然后于今日国计民生，种种重要问题，方可迎刃而解，措置咸宜"。[①] 这种新旧交嬗、中西会通的办院宗旨与《学衡》杂志的办刊宗旨一脉相承、如出一辙，是学衡派的文化观在办刊、办学不同方面的统一体现。从现代著名哲学家金岳霖、冯友兰等人在文化、哲学方面的卓越建树中，可以明显地折射出当年清华大学国学院所倡导的中西兼容、贯通古今的学风的功效。

"学衡派"与五四新文化派之间关于古今中西之争

"学衡派"与五四新文化派之间在如何对待中国传统文化和如何对待西方文化的问题上，的确存在着若干明显的差异乃至严重的分歧。这是历史的事实。但是，在具体分析他们之间的争论时，必须看到两者所存在的相当复杂的关系，绝对不能用简单的"非此即彼"式的二元对立的思维方式来进行概括。

[①] 吴宓：《清华开办研究院之旨趣及经过》，见徐葆耕编选《会通派如是说：吴宓集》，上海文艺出版社，1998，第173页。

长时期以来，人们往往把保守主义当作一个贬义词而加以拒绝和摒弃。但历史上看，保守主义与激进主义这两个概念都源自西方，由于历史发展阶段的错位，中西方人想要"守护"或"改变"的对象不同，有些中国语境中的所谓保守主义，在西方恰好意味着激进主义；反之亦然。20世纪中国的保守主义，主要是一种文化上的保守主义，代表着一种面对西方文化的挑战，重塑传统文化的现代精魂的文化意识形态，而不是纯粹的政治意识形态。五四时期所出现的文化保守主义的历史价值，在于纠正五四以来激进的反传统主义的偏激。他们并非完全拒绝西学，拒绝创新，全盘继承中国古代的传统文化。

众所周知，五四新文化运动是作为中国现代的思想启蒙运动而载入史册的。在新文化运动的倡导者和支持者的心目中，传统与现代、旧与新是绝对地对立的，根本无法加以调和，而且，必须以破坏与否定的方式来对待传统，历史才能得到突进。但是，"学衡派"诸君并不赞成这种看法。

前面已经提到，"学衡派"的主要成员在美国留学时就已接受了白璧德的新人文主义思想。白璧德曾经这样论述他对中国所发生的新与旧之争，他说：

> 今日在中国已开始之新旧之争，乃正循吾人在西方所习见之故辙。相对抗者，一方为迂腐陈旧之故习，一方为努力于建设进步、有组织、有能力之中国青年。但闻其中有主张完全抛弃中西昔之经籍，而趋向欧西极端卢梭派之作者，如易卜生、士敦堡、萧伯纳之流。吾固表同情于今日中国进步派之目的，中国必须有组织、有能力，中国必须具欧西之机械，庶免为日本与列强所侵略。中国或将有与欧洲同样之工业革命，中国亦须脱去昔日盲从之故俗，及伪古学派形式主义之牵锁。然须知中国在力求进步时，万不宜效欧西之将盆中小儿随浴水而倾弃之。简言之，虽可力攻形式主义之非，同时必须审慎，保存其伟大之旧文明之精魂也。①

白氏这里说到了卢梭的极端观点。卢梭、尼采等人曾经主张，为了追求和达到一种纯粹的"当前的"生活，必须与过去完全决裂，学会对历史的

---

① 白璧德：《白璧德中西人文教育谈》，胡先骕译，载《学衡》1922年3月第3期。

"绝对遗忘"。白氏在这里所批评的,趋向卢梭、尼采观点者也确有其人。当年的胡适就曾经一度很赞赏尼采关于道德的无畏的批判和他哲学中包含的破坏价值,而把中国的国故看作"过去的已死的东西"。

作为白璧德新人文主义学说的接受者,"学衡派"主要成员表明了他们对传统文化的鲜明态度。吴宓早在美国留学时,于1920年发表了《新与旧》《中国的旧与新》等文章,探讨当时在中国发生的新文化运动和文学革命。他不同意把"西方"和"新"等同,当然也不赞成把中国的一切都归入"旧"的范围而加以摧毁和抛弃。相反,他认为传统是过去智慧的结晶,这与白璧德所持的传统是"旧文明之精魂"的观点,是一脉相承的①吴宓反对新与旧截然二分的对立思维,不承认文化发展中的"质变"与"飞跃",坚持维护传统思想文化的中心观念的普遍性价值。1922年,他在《学衡》中又著文指出,真正的"新",未必与"旧"冲突,相反,真正的新必须本源于旧,由旧中发展而来。用他的话来说,就是:"旧者不必是,新者未必非,然反是则尤不可"。"旧中之新,有历史渊源的新,才是真正的新。那种表面上五花八门,欺世骇俗,竞奇斗异的新,只是一时的时髦,而不是真正的新。"②

梅光迪在关于新旧之争开始之前,在给胡适的信中就坦言,他所持的人生观,是"保守的进取",要在吸取"先哲旧思想中之最好者为一标准,用之以辨别今人之'新思想'。"这样才不致"当众说杂之时,应接不暇,辨择无力,乃至顺风而倒,朝秦暮楚"。③

在"学衡派"看来,不能仅仅以新旧作为文化之优劣的评判标准,西方文化派以"新胜于旧""今胜于古"为理由,反对继承传统文化的观点是不可取的。

新与旧的关系是和中与外的关系紧密相关的。"学衡派"不同于当时的复古派,他们并不是排斥外来文化。但他们与新文化运动派不同之处在于,他们要吸收的是西方的古典文化;而后者要吸收的是促使西方走向现代化的近现代的文化。这是两者对于"西学"的不同态度。"学衡派"确认的是西方古典文化,认为古希腊哲学是西方文化的精髓,欲以古希腊之苏格拉底、

---

① 参阅 Wu Mi: "Old and New in China", *The Chinese Students' Monthly*. 16: 3 (January 1921)。
② 吴宓:《论新文化运动》,《学衡》1922年4月第4期。
③ 耿云志主编《胡适遗稿及秘藏书信》(第33册),黄山书社,1994,第157页。

柏拉图、亚里多德与中国的孔子实现中西文化的融合与交汇。吴宓曾经明确地说过:"西国学问之精华本原,皆出希腊三哲"。① 梅光迪还说:"中国之文化,以孔教为中枢,以佛教为辅翼,西洋之文化,以希腊罗马之文章哲理与耶教事例孕育而成。"② "学衡派"诸君认为,只有把东方深至的见解与西方缜密的思想融为一体才能是最完满的结合,才能拯救西方之危与中国之急。在这个思想的指导下,《学衡》杂志大力推介古希腊的哲学和文学,特别是系统、重点地介绍了柏拉图和亚里士多德的学说。全部79期杂志,竟然有69篇文章是讨论西方文化的论文和译文。

当时胡适及"新文化派"借助五四运动而占据的舆论制高点和主流话语权,从自由主义的理念出发,批评中国封建主义的种种缺陷,要将国人从儒学伦理道德中拯救出来,以适应来自西方的猛烈冲击。而"学衡派"则以抵抗的姿态出现,以捍卫中国文化伟大传统作为自己的历史使命,要求在重新审视的前提下,恢复或重建被"新文化派"所极力摧毁的、中国古代的"宗教之精神与道德之意志"。他们认为,只有以民族传统中的精华作为基础,才有可能批判性地接受西方文化中有益的东西。

"学衡派"把西方现代文化看作社会堕落的根源,对于卢梭以来的文化、文艺思潮持否定的态度,认为新文化运动派"所转入之材料,多属一偏,而有害于中国之人"。但是,无论是"希腊三哲",还是"孔子之教",都恰恰是中西方的古代文化,两者都是"古道"。而"古道"则是文化发展中永恒不变的"圣道"。于是,由"崇古"而走向了追求"永恒"。"崇古"在一定程度上虽然可以满足民族优越的心态,但无助于解决现实社会中的现实问题。这也是显而易见的。

重新评价"学衡派"的现实意义

当"学衡派"以《学衡》杂志为阵地,对五四新文化运动的倡导者发起抨击时,后者已经在社会上产生了巨大的影响并得到众多有志者的支持,已经深入人心。相形之下,"学衡派"和《学衡》杂志的社会影响与诸如《新青年》刊物相比,显得微小;其主要成员也不如陈独秀、胡适等那么知

---

① 吴宓:《吴宓日记》Ⅱ,生活·读书·新知三联书店,1998,第61页。
② 梅光迪:《评今人提倡学术之方法》,《学衡》1922年第2期。

名。再加上"学衡派"倡扬学术与政治、社会分离，又选取了与现实保持一定距离的办刊宗旨，与新文化运动的"时代批评精神"格格不入。这就决定了其后来必然要面临尴尬的现实处境和失落的历史命运。

《学衡》杂志刚刚创办，便遭到新文化运动健将鲁迅的猛烈抨击。鲁迅在《估〈学衡〉》一文中写道："夫所谓《学衡》者，据我看来，实不过聚在'聚宝之门'左近的几个假古董所放的假毫光，虽然自称为'衡'，而本身的称星尚未曾钉好，更何论于他所衡的轻重是非。"① 鲁迅的这个评论是否妥当，当然可以从长计议。但在很长的时间内几乎成为盖棺定论。胡适在他的日记中，也把《学衡》称之为"学骂"。长期以来，一些高校联合编写的现代文学史的教材认为，"学衡派"由于"集中力量攻击作为新文化运动的指导思想的马克思主义"，是"帝国主义与封建势力在文化上的代言人"。但是，作为一个文化学派，"学衡派"在学术文化方面的主张却少有人论及，更谈不上专门研究，而只是作为敌视新事物的负面形象而封存在人们的记忆里。这已经成为历史的事实了。

当历史向前发展，到了80多年后的今天，随着社会环境的变迁和文化生态的改进，特别是"国学热"的兴起，人们回过头来反思中国文化的现代性追求时，"学衡派"和《学衡》杂志的学术主张，逐渐得到越来越多的研究者的同情和理解。重估"学衡派"和《学衡》杂志的举动，近年来先是在海外学子和中国港台地区，继之在大陆的思想文化界的学者中悄然出现，并有持续发展之趋势。虽然对"学衡派"的定位不尽相同而有所差异，但总的提法是，不再认为"学衡派"是"复古派"和"反动派"，而是新文化运动中的"文化保守主义"。

持这个观点并在思想文化界产生了较大影响的是北京大学中文系的乐黛云教授。早在1989年她在《中国文化》的创刊号上就发表了《世界文化对话中的中国现代保守主义》一文，明确地提出了这个看法。接着她又有《"昌明国粹，融化新知"——汤用彤与〈学衡〉杂志》（《社会科学》1993年第5期）、《世界文化语境中的学衡派》（《中国现代文学研究丛刊》2005年第3期）等文相继问世。她指出："19世纪以来，保守主义、自由主义、激进主义作为一个不可分离的整体出现在西方，这种分野一直继续到今天。""20世纪初勃兴于中国的新文化运动，与世界文化思潮紧相交织，成

---

① 《鲁迅全集》（第1卷），人民出版社，1982，第377页。

为20世纪世界文化对话的一个重要组成部分,自然也出现了保守主义、自由主义、激进主义这样的三位一体。"她在分析中国文化启蒙运动的特色时指出,激进派反对资本主义,自由派提倡"整理国故",保守派倡导"昌明国粹,融化新知",都与他们既要向西方寻求真理,又想绕开西方文明所暴露出来的种种矛盾和弱点这个意向有关。乐黛云明确地说:

> 实际上三派共同构成了20世纪初期的中国文化启蒙。过去我们对以《学衡》杂志为代表的中国现代保守主义研究得很不够,往往因他们和激进派与自由派的一些争论,把他们置于文化启蒙运动之外,甚至把他们作为对立面而加以抹煞,这是不符合历史事实的。①

按照这个思路,许多研究者都撰文指出,要全面而具体地分析"学衡派"。新文化派出于建立自由平等社会关系的文化关怀,对儒家的尊卑等级秩序大加挞伐,这有其合理的一面。但"学衡派"从个人的道德完善的角度对孔子的"仁"的学说的强调,也有其价值所在。因此,我们不应当把"学衡派"与新文化派看成一种敌对的关系,而应当认为"学衡派的文化取向实则是构成了对新文化运动的补充"。②

有的学者著文,更具体地将"学衡派"与五四新文化派进行了比较。指出,"学衡派"不仅与当时形形色色的真正意义上的复古主义有重大区别,而且与五四新文化派相接近。两者都同样重视中国传统文化与文学,并不存在什么真正的对立,那种认为五四文化派对传统文化只持抨击与批评的态度,而"学衡派"则表现出对传统的肯定与颂扬的看法,是只看到"最表面的现象"。"学衡派"与五四新文化派的真正差异在于,五四新文化派更强调的是文化与文学发展的创造性,而"学衡派"则坚持"要将传统文化的修养直接运用到文学创作中去,让当今的文学创作成为中国优秀文化传统的继承"。③

《回首五四——百年中国思潮和人物》一书,对"学衡派"的评价也持类似的看法。该书作者写道:"没有五四运动,就没有中国的现代化,五四

---

① 乐黛云:《世界文化语境中的学衡派》,《中国现代文学研究丛刊》2005年第3期。
② 蒋书丽:《学衡派和新文化派的错位论争》,《人文杂志》2004年第6期。
③ 李怡:《论"学衡派"与五四新文学运动》,《中国社会科学》1998年第6期。

批判传统、学习西方、突出文化时代性的基本精神方向是正确的。当然，这并不是说，五四就没有自己的缺点，五四的缺点，恰好被学衡派抓住了。学衡派在阐述自己的五四观时，强调文化的民族性和世界性，这与五四新文化运动恰成互补。"当然，由于"学衡派"自身也存在着内在的矛盾，而这些矛盾的存在，"似乎预示着他们在历史上必将上演一出出悲喜剧，在狂飙突进、情感迸发的时代，他们难觅知音，难逃被边缘化的境地。"① 必须指出，在新文化运动和新文学革命提倡白话文，并为广大群众所接受。在这种形势下，《学衡》杂志却特地申称"以吾国文字，表西来之思想"，坚持以文言文作为表达其学术主张的工具，显然是不合时宜的。这样做，在客观上必然使多数愿意了解甚至本可以接受其观点的读者望而却步，难以接受。这也是造成"学衡派"在当时被边缘化的一个重要的原因。

重新评价"学衡派"的文化学术观点和价值观，经过近十几年来的努力，已经有不少的进展。除了散见于大陆和海外的许多刊物中的学术论文外，已有若干著作问世。属于学术研究性的著作，有沈卫威的《回眸"学衡派"——文化保守主义的现代命运》（人民文学出版社，1999年4月）、《吴宓与〈学衡〉》（河南大学出版社，2000年8月）；属于编著的有吴学昭的《吴宓与陈寅恪》（清华大学出版社，1992年3月）；等等。为了方便研究工作的开展，汇集《学衡》杂志79期的影印本，已分为16册，由江苏古籍出版社于2008年1月重新出版。此外，孙尚扬、郭兰芳从《学衡》杂志中选录了42篇代表性的文章，又简化繁体字，并为文言文添加了现代标点，题为《国故新知论——学衡派文化论著辑要》，由中国广播电视出版社于1995年12月出版，给研究者以阅读方面的方便。

重估"学衡派"的思想文化价值，评价其学术观点，这项工作还仅仅是处在起步阶段，要做的事情还很多，可探讨、挖掘的学术文化空间还很大。在这个过程中，肯定会出现不同的意见与分歧，这是难免的，也是可以理解的。近年来，我国思想学术界不断地反思五四，并希望超越五四，对"学衡派"的研究与重估，本身也显示出这种超越的努力，以及由于努力而取得的成就。我们相信，随着研究工作的继续深入，一定会搞清楚"学衡派"的历史真面目。如果我们能以历史主义的眼光，全面地把握"学衡派"对待中国传统文化的观点和他们所持文化观的价值；那么，我们也就不难以

---

① 董德福等：《回首五四——百年中国思潮和人物》，人民出版社，2008，第84、85页。

平和的心态，站在时代的高度，从世界文化的总体格局中来正确评价中国的传统文化。既反对复古主义，又反对民族虚无主义。这对于我们如何更好地继承中国传统文化，融合中西文化，构建社会主义新文化，无疑有着重大的借鉴作用。这也是当今我们重新评价"学衡派"和《学衡》杂志的现实意义所在。

载《福建论坛》，2012年第3期

以"昌明国粹,融化新知"为己任

——《学衡》杂志纵横谈

五四新文化运动后出现的"学衡派"及其在20世纪20～30年代所创办的《学衡》杂志,在激烈的反传统的氛围中,长期遭到否定和批判。相隔80多年之后的今天,却又重新引起学术文化界的关注,并开始对之进行认真研究和重新评价。本文仅就《学衡》杂志的若干侧面及其历史际遇做出剖析,以期对当前的社会主义文化建设事业有所裨益。

《学衡》杂志的创刊宗旨和办刊始末

《学衡》杂志的英文名是"Critical Review",是"通过批判再思考"的意思,其批评的主要对象是当时风靡整个社会的新文化运动。它的创办有一个相当长时间的酝酿过程。据吴学昭所著《吴宓与陈寅恪》一书披露,吴宓曾经说:"当时在哈佛习文学诸君,学深而品粹者,均莫不痛恨胡、陈。张君鑫海表示,'羽翼未成,不可轻飞。他年学问成,同志集,定必与若辈鏖战一番'。"①《吴宓自编年谱》记载:梅光迪君"原为胡适之同学好友,迨胡适始创其'新文学''白话文'之说,又作'新诗',梅君即公开步步反对,驳斥胡适无遗。今胡适在国内,与陈独秀联合,提倡并推进所谓'新文化运动',声势煊赫,不可一世。梅君正在'招兵买马',到处搜求人才,联合同志,拟回国对胡适作一全盘之大战"。② 由此可见,《学衡》杂志出版之前,"学衡派"的主要成员在美国留学时,因受欧文·白璧德

---

① 吴学昭:《吴宓与陈寅恪》,清华大学出版社,1992,第19页。
② 吴宓:《吴宓自编年谱》,生活·读书·新知三联书店,1995,第177页。

(Irving Babbitt) 新人文主义的影响，就已经形成了这个学派的基本观点。《学衡》杂志的创办，使他们有了一个新的阵地，得以更有意识、更集中地进行这种针对新文化运动的争论。

《学衡》杂志 1922 年 1 月创刊于南京，停刊于 1933 年 7 月，共出 79 期。1922～1926 年为月刊，发行了 60 期。1927 年因战事停刊，次年改为双月刊复刊。1930 年再停刊，次年 1 月复刊，此后时断时续，直至最后停刊。

《学衡》设"通论""述学""书评""文苑""杂缀"等栏目。办刊的宗旨是："论究学术，阐求真理，昌明国粹，融化新知。以中正之眼光，行批评之职事。无偏无党，不激不随。"对于国学，该刊的主张是"以切实之工夫，为精确之研究，然后整理而条析之，明其源流，著其旨要，以见吾国文化有可与日月争光之价值"。对于西学，则主张"博极群书，深窥底奥，然后明白辨析，审慎取择，庶使吾国学子潜心研究，兼收并览，不至道听途说，呼号标榜，陷于一偏而昧于大体"。

作为主编兼干事的吴宓（1894～1978），是这个刊物当之无愧的灵魂和核心人物。发起人和参与者主要有：梅光迪（1890～1945）、胡先骕（1894～1968）、刘伯明（1887～1923）、汤用彤（1893～1964）、柳诒徵（1880～1956）等，主要撰稿人还有王国维、陈寅恪、释太虚，东南大学的缪凤林和景昌极，留美学生张萌麟和郭斌和等。其中吴、梅、胡、汤等人，他们都先后留学美国哈佛大学，归国后又曾经先后执教于当时的东南大学，称得上是纯正的"学院派"。撰稿人曾经达 100 多人，主要成员是文学界和史学界的思想学术精英。

为《学衡》杂志撰稿的诸君认为，在中西文化交流、会合的形势下，只有把东方深至的见解与西方缜密的思想融为一体才能是最完满的结合，才能拯救西方之危与中国之急。因此，《学衡》杂志除了注意阐发中国古代儒家的思想之外，还大力推介古希腊的哲学和文学，特别是系统、重点地介绍了柏拉图和亚里士多德的学说。全部 79 期杂志，竟然有 69 篇文章是讨论西方文化的论文和译文。

《学衡》杂志与吴宓

吴宓早在清华学校读书时，就有创办报刊的念头，甚至连它的英文名字都想好了，名称是：Renaissance（"文艺复兴"），意在复兴国粹。1920年在美国留学时，发表了《新与旧》《中国的旧与新》等文章，探讨当时在中国发生的新文化运动和文学革命。他反对新与旧截然二分的对立思维，不同意把"西方"和"新"等同，当然也不赞成把中国的一切都归入"旧"的范围而加以摧毁和抛弃。相反，他认为传统是过去智慧的结晶，坚持维护传统思想文化的中心观念的普遍性价值。

1922年，他在《学衡》中著文指出，真正的"新"，未必与"旧"的冲突，相反，真正的新，必须本源于旧，由旧中发展而来："旧者不必是，新者未必非，然反是则尤不可"。"旧中之新，有历史渊源的新，才是真正的新。那种表面上五花八门，欺世骇俗，竞奇斗异的新，只是一时的时髦，而不是真正的新。"①吴宓还明确地反对新文化运动的革新派根据历史进化论所提出的"以新文化代替旧文化，以新文学代替旧文学"的主张。他认为，应该对物质科学（自然科学）与人事之学（人文社会科学）加以区别：前者以积累而进步，越是晚出的越是精妙；而后者因与社会环境与个人天赋有关，"后来者不必居上，晚出者不必胜前"。②他提出了"现代性源于传统"的发展观，指出，进步不是跳跃式的突变，而是"有机生长"。旧者多含有恒久之价值，新者也有真伪之辨。因此，不应拘泥于新旧，"旧者不必是，新者未必非"；何况，旧与新还是可以变化的。昨日为新，今日则旧；今日之新，正是从昨日的旧事物中经历了层层改变递嬗而来的。他曾经明确地说过："宓所资感发及奋斗之力量，实来自西方"，而"西国学问之精华本原，皆出希腊三哲"。③他认为，只有既昌明中国古代的真文化，又输入西方古代之真文化，融合中西两大文明，才能建立中国现代的"真正新文化"，才"更能了解中国文化之优点与孔子之崇高中正"。④

1927年，这时《学衡》已经创办五年了，当年7月3日，他在与日本友人桥川时雄的谈话中，把他创办刊物的主张讲得非常清楚：

---

① 吴宓：《论新文化运动》，《学衡》1922年第4期。
② 吴宓：《论新文化运动》，《学衡》1922年第4期。
③ 吴宓：《吴宓日记》Ⅱ，生活·读书·新知三联书店，1998，第61页。
④ 吴宓：《空轩诗话》，见徐葆耕编选《会通派如是说：吴宓集》，上海文艺出版社，1998，第338页。

中国人今所最缺乏者，为宗教之精神与道德之意志。新派于此二者，直接、间接极力摧残，故吾人反对之。而欲救中国，舍此莫能为功。不以此为根本，则政治之统一终难期。中华受世界影响，科学化、工业化，必不可免。正惟其不可免，吾人乃益感保存宗教精神与道德意志之必要。故提倡人文主义，将以救国，并以救世云。①

《学衡》杂志与梅光迪、胡先骕

梅光迪和胡先骕是"学衡派"的主要成员，也是《学衡》杂志的创始人。梅光迪在关于新旧之争开始之前，在给胡适的信中就坦言，他所持的人生观，是"保守的进取"，要在吸取"先哲旧思想中之最好者为一标准，用之以辨别今人之'新思想'"。这样才不致"当众说杂之时，应接不暇，辨择无力，乃至顺风而倒，朝秦暮楚"。② 1917 年，他在与胡适的争论中，还明确地说：

我们今天所要的是世界性观念，能够不仅与任一时代的精神相合，而且与一切时代的精神相合。……只有这样，我们才有希望达到某种肯定的标准，用以衡量人类的价值标准，借以判断真伪，与辨别基本的与暂时性的事物。③

梅光迪在《学衡》创刊初始时期连接发表了《评提倡新文化者》《评今人提倡学术之方法》《论今日吾国学术界之需要》等文章，尖锐地批评五四新思潮的提倡者不了解历史，对中西文化源流缺少广博精深之研究，从而带来了偏颇。他指出，对于古今中西的文化，皆须先有"彻底研究"和"明确之评判"的态度，以求达到"融贯中西"的目标。"新文化的建设宜从长计议，心急不得，不能为一时的功利所驱动，也不能以是否吸引群众为成功

---

① 吴宓：《吴宓日记》Ⅲ，生活·读书·新知三联书店，1998，第 364～365 页。
② 耿云志主编《胡适遗稿及秘藏书信》第 33 册，黄山书社，1994，第 157 页。
③ 梅光迪：《我们这一代的任务》，转引自侯德建《从文学革命到革命文学》，台北中外文学月刊社，1974，第 61 页。

与否的标准,而应唯真理是求。"他还说:"中国之文化,以孔教为中枢,以佛教为辅翼,西洋之文化,以希腊罗马之文章哲理与耶教事例孕育而成。"①

胡先骕早在1919年,就已经在《东方杂志》上发表了《中国文学改良论》,对胡适、陈独秀倡导的文学革命论所表现出来的"因噎废食"的"偏激",给予了公开的批评。在《学衡》创办后,又在该刊物上发表文章,指出,中国现代文化建设的重任当然不是国内顽固守旧的冬烘们所能担当,必须有一批既有中国传统文化修养,又有世界文化眼光的"学兼中西"的饱学之士才能胜任。只有以新的方法和理念来整理、淘洗旧学,广泛吸收西方价值观念,才能对中国传统文化做出符合现代世界潮流的诠释,并使中国文化摆脱困境,寻求新路。②

《学衡》杂志与白璧德的新人文主义

"学衡派"诸君无论是吴宓,还是梅光迪、胡先骕,都深受白璧德新人文主义的影响并以此为指导思想。白璧德是当年美国哈佛大学的文学教授、新人文主义者。他虽然没有到过东方,不谙中文,但十分向往中国的传统文化。他对西方近代以来的科学主义所产生的流弊深表忧虑,想提出"新人文主义"的文化主张加以匡正。

说到"人文主义",人们一定不会感到陌生。作为一种对于生活的态度,它是与神学主义、自然主义相对而言的。在古代希腊,这种思想实际上是一种对于人和世界的理性态度,以至于后来,凡是以"人文主义"著称的思想流派,几乎都把古代希腊视为灵感和智慧的源泉。到了"文艺复兴"时期,在批判神学的基础上,重新发现了,以人为特征的"人文学科",也以对人性的研究作为主要旨趣。这表明了这种思想的源远流长。

白璧德认为,他的新人文主义思想是有深远的历史渊源的,既根植于西方古典主义的文化传统之中,又与中国古代儒家孔子的"仁学"在精神上相一致。白璧德本人曾经明确地论述他对中国所发生的新与旧、中与西之争

---

① 梅光迪:《评今人提倡学术之方法》,《学衡》1922年第2期。
② 参见胡先骕《说今日教育之危机》,《学衡》1922年第4期。

的看法，他说：

> 今日在中国已开始之新旧之争，乃正循吾人在西方所习见之故辙。相对抗者，一方为迂腐陈旧之故习，一方为努力于建设进步、有组织、有能力之中国青年。但闻其中有主张完全抛弃中西昔之经籍，而趋向欧西极端卢梭派之作者，如易卜生、士敦堡、萧伯纳之流。吾固表同情于今日中国进步派之目的，中国必须有组织、有能力，中国必须具欧西之机械，庶免为日本与列强所侵略。中国或将有与欧洲同样之工业革命，中国亦须脱去昔日盲从之故俗，及伪古学派形式主义之牵锁。然须知中国在力求进步时，万不宜效欧西之将盆中小儿随浴水而倾弃之。简言之，虽可力攻形式主义之非，同时必须审慎，保存其伟大之旧文明之精魂也。①

受白氏的影响，"学衡派"把西方现代文化看作社会堕落的根源，对于卢梭以来的文化、文艺思潮持否定的态度，认为新文化运动派"多属一偏，而有害于中国之人"。

《学衡》杂志与鲁迅

《学衡》杂志在创刊不久，便遭到新文化运动健将鲁迅的猛烈抨击。鲁迅在《估〈学衡〉》一文中写道："夫所谓《学衡》者，据我看来，实不过聚在'聚宝之门'左近的几个假古董所放的假毫光，虽然自称为'衡'，而本身的称星尚未曾钉好，更何论于他所衡的轻重是非。"② 鲁迅的这个评论有其当时的历史背景和具体情景，是否妥当可以从长计议。但是，在很长的时间内，由于众所周知的原因，几乎成为"盖棺定论"并产生了深远的影响。

长期以来，一些高校联合编写的现代文学史的教材中几乎众口一词，认为"学衡派"由于"集中力量攻击作为新文化运动的指导思想的马克思主义"，是"帝国主义与封建势力在文化上的代言人"。

---

① 白璧德：《白璧德中西人文教育谈》，胡先骕译，《学衡》1922年第3期。
② 《鲁迅全集》（第1卷），人民出版社，1982，第377页。

重评"学衡派"和《学衡》杂志的举动在20世纪80年代已经悄然兴起

当"学衡派"以《学衡》杂志为阵地，对五四新文化运动的倡导者发起抨击时，后者已经在社会上产生了巨大的影响并得到众多有志者的支持。相形之下，"学衡派"和《学衡》杂志的社会影响显得相当微小；其主要成员也不如陈独秀、胡适等那么知名。再加上"学衡派"倡扬学术与政治、社会分离，又选取了与现实保持一定距离的办刊宗旨，与新文化运动的"时代批评精神"格格不入，从而决定了后来必然要遭遇的尴尬的历史命运。

当历史向前发展，到了80多年后的今天，随着社会环境的变迁和文化生态的改进，特别是"国学热"的兴起，人们回过头来反思中国文化的现代性追求时，"学衡派"和《学衡》杂志的学术主张，逐渐得到越来越多的研究者的同情与理解。重估"学衡派"和《学衡》杂志的举动，近年来先是在海外学子和中国港台地区，继之在大陆的思想文化界中悄然出现，并有持续发展之趋势。人们不再认为"学衡派"是"复古派"和"反动派"，而认为是新文化运动中的"文化保守主义"。

1994年7月29日，北京大学哲学系汤一介教授在为他主编的"二十世纪中国文化论著辑丛书"写的"总序"中，就是这样界定的。他明确指出，在20世纪这一文化转型时期，中国文化所形成的激进主义、自由主义和保守主义三种不同派别，"都是面对中国社会的急剧变化和世界文化的大动荡这同一问题而显示出不同的反应和不同的思考层面，正是这三种不同趋向的文化的合力推动着文化的发展"。

许多研究者撰文指出，"学衡派"注重从学术渊源上梳理中西文化的发展脉络入手，以进而认清两种文化的本质，形成了一种独特的思想氛围和思想路径。他们是一群具有强烈的文化意识和文化使命感的现代学术知识分子，因此要全面而具体地分析"学衡派"。新文化派出于建立自由平等社会关系的文化关怀，对儒家的尊卑等级秩序大加挞伐，这有其合理的一面。但"学衡派"从个人的道德完善的角度对孔子的"仁"的学说的强调，也有其价值所在。因此，我们不应当把"学衡派"与新文化派看成一种敌对的关系，而应当认为"学衡派的文化取向实则是构成了对新文化运动的补充"。①

还有的研究者指出,"没有五四运动,就没有中国的现代化,五四批判传统、学习西方、突出文化时代性的基本精神方向是正确的。当然,这并不是说,五四就没有自己的缺点,五四的缺点,恰好被学衡派抓住了。学衡派在阐述自己的五四观时,强调文化的民族性和世界性,这与五四新文化运动恰成互补。"当然,由于"学衡派"自身也存在着上述的弱点和局限性,再加上他们坚持以文言文作为表达其学术主张的工具,在客观上必然使多数愿意了解甚至本可以接受其观点的读者望而却步,难以接受。这样,"在狂飙突进、情感迸发的时代,他们难觅知音,难逃被边缘化的境地"。②

重新评价"学衡派"的文化学术观点和价值观,经过努力已经有不少的进展。为了方便研究工作的开展,汇集《学衡》杂志79期的影印本,已分为16册,由江苏古籍出版社于2008年1月重新出版。孙尚扬、郭兰芳从《学衡》杂志中选录了42篇代表性的文章,把繁体字化为简体字,并为文言文添加了现代标点,题为《国故新知论——学衡派文化论著辑要》,由中国广播电视出版社于1995年12月出版,使研究者阅读起来更为方便。

载《中华读书报》,2011年11月30日
收入本书时略有删节

---

① 蒋书丽:《学衡派和新文化派的错位论争》,《人文杂志》2004年第6期。
② 董德福等:《回首五四——百年中国思潮和人物》,人民出版社,2008,第84、85页。

通古今之变，成一家之言
——张世英关于"天人之际"问题研究及其方法论原则

北京大学外国哲学研究所教授张世英（1921～ ）先生，是我国研究黑格尔哲学的著名专家。正如他自己所说，他的学术研究，有一个从前期到后期的转向。"前期"主要是研究西方哲学，特别是德国古典哲学、黑格尔哲学。20世纪50年代中期，作为当时北大哲学系的在校学生，我曾经听过张先生主讲的有关欧洲哲学史和黑格尔哲学的课程。半个世纪过去了。2003年夏我去北京时，曾两次到中关园拜访他。他对我谈到他"后期"（近20年来）的学术研究工作的情况。他说：20世纪80年代初，我国哲学界开始讨论主体性问题，不少人把主体性等同于主观片面性；更多的人，远未能明确地从人与万物的"主客二分"关系（subject – object dichotomy）来理解主体性；而当时学术界占主导地位的看法，是把哲学问题，仅仅归结为是主客二分的关系问题。这就引起了张先生的困惑，同时也激发了他集中研究西方现当代哲学（特别是尼采、狄尔泰、海德格尔、伽达默尔等人哲学）和中国传统哲学（特别是老子、庄子的道家哲学）的兴趣，并从中西哲学的结合，特别是中国传统哲学与西方现当代哲学及其相互结合的视角，研究了"天人之际"有关问题，逐渐形成了一系列关于"天人之际"的新观点。这些观点最初体现于1995年出版的《天人之际—中西哲学的困惑与选择》（人民出版社）、1999年出版的《进入澄明之境—哲学的新方向》（商务印书馆）两本内容相关的书中。[①] 2002年1月，北京大学出版社推出了张先生的新力作《哲学导论》，将上述两本书中提出的新观点，作了系统化的总结；而不久前（2004年5月），由广西师范大学出版社出版的《新哲学讲演

---

① 张世英：《进入澄明之境——哲学的新方向》，商务印书馆，1999，第4页。

录》,则以"讲课实录"的形式,把他在《导论》等书中所阐发的新哲学观点,更加详细、更加生动地展示出来了。本文仅就张先生关于"天人之际"的研究,特别是"天人合一"的思想,及其在研究中所遵循的方法论原则——"融会古今""贯通中西"作简要的评论。

司马迁说,他作《史记》是为了"究天人之际,通古今之变,成一家之言"。而要"究天人之际",其中的关键,就是深入地领悟"天人合一"的思想,即把握人与自然界之间的相互依存的对立统一的关系。我国著名中国哲学史专家张岱年先生认为,中国文化、中国哲学的基本精神,主要包括四项基本观念:天人合一,以人为本,刚健有为,以和为贵。其中"天人合一"被列为第一。[①] 在中国,"天"固然有自然、宗教、伦理、政治等多种含义,但张世英先生所讲的"天",是指自然之天,即天地万物之意。从以下几个方面可以看出,他对"天人合一"思想的研究,始终体现着"融会古今""贯通中西"的方法论原则。

从中西对照的宏观视角,对"天人合一"思想的发展做历史考察

为了把"天人合一"思想放在一个更广阔的背景,加以全面的审视,张先生提出了关于"在世结构"的新概念。他认为,哲学是关于人对于世界的态度,或人生境界之学,是真、善、美的统一。哲学的最根本的问题,是研究人怎样生活在于这个世界上?也就是"在世结构"的问题。所谓"结构",人与世界相结合的关系和方式。张先生认为,在中西哲学史上,对人生在世的"在世结构"的问题的看法,可粗略地分为两个层次、三个发展阶段。[②]

第一个层次,是把人与世界万物看成息息相通、融为一体的内在关系。人与世界万物的关系,不是征服与被征服的关系,而是相通相融的,其表达式是:"人—世界"。借用中国传统哲学的术语,就是"天人合一"或"万物一体""万有相通"。

[①] 张岱年:《中国文化的基本精神》,载《中国精神—百年回声》,海天出版社,1998,第427页。

[②] 张世英:《新哲学讲演录》,广西师范大学出版社,2004,第37~38页。

第二个层次，是把世界万物看成与人处于彼此外在的关系之中，并以我为主体，以他人、他物为客体，两者是相互外在的；而认识则是由此及彼的"桥梁"。主体通过人的主观能动性去认识事物的本质、规律性，以征服客体，使客体为我所用，从而达到主体与客体的统一，其表达式是："主体—客体"。用西方哲学现成的术语，就是"主体—客体"的关系。

这两个层次不是并列或互相排斥的，后者是以前者为基础，前者是后者之可能发生的前提。如果把中西哲学史综合起来看，上述两个层次的关系，大体上表现为三个发展阶段。

第一个阶段，是以"人—世界"关系为主导的阶段。用中国哲学的语言来说，就叫作"人与天地万物一体"或"天人合一"。在这个阶段，整个人类思想的发展，处于主客不分为主导的状态。由于缺乏主客二分和与之相联系的认识论，故称之为"前主客关系的天人合一"或"前主体性的天人合一"。在西方哲学史上，在苏格拉底、柏拉图以前，早期的自然哲学关于人与自然关系的学说，属于这个阶段。古希腊的早期思想家赫拉克利特最早用了"爱智慧的"这个形容词。但它与后来说的"哲学的"，完全不是一个意思。其中的"爱"是指人和事物之间的和谐一致、相互适应；"智慧"是指所有存在的东西（存在者），都在存在之中，都属于存在；一切存在的东西都在存在中统一为一个整体。这类似中国哲学中所说的"万物一体""万有相通"或"天人合一"。中国哲学史上的"天人合一"的思想，在西周的"天命论"中就有了萌芽，而"天人相通"的哲学观念则起于孟子。老庄也主张"天人合一"，但老庄的"道"没有道德意义。孟子的以道德原则为本根的"天人合一"说，至宋明道学而发展到高峰。张载的"天人合一"是宋代道学的开端，他在《西铭》中提出的"民吾同胞，物吾与也"的思想，就是要破除"自我"与他人、他物的对立，达到人我无间、天人合一的境界。张载以后，道学的"天人合一"说，逐渐分为程（程颢、程颐）、朱（熹）理学和陆（象山）、王（阳明）心学两派。

第二个阶段，是以"主体—客体"或"主客二分"关系为主导的阶段。在这个阶段，人类作为主体，要占有或消灭自身以外与自己对立的、作为客体的现成外物，认识论问题成为哲学的中心或重点。哲学中唯物主义与唯心主义的争论，主要发生在这个阶段。古希腊的柏拉图提出"理念论"，从认识论的角度讲客观的"理念"是认识的目标，从而开启了"主体—客体"式思想的先河。但明确地把主体与客体对立起来，以"主客二分"式作为哲学主导原则的真正开创者，是近代哲学家笛卡儿。从笛卡儿到黑格尔，西方近代哲学的原则是"主体—客体"式的，黑格尔是这种思想的集大成者。这个阶段的哲学家逐步地把一系列抽象的概念，当作独立于人以外的东西加以追求，哲学成为以进入抽象概念的王国为最终目标的学问，成了"概念哲学"。中国传统哲学，主导地位的哲学原则尚处于"前主客关系的合一"阶段，缺乏或较少区分主体与客体的思想。一直到鸦片战争，中国受到帝国主义的侵略之后，一批先进思想家们才意识到：传统的那种不分主体与客体的"万物一体"或"天人合一"思想，缺乏实用价值。它固然有引人进入高远境界的魅力，但无助于认识自然、发展科学。明清之际以后的近代哲学家中，王船山第一次比较明确地提出了类似"主客二分"的主张。以后，万物一体、天人合一的思想愈来愈受到批判。例如，谭嗣同主张区分我与非我，强调"心之力"；梁启超大力介绍并赞赏笛卡儿和康德的主客关系和主体性哲学；孙中山的精神物质二元论，更是明确地宣扬西方主客二分的思想。而五四运动所提出的"民主"与"科学"的口号，正是这种思潮发展的合乎逻辑的结果和某种总结。

第三个阶段，是经过了"主体—客体"式思想的洗礼，包含"主体—客体"在内而又"扬弃"了"主体—客体"式的高级的"天人合一"，可称之为"后主客关系的天人合一"或"后主体性的天人合一"。这个阶段不是第一阶段的简单重复，而是否定之否定，是在高级的水平上，向"万物一体""万有相通"或"天人合一"的复归。在于西方哲学史上，黑格尔以后，从主要方面来说，大多数西方现当代哲学家，特别是人文主义思潮的哲学家，都贬低以至反对并力求超越"主体—客体"式，企求达到一种类似中国的"天人合一"的境界。其中，海德格尔是一个划时代的人物，他是西方现代哲学中"人—世界"合一思想和反对旧形而上学思想的一个主要代表和集大成者。而在中国，严格地说，目前还没有与之相对应的哲学和哲学家。

以上所述可以看到，张先生既从历史的发展，又从中西对照的视角，把"天人合一"思想的丰富内容和历史发展，完整地揭示出来了。

从几位代表性哲学家思想的比较，看中国"天人合一"思想同西方现当代哲学思想的同与异

张先生不满足于上述的宏观考察，还进一步对几位具有代表性的哲学家

的思想,进行了具体的比较。他把海德格尔当作实现了从经过和包摄"主客二分",到更高一级"天人合一"这个重大哲学转向、现当代西方哲学家中思想最深刻者来看待的,认为海德格尔在中西哲学的对比中,占有重要的特殊的地位。

马丁·海德格尔(Martin Heidegger,1889~1976),德国哲学家,被视为开辟了现象学运动的一个新方向,并被奉为存在主义哲学的创始人和主要代表。张先生在几本著作中,都以"天人合一"的思想来说明海德格尔哲学的基本观点。他指出,海德格尔所说人"在世界之中存在"(In-der-Welt-sein)这句话,颇类似中国人的一句口头语"人生在世"。这句话里所谓"在世界之中"的"在之中"(In-Sein)有两种不同的含义,实际上也是关于人和世界关系的两种不同理解。海德格尔认为,一种意义是指两个现成东西,其中一个在另一个"之中"。例如,水在杯子"之中",椅子在教室"之中"。这样,人在世界之中,就等于说,人本来是独立于世界的,世界是碰巧附加给人的。这样,"人"这个现成的东西,就在"世界"这另一个现成的东西之中。这两者的关系是两个平等、并列的,现成的东西彼此外在的关系。西方哲学传统中主客的关系,就是这样的"在之中"关系。这就必然产生一个问题:主体怎样能够认识客体?"在之中"的另一种意义,海德格尔称之为"此在与世界"的关系。按照这种意义的"在之中",人乃是"融身"在世界之中,而世界由于人的"此在",对人揭示自己、展示自己。人("此在")是"澄明",是世界万物的展示口,世界万物在此被照亮。① 按照海德格尔的这种解释,人认识万物之所以可能,是因为人一向就已经融合于世界万物之中。张先生指出,"海德格尔的语言比较晦涩,他的基本思想和意思还是比较清楚的:生活、实践使人与世界融合为一,人一生下来就处于这样一体之中;所谓'一向'如此,就是指一生下来就是如此,所以'此在'与'世界'融合为一的这种关系是第一位的。至于使用使人成为认识的主体,世界成为被认识的客体的这种'主体—客体'关系则是第二位的,是在前一种'一向'就有的关系的基础上产生的。'此在—世界'的结构产生'主体—客体'的结构,'天人合一'(借用中国哲学的术语)产生'主客二分',生

---

① 海德格尔:《存在与时间》,生活·读书·新知三联书店,1999,第61~73页。

活实践产生认识。这些就是我对海德格尔的上述思想观点的解读"。① 当然张先生也指出,海德格尔的"天人合一"不等同于中国传统的"天人合一"。他关于主客的统一根植于人与世界的融合的论断,是对海德格尔思想的深刻理解。

张先生指出,作为道家创始人的老子和重要继承者庄子,都是主张"天人合一"的。老庄认为"道"是宇宙万物的本根,人以"道"为本,人的一切都不是独立于自然界的,而为自然之物。在谈到人生的最高境界时,老庄的"天人合一"思想更加明显。《老子》轻视知识、提倡寡欲和回复婴儿状态,实际上是要人达到原始的"天人合一"的境界。庄子主张通过"坐忘""心斋",取消一切差别,以达到"天地与我并生,而万物与我为一"的"天人合一"境界。"但我们是否可以说,老庄的'天人合一'境界达到了海德格尔所主张的高级的人与世界合一的水平呢?不能这样说。"由于老庄哲学缺乏"主—客"式的思想和认识论,因此,"老庄哲学和海德格尔哲学的区别,不仅是中国哲学与西方哲学的区别,而且是有古代哲学和现代哲学的区别的意义"。②

张先生还把作为儒家重要代表的王阳明与海德格尔做了比较。他认为,由于王阳明关于"人与世界万物息息相通、融为一体的程度,比起程朱哲学来要深刻得多",因此,"王阳明似乎是中国哲学史上'天人合一'说的一个最有典型性的代表,他的思想的地位同海德格尔的'此在—世界'的思想在西方哲学史所占的地位有点类似"。但是,王阳明的思想缺乏"主体—客体"式的思想及其相联系的认识论,他讲的"人心"属于理性,具有道德意识,并且没有个人的选择自由。所以,"王阳明作为中国哲学家和古代哲学家,与海德格尔作为西方哲学家和现代哲学家,两人的'天人合一'思想又有根本的区别"。③

张先生在他的著作中,还对海德格尔与陶渊明,尼采与老庄、李贽,萨特王阳明,黑格尔与朱熹、王船山,西方近现代哲学与程朱陆王哲学,作了相当深入的专题比较。④ 因篇幅所限,恕不详列。

---

① 张世英:《哲学导论》,北京大学出版社,2002,第7页。
② 张世英:《新哲学讲演录》,广西师范大学出版社,2004,第32页。
③ 张世英:《新哲学讲演录》,广西师范大学出版社,2004,第33页。
④ 张世英:《天人之际——中西哲学的困惑与选择》,人民出版社,1995,第291~424页。

具体分析高级"天人合一"与"主客二分"思想在哲学各个领域中的体现

所谓高级"天人合一",即包摄并超越"主客二分",处于第三阶段的"天人合一"思想。它在哲学的各个领域,有哪些具体的体现呢?

在哲学本体论方面,由于人与世界万物的关系,存在着"主客二分"与"天人合一"这两种根本不同的看法,因此,面对当前的事物,也有两种追问的方式:一种是"主体—客体"结构的追问方式:外在的客体"是什么"?这是西方传统的概念哲学所采用的、由感性中的东西到理解中的东西的追问方式。它是沿着"纵深路线",为着对外在的客观事物根底的把握,达到抽象同一性或普遍性概念,以把握事物的"相同"。另一种是"人—世界"("天人合一")结构的追问方式:人"怎么样"与世界万物融合为一?这是西方现当代的哲学家所采用的、从一些现实事物到另一些现实事物的"横向路线"的追问方式。海德格尔所讲的从"显现"或"在场"(presence)的东西到"隐蔽"或"不在场"(absence)的东西的追问,就是属于这种。它并不摒弃概念、普遍性,而是要超越"在场"的"事理",进入"不在场"的"事理",以把握世界万物的"相通",达到万有相通、万物一体的境界。据此,张先生更愿意把这种子哲学叫作"万有相通"的哲学。[①]

在认识论方面,上述两种超越的途径是不同的:旧形而上学的"纵向超越"主要靠思维,它奉理性、思维为至上;而西方现当代哲学所强调的"横向超越",就不能只靠思维,而要靠想象。想象让隐蔽的东西得以"敞亮"而显示出事物的意义,使人回到了现实。从这个意义上说,重想象的现当代转向,突破了思维的极限和范围:想象不是排斥思维,而是超越了思维。与此相联系,旧形而上学从主客二分的模式出发,认为彼此外在的主体与客体通过认识而得到统一,它的真理观就是"符合说";而西方现当代哲学家海德格尔等人认为,任何客观的事物,都只是因其呈现于人面前而显示其意义。事物在没有被人陈述或判断时,处于遮蔽状态,对人没有意义;而当一个陈述或判断,揭示出事物的本来面目时,事物就达到了"去蔽"的

[①] 张世英:《新哲学讲演录》,广西师范大学出版社,2004,第572页。

状态而为人所见,这个陈述或判断便是真的。他们并不否认事物离开人的独立存在,但认为事物的意义,包括事物之"成为真",是离不开人的揭示。这就是"去蔽说"的真理观。

在审美观方面,张先生说,"按主客关系式看待人与世界的关系,则无审美意识可言;审美意识,不属于主客关系,而是属于人与世界的融合,或者说天人合一。"① 婴儿处于原始的天人合一境界中,尚无主客之分,可称为"无我";有了主客二分,有了自我意识,可称为"有我";超越主客二分,达到高级的天人合一,即达到了"忘我"。审美意识是超越主客的产物,属于忘我或"物我两忘"之境。西方传统艺术哲学基本上以"典型说"为其核心,认为艺术品或诗就在于从特殊的感性事物中,见出普遍性、见出本质概念,它要求说出事物"是什么"。而一些西方现当代哲学家,如海德格尔等人,则要求显示事物是"怎么样"的,也就是要显示事物是怎样从"隐蔽"中构成"显现"于当前的这个样子的。按照这种新观点,文艺作品不再是以写出具有普遍性的典型性为主要任务,而是要求通过"在场"的东西,显现出"不在场"的东西,从"显"中看出"隐",这就是"显隐说"。随着缺乏审美意识或诗意的传统哲学的终结,"诗意哲学"的建立,已经成为时代的潮流。

在伦理观方面,张先生认为,人生之初,不能区分主体—客体,故无自我意识,亦无善恶之分,无道德意识;随着岁月的增长,逐渐有了主体—客体之分,并进而辨别善恶,也就有了道德的意识和道德实践;只有达到高级的"天人合一",才能超越道德意识。它不是不讲道德,而是自然地合乎道德。张先生指出,"要回复到一种既有理性、文明和人欲,又能超越它们而在更高的基础上保持原始的同类感的领域,这就要求我们把道德意识的同类感建立在万物一体的本体论基础之上,要求达到超道德意识的审美意识的领域"。② 既然如此,提高道德意识,就不能单靠道德说教,而要"多提倡一点审美意识的修养和崇高境界的培养,也就是多提倡一点超主客关系的精神"。③

在历史观方面,传统形而上学的主客关系把古与今、过去与现在,看作

---

① 张世英:《哲学导论》,北京大学出版社,2002,第121页。
② 张世英:《哲学导论》,北京大学出版社,2002,第241~242页。
③ 张世英:《哲学导论》,北京大学出版社,2002,第249~250页。

相互对立、彼此孤立的东西，认为研究历史就是把古的、过去的东西，当作外在的客体来对待，研究历史的最高目的就是寻找"原本"，以恢复过去的原貌。但是，历史研究的最高兴趣并不在此。而事件的意义总是与当时的历史背景（隐蔽的东西）紧密相关的，因此，随着时间的推移和背景的改变，事件的意义必将随之而改变。离开了古与今、过去与现在的内在联系，而追求历史的"原本"，就像康德的"物自体"那样，只能是抽象的东西。

在当今中国需要提倡什么样的哲学的问题上，要正确处理"古今中西"的关系

上述旧意义的哲学终结以后，哲学究竟该研究什么呢？在西方哲学也已进入后现代的发展阶段的背景下，我们需要一种什么样的哲学呢？我们是仍然像五四运动时期那样，为了要学习科学而相应地坚持学习西方主客二分的哲学原则，还是完全抛开主客二分的哲学原则，直接照搬西方后现代的哲学呢？张先生对此作了明确的回答：总的来说，就是要正确地对待中国传统哲学，正确地对待西方近代的"主体—客体"式的哲学原则，正确地对待西方现当代哲学，走出一条与西方现当代哲学相通而又具有中国民族特点的哲学之路。

张先生认为，中国传统的"天人合一""万物一体"，正如马克思对希腊艺术、史诗的赞赏那样，虽然不能照搬到今天，但仍有其永恒的魅力。但是，由于中国古代传统哲学的主导原则是原始的"天人合一"，它缺乏明确的"主客二分"观念，不重视认识论的研究，从而影响了科学的发展。所以，我们在批判地吸取中国传统的天人合一思想合理之处的同时，"要避免其不重主客关系思维方式的认识论、方法论的缺点，把西方近代的主客关系思维方式补充进来（也包括发掘和阐发中国的天人相分的思想），使两者相结合"。① 在主客二分的思想原则没有充分发展的中国，想用传统的天人合一，代替和排斥主客关系的思维方式，并从原始的"天人合一"直接进入西方的后现代的高级的"天人合一"阶段，是不应该也是办不到的。

西方近代的主客关系式和主体性，由于它被抬高到唯一至尊的地位，从而在现当代日益显露其弊端，例如物欲横流、环境污染，反而造成了物统治

---

① 张世英：《哲学导论》，北京大学出版社，2002，第 405 页。

人的现象,使人丧失了精神上的自由。本来这并非主客关系式和主体性哲学之过,然而,"中国学术界有一种意见却认为这是由于主客体的思维方式强调人与自然斗争的结果,应该反对西方近代的主客关系式,用中国传统的天人合一来代替它,以达到与自然和谐相处。其实,要想与自然和谐相处,就更应该依靠主客关系的思维方式,以认识自然规律,支配自然。否则,不重视自然科学,忽视自然的必然性、规律性,自然就会报复人,人与自然反而不能和谐相处"。①

我们今天亟须发展科学,理所当然地需要有经世致用的哲学观点和主客二分的思维方式,但这只是问题的一个方面;问题的另一方面,现在人们过分地热衷功利追求,对自然采取人类中心主义,对人采取自我中心主义,破坏了人与人、人与自然之间的和谐。针对这点,我们应当在"重视实用的同时,更多地提倡诗意境界和'民胞物与'的精神及其理论基础'万物一体'的哲学"。② 这种"万物一体"境界,不是抛弃主客关系,不是不要知识,不是不要功利追求,而是包括主客关系,却又超越之;需要知识和规律性,而又超越之;既讲功利,而又超越功利追求;从而实现真、善、美的完美统一。这是教人以经得起痛苦和磨炼的人生态度之学,是面对人世间一切现实活动的高远态度。

综上所述,可以看出,"融汇古今""贯通中西"是张先生开展研究工作的一个重要的方法论原则。张先生说,"作为一个多年研究西方哲学的专业工作者,却在这20多年里花了更多时间读中国传统哲学的著作,我感到如果陷在这个圈子里出不来,无论怎么研究来、研究去,也很难为中国人的哲学和思想找到一个新路子。于是我在20多年里又同时仔细地、认真地研究西方现当代哲学,特别是欧洲大陆人文主义思潮的哲学。我近些年的很多观点和思路或者说一得之见,都是受西方现当代思想的启发,通过自己的思考,重新审视中国传统哲学后,才得到的"。③ 张先生认为,"中国传统哲学中有很多可贵的东西似乎尚处于沉睡中,需要用西方的思想来激活它们,而它们一旦被激活以后,就比西方的哲学思想更具魅力"。④ 因此,"中西贯通"这个提法,"不应该只是对某个人的学术成就的赞美之词,而更应该是

---

① 张世英:《哲学导论》,北京大学出版社,2002,第403~404页。
② 张世英:《哲学导论》,北京大学出版社,2002,第12页。
③ 张世英:《新哲学讲演录》,广西师范大学出版社,2004,第584页。
④ 张世英:《新哲学讲演录》,广西师范大学出版社,2004,第584页。

学术研究的方法论上的一条原则"。① 这既是张先生个人的体会，更是广大学者的共识。

近代以来，由于西方列强的入侵，大大有利于西方各种文化随之进入中国；与此同时，一部分中国人也开始感到西方国力之强盛，必与其文化有密切的关系。而关注西方文化，就必然会关注作为文化核心的西方哲学。在如何对待西方哲学、如何看待我国传统哲学、如何创建中国的新哲学等三个问题上，存在着全盘西化派、文化保守主义派、改良主义派的严重分歧，"古今中西"之争时有发生。自20世纪30年代起，一些中国哲学家在吸收西方哲学的基础上，形成了若干现代型的哲学体系：先有熊十力、张东荪，后有冯友兰、金岳霖。张东荪、金岳霖的哲学，其影响比不上熊十力、冯友兰的哲学，究其原因是由于后者是"接着"宋明理学讲的，更具有中国特色。1949年后，在相当长的时期内，哲学研究的成绩是很不理想的。80年代后，情况虽大有改观，但还没有出现像熊十力、张东荪、冯友兰、金岳霖等那样的大家。但人们也注意到，某些研究西方哲学，或同时研究中西哲学的学者，曾努力利用中国哲学对西方哲学进行解读，在把西方哲学中国化和在中国哲学与西方哲学相互贯通方面，做了有益的尝试，取得了可喜的成果。而张世英先生则是其中受人关注的一位，他以83岁高龄，加以视力不佳，仍在著书立说，笔耕不辍，并把研究成果看作"愿意生死以之的东西"，确实令人钦佩与感动。

在当前这个新的时代，由于经济全球化，科技一体化，信息网络的普遍化，世界文化的发展呈现多元共存、多元对话的局面。我们必须在发挥中国传统哲学的固有的内在精神的同时，大力引进现代西方哲学和其他民族的文化，以便跟上当前世界哲学发展的总趋势，对人类社会做出较大的贡献。

载《北京大学学报》，2005年第1期

---

① 张世英：《新哲学讲演录》，广西师范大学出版社，2004，第584页。

探讨个人精神境界问题的社会文化维度
——评张世英新著《境界与文化》

最近，人民出版社推出了张世英先生的新作《境界与文化》一书。这本书对他在《哲学导论》（北京大学出版社，2002）中所阐发的新哲学观做出了重要的、进一步的拓展。而《哲学导论》则是他在《天人之际》（1995）和《进入澄明之境》（1999）两本哲学著作出版之后逐渐形成的，属于他个人的思想体系的成果。

在《哲学导论》一书中，张先生把哲学的根本问题概括为人生在世的"在世结构"的问题。他认为，在中西哲学史上，对这个哲学根本问题的看法，可概括分为两个层次、三个发展阶段。[①] 他认为，把中国传统的"万物一体"与西方近代的"主体—客体"关系式结合起来，既可避免中国传统的"万物一体"中那种不分你我、不分主体与客体的缺点，又可避免西方近代把"主体—客体"关系式奉为哲学最高原则所造成的流弊。张先生把他所主张的这种哲学称为"万物一体"（或"万有相通"）的哲学，但它不是中国传统意义的"万物一体"，而是一种包含而又超越了主客关系的"万物一体"的境界之学，是一种能以高远的精神境界指导人们发挥主体性、奋发前进、执着追求的、中国式的"后主客关系的合一"。

据笔者所知，《哲学导论》出版后，作为高校的精品教材，已重印多次，其中的学术观点已为越来越多的青年学子所理解、所接受，也引起哲学界学者的重视与好评。但张先生仍不满足于已有的成果，继续思考如何提高个人精神境界的途径问题。正在张先生从事新的写作的同时，有两位学者各自提出了一点相同的商榷意见。他们共同认为，张先生关于提高人生境界的

---

① 张世英：《哲学导论》，北京大学出版社，2002，第一章。

论述，虽然讲了个人的修养，但缺乏社会存在的维度。① 张先生非常重视这个意见，于是更明确、更加有意识地要在其新作《境界与文化——成人之道》一书中弥补《哲学导论》的不足之处。

张先生认为，如果说"境界"一词只是指个人的精神境界，那么，"文化"则是指一个社会、一个民族的精神境界。一个社会、一个民族的文化，是由它所属成员的个人境界构成的；离开了个人的精神境界，所谓社会文化、民族文化是空无内容的。但是，更值得注意的是，个人的精神境界（人格、性格、对世界的态度等）又是在他所属的社会文化、民族文化的影响下形成的，人不能离开文化的大背景而有个人的境界，而文化又总是具有社会性、民族性。个人的精神境界之形成，既受自然条件的制约，更受文化环境的熏染。一个人所生死以之的理想人格，是在某种社会文化、民族文化背景下形成的。西方的基督教文化产生了西方人的人生境界，包括他们的道德境界、审美境界、宗教境界。中华民族的"儒、道、释"三大文化支柱产生了儒家、道家、释家各自的人生境界。因此，如何提高个人境界的问题，不能丝毫脱离一个民族的文化传统而孤立地来考虑。这就是张先生写作《境界与文化》一书的缘由。

《境界与文化》一书的主旨，乃是着力探讨各种人生境界之间、各种文化活动之间的关系，特别是中西方民族文化各自的特征，以期为提高人的精神境界（包括个人的精神境界和整个民族的精神境界）摸索一条可供参考的途径。书的副标题"成人之道"，其中的所谓"成人"，也就是要使人成为有高远境界之人。张先生认为，处于当今之世，我们既不要求成圣、成真、成仙、成佛，也不需要什么上帝的拯救，我们只渴望成为一个普通的，然而又是真正的人，一个大写的人。张先生所指出的成人之道，的确为我们指出了一个很有意义的人格理想。

---

① 《江海学刊》2005 年第 2 期在以"张世英先生学术思想研究"为标题的专栏中推出了四篇专题论文，评述了张先生的思想观点。其中，孙月才先生在他文章最后，委婉地提问："万物一体"论"是否也可以将社会存在论（似指马克思主义哲学——引者）看作'万物一体'中的基本关系，而使'生活世界'更具体而现实呢？"此外，陈泽环先生在他写的文章最后明确指出："就其关注问题的焦点和所属的哲学家类别而言，张世英的哲学——伦理观主要是一种关于个人问题的哲学和伦理学观点，而不是一种关于社会问题的哲学和伦理学观点，张世英本也主要是一个个人哲学家，而不是社会哲学家。"（见陈泽环《论张世英的哲学——伦理观》，《上海师范大学学报》2004 年第 5 期）。

关于中西传统文化总体特征的论述与评价

在中国传统文化中,张先生着重讲了儒家和道家。他以为,中国古代科学虽不及西方,但不能说没有科学,而中国古代科学主要出于道家;至于审美,在道家那里则占首要地位;道教的宗教观念,不是西方基督教意义的宗教。道家所提倡的逍遥之道或"成真"之道,可以说是道家的成人之道,这种成人之道似乎是以"万物与我为一"的审美境界为人生的最高追求,它是对道德的一种超越。儒家的成人之道是"成圣"之道,其特点则是以道德境界为人生最高境界,儒家把达到此种境界的理想人格称为"圣人"。至于西方文化的内涵,一般认为包含希腊精神、基督教和科学三者。《境界与文化》一书着重论述了希腊精神与科学之间、基督教与道德之间、基督教与审美之间的关系。和中国儒家与道家文化注重在时间之内的此岸世界实现自我的特点不同,西方传统文化的特点可以说是注重在超时间的彼岸世界实现自我:人相对于超验的、永恒的无限而言,总有欠缺之感,所以西方传统文化所教导的成人之道,基本上可以用基督教所宣讲的拯救之道为代表,人需要上帝的恩典、拯救而成人。西方后现代主义的文化对传统文化的弊端提出了很多批评。

从中西文化的总体水平来看,似乎可以得到这样一个结论:由于中国传统文化中科学的落后,今后在提高我们民族文化方面,首要的仍应是发展科学,但在发展科学的同时,又要避免唯科学主义,注意弘扬我们传统文化中道德、审美等人文方面的优秀之处,同时剔除其中的缺点(例如缺乏平等之爱和基本人权平等的思想),使我们民族文化的人文特色适应现代科学的时代潮流,更放异彩。如果可以把文化比喻为一个整体的人,那么,科学似乎可以比作人的身体,道德、审美可以比作人的心灵和灵魂。中国传统文化显得中国人的身体比西方人虚弱,而在灵魂方面更有特色,中华民族文化发展的未来,似乎应该是在壮大我们的躯体的同时,相应地提高和改进我们的灵魂,使我们的民族灵魂在传统的基础上走上现代化。张先生的这个比喻生动而又深刻,值得我们深思。

关于如何评判文化的标准问题

张先生指出,文化,有本民族的,有外来的。我们平常老爱说既要弘扬本民族的传统文化，又要吸收外来文化特别是西方文化的优点，这里包括一个如何评判文化的问题，以及如何评判中国传统文化和西方文化的问题。一般地说，文化价值很难以高低优劣来评判。但文化中的科学因素是人的生命、生活得以保障和改进的一个最具关键性的手段，科学的发达与否应是评判、衡量一个民族文化的一种尺度。如果说，对于道德、审美之类的文化因素，不能简单地用进步与落后这样的尺度来评判、衡量，那么，科学的情况则不然，科学是时代积累性的东西，因而是可以用"进步"的尺度来评判、衡量的。

基于中国传统文化中科学方面较弱，张先生把中国传统文化称为"前科学的文化"，把西方近现代文化称为"后科学的文化"（当然，这样的划分绝不等于是对中西文化作出高低等级的总体评价）。文化中的诸种因素是有机地结合在一起的。在对文化作整体评价时，一方面要联系科学上的进步与落后，另一方面又不能以科学或知识与技术作为唯一的尺度。道德与审美之类的文化因素，还另有评判、衡量的标准。就道德方面而言，我们就可以用是否维护人的尊严、人的基本权利和人的天然同类感等作为评判、衡量道德的标准。张先生关于"前科学文化"与"后科学文化"的提法，为我们评判中西文化提供了一条新的、具体的线索。

关于各种文化要素的相互联系、相互影响

人的文化活动多种多样，《境界与文化》主要讨论的是科学、道德、审美、宗教和哲学。由于文化是一个有机的整体，各种文化要素之间存在着相互联系和相互影响，其中每一种因素必然打上其他因素的烙印。张先生着重分析了科学、道德、审美三者之间的关系。这里，仅以科学与道德、科学与审美的关系为例。

先就科学与道德的关系而论，张先生指出，一种道德文化现象必然与其所发生的时代中科学发达程度的状况紧密相连。例如《论语》记载了孔子对颜回安贫乐道的赞扬。[①]"箪食""瓢饮"固然是科学落后的景象，属于"前科学的文化"现象，但由于颜回的德行体现了人生的终极意义和价值，

[①] 《论语·雍也》："子曰：贤哉，回也！一箪食，一瓢饮，在陋巷，人不堪其忧，回也不改其乐。"

我们却不能因此便不加分析地贬抑它、否定它。儒家"孔颜之乐"的道德情操,在中国历史上之所以仍然传颂千古,是因为儒家这种为了崇高的价值理想而"贫贱不能移"的道德观念,是我们民族传统文化的一大特点,也是我们民族文化的精华。我们今天许多优秀的科学工作者,为了繁荣我们国家的科学事业,为了提高我国人民的生活水平,往往不顾个人的苦乐安危,宁愿到最艰苦的环境中去奋战,这与颜回的"箪食""瓢饮"相比,虽属两个完全不同的时代,似乎不可同日而语,但细察之,两者在道德精神上确有一脉相承之处。我们应当也正在改变着我们民族的"前科学的文化"状态,不再安于"箪食、瓢饮",为此,我们必须大力发展科学,使我们的国力日益富强,人民的生活水平日益提高,走上"后科学的文化"之道。但我们传统文化中那种为了实现崇高价值理想而不计个人利害("贫贱不移")的道德精神,却具有永恒的魅力,永远值得我们继承和发扬。

再以科学与审美的关系来说,一种审美文化现象也必然与其所发生的时代中科学发达程度的状况紧密相连。中国传统审美文化中的隐秀之美、含蓄之美,一般地都打上了"前科学文化"的烙印。例如,柳宗元的"孤舟蓑笠翁,独钓寒江雪"[1],"蓑笠"诚然属于"前科学文化",现代人写诗一般不会以"蓑笠"为题材了,但这首诗的妙处在于,它显现了可见的画面背后诗人不畏雨横风狂的孤高风格。这种隐秀之美,虽在今天流行高科技的风雨衣的时代,仍为人们所赏玩。又如,陶渊明的"带月荷锄归"[2],"带月荷锄"诚然是小农经济、科技落后的文化现象,但这首诗在言辞上展示出来的是辛勤耕作,而词外之情却是诗人遗世而独立的傲岸风骨。因此,我们今人仍然欣赏这首陶诗。张先生说,在科技繁荣发达的今天,我们固然不可能再以什么"蓑笠""荷锄"之类的东西作为审美的题材和内容,但我们仍然可以在高精尖的科技园里写出"后科学文化"时代中富有中国传统的审美特色的文艺作品。

张先生认为,西方近代科学技术的发展,尽管给西方人带来了许多自由平等之类的观念,但这种"后科学文化"也产生了把人等同于机器、损害人的尊严以及极端个人主义等恶果。西方文化的种种危机已是许多西方近代

---

[1] 柳宗元:《江雪》:"千山鸟飞绝,万径人踪灭。孤舟蓑笠翁,独钓寒江雪。"
[2] 陶渊明:《归田园居》(其三):"晨兴理荒秽,带月荷锄归。……衣沾不足惜,但使愿无违。"

现思想家所研究的课题。我们不能因为西方近代文化与科学紧密相连，就单纯用科学的尺度评判其整个文化体系。就我国的情况来说，在当今的社会文化环境里，我们民族的理想人格，显然不该是也不可能是科学上愚昧无知、只讲抽象的道德和审美境界的腐儒。一个有崇高之美的境界和道德境界的人，在今天高度发展的科学文化的社会里，也不可能脱离科学的求实境界，不可能不享受科学技术所给人带来的福利。总之，民族文化也好，个人的精神境界也好，都是科学与道德、科学与审美等的有机统一体，其中科学是基础。我们当前所着力追求的应是在发展科学的基础上，大力提高和改进我们民族的人文文化和个人的人文素质。

关于"无神论宗教"概念的提出

张先生认为，人类在不断发展科学的同时，又总是伴随着宗教上的需要，只是对宗教的理解会随着社会的发展和科学的进步而不断地变化。如果我们把宗教最基本的特征与含义界定为：能意识到自身的有限性的人对最高、最完满的无限性的敬畏、仰望和崇拜之情，那么，从这个意义上说，无论科学如何发达，科学追问的极限之处总是存在着由宗教来回答问题的空间。基于这种理解，张先生明确指出，有了对中国传统哲学所讲的"万物一体""民胞物与"的领悟，再加上对它的敬畏、仰望和崇拜之情，"就足以构成一种宗教"。他把这种宗教叫作"无神论的宗教"，类似于爱因斯坦的"宇宙宗教"。[①] 爱因斯坦绝不是传统意义上的、崇拜人格化上帝的宗教徒，他的宗教感情既是对大自然的热爱和迷恋，又表现为对宇宙的永恒秘密和世界神奇结构的好奇和惊奇感。对于存在中所显示的秩序和合理性，他始终持有"尊敬的赞赏心情"，并且每每地感到"深挚的崇敬"。正因为如此，张先生才把它作为"无神论的宗教"的一个绝好的例证。

张先生把人生境界分为四种：第一种境界，即最低的境界是"欲求的境界"，第二种境界是"求实的境界"，第三种境界是"道德的境界"，第四种境界，即最高的境界是"审美的境界"。他没有把人格神意义下的宗教境

[①] 张先生这里提到的"宇宙宗教"，实际上是爱因斯坦对宇宙的最后秘密的沉思的产物。爱因斯坦说："我信仰斯宾诺莎的那个在存在事物的有秩序的和谐中显示出来的上帝，而不是信仰那个同人类的命运和行为有牵累的上帝。"（参见爱因斯坦《爱因斯坦文集》（第一卷），商务印书馆，1977，第243页）

界列为人生的最高境界，但他认为，"对高远境界的崇敬之情也可以叫做一种'宗教'的感情"，他称之为"无神论的宗教感情"（atheistic religious feelings）。他并且表示：如果可以把对这种境界的崇奉叫作"宗教"，他倒也愿意把"宗教的境界"列入人生境界的最高层次。① "无神论宗教感情"的提出，是张先生的独创。

关于发扬中华民族文化，提高和改进个人的人文素质的具体途径

如何发扬中华民族文化？如何提高和改进我们民族的人文文化和个人的人文素质？有什么具体途径可循？这是《境界与文化》一书所着力探讨的问题。

该书除结语外，共3篇17章，每章都有一个副标题，每章又分若干小节，其中绝大部分副标题或某一节的小标题都明确地表达了张先生对于如何发扬中华民族文化的具体设想。例如"科学与道德"章的副标题是"提倡科学的自由精神和知识向善的精神"；"科学与宗教"章的副标题和所属最后一节的标题为"以宗教感情作为推动科学研究的原动力"和"学习西方科学的关键在于培养对真理之爱的宗教感情"；"道德与宗教"章的副标题为"为道德寻找一种无神论的宗教根据"；"道家与科学"章的副标题"发掘道家哲学中的科学基因"；"道家与审美"章的副标题为"提倡一点虚实结合的精神"；"儒家与道德"章的副标题为"在基本人权平等前提下承认差等之爱的空间"；"基督教与道德"章的副标题和其中第二节的标题可合并为"我们的道德意识应从基督教那里吸取责任感和平等之爱的观念"；"基督教与审美"章的副标题为"提倡一点美的神圣性"；"后现代主义对现代性的批判"章的副标题为"让我们多一点自我批判和自我超越的精神"。显然，所有这些设想，都蕴含着一系列深刻的文化变革。张先生认为，中华传统文化有精华与糟粕两方面，此乃老生常谈，但欲思前进，则不能一味徜徉于颂扬声中，而应清醒地意识到，中华传统需要新生，需要多思考一点如何去其糟粕的问题。中华文化长期累于封建主义及其各种变式之重负，释负不易。20世纪80年代以来，我们在思想解放、摆脱传统文化的负面影响方

---

① 张世英：《境界与文化》，人民出版社，2007，序，第3页。

面，的确前进了一大步，然而背负过重，要真正实现民主、平等、自由、个性解放，恐怕还要有一个过程。

  总之，张先生从现实出发，站在现时代的高度，参照西方现当代文化发展的视角，客观、公允而又比较全面地审视了西方和中国的传统文化的特点，明确提出了评判文化的标准，深入揭示、积极分析了各个文化要素之间的相互关系及其内在的奥秘；他对宗教的新见解——"无神论宗教"概念——的提出，具有原创性和独特性；对发场中华民族文化、提高和改进民族和个人的人文素质的具体途径的设想，充满着对祖国未来的希望与期待。张先生以86岁的高龄至今仍笔耕不辍，学术思想不断推进创新，忧国忧民之情溢于言表，着实令人敬佩！

载《北京大学学报》，2009年第1期

中华文化发展的光辉未来：
自我觉醒、个性解放

——张世英《中西文化与自我》读后

2011年10月，人民出版社推出足以引起学术界关注的新著：《中西文化与自我》，作者是张世英先生。作为研究黑格尔哲学的专家，他早已为学人所熟知，但他又是一位贯通中西，充分吸收西方哲学的积极因素，以现代的眼光对中国古代的"天人合一"思想进行解读、提炼与改造，从而构建了自己的哲学思想体系的哲学家。

张世英的新哲学观是在中西哲学比较的视野下对中国古代"天人合一"思想的继承与发展。他不是孤立地研究"天人合一"，而是把"天人合一"与西方哲学，特别是西方近代哲学的"主客二分"加以比较，揭示两者的区别与联系，指出"天人合一"思想的可贵之处和它的局限性；还与西方现当代人文主义哲学进行比较，发现两者间的相似与相通。在这个基础上，他精辟地阐发了"天人合一"思想在中国，以及世界哲学未来发展中的地位与积极作用。他认为，把中国传统的"万物一体"与西方近代的"主体—客体"结合起来，既可避免中国传统的"万物一体"中那种不分你我、不分主体与客体的缺点，又可避免西方近代把"主体—客体"奉为哲学最高原则所造成的流弊；既保有中华传统文化的韵味，又吸收了西方哲学的长处；既区别于西方的个人主义，又是一种能以高远的精神境界指导人们发挥主体性、奋发前进、执着追求中国式的"后主客关系的合一"。他把这种包含而又超越了主客关系的"天人合一"的境界之学，称为"万有相通的哲学"：万物彼此不同而又是一个彼此相通的整体（"一体"）。单就人文社会方面来说，这就既肯定了不同自我各自的独特性和主体性，又肯定了整体中人我间的相互依存而尊重他人（的自我）。这是一种新的"天人合一"或

"万物一体"观。

张先生所提出的这个新哲学观具有很强的原创性，它体现在他撰写的一系列学术专著中，如《天人之际》（1995年）、《进入澄明之境》（1999年）、《哲学导论》（2002年）、《境界与文化》（2008年）等。

早在20世纪的80年代和90年代，张先生就多次参加国际学术会议并做了学术报告。"第14届德国哲学大会"主席马尔夸特教授在大会上称他为"中国著名的黑格尔专家"。美国Loyola Marymount大学教授Robin Wang在一次国际会议的发言中指出，张世英对黑格尔哲学的阐释和提倡，"对于中国传统哲学把自我湮没于原始的'天人合一'的'一体'之中而忽视自我的'主体性'和自由本质的思想传统来说，是一大冲击，这是张教授对中国学术思想发展的贡献之一"。张先生"对中国学术思想发展的贡献"究竟是什么，他又是怎样做出这些贡献的？——在认真地阅读新著《中西文化与自我》后，人们对此不难得出自己的答案。

《中西文化与自我》一书共有四篇，前面三篇主要是阐释"自我"的主体性与个体性本质，论述中西文化特别是审美境界中两种不同的自我观。在第三篇的最后，张先生系统地论述了他对人生四种境界（欲求境界、求知境界、道德境界、审美境界）的见解，并以审美境界作为人生的最高境界。接着他用相当多的篇幅，以人生四种境界的论述为线索，阐述中华儿女几千年来的思想文化史，即该书第四篇——"中华睡狮"自我觉醒的历程，这是全书的旨归和重点所在（《北京大学学报》自2010年9月到2011年7月全年分六期连载了这一篇，引起学界的关注。作为读者，我最感兴趣的也正是这一部分）。

在《中西文化与自我》一书中，作者从"自我"观的角度探讨了中西文化的差异，审视了中华传统文化最具标志性的特点，并阐述了他关于中华文化未来的发展道路的若干思考。全书新见迭出，许多观点言人所未言，从而也使他的哲学观得到进一步的深化与发展。

以往人们一般认为，"本质"就是指普遍性，张先生把自然领域与人文领域作了区别，认为，"本质"不只是指普遍性，在人文领域"本质"主要指个体性（个性）和主体性（独立的创造性和自由）。这就顺理成章地得出了"从自然到人文是一个由以普遍性为本质到以个体性为本质的转化过程"的论断。作者指出，每个民族、每种文化，都有"我们""自我""他人"三种观念，每个人也都会言说"我们""我""他"。三者互不分离，结合为一个整体。但不同民族、不同文化的个人心目中，三者所占的地位各不相同，这是各种文化特征的重要标志。

西方传统文化，特别是文艺复兴以后，其特点是以"自我"占优先地位，每个人都着重于实现其不同于群体的独特性或者说"个性"。其优点是个体性自我的独立创造性和个性解放；缺点或流弊是唯我独尊、个人主义、极端的人类中心主义，等等。

中国传统却与之相反。它的重要特点是重群体意识，以个人所属群体之"我们"占优先地位。其优点是，一事当前，大家群策群力，表现出狮子般的威力；缺点或流弊是，个体性自我被湮没于社会群体（在封建等级制的社会，就是名教纲常的社会群体）之中。

如果说，西方人的自我观是"独立型的自我"的话，中国人的自我观则是"互倚型的自我"。早在将近 20 年前，张先生就指出了中国传统思维方式的缺点是重原始的"天人合一"，不重"主客二分"，从而也不重理性思维，不重个人自我的创造性和独立自主性，这是中国文化传统中科学不能快速发达和个人自由思想比较薄弱的思想根源。张先生认为，未来世界文化和哲学的发展趋势，应该是中西文化和哲学的相互融汇和相互会通，不可能也不应该彼此代替。向西方学习，提倡科学和民主，就要学习西方近代充分发展了的"主客二分"的思维模式和科学分析方法。

未来中国哲学的发展，既要继承"天人合一"思想的积极方面，又要学习"主客二分"思维之长处，还要吸收西方现当代哲学的有益因素，以构建适应世界潮流和符合中国国情的新哲学。这才是真正弘扬中华文化一条可行的光明大道。

纵观历史，中国人的自我觉醒和个性解放的历史进程特别漫长、曲折而艰苦。在第四篇中，作者着重描述了被鲁迅称为"中国的灵魂"的诸如屈原、司马迁……等人为伸张个性、求得自我解放所遭受的悲惨命运。作者着重地写了这些，就是强调中华儿女要有浓厚的忧患意识，清醒地意识到自我觉醒的历史进程之缓慢、曲折和艰苦。"'东方睡狮'之彻底觉醒，中华文化之光辉未来，还有待于更进一步的个体性自我的大解放。"[①]

张先生在《中西文化与自我》一书中大大地歌颂了"中国的灵魂"，认为，弘扬中国传统文化，首先就要充分重视弘扬自我的独立自主性和创造

---

① 张世英：《中西文化与自我》，人民出版社，2011，第 3 页。

性,以激发当今人们的理性自觉,争取进一步的个性解放。张先生指出,"西方文字,'我'字大写,中国人则爱自称'鄙人'。在世界文化发展的洪流中,我们中国人也该改变一下老传统,在世界文化史上堂堂正正地写上一个大写的'我'字,做一个大写的人"。①

在《中西文化与自我》中,作者还讲到了老庄哲学、魏晋南北朝玄学和中国化的佛教(禅宗)在中华文化发展中对促进自我觉醒所起的不同作用,以及它们之间的相互关系。这些论述,多有创见,限于篇幅,恕不详列。作为读者,我感到书中还有一个非常重要创新之点是张先生在中国学术界,结合中西思想文化,首创"中华精神现象学"的构想。作者从哲学、科学、伦理、审美等多层次地讲述了中华思想文化精神的核心,算得上中华思想文化史的一个大纲。作者指出,总结几千年来中华传统思想文化发展的历程,我们的"中华精神现象学",可以说是"一部'自我'不断渴望和力图从封建社会群体和自然整体(原始的'天人合一')的湮没中挣扎而出、成为有独立自主性的自我的历史,这一历史进程至今似乎还没有结束"。②哲学是文化的核心,中西文化的差别可以从中西哲学中寻求其根源。"天人合一"与"主客二分"的最具标志性的特点体现于两种不同的"自我"观。剖析中西迥异的自我观,就抓住了中西文化的实质。就此而言,《中西文化与自我》也许是近半个多世纪以来从历史和理论的角度系统而深入地阐发这一观点和思想的重要著作。张先生关于"中华精神现象学"的构想和他的学术观点,对于深入理解中华思想史、哲学史应有较大的启发意义。

原载《中华读书报》,2012 年 5 月 9 日

---

① 张世英:《中西文化与自我》,人民出版社,2011,第 81 页。
② 张世英:《中西文化与自我》,人民出版社,2011,第 316 页。

一位资深出版家三十年的精神苦旅

——从《征途——薛德震哲学书信集》说起

薛德震先生近作《征途——薛德震哲学书信集》(以下简称《哲学书信集》)于 2010 年 4 月由人民出版社出版。这本书是他自 20 世纪 80 年代以来参加关于异化与人道主义问题探讨、争论有关史实的如实记载,也是他近三十年的漫长岁月中精神苦旅的生动写照。

一

薛德震先生 1947 年 5 月加入中国共产党并参加革命工作,从那时起,他就与图书出版事业结下不解之缘。直到 1999 年从人民出版社社长兼总编辑的岗位上离休,历时半个多世纪。他在职在岗时,是尽心尽职地"为他人作嫁衣裳",而自己出书是在离休以后的事情。他出的书,并不只是为了回忆难忘的往事,而是为了坚持与发展马克思主义哲学和推进建设中国特色社会主义的事业,从而具有极强的针对性与极大的现实意义。

中国社会科学出版社于 2004 年 8 月出版了他的《人的哲学论说》(以下简称《论说》)。从那时起,围绕"人的哲学"这个主题,又有以下著作相继问世:

《人的哲学论纲》(以下简称《论纲》),人民出版社,2005 年 12 月出版;

《以人为本 构建和谐社会 20 论》(以下简称《20 论》),人民出版社,2006 年 9 月出版;

《以人为本 构建和谐社会 40 论》(以下简称《40 论》),人民出版社,2009 年 2 月出版。

（这里，还不包括他与人合著，由山西人民出版社于 1986 年 8 月出版的《社会与人》；他与杨瑾合作主编由河北教育出版社于 2006 年 5 月出版的 10 卷本著作《中国园林之旅》。）

在上述著作中，《论说》一书是他在 20 世纪 80 年代初以来的 26 年中，参加异化与人道主义问题争论的学术论文集，而《论纲》则是一本富有新意的自成体系的学术专著。《40 论》是在《20 论》基础上扩展与补充而成，也可以说是《20 论》的修订版。薛先生自己把它们称为关于人的哲学的"新论"（或"论辩"）。这样，从《论说》到《论纲》再到"新论"（或"论辩"），理论上的探讨越来越深入，对当前的诸多现实问题的联系，也越来越紧密了。至于为什么还要出版《哲学书信集》，那是因为薛先生认为，这本以"亲历的人和事"、由"同朋友们的通信和有关文档记录"汇集而成的书，更"能够给人以真情实感"，"可以留下珍贵的记忆和精神财富"。事情正是如此。

二

稍微上了年纪的人都还记得，我国思想理论界在 20 世纪 80 年代发生了一场关于异化与人道主义的争论。那时虽然经过了关于"真理标准"问题的讨论，但是关于人道主义问题还是一个不能碰的"禁区"。正如薛先生所说，那是一个"谈人色变"的奇特的年代。

由于经历了十年动乱，人们痛恨那种湮灭人道，迫害人命，践踏人格的"兽道"行径。痛定思痛，终于开始了对人道主义问题的反思。《人民日报》等权威报纸，编发了一批包括薛德震先生在内的学者所写的关于人道主义的反思文章。此后，在 1983 年 3 月 8 日举行的纪念马克思逝世 100 周年学术讨论会上，周扬作了《关于马克思主义的几个理论问题》的报告。他的报告主要谈了关于人道主义和异化的问题，这是他在经历了长期被监禁的痛苦生活后，对自己过去"左"的错误的深刻反思。但事情的发展很快发生了人们料想不到的变化，周扬的报告受到了批判，因全文发表了这个报告，《人民日报》社长胡绩伟先生被迫辞职。正是在这种情况下，包括薛德震先生在内的一些有识之士，仍然继续执笔为文，提出不同的看法。1984 年 1 月，《人民日报》发表了胡乔木《关于人道主义与异化问题》的长文。此文发表前，中宣部曾召开了有二三十位学者参加的讨论会，薛先生参加了这个会议并在会上讲了三点意见:他不同意胡乔木文章中只能在伦理道德意义上说社会主义人道主义的观点;也不同意会上有人关于要为"异化"概念举行葬礼的主张;他还认为,对于学术上、理论上不同意见之间的争鸣,"千万不能上政治纲,扣政治帽子"。①

薛先生的三点意见及他后来陆续写成的关于异化和人道主义的一系列理论文章,后来都收集或融化到上述几本关于人的哲学的《论说》《论纲》和"新论"(或"论辩")之中。现在,我们可以从《哲学书信集》一书中,看到薛先生许多学术观点问世所经历的清晰足迹。

薛先生认为人道主义不是资产阶级的专利,"马克思主义有自己的人道主义",马克思主义讲人的彻底解放和全面发展,本身就包含人道主义。马克思主义不仅把"人"当作自己理论的出发点,而且还是它的整个学说的必然归宿。诚然,马克思主义的人道主义在本质上不同于资产阶级的人道主义,但不能因此而讳言它、否认它,更不能去阉割它、篡改它。马克思主义本身是世界观、历史观、伦理观、认识论、方法论的统一体,把历史观与伦理观割裂开来,硬说如果在历史观中讲人道主义就属于唯心主义的这种说法,是对马克思主义完整学说的肢解和曲解,是完全错误的。

薛先生还认为,"异化"概念也不是资产阶级哲学家的专用范畴,马克思也使用它,而且并不限于在早期著作中。在马、恩的文章中几十次、上百次地使用过这个概念。马克思还曾经对这个概念作过明确的界限说。在前面提到的那次小型讨论会上,薛先生告诉与会者,马克思的话可以在《马恩全集》中文版的第49卷第49页找到。因为有人不信,当场有人就把书找来,在该卷该页上,果然写着这段话。这个戏剧性的细节已由薛先生录入书中。② 由于在现实的物质生产和社会生活中,确实存在着"把主体颠倒为客体以及反过来的情形",因此,"异化"现象就具有一定的普遍性。不仅在资本主义社会有,社会主义社会也存在。从这个意义上,薛先生认为,"异化"概念是"一个非常好的、充满辩证思维的哲学概念和范畴",是非常用得着的,千万"不能为它举行什么葬礼"。③

在20世纪80年代当时那种政治氛围中,薛先生之所以冒着相当的风险

---

① 薛德震:《征途——薛德震哲学书信集》,人民出版社,2010,第151页。
② 薛德震:《征途——薛德震哲学书信集》,人民出版社,2010,第151页。
③ 薛德震:《征途——薛德震哲学书信集》,人民出版社,2010,第151页。

讲出了他认为该说的话，除了他具有深厚的马克思主义理论素养之外，更重要的是他还有常人所不具备的理论勇气，以及对马克思主义的"真精神"执着追求的决心与毅力。

进入 21 世纪后，新一届党中央提出了关于"以人为本"的科学发展观和建设和谐社会的战略构想。薛先生非常赞赏"以人为本"的理念，认为，这是党和国家与时俱进的一个重要标志，是对共产党优良传统的继承，是对党的历史错误的反思，也是共产党顺应时代进步的突破。20 多年前关于异化人道主义的争论，理应达到是非分明了。但是思想观念的转变并非一朝一夕之事。虽然原来对"异化"和人道主义持有异议的人，不好公开出来反对了，但提出了诸如不能"以人为本"而要"以物为本""以社会为本"，认为"以人为本"就会变成以"个人"为本，从而导致个人主义泛滥，甚至"天下大乱"等说法。这充分反映了此种看法提出和持有者的内心，存在着对"以人为本"理念的疑虑。针对这些看法，薛先生又继续撰文加以剖析，并结合实践，从广度和深度两个方面把他原有的理论思考进一步推向前进。

例如，在《当代思潮》2004 年第 6 期发表的《"以人为本"的理论价值与实践意义》一文中，阐明了以人为本的科学发展观同社会主义社会的动力系统深度开发的辩证关系。为了反驳那种把马克思的"劳动异化论"说成唯心主义的错误观点，薛先生还在《理论前沿》2005 年第 5 期上发表了《劳动异化论是唯心史观吗》的文章。①

薛先生的文章，并不局限于哲学层面，而且从多个视角展开论证。例如，在《马克思论劳动过程中人与物的关系》一文中，就是从经济学视角，驳斥了对"以人为本"的质疑，从而使"以人为本"的丰富含义得到了充分的揭示。② 此外，薛先生还从政治学、社会学、心理学、环境科学等多个视角，对"以人为本"的理念做了颇具新意的论证。这只要举出一些文章的篇目就足以说明了：《对两个和谐发展的哲学思考》《构建和谐社会的哲学思考》③《评价社会发展和进步的两种尺度》④《党的执政地位与思维方式

---

① 薛德震：《征途——薛德震哲学书信集》，人民出版社，2010，第 32 页。
② 薛德震：《征途——薛德震哲学书信集》，人民出版社，2010，第 34 页。
③ 薛德震：《对两个和谐发展的哲学思考》载《文汇报》2004 年 11 月 22 日，后来薛先生又写《构建和谐社会的哲学思考》，增加了"关于人与自身的和谐发展"，载《今日中国论坛》2005 年第 7 期。参见薛德震《征途——薛德震哲学书信集》，人民出版社，2010，第 20 页。
④ 薛德震：《征途——薛德震哲学书信集》，人民出版社，2010，第 25 页。

的变革》①《共产主义世界观与普世价值观》②《干部对平民百姓应有敬畏之心》③,等等。在《论纲》的"跋"中,薛先生还对社会主义的物质文明、政治文明和精神文明三者的关系,做了深入的论述。

薛先生在《哲学书信集》中多次告诉读者,收入《40论》中最后的三篇文章,对于读者了解他在关于人道主义问题探讨、争论中的心路历程尤为重要。

三

我与薛德震先生认识于20世纪80年代的一次全国性的哲学问题研讨会上,后来没有更多的接触,但他撰写的关于异化与人道主义的论文,只要是能看到的,都陆续地拜读了。他的学术论文的最大特点是引导读者直接面对马克思主义经典作家的论述,开门见山,观点明确,逻辑清晰,语言流畅,而且理论与实践紧密联系,有强烈的时代感和现实感。在文字的表达上,深入浅出,可读性强,深得马克思主义的"真精神"。即使是指名道姓的论辩文章,也是采取说理的方式,心平气和,充满自信,从容不迫,以理服人。我赞成他的观点,也欣赏他的文风以及他在论辩中所体现出来的平等姿态和坦荡胸怀。由于我们所在工作单位不同,我在福建,他在北京,南北远隔,无缘更多的面谈与交流。

2008年11月18日,人民出版社召开了张世英先生《归途——我的哲学生涯》一书的出版社座谈会。刚好我写的《张世英哲学思想研究》一书,也由人民出版社于当年8月出版,因而得以应邀与会。会上,薛先生做了题为《推进建立当代中国哲学》的精彩发言④,并以他所著的《论纲》一书赠我。读后,我对他的理论观点又有了进一步的了解。由于我长期以来从事自然辩证法(科学哲学)方面的教学与研究,对异化与人道主义问题所知不多,也没有写过这一方面的文章。今年4月,薛先生又以他的新著《哲学书信集》等书赠我。拜读之后,感慨良多。于是,趁不久前我赴北京之便,曾与薛先生相聚一叙。交谈中,薛先生的话题并不限于异化与人道主义,而是扩展到关于哲学的品格、哲学的社会功能等诸多方面。《哲学书信集》中有几篇文章

---

① 薛德震:《征途——薛德震哲学书信集》,人民出版社,2010,第28页。
② 薛德震:《征途——薛德震哲学书信集》,人民出版社,2010,第90页。
③ 薛德震:《征途——薛德震哲学书信集》,人民出版社,2010,第95页。
④ 薛德震:《征途——薛德震哲学书信集》,人民出版社,2010,第96~102页。

就涉及这些问题，例如，在《马克思主义哲学的应然形象和品格》中，薛先生认为，"哲学是奔腾不息流向智慧之海的一条长河"，还指出，哲学除了有抽象的思维之外，还应该有文学的形象思维，有散文诗的意境，等等。① 他还说，他写《论"物我一体"哲学》一文的目的是"想对原来流行甚广的原哲学解释体系发起冲击，力求能有所突破"。② 我很赞赏他的看法。作为一名长期从事哲学教学与研究的工作者，这也是我感兴趣并经常思考的问题。

薛先生认为，哲学是追寻真、善、美的，这与马克思主义所讲的未来理想社会中人的全面发展的目标是完全一致的。"人"作为马克思主义哲学的出发点与归宿，应当成为哲学的学习与研究的核心课题。讲哲学，不能离开了人，不能离开人对真、善、美的追寻。从这个意义上说，关于"人的哲学"的研究，应该是每一个哲学工作者不可推卸的责任。抱着这个态度，我返回福州后又仔细阅读了《哲学书信集》，感到薛先生不仅在异化与人道主义问题上掌握了马克思主义的"真精神"，而且对马克思主义哲学应该具备什么样的作用也有深刻的领悟。纵览《哲学书信集》，从许多学者对薛先生所著书写的书评中，可以看到，学术界对薛先生著作有很高的评价。特别要提到的是高放先生③和周凡先生④所写的书评，因为它们分别代表了老一辈理论家和年轻学者在对薛先生理论成果的评价上所达到的共识。薛先生在他的书中，多次提到他对张世英先生的哲学思想的认同。张先生是我国当代著名哲学家和哲学史家，他关于"万物一体"新哲学观的提出和对黑格尔哲学的精湛研究，在国内和国际的学术界都产生广泛的影响，并享有盛誉。在他所著的《归途》一书中，回顾了他在改革开放以来的30多年精神旅途中如何回归自我的思想历程。这点张先生自己在一些文章中做了说明⑤，也

---

① 薛德震：《征途——薛德震哲学书信集》，人民出版社，2010，第137页。
② 薛德震：《征途——薛德震哲学书信集》，人民出版社，2010，第55、109页。
③ 高放：《独立研究人学的最新成果》，载薛德震《征途——薛德震哲学书信集》，人民出版社，2010，第264~271页。
④ 周凡：《以马克思主义方法研究人的问题》，载薛德震《征途——薛德震哲学书信集》，人民出版社，2010，第297~308页。
⑤ 例如，张世英先生在《"羁鸟恋旧林，池鱼思故渊"——我的追求》一文中说："我从黑格尔转向尼采、海德格尔、道家和陶渊明，使我恍惚想到了自己的家。'羁鸟恋旧林，池鱼思故渊'。陶渊明不愿'以心为形役'而赋《归去来辞》；海德格尔因不甘'沉沦'而思回归'本真'。古今中外，诗人与哲学家，颇有异曲同工之妙。我在外飘游的时间已经太久了，也思恋自己的家，但家究竟在哪里？我仍觉茫然。也许我只能在思家的路上不断追寻，而永远找不到家。"（载董驹翔等编《哲人忆往》，中国青年出版社，1999，第140页）

已为众多哲学界同人所熟悉。而薛德震先生以《征途》为标题的《哲学书信集》，正如张小平、柏裕江两位先生给他的回信中所说的，是他"漫长的三十年精神苦旅"艰难跋涉的"征途"的真实写照。① 张世英先生的《归途》与薛德震先生的《征途》，从字面上乍看起来似乎相反，但从精神境界和人生追求上说，实则相反而相成，可以说是"殊途同归"！因为这两本书的作者都是对社会的进步充满着使命感与责任感，对人类未来充满爱心的哲人。作为有睿智、有胆识、有激情并有着高远人生境界的现代饱学之士，毫无疑义，他们是当之无愧的著名哲学家；但更重要的，他们又都是以天下为己任、体现着社会良知的爱智者。立志成为大写的"人"，这是他们共同的人生追求。

我认为，薛先生的《哲学书信集》以及其他相关著作，它们带给读者的不仅是马克思主义关于人道主义问题的有关知识，而且还给人们以精神和人生境界方面的启迪与感染。20多年前发生的那场关于人道主义问题的讨论虽然已经成为历史，但留给人们值得反思的问题太多了！为什么在党的十一届三中全会和关于真理标准问题的讨论之后，还会出现如此奇特的"谈人色变"的现象？为什么身居高位的权威人士或从事马克思主义理论研究的著名教授，竟然对马克思主义的理论采取了令人无法理解的态度？在今后的日子里，人们应当从哪些方面努力，以避免上述的情形再次发生在神州大地上？……对于这些问题的答案，细心的读者不难在薛先生书中的字里行间捕捉到，也还可以在阅读该书掩卷后，从自己的沉思中领悟到。

原载《福建论坛》2011年第3期；
摘要发表于《社会科学战线》（长春），2011年第5期

---

① 参见张小平、柏裕江的回信（2009年7月6日），载薛德震《征途——薛德震哲学书信集》，人民出版社，2010，第141页。

想象的实质及其哲学意义

——从《思想的想象》说起

众所周知,哲学在本质上是一种理性的学问,是非常讲究逻辑的,概念是哲学思维的基本单元。因而哲学以其抽象性、普遍性而令人感到无比的枯燥、难懂。——这是众多为学者对哲学的印象,当然,这并不能够完全、准确地说明哲学的特性。

哲学史是历史上哲学家们先后提出的哲学范畴与哲学概念的演变的历史。——这也是一般人对哲学史的看法。

那么,哲学思维中,"想象"是否也应该占有其应有的地位与作用呢? 对此,以往的哲学著作并未给予清晰的回答。而这是理应给予明确的回答的。

最近出版的一本新书,在一定程度上对此做出了阐述。这本新书的书名,就叫作《思想的想象》,副标题是《图说世界哲学通史》,由北京大学出版社 2013 年 6 月出版。

该书由杨·波尔、埃利特·贝特尔斯马、耶勒·经玛等 3 位荷兰哲学家主编,共有 12 位撰写人和 3 位协作人。该书是他们集体创作的学术成果,由地图联络出版社 1995 年出版第一版,次年即出第二版,并很快被译成德、法等数种文字。现在我国读者见到的中文译本,是由张颖根据法文译本译出的。

该书书名《思想的想象》(De verbeelding van het denken)中的"思想",实指"哲学",之所以不说"哲学"而谈"思想",无疑地更扩大了言及的时空范围。"想象"是个重要的关键词,亦即"题眼",由此透露出,编著者们的哲学立意,也向读者暗示出这是他们从事哲学的主要方式之一。该书把"图说"作为叙述方式之一,书中插图达 300 多张,为其他任何哲学著作所未见。编著者煞费苦心收集的大量图片,既展示了哲学史的广阔背景,同时也可视作"思想"的"想象"性的延伸,或者说,它本身就是"想象"的一种形象体现。此外,其中有些图片还巧妙地彰明了哲学与科学、技术、艺术和宗教的关系。

对此,该书的主编在所写的"导论"中有着明确的交代:

> 在本书中,数量丰富且种类多样的图片将令这种(哲学)历史基础变得具体可见。这些图片使得我们的这部哲学史区别于此前众多同类型著作,也因此具有自身的价值。选择这些图片,并非只是为了修饰文本。它们既是对哲学这种所谓抽象思维的图解,又是对哲学这门学科一直以来所处身其中的语境的阐明。①

在该书编著者看来,哲学家作为爱智者,不仅要有非凡的逻辑思维能力,"还应该具有天马行空的想象力"。只有这样,他们才能"从奥林匹斯山的高度思考世界"。哲学家们的哲学是思维艺术,而"他们的作品是文学杰作"。正因为如此,这些作品能够"穿越千百年的历史",这也"证明了作者们异乎寻常的想象力,尽管这想象力更是哲学层面而非诗学层面的"。

该书编著者的上述见解,不仅适合西方的哲学家,也适合东方的哲学家。该书并不限于西方哲学,还涉足印度、中国和近东哲学的伟大传统,是世界范围的哲学思想发展的通史。全书分为九个部分(一、西方古典时期,二、印度,三、中国,四、近东,五、中世纪,六、文艺复兴,七、17至18世纪,八、19世纪,九、20世纪),共计76万多字。

在简要说明该书的最显著的特点之后,我们有必要就"想象的实质及其哲学意义"这个话题作进一步的阐明。这将有助于彰显该书的特色及其学术价值。

北京大学著名哲学家张世英教授根据该书"以图释理、以图说史"的特色,为它所写的推荐语是这样说的:

> 书名"思想的想象"把思想与想象联系起来,这就为现当代哲学

---

① 杨·波尔、埃利特·贝特尔斯马、耶勒·经玛主编《思想的想象——图说世界哲学通史》,北京大学出版社,2013,导论。

的追求，展示了一个崭新的广阔的远景，令人耳目一新。该书作为一部世界哲学通史，以其宏大的视野、精炼的手笔、优美的插图，在同类著作中格外醒目。它不仅有助于哲学爱好者形成概观，亦有益于哲学研究者拓展知识、加深理解。①

张先生的这个评语是非常中肯的，充分揭示了此书的特色及其在同类著作中的学术价值。

根据现代思维科学家的研究，人类的思维形式，可分为三种形式。一种是逻辑思维，一种是形象思维，还有一种是直觉思维。在后两种形式中，"想象"无疑是占有非常重要的地位。而张世英先生在提出他的"天人合一"新哲学观时，也非常重视"想象"的作用。

所谓"天人合一"的新哲学观，是张先生在研究中西哲学比较时提出来的。张先生是研究西方哲学史的专家，尤其在康德、黑格尔哲学研究方面卓有成就。近30年来，他又致力于中西哲学的比较研究。他认为，人与世界的关系可分为"天人合一"与"主客二分"两种。前者是借用中国古代哲学中人们熟悉的概念，后者是西方哲学史上已有的说法。

从"天人合一"的观点来看，人与世界，自我与他人、他物是相互依存、相互融合的，两者之间存在着内在的、有机的联系。而从"主客二分"的观点来看，人与世界之间的关系是外在的，甚至是对立的，世界是人类的认识对象与改造的对象。人与世界的关系是通过"认识"这个桥梁才能有所联系。西方近代哲学突出地体现出这个特征，并以"认识论"作为哲学研究的重点。而中国古代哲学长期以来则是以"天人合一"为其主流。

因此，以"主客二分"为主要特征的认识论，重视抽象思维的作用，认为，从感性认识上升到理性认识，靠的是抽象的作用。通过抽象思维形成概念，实现从感性到理性的飞跃。而以"天人合一"为主要特征的认识论，则与之不同。它更加重视"想象"的作用。

张先生在他的许多著作和论文中，反复强调了这一点。他对想象的论述，更集中地体现在他所写的《论想象》一文中（载《江苏社会科学》2004年第2期）。他认为，想象不管在哲学史上、心理学史上、美学史上都

---

① 杨·波尔、埃利特·贝特尔斯马、耶勒·经玛主编《思想的想象——图说世界哲学通史》，北京大学出版社，2013，封底。

有重大的意义与作用。它不仅是认识论的范畴，还是个审美意识的范畴。他指出，想象不仅是指记忆或联想，还包括幻想（phantasy）。创造的想象不只是起联想的作用，而且还具有建构的能力。

西方现当代哲学家胡塞尔、海德格尔等人，在不同场合，提出了区分在场的东西（the present）与不在场的东西（the absent）的问题，强调通过前者达到后者。而从在场的东西达到不在场东西的关键，就是靠"想象"的作用。从这个意义上说，"想象"就是"使本身不出场的东西出场"的能力。顺便说明的是，这里所说的"在场"或"不在场"的东西，既有感性的，也包括理性。因此，想象力所起的作用，并非单纯地从感性到感性，或从感性到理性，而是把感性与理性、感觉与思想、形象与理念结合在一起。我们从中西哲学史上不难看到这一点。

哲学是追求真、善、美的统一，想象在求真、向善、审美的过程中起着不同的作用。而且，在中西哲学的发展中，想象的作用也是各具特色。西方哲学在古代、近代和现代的发展，比较完整地走过了从原始的"天人合一"到"主客二分"，再到高级的"天人合一"的思想历程，而且哲学一直与科学的关系十分密切，尤其以认识论为重点的近代。中国哲学在鸦片战争以前，其主流是原始的"天人合一"，总体来看，比较重视伦理道德和审美意识，对科学意义上的"求真"比较薄弱，认识论不够发达。在儒、道两家中，儒家更重视伦理道德，道家更注重审美。道家的审美观对文学艺术的发展产生了深远的影响。因而，"想象"的作用不仅在道家的著作中（例如《庄子》），有着非常广泛的体现，而且在古代许多文学论述、诗歌、绘画中，表现得更为淋漓尽致。那些高明的哲学家和文学艺术家们让读者用鉴赏的心态，"精骛八极，心游万仞"，充分发挥想象的功能，驰骋于无限的时空，以领会其"言外之意""词外之情""弦外之音"。洋溢美学情趣的哲学著作和富有哲学的文学名篇，能够熔真、善、美于一炉，让人玩味无穷。

许多西方现当代哲学之所以十分赞赏中国古代哲学中所蕴含的深邃的思辨能力和超凡的想象力，这不是偶然的。因为重视"想象"，已经是现当代哲学发展的一种重要趋势和不可逆转的潮流。哲学界许多有识之士，不满意西方长期占统治地位的"概念哲学"，着力批判哲学脱离生活、抽象枯燥的流弊，倡导哲学与生活的紧密接触，要求重新回归人与世界的融合与统一。这是高级的"天人合一"，是哲学发展中的否定之否定。

由此我们可以清楚地看出，张先生在为《思想的想象》这本书所写的评语中，不仅指出思想与想象相联系是该书的特色，而且明确地把思想与想象相联系，作为"现代哲学的追求"。这不是一句泛泛而论的套话，而且是以整个哲学发展的历史背景的精辟论断。

原载《学术评论》（福建社科院），2014年第3期

跋
哲学之无用与大用
——从教问道56年（1958~2014）之感言

自从1954年我考入北京大学哲学系起，就与哲学结下了不解之缘。1958年离开母校南归，一直在高校从事哲学的教学与研究。教学的对象既有本科学生，也有硕士生和博士生，涉及哲学原理、原著、中西哲学史，以及科学哲学的诸多领域。非常有意思的是，不同专业和不同层次的学生，几乎都不约而同地、以不同的方式，向我提出了这样一个问题：哲学究竟是有用，还是无用？如果有用，是什么样的作用？

我想，这个问题之所以会被提出，应该说，与哲学这个学科本身的性质紧密相关。许多非哲学专业的学生提出这个问题并不奇怪，因为哲学作为对人类精神进行反思的学问，作为人们世界观、人生观的系统的学问，以其抽象、玄妙、枯燥等特点，常常会给人一种不食人间烟火的感觉。即使是专攻哲学专业的学生，也仍然会发出这个疑问。相对而言，其他专业的学生，一般来说，也许是不大会提出他们所学专业相关学科究竟是否有用这个问题的。

那么，哲学究竟是有用，还是无用呢？有人说，哲学一无所用；有人说，哲学无所不能。其实，哲学既非无所不能，也不是一无所用。关键在于，从什么意义上、在哪个层面上来判定其用处？

我们知道，哲学不仅仅是单纯的知识，也不是具体的技术，学了哲学并不能直接懂得种地、裁衣、驾车。从这个意义上，在知识、技术的层面上，哲学不如任何一门具体的知识或技术，说它"无用"并不是没有道理。恩格斯在《反杜林论》中，在论证否定之否定规律的客观性、普遍性时，曾经举了许多实例,说植物学中大麦的生长、数学上的微积分运算,都蕴含着"否定之否定"的道理。但是,数学的微积分运算也好,植物中大麦的种植也好,都是一门专门的学问、专门的技术。"这一点和其他一切一样,是应该学习的"。他说"仅仅知道大麦植株和微积分属于否定的否定,既不能把大麦种好,也不能进行微分和积分,正如仅仅知道靠弦的长短粗细来定音的规律还不能演奏提琴一样"。这话说得很有道理。

但是,我们也不应该根据这一点就说哲学"一无所用"。哲学毕竟是智慧之学、境界之学,是世界观、人生观和方法论的统一,它虽然不能直接地解决某个具体的技术性问题,但能提供方法论的指导,有助于解决所要解决的具体问题。更重要的是,它能够解决人生的重大问题、根本性的问题。这是就个人而言,如果对于一个社会、一个国家、一个民族来说,哲学作为文化的核心,可以为社会制度、行政管理以及治国方略提供理论基础和行动指南。因此,可以说:它"无用之用,是为大用"。

马克思曾经说过,任何真正的哲学,都是自己时代的精神的精华,它既有批判的作用,在批判中弃旧图新,又有建构的功能,它的理论观点对于当时的社会产生重大的影响,并对未来社会的发展,起着超越时代的引导作用。哲学理论所思索的是一些宏观的、具有普遍意义的问题,它立足当下,着眼未来,超越有限,追求无限,思考宇宙,安顿人生,有安身立命之功效。

有人认为,哲学对于变革社会、指导社会科学或人文科学的研究也许有所作用,但对于自然科学的学习与研究不见得有什么作用。诚然,如果仅仅从事一些技术性的工作,进行重复性的劳动,未必能看出哲学的作用,不需要懂得哲学。但是,如果想在自然科学的重大理论研究方面有所发现、有所突破,就离不开哲学思维了。

美国现代科学哲学家、物理学史家托马斯·库恩有两本书,曾经为我国读者所推崇:一本是《科学革命的结构》,另一本是《必要的张力——科学的传统和变革论文选》。前者提出了科学知识增长的模式,后者论述了科学研究中"收敛式思维"与"发散式思维"及其相互关系。他提出了一个重要的概念:"范式"(Paradigm),所谓"范式"通常是指那些公认的科学成就,它们在一段时间里为科学共同体提供典型的问题和解答,提供共同的理论框架与研究方法。他认为,科学知识增长的一般进程是:前科学阶段(这时科学共同体没有形成,缺乏共同的"范式")→常规科学时期(这时形成了共同的"范式",也有了科学共同体)→出现"反常",多次反常事例出现而且无法消除→"危机",意味着科学思想根本变革的"科学革命"的到来,意味着新理论突现的前奏→新的常规科学时期(这时旧的"范式"被新的"范式"所取代)……。据此,库恩认为,在"常规科学时期",人们只要依据已经建立起来的"范式",按部就班地工作就行了,这时运用的主要是"收敛式思维"。这种思维的特点是带有保守的性质,只要学习前人,而不需要太多的创新。当然,也不需要什么新的哲学思想的参与,用他的话来说,这时的"科学家通常不需要当哲学家,也不想当哲学家"。但是,在出现"反常""危机",并酝酿着"科学思想革命"时,就需要"发散式思维"了。而"发散式思维"的特点是创新,没有一定之规,没有已有的经验可供借鉴。这时,"科学家常常转向哲学分析,以作为解开他们领域中的谜的工具",这就需要新的哲学思想的帮助了。从科学史上看,越是在科学史上做出重大贡献的科学家,越是具有里程碑意义的重大科学发现,其背后所蕴含的哲学思想就越是明显,越是不可被忽视。

爱因斯坦认为,"哲学是其他一切科学之母,她生育并抚养了其他学科"。他说,"单靠知识和技术不能使人类走上幸福而高尚的生活",因此,他非常推崇"古代希腊人"和"古代东方贤哲们"的思想与道德,认为哲学思想家与道德价值的传播者对人类的贡献,"置于客观真理的发现者之上"。因此,"人类应该更加地感谢释迦牟尼、摩西和耶稣那样的人物",如果人类要保持自己的尊严,要维护生存的安全以及生活的乐趣,"那就应该竭尽全力地保卫这些圣人所给予我们的一切,并使之发扬光大"。

哲学应该是通过理性来提高人的精神境界,它在引导人们超越物质享受与功利追求回归精神家园时,必然会给人们带来理智的快乐与心灵的愉悦,而这种快乐和愉悦是恬静的、持续的、无限的。这种心理方面的因素会对人的生理产生良好的影响,促进人体的健康长寿。也许,这也是哲学对于人们的"大用"的一种体现吧!

写到这里,我不禁想起最近好几家报纸上刊载的一篇文章。该文作者写道:北大哲学系楼宇烈教授在《文明之旅》节目中谈到,自己虽然年近80岁,但在北大哲学系不敢妄称老人,因为北大哲学系被公认为"长寿系"的知识分子群体。因为生理养生节欲,心理养生养情,哲学养生明理。而人生明理至关重要,中国哲学能够养生,儒家进德、道家保真、佛家净心,也许正是哲学家长寿的原因。文章介绍说,北大哲学系包括已经去世和在世的教授，90岁以上的有十余人，占四分之一；冯友兰、梁漱溟、张岱年等都是90多岁的高寿哲人。85岁以上的人有22人，几乎占了一半。北大哲学系被人们称为"长寿俱乐部"，并非虚言。这些长寿的学者虽然并不刻意养生，但把事业当生命，不断地思考问题，不知老之将至。他们"能够把自己的生命和从事的事业结合在一起，保持非常平和的心态"。哲学不是纯知识的追求，而与智慧相关，是对世界、对生命的一种理解。智慧本身总是能让人在遇到挫折时想得开一些，能放得下，这就很容易让人有一个比较开阔的胸襟。论语说"仁者乐山，智者乐水"，"仁者寿，智者乐"。不要带着功利的心态去做事的境界和人的道德素养对一个人的生命还是有相当大的影响。"心中无块垒"自然容易做到"以德养寿"。该文还介绍了楼宇烈教授和另外几位现任领导说的话。这里就不再多引述了。楼教授是我当年做学生时的学弟，他将近80岁而不敢称长寿，我今年81岁了，在老师面前，也同样不敢称长寿。有一句话应该说清楚：学哲学与长寿这两者之间的关系，当然不能把它绝对化了。因为做到长寿需要的因素很多，学了哲学也未必个个都能长寿；反过来说，世界上的长寿者中也许更多的人并没有专门学过哲学，但这不等于他们没有哲学思想。

这里，存在一个认识上的误区。这就是人们常常把不自觉地已经在使用的东西，说成没有用处的东西。殊不知，一些人们不自觉在使用的东西，恰恰是人们不能须臾离开的东西。例如，没有学习过逻辑的人，也许会以为逻辑对他没有用处。但是，在实际上他是一刻没有离开过逻辑的，否则就会产生思维及其表达上的紊乱。对于哲学，也是如此。虽然不可能人人都是哲学家，但任何一个人，都会有他自己的哲学观点或哲学见解，只不过一般人所具有的哲学观点或哲学见解是朴素的、零碎的，不够系统，不构成理论体系，而且他并不自觉，不认其为哲学罢了。

这使我想起法国剧作家莫里哀写的一部题为《醉心贵族的小市民》的喜剧，该剧中描写了一个贵族，名叫茹尔丹。他弄不明白什么是"散文"，而当剧中的一位哲学教师告诉他说，日常人们说的话就是散文时，这位贵族茹尔丹非常感叹地说："天哪！我原来说了四十多年的散文，自己一点还不知道呢，你今天把这个告诉了我，我对您真是万分的感激。"恩格斯在《自然辩证法》这本书中，曾经引用过这个情节，说明人们在事实上天天都在经历着、感受着辩证法所揭示的质量互变规律，但并不知道它。这正如"茹尔丹先生一生中说的都是散文，但一点也没有想到散文是什么"。当然，自觉与不自觉这两种状态是大不相同的。说哲学无用的人，其实正说明了他对于哲学是处在一种不自觉的状态，这倒恰好说明了自觉地学习哲学是完全必要的。

现在再回到前面所说的：哲学有用吗？有人说它无用，也并非毫无道理。因为从表面上看，哲学虽然可以从方法论上对具体的科学技术的学习与研究以指导，但是，它不可能直接解决某一个具体的技术性的问题。但我们如果说，它是有大用的，或者说，它虽无实用而有大用，那也是无可置疑的事实，而且为几千年来，包括科学发展史在内的整个人类文明的历史所证明了的。

从历史上看，每一种哲学思想体系都具有自身的"一贯之道"，它是哲学家殚精竭虑、慎思明辨地对世界所做的不同旨趣的深度洞察，是高超直觉和美妙体悟的结晶。虽然每一种哲学体系都不可能是最终性的，但我们总能在一种深度的洞察中获得智慧，安顿心灵。对于一个人来说，进入哲学，我们就进入了自由之地，进入了无限的精神之旅中，它令人冥想，令人深刻，令人多智，令人明辨，令人安详，令人达观，从而提高人生境界，找到安顿自己心灵的精神家园。这就是我在多年以来悟到的越来越深刻的体会。

我做了50多年的哲学教学与研究，究竟有了多少成绩，对国家、对民族究竟有什么贡献，对学生提供了多少帮助，这些可能都还说不上，但我并不后悔。毕竟哲学是人类智慧的瑰宝、时代精神的精华，值得为之付出终生。只要一息尚存，自当探索不已。愿以此与有志者共勉之！

*　　*　　*　　*　　*

本书的出版得到福建师范大学社会科学处和马克思主义学院的资助，特此说明并表示感谢！

同时，我还向社会科学文献出版社政法分社王绯社长和责任编辑郑茵中女士表示感谢。她们对本书的出版做了周到的安排，付出了辛勤的劳动。

附 录

学术论著要目

一 论文部分（1957～2014 年）

□1957～1958 年

《对马克思主义以前历史观的评价的一些意见》（执笔，与戴清亮合作），《中国哲学史问题讨论专辑》，科学出版社，1957 年 7 月。

《关于苏格拉底的评价问题》（执笔，与刘宏章合作），《学习》杂志，1957 年第 5 期。

《试论"坏事能否变成好事"》，《光明日报〈哲学〉》副刊，1957 年 8 月 25 日。

《论客观主义立场》，《光明日报〈哲学〉》副刊，1958 年 2 月 16 日。

□1961～1962 年

《朱熹的哲学思想》，《福建日报》，1961 年 10 月 14 日。

《哲学的根本问题只能是思维与存在的关系问题》，《福建师范学院学报》，1962 年第 1 期。

《学习马克思的求实作风》，《福建日报》，1962 年 5 月 25 日。

《原则不是证明的工具——学习〈反杜林论〉的一点体会》，《福建日报》，1962 年 8 月 14 日。

□1979～1996 年

《对开展自然辩证法学习和研究的几点认识》，《福建师范大学学报》，1979 年第 3 期。

《时空观的历史发展》，载《哲学原理发展概述》（上册），福建人民出版社，1981 年 11 月。

《充分发挥科学技术对经济、社会发展的促进作用》（与庄善裕同志合作),《福建师范大学学报》,1982年第1期。

《现在是认识过去的钥匙——赖尔"将今论古"的历史比较方法》,《福建自然辩证法通讯》,1982年第2期。

《马克思与自然辩证法》,《福建论坛》,1982年第4期。

《把对立统一规律和否定之否定规律联系起来理解》,《唯物辩证法讨论集》,广西人民出版社,1982年8月。

《恩格斯〈自然辩证法〉中从抽象上升到具体的方法》,《福建师范大学学报》,1983年第1期。

《世界新技术革命的哲学启示》,《福建师范大学学报》,1984年第2期。

《新技术革命中人与自然的关系》,《福建论坛》,1984年第4期。

《论人与自然的关系》,载《自然辩证法基本原理》,福建人民出版社,1984年8月。

《评〈第三次浪潮〉关于知识与人才的论述》,《福建师范大学学报》,1985年第1期。

《可分与不可分范畴新探》,《福建论坛》,1985年第2期。

《现代科学技术对自然辩证法的丰富与发展》,《福建师范大学学报》,1986年第1期。

《试论哲学本身的叙述方法》,载《重要的思维法则——抽象上升到具体》,北京出版社,1986年3月。

《发展经济要以智取胜》,载《时代的观照》,福建人民出版社,1986年4月。

《论结构与功能》,《福建师范大学学报》,1987年第1期。

《论从抽象上升到具体的方法》,《福建论坛》,1987年第4期。

《关于科学中悖论的哲学分析》,《自然辩证法研究》,1987年第5期。

《从抽象上升到具体的方法在自然科学研究中的应用》,《理论学习月刊》,1988年第3期。

《现代自然科学的发展与思维方式的变革》,载《挑战与发展——马克思主义与现代科学技术革命》,福建教育出版社,1990年6月。

《科学的发展与哲学的反思》,载《科学技术史》,科学技术文献出版社,1991年2月。

《新技术革命与信息社会理论——〈后工业社会的来临〉述评》,《福建师范大学学报》，1992 年第 3 期。

《毛泽东辩证法理论的特色——〈毛泽东的辩证法理论〉述评》，《福建师范大学学报》，1993 年增刊。

《孔子中庸思想的两重性和毛泽东对它的评论》，《福建师范大学学报》，1994 年第 3 期。

《自然辩证法百科全书》若干条目（运动不灭、质量互变规律、内容与形式、可分与不可分、文艺复兴时期自然哲学，等），《自然辩证法百科全书》，自然辩证法百科全书出版社，1995 年 1 月。

《意象在科学研究中的作用》，《自然辩证法通讯》，1995 年第 1 期。

《对创造性思维的全方位研究——〈创造的秘密〉述评》，《自然辩证法研究》，1995 年第 3 期。

《科学前沿的哲学探索》，《鹭江大学学报》，1996 年第 3 期。

《科学认识演进的新模式》，《福建师范大学学报》，1996 年第 4 期。

《中国古代辩证思维的现代意义》，《福建论坛》，1996 年第 6 期。

□1998～2000 年

《科学与宗教关系的复杂性》，《福建宗教》，1998 年第 1 期。

《中国古代辩证自然观与现代科学思想的变革——从普里高津推崇庄子哲学说起》，《福建师范大学学报》，1998 年第 2 期。

《创造性思维的发展过程》，《福建师范大学学报》，2000 年第 1 期。

□2003 年～2013 年

《哲学的新方向：提高人生的境界》，《福建师范大学学报》，2003 年第 6 期。

《活到老，学到老——从学习国画谈到"终身教育"》，《终身教育》，2004 年第 1 期。

《海德格尔何以赞赏老庄哲学?》《福建省委党校学报》，2004 年第 3 期。

《张世英"中西贯通"的研究原则》，《光明日报》，2004 年 8 月 24 日。

《万有相通、真善美统一的新哲学》，《福建理论学习》，2004 年第 9 期。

《略论蔡元培的美学思想及其现实意义》，《福建师范大学学报》，2005 年第 1 期。

《通古今之变，成一家之言——张世英关于"天人之际"问题研究及其方法论原则》,《北京大学学报》,2005年第1期。

《中国传统哲学的现代诠释》,《〈新哲学〉集刊》,2005年第1辑。

《"万物一体"思想研究的新进展》,《哲学门》,2005年第1期。

《张世英先生关于"天人之际"的研究》,《江海学刊》,2005年第2期。

《用海德格尔哲学诠释天人合一思想》,《博览群书》,2005年第4期。

《追问"存在",还是追问"存在者"?——从海德格尔的哲学视角梳理西方哲学史》,《福建论坛》,2005年第9期。

《中国古代哲学基本问题新探》,《东南学术》,2006年第1期。

《"万物一体":真善美统一的新哲学观》,《福建论坛》,2006年第5期。

《道学研究的新思路与新方法》,《道学研究》,2006年第1期。

《信仰的多维性及其与真善美的关系》,《福建省委党校学报》,2006年第8期。

《老庄哲学思想若干问题的再探索》,《福建政法管理干部学院学报》,2006年第3期。

《庄子美学精神与古代山水画》,《福建师范大学学报》,2007年第6期。

《弘扬传统文化 提升精神境界》,《人民日报》,2008年3月25日。

《关于辩证法核心问题意见分歧的回顾与反思——纪念真理标准大讨论和三中全会召开30周年》,《福建论坛》,2008年第7期。

《解放思想的哲学与哲学思想的解放——三中全会以来我对若干哲学理论问题的反思》,《福建师大学报》,2008年第4期。

《"轴心时代"理论视野下的儒学与道学——雅斯贝尔斯〈大哲学家〉相关内容述评》,《问道》,2008年辑(总第2辑)。

《我学术生涯的新转折》,《福建师范大学校报》,2008年9月28日。

《百家争鸣:解决学术理论问题意见分歧的必由之路,〈百年潮〉杂志纪念改革开放30周年征文》。

《从黑格尔研究到新"万物一体"哲学观》,《中华读书报》,2009年1月14日。

《评张世英新著〈境界与文化〉》,《北京大学学报》,2009年第1期。

《阐旧邦以辅新命,极高明而道中庸——从冯友兰"三史""六书"

"一序"说起》,《中华读书报》,2009年4月8日。

《冯友兰先生的矛盾观及其现实意义》,《福建论坛》,2009年第7期。

《漫步在美学和艺术的林间花径——宗白华的〈流云〉〈美学散步〉〈艺境〉及其他》,《中华读书报》,2009年7月22日。

《任继愈与老子哲学》,《中华读书报》,2009年8月26日。

《张世英的学术历程:从哲学史家到哲学家》,《问道》,2009年辑(总第3辑)。

《"天人合一":东方基本思维模式的哲学表达——季羡林关于"天人合一"的〈新解〉与〈再思考〉》,《福建师范大学学报》,2009年第6期。

《梁漱溟和他的〈中西文化及其哲学〉等著作》,《中华读书报》,2009年12月9日。

《任继愈〈老子〉研究中的方法论探索》,《福建论坛》,2010年第1期。

《从西方思路到中国韵味——金岳霖哲学著述回眸》,《中华读书报》,2010年5月19日。

《探索真与美:张岱年的学术人生》,《中华读书报》,2010年10月20日。

《中西哲学比较研究的起步——兼谈教学与科研的良性互动》,《福建师范大学校报》,2011年2月28日。

《一位资深出版家三十年的精神苦旅——从〈征途——薛德震哲学书信集〉说起》,《福建论坛》,2011年第3期;摘要发表于《社会科学战线》,2011年,第5期。

《人生的不同境界——从〈读书偶记〉想到的》,《福建师范大学校报》,2011年11月15日。

《以"昌明国粹,融化新知"为己任——〈学衡〉杂志纵横谈》,《中华读书报》,2011年11月30日。

《翰墨寓深情——回忆与黄寿祺先生的一段交往》,《福建师范大学校报》,2011年12月30日。

《古今中西辩证关系的哲学思考——重评"学衡派"和〈学衡〉杂志》,《福建论坛》,2012年第3期。

《中华文化发展的光辉未来:自我觉醒、个性解放——张世英〈中西文化与自我〉读后》,《中华读书报》,2012年5月9日。

《唯心主义评价问题的历史回顾与反思——从贺麟关于唯心主义的看法说起》,《学术评论》,2012年第3期。

《老树春来更著花——回忆我所认识(北大哲学系)的几位老师》,载《愿随前薪作后薪》,北京大学出版社,2012年,第96~112页。

《昌明国故,融化新知,为往圣继绝学——汤用彤的中国佛教史和魏晋玄学研究》,载《愿随前薪作后薪》,北京大学出版社,2012年,第113~126页。

《屡遭争议的熊十力和〈新唯识论〉》,《中华读书报》,2012年11月14日。

《以史为鉴温故知新——亲历者回顾1957年中国哲学史座谈会》,《中华读书报》,2013年1月2日。

《独辟蹊径平章华梵融会佛儒兼采中西——熊十力"新唯识论"哲学思想的再认识》,《福建论坛》,2013年第1期。

《坚守独立思考的学术争鸣之道》,《学术评论》,2013年第3期。

《求解"真问题":如何对待唯心主义——从1957年中国哲学史座谈会说起》,《哲学分析》,2013年第5期。

《重新审视"李约瑟问题"——从中西文化差异的视角》,《自然辩证法研究》,2013年第11期。

《六十载哲学沉思的一得之见——从〈哲学:智慧与境界〉的出版说起》,《福建师范大学校报》,2013年12月31日;《学术评论》,2014年第4期。

《想象的实质及其哲学意义——从〈思想的想象〉说起》,《学术评论》,2014年第3期。

《提高人生境界 实现真善美的统一——冯友兰"人生境界"学说述评》,《学术评论》,2014年第5期。

《王阳明哲学属性的多维透视——从"心外无物"说谈到对唯心主义的评价》,《王学研究》(贵州省阳明学学会),2014年第3期。

《现代科学发展与中国古代哲学思维——从〈希格斯玻色子、格物致知与四大皆空〉一文说起》,《中华读书报》,2014年11月19日。

二 著作部分(1979~2013年)

□个人学术著作

《科技与文明》,福建教育出版社,1988年3月,1997年修订再版。

《信息社会理论辨析》，福建教育出版社，1992年8月。

《中西哲学源流》，福建教育出版社，1995年3月，1997年修订。

《〈自然辩证法〉研究》，福建教育出版社，1997年10月。

《爱智篇——哲学学习探索40年》，福建教育出版社，1999年3月。

《"天人合一"与"主客二分"——中西哲学比较的重要视角》，社会科学文献出版社，2010年10月。

《中国哲学的现代转型——六位哲苑名家的学术生涯》，人民出版社，2012年5月。

《〈自然辩证法〉研究》，修订本，社会科学文献出版社，2013年6月。

《哲学：智慧与境界》，社会科学文献出版社，2013年10月。

□合作学术著作

《〈谈谈辩证法问题〉和〈辩证法要素〉解说》，两人合作，第二作者，福建人民出版社，1979年2月。

《费尔巴哈论》难句解释，两人合作，第二作者，福建人民出版社，1979年9月。

《重要的思维法则——抽象上升到具体》，三人合作第二作者，北京出版社，1986年3月。

《张世英哲学思想研究》，两人合作，第一作者，人民出版社，2008年8月。

□主编学术著作

《自然辩证法基本原理》，第一主编，福建人民出版社，1984年8月。

《〈辩证唯物主义常识〉中的自然科学问题》，主编，福建人民出版社，1982年8月。

《挑战与发展——马克思主义与现代科学技术革命》，第一主编，福建教育出版社，1990年6月。

《高等学校马克思主义理论教育学》，第一副主编，黑格尔龙江教育出版社，1991年5月。

《唯物辩证法范畴新探》，第二主编，厦门大学出版社，1994年5月。

《继承与发展——纪念毛泽东诞辰一百周年论文集》，第一主编，福建教育出版社，1994年12月。

《科学悖论集》，第二主编，湖南科技出版社，1998年5月。

□ **参编学术著作**

《哲学原理发展概述》（与兄弟院校同行协作完成，撰写其中部分章节），福建人民出版社，1981年11月。

《科学方法论研究》（与兄弟院校同行协作完成，撰写其中部分章节），科普出版社，1983年9月。

《马克思主义实际运用的辩证法》（与兄弟院校同行协作完成，撰写其中部分章节），福建人民出版社，1986年4月。

《马克思主义辩证法史》（与兄弟院校同行协作完成，撰写其中部分章节），吉林人民出版社，1987年6月。

《自然辩证法发展史》（与兄弟院校同行协作完成，撰写其中部分章节），中国人民大学出版社，1988年4月。

《自然辩证法总论》（与兄弟院校同行协作完成，撰写其中部分章节），山东人民出版社，1990年6月。

《科学社会史》，科学技术文献出版社，1991年2月。

图书在版编目(CIP)数据

皓首沉思录:林可济哲学论文自选集:2003~2014/林可济著.
—北京:社会科学文献出版社,2015.8
ISBN 978-7-5097-7660-5

Ⅰ.①皓… Ⅱ.①林… Ⅲ.①哲学-文集 Ⅳ.①B-53

中国版本图书馆 CIP 数据核字(2015)第 147303 号

皓首沉思录——林可济哲学论文自选集(2003~2014)

著　　者 / 林可济

出 版 人 / 谢寿光
项目统筹 / 王　绯
责任编辑 / 郑茵中　赵慧英

出　　版 / 社会科学文献出版社·社会政法分社 (010) 59367156
　　　　　地址:北京市北三环中路甲29号院华龙大厦　邮编:100029
　　　　　网址:www.ssap.com.cn
发　　行 / 市场营销中心 (010) 59367081　59367090
　　　　　读者服务中心 (010) 59367028
印　　装 / 三河市尚艺印装有限公司

规　　格 / 开　本:787mm×1092mm　1/16
　　　　　印　张:25.5　字　数:433千字
版　　次 / 2015年8月第1版　2015年8月第1次印刷
书　　号 / ISBN 978-7-5097-7660-5
定　　价 / 98.00元

本书如有破损、缺页、装订错误,请与本社读者服务中心联系更换

▲ 版权所有 翻印必究